Ralf Kinder
Thomas Wieck

Zum Schreien komisch, zum Heulen schön

Die Macht des Filmgenres

BASTEI LÜBBE

BASTEI LÜBBE TASCHENBUCH
Band 94011

Erste Auflage: April 2001

Die Reihe Buch & Medien
wird herausgegeben von
Béatrice Ottersbach

Bastei Lübbe Taschenbücher
ist ein Imprint der Verlagsgruppe Lübbe

Originalausgabe

Umschlaggestaltung: Dieter Ziegenfeuter, Dortmund
Satz: Kremerdruck GmbH, Lindlar
Druck und Verarbeitung: Clausen & Bosse, Leck
Printed in Germany
ISBN: 3-404-94011-3

Sie finden uns im Internet unter
http://www.luebbe.de

Der Preis dieses Bandes versteht sich einschließlich
der gesetzlichen Mehrwertsteuer.

Inhaltsverzeichnis

Vorwort

Der Genrefilm erfreut sich landauf, landab großer Beliebtheit, findet aber selten eine entsprechende Würdigung in der Filmkritik und -literatur. Wir wollen es nicht verhehlen: Wir schätzen diese geschmähten und geliebten Filme, und die herrschende Mißachtung erscheint uns ungerecht und zugleich wenig produktiv, verhindert sie doch die ernsthafte und kompetente Beschäftigung mit dem Genrefilm und den souveränen Umgang mit seinen Bau- und Wirkweisen, besonders auf seiten der Drehbuchautoren.

Deshalb stehen im Zentrum unserer Überlegungen gleichberechtigt der Drehbuchschreiber und das Filmpublikum, denn nur im verständnisvollen Dialog zwischen beiden können wirkungsvolle Filme entstehen. Wir wollen mit dem Zuschauer auf den Film und vom Film auf den Zuschauer blicken. Wir untersuchen, welche Unterhaltungsbedürfnisse existieren, und wir prüfen die Filme, inwieweit sie diesen Erwartungen entsprechen. Daraus leiten sich dann Anforderungen an den Drehbuchautor ab.

Mit dem Begriff Genre untersuchen wir einen der meistgebrauchten und umfassendsten Begriffe der Filmdramaturgie. In allen Bereichen der Filmarbeit und des Kinos ist er präsent. Er bestimmt die Produktion, das Marketing, die Distribution und die Zuschauererwartungen. Im Produktmarketing dient die Genrebezeichnung dazu, einer Enttäuschung beim Zuschauer vorzubeugen. Er soll sich schon im Vorfeld eine zutreffende Vorstellung vom Produkt machen können. Wehe dem Film, der das emotionale Grund-Erleben, das er mit der Genrebezeichnung verspricht, nicht einlöst. Das Genre ist für den Zuschauer das emotionale Wegzeichen – und er verläßt sich darauf!

Ähnliches gilt für den Drehbuchautor, der, will er eine Geschichte schreiben, sich über die Wirkungsmöglichkeiten seines Stoffes und die ihm vorschwebende Wirkungsabsicht klar sein muß. Wer das Genre verfehlt, kann sicher sein zu enttäuschen. Genrekompetenz ist eine der entscheidenden Fähigkeiten im Filmgeschäft. Dem Erwerb und der Entwicklung dieser Fähigkeit ist unsere Arbeit verpflichtet.

Das Thema erzwingt, will es praxisnah diskutiert werden, einen ganzheitlichen Blick, geht es doch darum, für folgende Aufgabe befriedigende Lösungswege zu finden: Welche Gefühle, Emotionen und Empfindungen sollen beim Zuschauer mittels welcher Erzählweise einer wie gearteten fiktionalen Geschichte ausgelöst und befriedigt werden?

Deshalb legen wir auch keine filmgeschichtlich fundierte Geschichte und Theorie der Genrefilme auf den Spuren der »Grundlagen des populären Films« von Bernhard Roloff und Georg Seeßlen vor. Unser Ansatzpunkt ist ein anderer. Wir fragen: Wie schreibt man wirkungsvolle Drehbücher für das jeweils gewählte Genre?

Dennoch werden wir in der Einleitung unsere theoretischen Ausgangspunkte kennzeichnen:

1. Wir stimmen völlig mit der Forderung des Medienwissenschaftlers Werner Faulstich überein: »Der Rekurs auf das Genre zwingt dazu, dem geschichtlichem Wechselspiel von Kultur, Publikum, Filmemachen, Filmindustrie usf. besondere Aufmerksamkeit zu schenken.«[1]
   Unsere historisch-entwicklungsgeschichtlichen und ästhetisch-strukturellen Ausführungen sind der Forderung von Faulstich verpflichtet. Diese historischen und theoretischen »Ausflüge« sind für uns – gleiches sollte für die Drehbuchautoren gelten – eine unverzichtbare Möglichkeit, den

Schreibweisen der Genres in ihrer Vielgestaltigkeit besser auf die Spur zu kommen.

2. Natürlich haben die Genres auch eine bemerkenswerte und analysierbare Ikonologie. Im System Genrefilme dominiert aber ganz eindeutig der narrative Aspekt, die erzählerisch aufbereitete und verknüpfte Abfolge der Geschehnisse, das Strukturieren aller personalen Handlungen zu einer Fabel. Ohne die medialen Rahmenbedingungen für das filmgerechte Zurechtmachen der Handlungen zu mißachten, rücken wir eindeutig die Drehbücher, die Basis fast aller Genrefilme, ins Zentrum unseres analytischen Interesses.

Wir beschäftigen uns mit den vier entscheidenden Ausprägungen des Genrefilms: dem komischen Film, dem melodramatischen Film; den Horror-, Thriller- und Fantasyfilmen und abschließend dem Abenteuerfilm in seinen verschiedenen Spielarten.

In einem Dreierschritt nähern wir uns dem jeweiligen Genre. Wir skizzieren erstens den kulturgeschichtlichen Entstehensgrund und verfolgen den Entwicklungsweg des Genres hinein in den Film und in das Kino.

Im zweiten Schritt werden die dabei erkennbaren wirkungsästhetischen Gesetzmäßigkeiten herausgefiltert und in filmdramaturgische Empfehlungen übersetzt.

In einem dritten Schritt verdeutlichen wir dann mittels der Analyse einiger Drehbücher die Möglichkeiten und Grenzen des Genres. Bei der Auswahl der Filme haben wir uns vom gegenwärtigen Filmangebot leiten lassen, aber auch darauf geachtet, wirkungsvolle amerikanische und deutsche Filme zu analysieren.

Im letzten Kapitel werden wir über Grenzen der Genres hinausblicken und einige genreübergreifende Filme vorstellen – Filme, die mit den Wirkungsmöglichkeiten verschiedener Genres spielen.

Eine üblich gewordene Sünde der Genreanalyse begehen auch wir, wenn wir schreiben: »Das Melodrama, die Komödie, der Thriller gestalten, thematisieren usw. …« Wir meinen damit nicht, daß hier eine Textmaschine »Genre« ungerührt ihr Werk treibt, sondern daß immer ein Autor schreibt, der die Regularien der Genres beherrscht.

Ralf Kinder   *Thomas Wieck*
Berlin im Herbst 2000

[1] Werner Faulstich, *Die Filminterpretation*, Göttingen 1995, S. 79.

Einleitung

I.

Unsere Arbeit siedelt am heiklen Punkt – auf der Schneide zwischen Film-Praxis und Film-Theorie.

Die Theorie fahndet gern nach einem romantisch-klassischen Künstlerideal: dem *Auteur*. Auf der steten Suche nach ihm interpretiert sie die Geschichte des Films, das Kinowesen nur streifend, als zunehmende Ästhetisierung und Personalisierung, endlich Gestalt gewinnend in den großen Regisseurnamen. Dabei werden alle anderen künstlerisch wirkenden Personen aus dem Drehstab gern »beiseite geräumt«: Kameramann, Szenograph, Drehbuchautor, Editor und Komponist. Allein der einzeln-einzige Schöpfer, der Alles-Beweger, der Regisseur – der sogenannte Auteur – verbleibt im theoretischen Visier.

Die unglückliche Trennung in Autorenfilm und Genrefilm oder »Kino der Kunst« und »Kino der Genres« führt dazu, daß die Filme des »Kinos der Genres« oftmals mit einer sehr schlichten Hau-drauf-Analyse und entsprechenden Totschlagargumenten in die Mangel genommen werden. Stets auf der Suche nach dem »ultimativen« Film, verkünden die kritischen Geister gänzlich unbeeindruckt vom massenhaften Erfolg ihr Verdikt über diesen und jenen Genrefilm. Dazu gehört auch die schnelle Aburteilung der kommerziellen Welterfolge mittels ideologischer Verdächtigungen oder einiger kurzgreifender freudianischer Erklärungsmuster. Die

Filmkritik und -analyse sollte weder abgeleitete Gesellschaftskritik noch eine nachgereichte Psychoanalyse sein. Gerade deshalb, weil die öffentlichen Urteile über den Genrefilm viel zu häufig Vorurteile sind, und besonders deshalb, weil durch diese Art Urteile der fatale Eindruck entsteht, Genrefilme zu produzieren sei das einfachste von der Welt, haben wir uns für einen strikt hermeneutischen Analyseansatz entschieden:

»Wer einen Text verstehen will, vollzieht immer ein Entwerfen. Er wirft sich einen Sinn des Ganzen voraus, sobald sich ein erster Sinn im Text zeigt. Ein solcher zeigt sich wiederum nur, weil man den Text schon mit gewissen Erwartungen auf einen bestimmten Sinn hin liest. Im Ausarbeiten eines solchen Vorentwurfs, der freilich beständig von dem her revidiert wird, was sich bei weiterem Eindringen in den Sinn ergibt, besteht das Verstehen dessen, was dasteht.«[1]

Und eine zweite Grundhaltung ist uns wichtig und wird unseren Blickpunkt bestimmen: Das Filmpublikum ist ernst zu nehmen und nicht als manipulative Masse zu mißachten.

Alle Filmerfahrung basiert durchschnittlich auf der massenweisen Rezeption von Genrefilmen und dies besonders in der Kinder- und Jugendzeit. Der sogenannte Autoren- oder Kunstfilm ist die Ausnahme, der Sonderfall im Verhältnis zu der üblichen Seh-Ware. Wir vermuten, daß die eh schon problematische Trennung von U- und E-Kunst für die filmästhetische Prägung der Zuschauer so gut wie keine Rolle spielt. Im Gegenteil: Die absolute Mehrheit des Kinopublikums bewegt sich mehr oder weniger souverän und ohne Berührungsängste in beiden Sphären. Dieses Verhalten ist ein Spezifikum des jugendliches Publikums in fast allen ästhetischen Angebotsfeldern. Das Kino und die es beherrschenden Genrefilme sind ein wesentliches Segment der modernen Pop- und Jugendkultur. Eine Genretheorie, die dies übersieht, operiert im leeren Raum und traktiert Begriffe. Unsere Aussagen über das Zuschauerverhalten im weitesten Sinne sind mentalitätsgeschichtlich grundiert und fußen auf langjährigen praktischen Erfahrungen im TV- und Theaterbereich.

II.

Die Filmpraxis schreibt die Geschichte der Populärkunst im Medium Film und für die Begegnungsstätte Kino unbeeindruckt fort. Dabei schluckt sie viele hochkulturelle Angebote und entwickelt so auf ihre adaptiv-parasitäre Weise ein in sich ziemlich kohärentes Textgefüge: das System »Genrefilm«. Wenn wir diese Praxis verfolgen wollen, müssen wir die Doppelexistenz des Systems »Genre« berücksichtigen: Es ist nämlich zum einem das Ergebnis eines Zusammenwirkens von Konventionen und kanonischen Regeln, d. h. geschichtlich abgelagerten und theoretisch verallgemeinerten Aussagen über das Genre. Zum anderen aber ist es eine durch seinen praktischen Vollzug stetig sich erweiternde und sich neu definierende Erscheinung.

Wir haben es mit einem komplexen, dreifach »geschichteten« Sachverhalt zu tun:

- dem System »Genre«,
  das sich
- aus verschiedenen Genres zusammensetzt,
  die sich
- in unzähligen einzelnen Exemplaren von Genrefilmen manifestieren.

Das System »Genre« ist ein System bestimmter Textsorten. Textsorten sind »komplexe Muster sprachlicher Kommunikation, die innerhalb der Sprachgemeinschaft im Laufe der historisch-gesellschaftlichen Entwicklung aufgrund kommunikativer Bedürfnisse entstanden sind. Der konkrete Text erscheint immer als Exemplar einer bestimmten Textsorte.«[2]

Die Textwissenschaft geht davon aus, daß bestimmte Arten von Texten (Textsorten) einen konventionellen Charakter besitzen, also von den meisten Sprechern einer Sprachgemeinschaft gekannt und erkannt werden. Diese Sprachgemeinschaft (in unserem Falle die Gemeinschaft der Filmzuschauer) verfügt über textstrukturierende Schemata, einen

Kanon, dem individuelle Texte eingepaßt werden müssen, um gelesen und verstanden werden zu können.

Diesen Überlegungen folgend, verstehen wir das System »Genre« als ein narratives Produktions- und Interpretationsschema ganz im Sinne der Textwissenschaft. »Produktionsschema« bedeutet, daß der Autor weiß: »Ich werde jetzt eine Erzählung erzählen.« »Interpretationsschema« bedeutet, »daß der Leser nicht nur weiß, wovon der Text handelt, sondern vor allem erkennt, daß er eine Erzählung rezipiert«[3].

Folglich verlangt das Verstehen des Systems »Genre« eine kulturgeschichtlich orientierte Nachzeichnung seines historischen Entstehens und Wandels.

III.

Die Geschichte des Systems »Genre« ist einer der zentralen kulturell-künstlerischen Prozesse im 19. Jahrhundert. Bereits Ende des 18. Jahrhunderts beginnt die radikale Segmentierung des gesamten künstlerischen Angebots, um schließlich im 19. Jahrhundert als hochstrukturierter Literatur- und Kunstmarkt völlig neue Formen der Produktion und Rezeption künstlerischer Tätigkeiten hervorzubringen.

Wir sind davon überzeugt, daß dieser Vorgang sich in drei historischen Geschichten abspielt, die dann im Film und im Kino Mitte des 20. Jahrhunderts zusammenfinden zum System des Genrefilms.

Die erste Geschichte

Das heutige System der Genres fußt auf einem wenig gegliederten, historisch gewachsenen binären Ordnungssystem, das für alle Texte des darstellenden Spiels bis zum Ende des 18. Jahrhunderts verbindlich war: die Opposition Tragödie versus Komödie. Dieses »vormoderne« ästhetische Ordnungssystem, das von – salopp gesagt – Aristoteles bis Hegel galt, ist die verbindliche Grundlage für alle weitere Nutzung des Genrebegriffs und die Folie, auf der die neuen Genres entwickelt wurden. Die beiden Genres Komödie und Tragödie umschließen zwei Gesichtspunkte: Welcher Sicht auf die Welt soll ich mich als Zuschauer / Zuhörer / Leser befleißigen, um in dieser Welt gut zurechtzukommen: Soll ich ein tragisches Weltverhältnis haben – also hoffnungsfroh verzweifelt Ordnung im Chaos schaffen? Oder soll ich lachend das Chaos akzeptieren und in mir Ordnung schaffen? Das, was hier für den Zuschauer und Leser gesagt wird, gilt natürlich gleichermaßen für den Autor, der sich entscheiden muß, ob er einen komischen oder einen tragischen Blick auf das Weltgetriebe wirft. Tragödie und Komödie gehen davon aus, erkennbare Ursachen für das Scheitern oder das Triumphieren des Helden aufzeigen zu können. Diese kenntlich gemachten Ursachen sollen auf das unmittelbare Verhalten und die künftigen Handlungsabsichten der Zuschauer bestätigend oder warnend zurückwirken.

Im 19. Jahrhundert geht diese rationale Grundhaltung verloren, das Fürchterliche, das Grauenerregende, das Sexuelle, das Häßliche in der Realität kann nicht mehr mit diesen zwei beschriebenen rationalen Blicken eingefangen werden. Die moderne Umwelt droht, den arglosen bürgerlichen Helden zu verschlingen. Diese Erfahrung wird nun entscheidend für die Aufsprengung der klassischen Opposition der Genres. Neben das Lachen- und Weinenmachende tritt das Furchterregende. Die Autoren entwickeln jetzt künstlerische Strategien, der immer komplizierter werdenden Welt zu entsprechen. Sie erfinden Erzählweisen und Heldentypen, die auch das Fürchterliche in all seinen Erscheinungen bannen können. Der Abenteurer, der Detektiv, der Actionheld wird geboren.

Diese Helden gründen natürlich in den großen mythologischen Gestalten von Achill bis Artus. Sie treten in verwandelter Form als Graf von Monte Cristo, als Batman usw. auf – uneinholbar im täglichen Leben, aber als Ideal unersetzbar. Oder aber die alten Heroen und Helden werden mit neu erfundenen abenteuerlichen Herausforderungen konfrontiert und so reanimiert (u. a. Herakles, Robin Hood, Sindbad). Die Genres entfernen sich zunehmend von der unmittelbaren Lebenspraxis und werden Projektionen von anderen Welten, in denen klar erkennbare künstliche Gesetzmäßigkeiten herrschen, die der Held einerseits einhalten, anderseits brechen kann.

Die zweite Geschichte

Der erste moderne Bürgerkrieg – der amerikanische Sezessionskrieg – zerstörte mit einem Schlag auf brutale und nahezu unglaubliche Weise die bürgerlichen Sicherheiten und die bisher gültigen nationalstaatlichen Wertvorstellungen. Weiße Amerikaner mordeten weiße Amerikaner, die Kultur der aristokratisch geprägten Südstaatler zerbrach unter dem Ansturm der kleinbürgerlich-proletarisch orientierten Yankees. Unter dem Banner der christlichen Idee der Nächstenliebe begann die herrschende Klasse, sich selbst zu massakrieren. Der Krieg wurde aus handfesten, konkurrierenden wirtschaftlichen Interessen geführt, und die Idee – die Gleichstellung der Rassen – wurde trotzdem in den nächsten Jahrzehnten keineswegs realisiert. Die Grausamkeiten, die sonst nur einem gemeinsamen Feind, den Indianern, zugedacht wurden, tobten nun untereinander. Die Wertewelt stand Kopf.

Dieser Krieg und seine traumatischen Folgen haben die nordamerikanische Kunstentwicklung entscheidend beeinflußt. Erst durch dieses Trauma hindurchgehend und es künstlerisch ins Bild rückend, kam eine eigenständige Literatur und Kunst zustande. Weder konnten die »Schauder« hervorrufende europäische Tragödie noch die »sauwohl« stimmende Komödie als Medium dienen, die Verwirrungen, die Radikalitäten, die Katastrophen und die Irrationalitäten, die im Gefolge dieses Krieges in das Leben Einzug hielten, künstlerisch zu fassen. Die Erschütterungen dieses Krieges und die danach einsetzende radikale technologische Modernisierung, die entscheidende Veränderungen der künstlerischen Produktionsweisen hervorrief, führten zu einem neuen Genrekanon. Völlig neue Medien verlangten nach neuen narrativen Mustern. Kurze, heftige, schnelle, radikal zugespitzte *stories*, in denen Ursache und Wirkung, Schuld und Sühne, Opfer und Täter schwerlich nach festen moralischen Kategorien oder mittels kausaler Erklärungen reinlich voneinander geschieden werden konnten, reüssierten. Die großen ästhetischen Welterklärungsmodelle – der europäische Roman und die europäische Theaterästhetik – hatten ausgespielt.

Comics, Magazinerzählungen, *dime stories* aller Art und natürlich der Film wurden zu den dominierenden, die Massen erreichenden Medien des Erzählens. In diesen Medien bildeten sich die neuen Genres heraus, und in ihnen entwickelte sich die bis heute nahezu uneingeschränkt gültige Grundstruktur dieser künstlerischen Massenproduktion:

»Das Gesellschaftsbild des amerikanischen Films wird von einem Zwiespalt zerrissen. Hollywoods Drehbuchautoren stehen vor der Aufgabe, ihrem Publikum einerseits den Glauben zu erhalten, die Welt sei offen und die Menschen ehrlich, für einen richtigen Mann gebe es keine ernsthaften Hindernisse, jeder sei seines eigenen Glückes Schmied. Andererseits jedoch müssen sie Erklärungen für die Mißerfolge ihrer Kunden finden. Sie müssen mit der Tatsache fertig werden, daß ihre Zuschauer Enttäuschungen erleben, daß sie, wenn sie aus dem Kino kommen, keine Pferde besteigen und in die Weite reiten können. (...) Es werden zunächst anscheinend unlösbare Konflikte, Verbrechen, Korruption und fragwürdige politische Machenschaften vor dem erschreckten Publikum ausgebreitet, das seine schlimmsten Befürchtungen bestätigt meint. Dann aber kommt die Wendung. Es zeigt sich, daß alles halb so schlimm ist. Unter denen, die Böses tun, ist bestimmt immer einer, der gar nicht weiß, was geschieht. Ihm fallen plötzlich die Schuppen von den Augen, worauf er die Ordnung wiederherstellt. An dieses Schema glaubt der amerikanische Film. Es ist ein Mechanismus höherer Art, gleichsam eine nur noch theologisch zu erklärende Verheißung. Ohne diesen Glauben, daß das Übel nie ein endgültiges Übel sein kann, ist ein Film kein amerikanischer Film.«[4]

Was der Autor hier explizit für den Hollywoodfilm als zentrales ästhetisches und ideelles Problem feststellt, ist implizit das Grundprinzip aller populären narrativen Texte.

In den beiden skizzierten Basisprozessen wird das System »Genre« zu einer normativen Kraft. Innerhalb der Produktionssphäre verdrängt der Genrebegriff zunehmend das künstlerische Ich – gilt es doch, dem Genre gemäß zu schreiben und nicht mehr nur die persönlich-individuelle Auseinandersetzung mit der Welt ins Werk einzuschreiben. Der im Genre schreibende Autor ist mit seiner Produktion Teil eines ihm vorgegebenen ästhetischen Maßes, das ein technologisches ist. Das Genre ist der Auftrag. Das Werk ist nicht mehr Ausdruck von Subjektivität, wohl aber Ausweis der technologischen Fertigkeiten des schreibenden Subjekts. Zugleich dient das neue System »Genre« dazu, das Angebot der Trivialliteratur zielgerichtet zu diversifizieren – für jedes ästhetisch reizbare Gefühl, für jede Schicht Leser muß das richtige, schnell wirkende Produkt aus dem massenhaften Gesamtangebot herausgefunden werden können. Und jedes dieser Gefühle wird mit den ihm angemessenen Reiz- und Befriedigungsmustern versorgt – je nach Geschlecht und Klasse unterschiedlich zubereitet.

Überwältigend schon die literarische Angebotsliste allein für den sogenannten gebildeten Mittelstand: Gesellschaftsromane à la Balzac und Dickens, Abenteuerromane in der Nachfolge Coopers, historische Heldengeschichten von A. Dumas-père, Marryats Seefahrergeschichten, die melodramatischen Weltverbesserungsphantasien Eugen Sues, die abenteuerlich-belehrenden Zukunftsromane Jules Vernes, die Detektivgeschichten Edgar Allan Poes und Sir Arthur Conan Doyles, die Goldgräberabenteuer Bret Hartes, die darwinistischen Boxer-Storys Jack Londons, die Südseeballaden Stevensons und Melvilles und die Horror- und Schauergeschichten eines Ambrose Bierce, eines Bram Stoker und Gaston Leroux, nicht zu vergessen die unter den Ladentischen angebotenen Erotika. Unterhalb dieses belletristischen Levels tummelte sich eine völlig unübersehbare Masse an Kolportageromanen für die Unterklassen.

Aber all das wäre nicht so gekommen, hätte nicht noch eine untergründige, gleichsam »geheime« Geschichte ihre Rolle gespielt und spielte sie weiterhin.

Die dritte Geschichte

In den Genres schlagen sich urchristliche und sogar noch vorchristliche Erlösungs- und Befreiungsszenarien nieder. Die Genres bewahren und transportieren die uralten Gleichheits- und Freiheitsträume – und das Wissen um die Grausamkeiten des realen Lebens und den verheerenden Einfluß fremder, unsichtbar bleibender, niemals besiegbarer Mächte. Dieses Wissen, zwischen Hoffen, Ahnen und Fürchten, diese heilspendenden und heillosen Phantasien waren über Jahrhunderte in Märchen und anderen Formen populärer Kultur gespeichert. Wir werden immer wieder auf solche vormodernen und bis in die heutigen Genreausformungen hineinwirkenden Ursprünge stoßen, denn die modernen Genres sind eher im alltäglichen Leben der Massen ansässig als im kulturellen Feld der Eliten.

IV.

Unserer Untersuchung setzen wir eine provokante These voraus: Das Schreiben eines genrebewußten und wirkungsvollen Drehbuchs und das Produzieren eines dementsprechenden Films sind letztlich komplizierter als das Schreiben und Produzieren eines genreunabhängigen und erfolgreichen Films.

»Erfolgreich« nennen wir einen Film und seinen Autor, wenn der Film eine ansehnliche Zuschauerauslastung erreicht, einen Festival-Preis erhält und der Autor wohlwollende Worte im Feuilleton der überregionalen Presse erfährt. Und schon sind Film und Autor vergessen, da die Ursachen für den Erfolg außerhalb der Intentionen des Filmemachers lagen. Hier wirken ganz verschiedene äußerliche Umstände: der Mainstream, die Political Correctness, die eventuelle Übereinstimmung von Filmstory und einem die Öffentlichkeit erregenden realen Ereignis sowie die richtige Besetzung.

Selbstverständlich gibt es auch Erfolgsgründe, die beim Filmemacher und seiner ästhetischen Botschaft selbst liegen. Für einem kurzen Moment stimmen seine »Personality« (der

Teil seiner Person, der werbetechnisch momentan gut verkäuflich ist) und seine Obsession mit dem angesagten Trend überein. So wird die Person für immer an diesen Trend gekoppelt und seine Individualität wird nebensächlich.

Als »wirkungsvoll« hingegen bezeichnen wir ein Drehbuch oder einen Film, der im Rahmen des gewählten Genres den bisher als Spitzenreiter gehandelten Filmen ebenbürtig ist oder aber ihnen den Rang abläuft. Wer wirkungsvoll schreibt, erzielt eine doppelte Wirkung. Er treibt das Genre vorwärts und steigt damit selbst als Produzent im Produktionssystem Genre auf, er wird zum Experten. Er kann jetzt etwas bewirken, er wirkt auf das Genre und das öffentliche Bild des betreffenden Genres ein; ein neuer Stil, eine neue Manier, ein neues Design kann von ihm mit entwickelt werden.

Wer im Genre schreibt, schreibt immer mit einem theoretischen Vorwissen, das er durch- und überspielt, ohne dabei das Genre zu sprengen. So sind zum Beispiel die Grundplots der sogenannten Italo-Western absolut genregemäß. Dennoch sind die Filme Sergio Leones eine von ihm und seinem Komponisten Ennio Morricone genialisch gefertigte Ausweitung des herkömmlichen amerikanischen Western-Kanons durch die Prinzipien der Opernarbeit Verdis und des Verismo.

In Deutschland wird unserer Meinung nach immer noch zu oft treulich am »Durchschnittswert« der Techniken und Kniffe des Genres entlang geschrieben: Lohnarbeit im Genre-Feld. Doch wer im Genre schreibt, befindet sich auch immer in einem internationalen Wettbewerb. Das mußten die deutschen Filmemacher schmerzlich erfahren, als sie sich mit den Edgar-Wallace-Filmen auf dem Gebiet des Krimis und mit den Karl-May-Filmen auf dem Gebiet des Western serienmäßig im Genre versuchten. Trotz heißen Bemühens entstanden statt der angestrebten international konkurrenzfähigen Krimis und Western Filme der in der deutschen Tradition tief verankerten Genres Lustspiel, Gruselstück und moralines Melodrama.

V.

»Intensive Gefühlserregungen zu provozieren stellt gleichsam die herausragende spezifische Komponente der Trivialliteratur dar. Dabei wird jede intellektuelle Anforderung vermieden, die der beabsichtigten affektiven Ansprache abträglich ist. Trivialliteratur berücksichtigt den Erwartungshorizont ihrer potentiellen Leser und entwickelt in Einklang damit solche ästhetische Strukturen, die ihrer Wirkungsintention adäquat sind.«[5]

Unsere genretheoretische Darstellung geht davon aus, daß sich der emotionale Haushalt des Menschen zwischen Trauer und Lust, zwischen Angst und Glück, Liebe und Haß, Furcht und Hoffnung abspielt und sich in Lachen und Weinen, in gespannter Erregung und in gebannter Erstarrung, in Ekel und Wohlgefühl, in Zittern und Zagen ausdrückt.

Trotz des reichlichen Angebots psychologischer Literatur ist eine allgemein anerkannte oder zumindest weithin bekannte wissenschaftliche Basis für eine theoretische Durchdringung des Problemfelds menschlicher Emotionen nicht in Sicht. Wir können dieses Manko hier nicht selbsthelferisch ausgleichen und werden uns statt dessen mit einigen wenigen theoretischen Prämissen begnügen.

Emotionen sind wertende Wahrnehmungen der Umwelt. Sie aktivieren oder hemmen die Handlungsbereitschaft, prägen oder verwischen Motive. Was immer wahrgenommen, erinnert, vorgestellt wird, wird zugleich auch bewertet. Diese Bewertung ist zuerst einmal intuitiv und wird durch das sogenannte emotionale Gedächtnis bestimmt. Dieses Gedächtnis ist die Basis unserer Vorurteile, ohne daß uns diese Fundierung aktueller Beurteilungen voll bewußt ist. Emotionen treiben gemeinhin das handelnde Ich vom »Das ist schlecht für mich« hin zum »Das ist gut für mich«. Das Denken führt nicht unvermittelt zum Handeln, sondern vermittelt über die Gefühle. »Alles, wovon wir uns vorstellen, daß es zur Lust beiträgt, suchen wir zu fördern, um seine Verwirklichung herbeizuführen. Alles hingegen, wovon wir uns vorstellen, daß es jenem widerstrebt oder daß es zur Unlust beiträgt, suchen wir zu entfernen und zu zerstören.«[6]

Der Gefühlshaushalt funktioniert, idealtypisch gesehen, zwischen Lust und Unlust pendelnd. Die Emotionen, ganz besonders natürlich ihre eruptiven Ausbrüche, die Affekte, gehorchen dem Schema Entweder-Oder.

In den Genres ist das Wissen um diese Emotionalität und ihre Mechanismen aufgehoben und ins künstlerische Spiel übersetzt. Die einmalige ästhetische Qualität der Genres besteht darin, daß sie das grundsätzliche menschliche Bedürfnis nach einem geregelten emotionalen Haushalt ästhetisch befriedigen. Die verschiedenen Genres stellen, in einer Art Arbeitsteilung, die unterschiedlichen Hauptemotionen in fiktiven Geschichten dar und erregen zugleich durch die Art und Weise der Darstellung entsprechend starke positive oder negative wirksame Antwortemotionen bei den Zuschauern.

Wir unterscheiden dabei zwei Genregruppen:

Gruppe 1 umfaßt das Genre des Komischen, des Melodramatischen, des Heldischen, des Sexuellen und des Tragischen.

Diese Genregruppe thematisiert das bewußte, konfliktgeladene und -auslösende Handeln des Ichs mit allen unvorhersehbaren Folgen für sich und andere in der unmittelbaren oder in der realitätsnah überhöhten Realität. Der Zuschauer wird konfrontiert mit Ereignissen und Geschehnissen, die er sehr unterschiedlich auf seine eigene Lebenssituation rückbezieht:

- die ihm auf keinen Fall öffentlich widerfahren dürfen, aber gegen die er nicht gefeit ist, wogegen er sich mit Lachen wehrt (das Komische);
- die ihm erlauben, sich einmal ohne gesellschaftliche Kontrolle hemmungslos und folgenlos seinen Gefühlen hinzugeben (das Melodramatische);
- die ihm die freudige Gewißheit vermitteln, daß alles Schicksal und Ungemach sich bezwingen läßt, wenn man nur will (das Heldische);

- die er sich tagträumerisch herbeiphantasiert und in denen er sich liebend gern realiter wiederfinden würde (das Sexuelle).

Eine Sonderrolle spielt hierbei sicherlich das Genre des Tragischen. So recht hat das Tragische keinen Platz im Genresystem.

Das historische Melodram im 19. Jahrhundert wird von Arnold Hauser derart beschrieben, als sei die Tragödie vom Melodram auf niederer ästhetischer Ebene ersetzt worden: »Das Melodrama ... befolgt vielmehr die raffinierten, in einer langen und bewußten Entwicklung gewonnenen Formprinzipien der Tragödie, wenn es diese auch in einer vergröberten Weise ... spiegelt ...«[7]

Hans-Dieter Gelfert dagegen unterstellt dem amerikanischen Selbstbewußtsein, es gebe für Amerikaner keine unlösbaren Fragen, weshalb auch keine tragischen Fragen gestellt werden könnten. Und er schlußfolgert daraus: »Sie können kein Gefühl für das Tragische haben.«[8]

Bei aller Einseitigkeit beider Erklärungen – ihr Befund stimmt. Die Tragödie gehört nicht mehr zum System Genrefilm, wiewohl tragische Schicksale und Aspekte des modernen Lebens durchaus in den verschiedensten Genrefilmen aufscheinen. Die theatralische Tragödie verhandelt anhand des Schicksals einiger weniger Figuren den Widerstreit grundsätzlicher Prinzipien der Welt-Einrichtung und -Sicht. Die Tragödie hat einen unübersehbaren Zug ins Abstrakte, dem die in den Genrefilmen herrschende Ästhetik widerspricht. Die realen Tragödien dieses Jahrhunderts sind filmisch gesehen Gegenstand und Stoff des Dokumentarfilms. Angesichts dieser nonfiktionalen Bilder entsteht beim Filmzuschauer der tragische Jammer und Schauder. Die fiktionale Filmtragödie ist und bleibt eine Ausnahme.

Gruppe 2 umfaßt das Genre des Schrecklichen (Horror), des Unheimlichen (Mystery), des Unbekannten (Fantasy) und des Bedrohlichen (Thriller).

Diese Genregruppe thematisiert das schmerzhafte und rational kaum oder gar nicht faßbare Walten »fremder« Kräfte in der Innenwelt des Ichs oder in der ihm scheinbar bekannten, nun sich bedrohlich verändernden Außenwelt. Der Zuschauer wird konfrontiert mit Ereignissen und Geschehnissen, die er kaum oder gar nicht auf sein Handeln und seine Existenz in der realen Umwelt rückbeziehen kann:

- die ihm aber in seinen Ängsten, Befürchtungen und Alpträumen und in seinem selten eingestandenen aber dennoch virulenten Glauben an die Kraft des Fremden bestätigen (Horror und Mystery);
- die er in ihrem Entstehen und ihrem Ablauf nicht verstehen und begründen kann, die ihm aber die Möglichkeit der unwiderlegbaren subjektiven Spekulation bieten (Mystery);
- die er zwar für unglaublich hält, die er aber als Unterbrechung der ihn beherrschenden, rational durchorganisierten Realzeit begrüßt und herbeiwünscht (Fantasy);
- die ihm im Glauben bestärken, seine Welt werde von verschwörerischen und verbrecherischen Kräften beherrscht, die auch ihn potentiell gefährden, denen er sich aber gleich den betroffenen Figuren stellen würde, wenn der böse Zufall es denn wollte ... (Thriller).

Beide Genregruppen basieren auf Rahmenerzählungen, die außerhalb des Genres entstanden sind. So bildet zum Beispiel die Passionsgeschichte Jesu die große Rahmenerzählung für das Genre Melodrama. Diese Rahmenerzählungen werden in einem »Initialwerk« umgeschmolzen zu einem »Grundmodell« des künftigen Genres. Im Falle des melodramatischen Schreibens steht hierfür der Roman von Alexandre Dumas-fils »Die Kameliendame«. Durch den folgenden massenhaften Gebrauch der Wirkungsmechanismen dieses Initialwerks wurden diese Mechanismen kanonisiert. In dem so entstandenen Kanon sind dann wiederum »vorbildliche« Werke aufzufinden. Aber es entstehen auch Texte, die unkonventionell mit den kanonischen Regeln umgehen und so den Kanon ausweiten. Hierfür stehen im Falle des melodramatischen Schreibens solche Texte, die keinen Trost mehr spenden, kein Mitleid mehr für die Protagonisten organisieren und dennoch an der

Überzeugung festhalten, daß ein Verzicht auf extreme Gefühle und tiefe Liebessehnsüchte menschenzerstörend ist.

Diesem viergliedrigen Schema ist das vorliegende Buch verpflichtet: Rahmenerzählung – »Initialwerk« – Kanon – unkonventionelle Werke innerhalb des Kanons.

VI.

Im Vorwort wiesen wir darauf hin, daß der Drehbuchautor vor Schreibbeginn sich über die von ihm beabsichtigte Wirkung beim Publikum Gedanken machen muß. Grundlage für diese Forderung ist die zwar berühmte, aber zu selten befolgte Grundregel der modernen Unterhaltungsliteratur:

»Nehmen wir an, ein erfahrener literarischer Künstler hat eine Erzählung entworfen. Ist er weise, so hat er seine Gedanken nicht von vornherein auf die einzelnen Begebnisse zugeschnitten, sondern wird, nachdem er durch reifliche Überlegung erkannt hat, auf welchen besondern Effect er's anlegen muß, jene Geschehnisse erfinden, die der Erzielung des ihm vorschwebenden Effectes am besten dienlich sein mögen. Zielt jedoch nicht schon der allererste Satz seiner Geschichte auf die Hervorrufung solcher Wirkung, so ist damit solch erster Schritt ein vergeblicher gewesen. Im Zuge der gesammten Composition sollte ja kein Wort niedergeschrieben werden, dessen directe oder auch indirecte Tendenz nicht auf das vorbestimmte Ziel gerichtet wäre.«[9]

Poe vergaß nicht, darauf hinzuweisen, daß diese Regel allein für Texte gelte, deren Lektüre nicht mehr als zwei Stunden erfordere, die Zeit, die der durchschnittliche Spielfilm heute in etwa an Rezipientenaufmerksamkeit verschlingt.

Seine Aussage ist nach wie vor die goldene Regel des Drehbuchschreibens: Am Anfang steht der vorgestellte Effekt – also die erhofften Zuschauerreaktionen –, worauf in einem zweiten Schritt die Suche nach dem geeigneten Genre für die erwünschte Wirkung einsetzt. Im dritten Schritt heißt es, den erdachten Plot nach den kanonischen Strukturvorschlägen des Genres zu organisieren.

Fassen wir abschließend zusammen:

Im Drehbuch für einen Genrefilm verschmelzen zwei künstlerische Leistungen miteinander: das Fortschreiben einer Tradition, d. h. den Genregesetzmäßigkeiten gemäß schreiben, und das Ausschreiben der individuellen Phantasie, die die inhaltlichen und formalen Grenzen des Genres ausweitet, ohne seine Bedeutungen in Frage zu stellen.

Wir sind davon überzeugt, daß im Genre künstlerisch-ästhetische Meisterwerke entstehen können. Und wir sind ebenfalls der Meinung, daß keineswegs allein das Überschreiten der Genregrenzen einen künstlerisch gelungenen Film garantiert, daß aber auch außerhalb der Genregrenzen und -vorschriften genauso spannende und gute Geschichten erzählt werden können. Wir glauben weiterhin, daß das schematische Hineinpressen von Geschichten in die Genrebestimmtheiten ruinös wirken kann. Das Genre ist eine Hilfe, die auch zum Hindernis werden kann. Diese Doppelbödigkeit zu verdeutlichen ist unser Ziel, wobei wir besonders für die Funktion »Hilfe« votieren.

Maßgabe für unser Unternehmen ist dabei die Erkenntnis von James Monaco: »Die Genres boten unendlich viele Kombinationen einer begrenzten Zahl von Elementen.«[10]

---

1 Hans-Georg Gadamer, *Wahrheit und Methode*, Tübingen 1975, S. 251.
2 Klaus Brinker, *Linguistische Textanalyse*, Berlin 1992, S. 126.
3 Teun A. van Dijk, *Textwissenschaft*, München 1980, S. 129.
4 Wilfried Berghahn, *Das Gesellschaftsbild des amerikanischen Films, Filmkritik 3/62*, München, S. 99.
5 Hainer Plaul, »Trivialromane des 18. / 19.Jahrhunderts«, in: *Deutsche Volksdichtung*, Leipzig 1979, S. 321.
6 Baruch Spinoza, *Ethik*, Leipzig 1987, S. 162.
7 Arnold Hauser, *Sozialgeschichte der Kunst und Literatur*, Dresden 1987, S. 613.
8 Hans-Dieter Gelfert, *Die Tragödie – Theorie und Geschichte*, Göttingen 1995, S. 144.
9 Edgar Allan Poe, »Warum man Geschichten schreibt«, in: *Meistererzählungen aus Amerika*, Zürich 1995, S. 8f.
10 James Monaco, *Film verstehen*, Reinbek 1980, S. 272.

I

Tränen und Trost – Das Melodrama

»Das Melodrama ist alles, nur keine spontane und naive Kunst.«

Arnold Hauser

1

Deutsche Schwierigkeiten mit dem Melodrama

Das Melodrama scheint auf den ersten Blick ein leicht zu handhabendes Genre zu sein, es kennt kaum Subgenres und nur wenige stilistische Veränderungen. Um so bemerkenswerter ist, daß die Wirksamkeit des Melodramas trotz allen kulturellen und gesellschaftlichen Wandels in den letzten 150 Jahren ungebrochen ist. Das Genre schmiegt sich offensichtlich erstaunlich elegant an veränderte Sehgewohnheiten und an sich verändernde Wirklichkeiten an, ohne daß sich das Genre groß verändern oder gar, wie der Western, »aufgeben« muß. Warum das so ist, wird sich zeigen. Wir gehen davon aus, daß Melodramen von Haus aus keine kommerziellen Fließbandproduktionen sind.

Melodramen sind künstlerische Werke. Wer sich mit dem Melodrama einläßt, der darf nicht Figuren konstruieren wollen, der muß etwas von den tatsächlichen Menschen verstehen und sich für deren Leiden interessieren.

Das theatralisch eingeführte und filmisch weiterentwickelte Genre des Melodramas ist keineswegs eine Sammlung kruder, maßloser Mittel und Tricks, um einsamen Frauen im dunklen Kinosaal einige Tränen abzuringen. Das Melodrama ist die kritische Befragung gesellschaftlicher Tabus im zwischenmenschlichen Bereich, Männer wie Frauen gleichermaßen betreffend.

Wenn ein Melodrama gelingen soll, dann muß es solche gesellschaftlich wirksamen Rückbindungen beinhalten. Verzichtet der Autor darauf, dann produziert er nichts anderes als einen rührseligen Text aus der Herz-Schmerz-Heftchenliteratur. Mit Ausnahme der Fassbinder-Filme beschränkt sich das Vorbild für Melodramen in Deutschland immer noch auf diese Heftchenliteratur, aber eben als Negativbild. Ohne allzu tiefgründig auf diese deutsche Zagheit gegenüber dem Melodrama eingehen zu wollen, scheint es uns doch geraten, wenigstens auf eine Ursache zu verweisen.

Der deutsche Tugend- und Erziehungskatalog ist traditionell männlich-soldatisch orientiert. »Deutsch« ist, stumm zu leiden. Lerne leiden, ohne zu klagen, das gilt als Ausweis echter Tapferkeit und wird vor allem den Mädchen und Frauen ans Herz gelegt. Besonders das Weinen, äußerer und äußerster Ausdruck von Schmerz und Trauer sowie Aufgabe und Erlösung zugleich, ist gesellschaftlich reglementiert. Die exzessive Darstellung dieser Gefühle in der Öffentlichkeit gilt als unangemessen. Die großen Glaubensgemeinschaften haben die Funktion der gemeinschaftlichen Leidbewältigung längst eingebüßt. Über Gefühle wird sowieso am besten geschwiegen. Man hat sie, denn das gehört sich – als gefühllos zu gelten ist allemal ein schwerer moralischer Fauxpas –, aber man redet nicht darüber. Und wer darüber redet, ist bestimmt depressiv oder er hat »ein Problem« mit sich. Allein den gesellschaftlich noch immer zu den Randgruppen zählenden Homo- und Bisexuellen wird das zugestanden. Die Befugten, die alle Arten von Gefühlen und Leidenschaften stellvertretend für die Eliten zur Sprache bringen dürfen, sind die deutschen Goldschnittpoeten. Kein Land mit einer derartigen Unzahl von Lyrikern, die allesamt kaum gelesen werden, auf die sich aber trefflich rückbesonnen werden kann, wenn es um Gefühle geht. Verschämt und im kulturellen Untergrund wurde und wird deshalb alle Art Trivialliteratur von einem Massenpublikum verschlungen, das nichts von der Existenz dieser Poeten weiß. Diese Lese-Ware fungiert als Ersatzbefriedigung für das gesellschaftlich geächtete ungehemmte Ausleben und Darstellen der leidenschaftlichen Gefühle. Eine Gefühlskultur, die allein darauf aus ist, Gefühle zu erziehen und zu bändigen und ihnen keinen Platz in der öffentlichen

Kommunikation zugesteht, eine solche Un-Kultur der Gefühle verhindert auch eine selbstbewußte und selbständige künstlerische Trost-Literatur. Für eine derartige Literatur ist kein Platz inmitten der »seriösen«, sie wird abgedrängt in ein Nischendasein. Selbst im alltäglichen Sprachgebrauch ist der Begriff »Melodrama« / «melodramatisch« negativ besetzt. Das deutsche Fremdwörterbuch verbindet damit abwertend: übertrieben, oberflächlich, grob und gekünstelt. Der Konsum des Melodramas wird in Deutschland verächtlich belächelt, wobei dabei gern übersehen wird, daß es sich um einen Massenkonsum handelt. Für die geschmacksbestimmende Elite ist das Melodrama suspekt, hat es doch nie seine kleinbürgerlich-proletarische Rückbindung verleugnet.

2

Die melodramatischen Geschichten

Leidenschaften und Leiden schaffen

Das Melodramatische ist eine besondere ästhetische Sicht auf die Wirklichkeit. Das Melodramatische ist keine lebensalltägliche Erscheinung. Wenn wir etwas melodramatisch nennen, dann meinen wir, daß das von uns so charakterisierte Ereignis, Geschehen, Verhalten uns so erscheint, als ob es einem Melodrama entstamme oder ihm ähnele.

Georg Seeßlen schreibt, das Melodrama sei eine bestimmte Art, eine Geschichte zu erzählen, sowie ein Auswahlprinzip für bestimmte Erzählinhalte.[1] Wir pflichten ihm bei und fügen nur noch hinzu: Das Melodrama ist ein ästhetisches Gestaltungsprinzip, um bestimmte Gefühle beim Zuschauer hervorzurufen.

Die menschlichen Gefühle wirken als Warnsignale vor Gefahren, die den einzelnen bedrohen. Sie sind Instrumente des menschlichen Handelns und willkürlicher wie unwillkürlicher Ausdruck der momentanen und grundsätzlichen Befindlichkeit des einzelnen in der Umwelt. Gefühle sind steuerbar, und sie sind es wiederum nicht. Gefühle überwältigen uns, und wir bringen sie bewußt ins Spiel. Wir sparen sie uns, und wir verströmen sie. Wir haushalten mit ihnen. Wir müssen uns zusammenreißen und unsere Gefühle erziehen. Der eine ist arm an Gefühlen, der andere ist reich daran. Gefühle können unterdrückt werden, und ihnen kann freier Lauf gelassen werden. Gefühle können wachsen und vergehen, können absterben und – wer hofft es manchmal nicht? – ewig währen.

Die Darstellung dieser so unterschiedlichen Befindlichkeiten und der mit ihnen verbundenen leidenschaftlichen Konflikte leistet das Melodrama. Das Melodrama fragt nicht danach, was Gefühle sind, das Melodrama definiert nichts. Das Melodrama besteht darauf, daß Gefühle und Leidenschaften uns in Not und Elend stürzen und uns in den siebten Himmel heben können, daß der Mensch himmelhoch jauchzend, zu Tode betrübt ist, daß er auf einer Gefühlswippe ohnegleichen balanciert. Die ausgeglichene Stellung dieser Wippe gibt es im Melodrama nur als Hoffnung. Das Melodrama erzählt vor allem davon, wie Gefühle eingeengt und beschnitten werden und wie sie sich dagegen erheben. Diese Gefühle, die immer nur als Gegensatzpaare empfunden werden – Liebe/Haß, Freude/Trauer, Hoffnung/Verzweiflung, Mut/Furcht und Lust/Unlust –, beginnen im Melodrama ein Eigenleben zu führen. Sie bekriegen sich und drohen in diesem Kampf den ihnen ausgelieferten Menschen zu zerstören.

Familiengeschichten

Der exklusivste Ort, an dem der Gefühlshaushalt des einzelnen am stärksten reglementiert, beansprucht und durcheinandergebracht wird, aber auch am meisten ausgelebt werden kann, ist zweifellos der europäische Familienverband mit der monogamen Ehe in seinem Zentrum. An diesem Ort fokussieren sich extrem viele externe Vorschriften und interne Regularien, die tief in die Gefühlswelt eingreifen.

Die Familie ist in starkem Maße gesellschaftlich gegründet und gleichzeitig eine individuell-persönliche Entscheidung. Dieser Widerspruch zwischen moralischer Fremdbestimmung und emotionaler Selbstbestimmung strukturiert jeden Eheverlauf und jede andere ähnliche Bindung. Jede dieser Art Zweisamkeit vollzieht sich immer inmitten weitläufigerer Familienbande, deren innerstes ideelles Zentrum doch wieder nur die monogame Ehe ist. Diese Institution Ehe ist aber nun seit mindestens 500 Jahren in den sich kapitalisierenden Ländern Europas und Amerikas ethisch-moralisch bestimmt durch das christliche Sakrament der Ehe, damit streng patriarchalisch ausgerichtet, erotisch problematisch eingedampft und sexuell verkümmert. Praktisch bestimmt wird diese Ehe durch das Wirken des objektiv gegebenen Erwerbszwangs. Diese doppelte Bindung hat eine Unzahl von zwar nicht immer kodifizierten, kulturell aber sanktionierten Eheregeln nach sich gezogen, die allemal ein reiches Konfliktpotential beinhalten. Wir erinnern nur an folgende Regeln und Regelverstöße, die allesamt eines ausblenden: die individuelle leidenschaftliche Selbstbestimmung:

Erlaubt ist: Alter Mann heiratet junges Mädchen;
verpönt ist: Junger Mann heiratet alte Frau;
erlaubt ist: Reicher Mann heiratet armes Mädchen;
verpönt ist: Armer Mann heiratet reiche Frau;
erlaubt ist: Häßlicher Mann heiratet schöne Frau;
verpönt ist: Schöner Mann heiratet häßliche Frau;
erlaubt ist: Akademiker heiratet Studentin;
verpönt ist: Student heiratet Akademikerin
usw.

All diese Beispiele bewegen sich auf einer einzigen soziokulturellen Ebene, der der bürgerlichen weißen Mittelschicht gleicher Konfession. Von ethnischen, kulturellen und religiösen »Misch«-Ehen ist hier noch gar nicht die Rede! Mit anderen Worten: Gerade die intimste Lebenssphäre ist am radikalsten mit Tabus besetzt. Dagegen geht das Melodrama an. Sein immer noch illegitimer Bruder, der Pornofilm, greift die noch viel rigideren sexualpraktischen Verbote an. Er zeigt – wenn er denn ein guter pornographischer Film ist – den schamvollen Aufbruch und dann, aber eben erst dann, die hemmungslose, leidenschaftliche und lustvoll erlebte sexuelle Selbstbestimmung. »Sex ist die Antithese zu materieller Gier. Habgier ist (...) ein unstillbares Verlangen und muß deshalb ständig gefüttert werden. Die eiserne Entschlossenheit habgieriger

Menschen, immer mehr zusammenzuraffen und zu besitzen, läßt nie nach, selbst wenn sie mehr haben, als sie brauchen, mehr als sie im Lauf eines Lebens konsumieren. Die Härte und das wachsame Auge, das stets auf der Suche nach mehr ist, sie sind die ständigen Begleiter der Habgier, und sie sind der Feind der Sexualität, die nach Offenheit, Entspannung und Hingabe schreit. In einer habgierigen Welt ist keine Zeit für Sexualität.«[2]

Nancy Friday weist hier auf einen interessanten Stoff und Konflikt hin, der melodramatischer Gestaltung offenliegt, sofern die noch gültige Unvereinbarkeit von sichtbarer Sexualität und melodramatischem Plot überwunden wird.

Am Körper und im Körper selbst haben die sexuellen Begehrlichkeiten ihren Ausgangs- und Endpunkt. Die Leidenschaften der melodramatischen Helden müssen auch in ihrer Körperlichkeit erkenntlich sein. Ihre sexuellen Praktiken und Phantasien müssen frei von allen Tabus werden. Auf dieser Ebene ist durchaus eine Versöhnung von Melodrama und pornographischem Film in der Zukunft zu denken. »*American Beauty*« ist, gleich wie mancher Film von Pedro Almodóvar, ein ernsthafter Versuch auf diesem Weg. Wir werden darauf zurückkommen.

Das Melodramatische und das Tragische

Traditionell wird das Melodrama in die Nähe des Tragischen gerückt, wohl auch deshalb, weil es oftmals schulterklopfend als die »Tragödie« für die niederen Schichten abgefertigt wird. Abgesehen von dieser fragwürdigen Klassifizierung lohnt aber durchaus ein vergleichender Blick auf Tragisches und Melodramatisches – einfach deshalb, weil beide ästhetischen Gestaltungsweisen von der Möglichkeit und Unmöglichkeit menschlichen Glücks sprechen. Wir wollen die Unterscheidung anhand des Vergleichs der beiden Heldenbilder vornehmen. Aus diesem Vergleich versprechen wir uns näheren Aufschluß über die strukturellen Eigenheiten des Melodramas.

Der tragische Held

Der tragische Held versucht des Schicksals Walten in der Welt nach seinen Vorstellungen aufzuhalten, zu verändern und schließlich gänzlich auszuschalten, da er letztlich das blinde Walten nicht akzeptiert. Der tragische Held handelt und entscheidet in Alternativen, er wägt ab und riskiert, er lebt und agiert in Übergängen von »Noch-« zu »Schon-«Situationen. Er bewegt sich in Öffentlichkeiten, die er für sich zu gewinnen trachtet, die er mobilisiert und die er lenken möchte. Der tragische Held versucht, das Schicksal zu packen. Tragödie heißt, den Helden zwischen zwei Wertsystemen zu zermahlen, hat er doch mutwillig ins große Räderwerk eingegriffen. Der tragische Held wählt sein Schicksal selbstbewußt und mutwillig im Wissen um diesen vermutlichen Ausgang.

Der melodramatische Held

Der melodramatische Held wird vom Schicksal erwählt und gepackt. Das Melodrama knüpft damit an eine grundsätzliche Lebenstatsache an: Der individuelle menschliche Lebensprozeß beginnt als Schicksal, d. h. ohne jedes Zutun des Betroffenen. Das Melodrama spinnt genau diese Ausgangssituation durch weitere Lebensetappen des von ihm erwählten Helden fort. Den melodramatischen Helden widerfährt etwas, und nun müssen sie mit diesem ihrem Schicksal in der Welt zurechtkommen – aber auf eine ganz eigene, eben »melodramatische« Weise. Der melodramatische Held will die individuelle Glückseligkeit im Kreise seiner Lieben. Er will ein Leben, in dem er seinen Gefühlen freien Lauf lassen kann – er ist sehnsüchtig nach Versöhnung, er ist märchensüchtig in einer wirklichen und kalten Welt. Der melodramatische Held ist so gesehen auch eine Wunschprojektion der weniger Begünstigten in einer Welt, die Gefühle verkauft und kauft, was sich halt nicht jeder leisten kann. Das Lebenskapital des melodramatischen Helden ist seine Sehnsucht. Seine Fähigkeit zur Leidenschaft ist sein besonderer emotionaler Haushalt.

Der melodramatische Weg ist eine Leidensgeschichte. Die für unseren Kulturkreis entscheidende Gestaltung einer solchen Leidensgeschichte ist die Passionsgeschichte, der Gang Jesu nach Jerusalem, der Gang zum Kreuz und zu seiner endlichen Erlösung.

Diese Aussage ist von grundsätzlicher Bedeutung für die Struktur und die Funktion des Melodramas. Das Melodrama erzählt eine der großen Menschheitsgeschichten. Das ist die Leidensgeschichte. Zugleich erzählt es die Geschichte einer möglichen Versöhnung dieser antagonistischen Strebungen. Das ist die Heilsgeschichte. Und zum dritten erzählt das Melodrama diese urchristlich orientierte Geschichte als jederzeit denkbare und wiederholbare Gegenwartsgeschichte.

Würde es nicht mißverständlich und abwertend klingen, würden wir gern vom Melodrama als dem allesverwertenden Genre sprechen. Das Melodrama ist in der Lage, die jeweils bedrohlichen lebensweltlichen Aktualitäten in sich aufzunehmen und, umgearbeitet zum Kunst-Schicksalsschlag, auf seine Helden niederfahren zu lassen. Das Melodrama kennt die Opfer und benennt die Zeche, die sie zu zahlen haben.

Die Dramaturgie des »Doppelhelden«

Auf eine literaturhistorische Besonderheit möchten wir an dieser Stelle hinweisen, auf Schillers Trauerspiele, koppelt er doch in seinen Texten melodramatische Helden mit tragischen Helden. Entweder treten sie als Kombattanten auf – Don Carlos und Marquis Posa, der melodramatische und der tragische Held –, oder er läßt sie zwar gemeinsam aufbrechen, entzweit sie dann aber, so den ins Weltgetriebe eingreifen wollenden plebejischen Juden Spiegelberg und Karl von Moor, den verstoßenen und enterbten Grafensohn und unglücklichen Liebhaber in *Die Räuber*. Diese wirkungsästhetische Strategie sicherte den Schillerschen Texten einen verblüffenden Publikumszuspruch.

Weiter lohnt sich ein gewiß spekulativer, aber erhellender Blick auf die berühmtesten deutschsprachigen Nachkriegsfilme im melodramatisch-historischen Gewande, auf *Sissi; Sissi, die junge Kaiserin* und *Schicksalsjahre einer Kaiserin.*

Die Kaiserin von Österreich-Ungarn war sicherlich die letzte schillernde Gestalt des deutschen Hochadels. Kaiser Franz Joseph I. entschied sich für sie, ohne sie auch nur annähernd zu kennen. Welche Verpflichtungen ihr vom Wiener Hof auferlegt wurden und wie sie ihrem Gatten zu dienen hatte, sprach Erzbischof Rauscher deutlich aus: »Vom Bodensee bis zu den Grenzen Siebenbürgens, vom Po bis an den Weichselstrand blicken achtunddreißig Millionen zu ihm auf und verlangen Schutz und Hilfe von seiner Kunst und Weisheit. Aber die Last, die auf seine Schultern gelegt ist, hat ein großes Opfer von ihm gefordert, er hat seine Jugend als Opfer dargebracht. Sie, Fürstin, sind berufen, ihm Erstattung für das Jugendglück zu geben ...«

Franz Joseph ist zu diesem Zeitpunkt 24, Elisabeth ist sechzehn. Sie kann dem höfischen Druck nicht standhalten und flieht für Jahrzehnte dem kaiserlichen Hof in Wien. Franz Joseph fügt sich ins gewohnte Regularium und vermißt seine Frau nicht sonderlich. Äußerlich geschmückt mit dem Titel »Kaiserin«, innerlich zerbrochen, streift Elisabeth durch das Europa des ausgehenden 19. Jahrhunderts. Noch hatte dieses emotional zerstörte Mädchen Kraft genug, ihr eigenes Leben zu führen, einsam zwar, aber bei sich bleibend, weil: »Sie hatte die außergewöhnliche Fähigkeit, außerhalb der Wirklichkeit zu leben, und eine ebenso außergewöhnliche Unfähigkeit, sich in der Wirklichkeit zurechtzufinden.«[3] Aus dieser hoch melodramatischen Lebenskonstellation ist kein vernünftiges Melodrama entstanden, ganz einfach deshalb, weil Elisabeth fälschlicherweise als Opfer, als melodramatische Figur aufgefaßt wurde. Ästhetisch ist aber Franz Joseph die melodramatische und Elisabeth die tragische Figur. Sissi verweigert sich, sie läßt sich nicht auf die herrschende Gesellschaft ein, sie entzieht sich, während die Figur des Franz Joseph, durchaus entgegen der historischen Wahrheit, zum bedauernswerten Opfer einer Idee, der des unwandelbaren Habsburger Reichs, umgeformt und erzählt werden müßte, wie er deshalb Sissi verliert. Zwei Lebenskonzepte würden hier aufeinanderprallen: das tragische Konzept der Frau und das melodramatische des Mannes.

Die melodramatischen Ingredienzen

Bei aller Nähe von Tragischem und Melodramatischem sind die Unterschiede doch entschieden wichtiger als die möglichen Übereinstimmungen. Die tragischen Konflikte entstehen kausal zwangsläufig und mit innerer Notwendigkeit aus dem Handeln der Konfliktparteien, während melodramatische Situationen jählings und zufällig, unvorhersehbar für die beteiligten Personen aufbrechen. Diese melodramatische Besonderheit möchten wir unter den Begriffen »Der melodramatische Schock« und »Der melodramatische Skandal« genauer erörtern. Sowohl der melodramatische Schock als auch der melodramatische Skandal sind für uns die zentralen dramaturgischen Bausteine des Melodramas.

Gleichfalls höchst unterschiedlich ist in beiden Dramaturgien das Spiel mit der Zeit. Das tragische Geschehen kennt nur eine Zeit, die objektiv gegebene, in der der Held sein Handeln vollbringen muß. Die Zeit läuft unerbittlich gegen den tragischen Helden, sie diktiert ihm den Takt seines Handelns. (Diese Technik ist von der Tragödie in den Thriller übergewandert.) Die melodramatische Zeit ist gänzlich anders strukturiert. Diese Zeit ist eine Zeit, die bestimmt wird von der jeweiligen emotionalen Spannung und dem damit verbundenen subjektiven Zeitgefühl der Helden.

a) Unter »melodramatischer Schock« verstehen wir den unerwarteten und jähen Zusammenbruch der objektiven Lebenslage der melodramatischen Helden und die damit einhergehende gleichzeitige brutale Zerstörung ihres Gefühlshaushalts; am besten wohl beschrieben mit dem geflügelten Wort: Erst himmelhoch jauchzend – dann zu Tode betrübt. So wird der melodramatische Held genregemäß ins Unglück gestürzt. Ins Glück gehoben wird er begreif-

licherweise mittels der gleichen Technik: Jetzt trifft die glückliche Botschaft, das Glückserlebnis wider aller Erwartung doch noch den fast zerstörten melodramatischen Helden und reißt ihn emotional augenblicklich nach oben. Beide Male aber bleibt dem Helden beinahe das Herz stehen. Beide Male kann er die Situation rational nicht fassen – er erliegt seinen Gefühlen –, und der Zuschauer tut es ihnen in diesen zentralen Momenten des Melodramas gleich. Der Zuschauer fühlt mit dem Helden. Hier, im Glutkern des Melodramas, muß der unbedingte Gleichklang der Empfindungen von Zuschauer und Held stattfinden. Im »Nachgang« kann das Melodrama nicht wirken, jedes Element der Geschichte muß augenblicklich seine Wirkung entfalten. Jede emotionale oder gar rationale Distanz des Zuschauers zum Helden zerstört den Wirkungsmechanismus des Melodramas und enttäuscht den Zuschauer, bringt ihn um seine Erwartungen. Wehe dem Autor, der das nicht berücksichtigt, ihm wird das beabsichtigte Melodrama gründlich mißraten.
Gerade diese Techniken beherrscht der genialste aller Melodramatiker, Fjodor M. Dostojewskij, in seinem Roman »Der Idiot« meisterhaft. Getrieben von einer alles beherrschenden Leidenschaft geraten seine Figuren in Grenzsituationen der menschlichen Existenz, die Wahl zwischen Leben und Tod, reiner Liebe und Prostitution, Verbrechen und Allesverzeihen. Dostojewskijs Figuren leben in den einfachen binären Widersprüchen von Gut und Böse, Liebe und Haß, Stolz und Demut, Selbsterhöhung und Selbsterniedrigung, unbändigem Lebenswillen und dem Trieb zur Selbstvernichtung. Dostojewskij reißt den Leser immer wieder aus der gleichförmigen Schilderung von Alltagsgeschehen durch eine plötzliche Handlungsballung in hochdramatische Szenen hinein, die sich in grandiose Skandale ausweiten.

b) Der »melodramatische Skandal« ist die letzte Waffe des melodramatischen Helden, und sie wird von ihm in dreifacher Weise genutzt:

- als der bewußt dargestellte und vollzogene Tabubruch in der Öffentlichkeit, das endliche Selbstbekenntnis;
- als das radikale Außer-sich-Sein des Helden in der Öffentlichkeit, der emotionale Amoklauf;
- als Flucht in die geheimnisvolle und rätselhafte Selbstzerstörung.

Diese Taten rühren die Zuschauer zu Tränen. Wie der Held sich von allen Zwängen befreit, so entlastet sich der Zuschauer von der quälenden Anspannung. Während der Held schon lachen kann, weint der Zuschauer noch. Oder: Während der Held glaubt, lachen zu können, weint der Zuschauer darüber, daß der Held glaubt, lachen zu können. Auf jeden Fall verlangt das Melodrama danach, daß Befreiung und Gefangenschaft, daß Hoffnung und Verzweiflung ineinander überfließen.
Eine interessante Variation der beschriebenen Möglichkeiten des melodramatischen Skandals ist in den Schlußsequenzen von *Endstation Sehnsucht* und, daraus entlehnt, in *Sunset Boulevard* zu sehen. Die jeweiligen melodramatischen Heldinnen sind beide so sehr in ihren realitätsfernen Sehnsuchtsträumen verfangen, daß sie glauben, einen großen öffentlichen Auftritt zu haben, der ihr Schicksal zum Guten wendet. In Wahrheit werden sie als Irrsinnige bzw. Mörderin abgeführt. Diese Variation treibt das Melodrama an den äußersten Rand seiner Möglichkeiten, spaltet sich doch die Zuschauerteilnahme an diesem Punkt bereits in zwei konkurrierende Reaktionen: Mitleid mit der betroffenen Figur und rationale Reflektion des Ursachengeflechts für das zu bemitleidende Schicksal, ob es als selbstverschuldet zu deuten ist oder eben nicht.
Die Geschichte wird plötzlich für den Zuschauer mehrdeutig. Sie wird hinterfragt, nicht mehr allein auf der Bedeutungsebene »Melodrama« rezipiert – und schon entstehen mehrere Interpretationsmöglichkeiten im Kopf des Zuschauers.
Fraglos ist das die Grenzlinie des melodramatischen Schreibens. Auf ihr sollten nur diejenigen balancieren, die

das Genre im Handgelenk haben und mittels des Genres und seiner Eigentümlichkeiten eine Botschaft vermitteln wollen, die zwar die Grenzen des Genres sprengt, dabei aber auch die Zuschauer mitnimmt, die sonst allein dem Melodrama und seinen – zweifellos eingeschränkten – Botschaften nachhängen. Wir werden auf derartige Melodramen unter dem Stichwort des »trostversagenden Melodramas« zurückkommen.

c) Die Bewegungsform des Melodramas ist der blitzschnelle Wechsel von der lebensalltäglichen, normalen Zeit in die »melodramatische Zeit«. Die melodramatische Zeit ist ein subjektives Zeitempfinden. Sie ist eine gefühlte Zeit, die schlagartig und unvermutet alle vorhergegangene Zeiterfahrung im Helden auslöscht. Im Moment des Schocks steht die Zeit für den Helden still, im Moment des melodramatischen Skandals rast sie im Empfinden des Helden. In beiden Fällen ersehnt der melodramatische Held eine wie auch immer geartete Erlösung von diesen zwei ungewöhnlichen Zeitempfindungen. Das Melodrama hält hierfür, und das ist eine seiner Raffinessen, mehrere Möglichkeiten bereit.
Für den melodramatischen Skandal kommen in Frage:

- die Hochzeit des endlichen Ausbruchs, der radikalen Selbstverkündigung, des prophetischen Schwungs. Diese Verkündigungszeit soll ewig dauern, hofft der Held;
- im Durchleben des skandalösen Moments sehnt der melodramatische Held einen Augenblick der endlichen Ruhe herbei, da ihn die Veröffentlichung seines Leids zu zerreißen droht. Der verletzliche Held sehnt sich nach einer anderen Zeit, einer Fluchtzeit, in der er bei sich ist, ohne den Zwang, die anderen ertragen zu müssen;
- der Moment der öffentlichen Entblößung erschreckt den Helden, und er wünscht, der Augenblick möge sekundenschnell vorüberziehen und die Normalzeit solle wieder ticken. Wenn er das wünscht, rutscht aber der melodramatisch gedachte Held ins Genre des Komischen ab, und er landet in einer peinlichen Situation.

Für den melodramatischen Schock kommen in Frage:

- die bleierne Zeit verewigt sich im Helden und lähmt ihn. Er läßt sich treiben bis zum Entschluß, der Zeit zu entfliehen, die auf ihm lastet – er wählt den Suizid, um die Zeit zu beenden;
- die Blitzzeit A blendet alles Zeitempfinden beim Helden aus. Der melodramatische Held bleibt im Moment des Schocks gefangen, der Moment des Schocks bannt alle seine Aktivitäten – der Held wird wahnsinnig;
- die Blitzzeit B offenbart dem Helden eine neue Zeiterfahrung, läßt ihn die Vergänglichkeit seines bisherigen Tuns erkennen und ermöglicht ihm ein Innehalten, ein Umkehren.

Diese Zeitverschiebungen und die daraus folgenden Reaktionen sind nicht unähnlich den Verlaufsformen manisch-depressiver Erkrankungen. Die annähernde Parallelität von Melodrama und psychischen Krankheitsverläufen ist keineswegs zufällig: Das Melodrama erzählt vom schmerzhaften Leiden des einzelnen an der Gesellschaft, dem normierenden, befehlenden und dem bestrafenden Ungeheuer – dem Leviathan.

Aber in diesen melodramatischen Zeitenwechsel ist auch eine tröstliche Option eingeschrieben. Diese Variante weist ideengeschichtlich zurück auf die spannungsvolle Konfrontation von Leidens- und Heilsgeschichte in der christlichen Botschaft. Die Spannung zwischen Schmerz und Trost ist dem Genre Melodrama eingeschrieben. Die kommunikative Funktion des Melodramas ist eine christliche. Dem Melodrama ist ein erlösendes Weinen, ein erlöstes Weinen und ein befreites Weinen funktional zu eigen.

Hellmut Plessner formuliert das Prinzip des melodramatischen Wirkungsgesetzes unübertrefflich: »Wesentlich für den Eintritt des Weinens ist der plötzliche Übergang von gespannter zu gelöster Haltung. Wer durch das Leben dazu gebracht worden ist, mit Feindschaft und Mißgeschick, Enttäuschung und Niedertracht zu rechnen und doch den Kampf um die eigene Sache und das eigene Glück nicht aufgibt, wird das plötzliche Nachlassen des erwarteten Weltdrucks vor Bildern und Werken der Natur und Kunst, vor Kindern, in der Kirche, in der Liebe doppelt ergreifend und übermannend empfinden.«[4]

Dieses Weinen ist das wirkliche melodramatische Weinen, das weich macht und überwältigt.

3

Die öffentlichen Schmerzensorte und ihre Skripts: Der Weg von Jerusalem über Paris nach Hollywood

All diese Prediger, die die Massen in Bewegung setzten, bedienten sich mit Vorliebe der Trivialität. Sie wollten, daß jeder, der sie hörte, in Tränen ausbrach, sie waren darauf aus, den Grund der Seele zu erreichen, die tiefsten Triebfedern des Gefühls als Auslöser der großen kollektiven Bekehrung (…) ihre nicht enden wollende Eloquenz [zeigte] dem Volk ein brüderliches und rührendes Bild Christi, um es ins Innerste der Seele zu prägen (…) Die Bühnenspiele richteten sich nicht an den Verstand. Ihr Ziel bestand darin, Gefühle auszulösen, im Gewissen die seligmachende Rührung und die heilbringende Furcht zu wecken.«[5]

Dieses mittelalterliche öffentliche Gefühlsbad endete schlagartig in dem historischen Moment, in dem das christliche Weltbild in seinen äußeren Grundfesten zusammenbrach, als der erste Ansturm eines rationalistischen Sehens, Denkens und Wirtschaftens Europa revolutionierte. Aber die ideellen Versprechungen, die mit diesem Gesellschaftswandel einhergingen, lösten sich nicht ein, und im 19. Jahrhundert präsentierten die politisch Unterdrückten und die wirtschaftlich Benachteiligten die Rechnung. Die ästhetische Ausführung dieser Rechnung ist das uns bekannte Melodrama.

Das erzählerisch-romaneske, das theatralische und das filmische Melodrama sind entstanden und massenhaft wirksam geworden an der historischen Schnittstelle zwischen Kirche, Theater und Kino unter dem Eindruck rasender Kapitalisierung und unter dem Einfluß sozialromantischer Weltentwürfe und urchristlicher Restitutionsversuche.

Die Geschichte des Melodramas ist eine Geschichte des 19. Jahrhunderts, wie wohl überhaupt der Film eine verwirklichte Sehnsucht des 19. Jahrhunderts ist. Die Erfindung des Films und der Aufstieg des Melodramas sind nahezu parallele Entwicklungen. Die Kinos werden die »Ersatz–Kathedralen« des von Gott verlassenen und dennoch von seiner Botschaft nicht lassenden enttäuschten Kleinbürgers. Die Melodramen werden zur säkularisierten modernen Heilsgeschichte, und ihre Aufführung wird zur Andachtsfeier. Die Dauerexistenz des Melodramas in den katholischen Ländern Spanien (von Buñuel und Bardem bis Almodóvar) und Italien (der Neorealismus und Visconti) beweist, daß das Melodrama in öffentlicher Opposition zu den noch alltagsmächtigen katholischen Tabus gerade auf der Folie der urchristlichen Botschaft glänzend funktioniert.

Das Kino hat, indem es zur Heimstatt des Melodramas wurde, dem Theater das Wasser abgegraben, da das Publikum des theatralischen Melodramas geschlossen den Weg ins Kino antrat, um dort auf unvergleichlich herzerweichendere Weise seine Leidens- und Sehnsuchtsgeschichten erleben zu können. Hier bedarf es eines kurzen Blicks auf die Oper. Die Oper hat sich sehr schnell des entwickelten Melodramas als librettistische Grundlage versichert und es damit für das gehobene Publikum gesellschaftsfähig gemacht. Und sehr bald sind dann auch Anregungen aus dem Opernbereich in das Film-Melodrama weitergewandert. Die großen historischen Melodramen von Visconti bezeugen es eindrücklich. Das Melodrama hat eine besondere Affinität zum Nonverbalen, sind doch Gefühle oft nicht in Worte zu fassen. So ist natürlich der Film, wie eben auch die Oper, als Medium fürs Genre prädestiniert. Soll Unausgesprochenes und Unaussprechliches dargestellt werden, dann triumphiert der Film über das Schauspieltheater durch die Großaufnahme, das Abtasten der leidgeprägten Gesichter seiner melodramatischen Helden: die Tränen der Falconetti, die tränenumflorten (weichgezeichneten) Augen der Bergman, die erschrocken-sehnsuchtsvollen Blicke der Samoilowa – da kann kein Theater gegenhalten. »Wir brauchten keinen Dialog. Wir hatten Gesichter«, sagt NORMA DESMOND in *Sunset Boulevard*. Dieser Satz bezieht sich zwar auf die Opposition Stummfilm-Tonfilm, trifft aber erst recht auf das Verhältnis Theater-Film zu.

Das Melodrama funktioniert auf zwei verschiedenen Ebenen, einerseits ist es ein Tresor, der die großen, reinen, überzeitlichen Gefühle birgt und schützt, und andererseits ist das Melodrama der kollektive Fluchtpunkt der gesellschaftlich Bedrängten. Im Melodrama wird der Traum vom erfüllten Leben geträumt, und deshalb muß es zuerst die gesellschaftlich virulenten psychischen und physischen Defekte thematisieren, um dann das Leben entgegen allen Depressionen als lebenswert zu preisen.

Welches waren die großen gesellschaftlichen Veränderungen, die im 19. Jahrhundert mehr oder weniger stark in die Gefühlswelt der städtischen Bevölkerung eingriffen, so daß das Melodrama auf seiner passionsgeschichtlichen Basis weithin wirkungsvoll und erfolgreich werden konnte? Welche Defekte sind in den proletarischen und kleinbürgerlichen Lebenswelten des 19. Jahrhunderts auffindbar, und welche Sehnsüchte rufen sie bei den Betroffenen auf den Plan?

1. »Vor hundert Jahren (d. i. 1850; d.V.) erlebte eine ganze Klasse von Menschen eine Katastrophe, weil sie ihre inneren Regungen zu ignorieren und zu unterdrücken trachteten. Aber der Grund, warum sie das taten, ist durchaus einsichtig. Sie versuchten auf diese Weise mit der Verwirrung zwischen öffentlichem und privatem Leben zurechtzukommen. Wenn sich jede Gefühlsregung sogar Fremden unwillkürlich offenbart, dann besteht der einzige Schutz, keinerlei Gefühle – und vor allem keine sexuellen Regungen – zu entwickeln. Das war ganz einfach der Versuch, sich vor anderen zu schützen – einen Schutz zu finden, der angesichts der Psychologisierung des öffentlichen Lebens geradezu lebensnotwendig wurde.«[6]
Diese Erfahrung mag für manche bürgerliche und viele

kleinbürgerliche Kreise von Relevanz gewesen sein und ist es heute noch.

2. Für die kleinbürgerlichen und proletarischen Frauen verdoppelte sich alles soziale Leid zudem ins biographische Desaster: »Oft bleibt nichts Greifbares von einem Frauendasein übrig. Das Essen, das sie gekocht hat, ist verzehrt; die Kinder, die sie aufgezogen hat, sind in die Welt hinausgegangen (...) Ihr Leben hat eine Anonymität ...«[7] Die doppelte Ausbeutung der Frau im 19. Jahrhundert führte zwangsläufig zu dem frühsozialistischen Ideologem: »Der Grad der weiblichen Emanzipation ist das natürliche Maß der allgemeinen Emanzipation.« (Fourier)
3. Die Gefühle und Leidenschaften werden zu Waren auf dem modernen Markt. »In Paris sind echte Gefühle die Ausnahme, sie zerbrechen im Spiel der Interessen, werden im Räderwerk dieser Maschinenwelt zermalmt; die Tugend wird verleumdet, die Unschuld verschachert; die Leidenschaften haben verschwenderischen Launen und dem Laster Platz gemacht, alles wird verkauft und gekauft. Es ist ein Basar, in dem alles seinen Preis hat und die Berechnungen stellt man ohne Scheu am hellichten Tag an.«[8] Folglich ist das originäre Melodrama sujetmäßig an die Metropolen gebunden. Die Metropolen werden zu Jahrmärkten der Leidenschaften, geheuchelten wie echten. Wer kann da unterscheiden? Hier hilft das Melodrama.

Die sozialromantische Sicht oder: Der Traum vom einfachen Leben

Obgleich die realen Leidenserfahrungen der unteren Schichten und fast aller Frauen sich nicht mehr bruchlos christologisch kanalisieren ließen, thematisieren die Melodramen diese Probleme auf der Folie der Heils- und Leidensgeschichte des Neuen Testaments. Die Melodramen halten am christlichen, also trostspendenden Gnadenbegriff fest, entwinden ihn jedoch der Amtskirche und verweltlichen ihn radikal. Stukturell-narrativ bleibt das Melodrama aber ganz eng an den Evangelien.

Besonders das Lukas-Evangelium ist, vertritt es doch konsequent Gütergemeinschaft und die soziale Gleichberechtigung der Frauen, die entscheidende Folie, auf der das Melodrama im 19. Jahrhundert entworfen und verstanden wird. Durch die umfassende Säkularisierung wird das Neue Testament entgegen seiner ideellen Bedeutung zum Roman »umgelesen«.

Auffällig ist dabei – und das ist für das Melodrama von konstitutiver Bedeutung – die Psychologisierung des Jesus von Nazareth. Im Glauben an die bewirkende Kraft des großen einzelnen Wundertäters wird die religiöse und philosophische Bedeutsamkeit aus der Sinngeschichte des Passionsgeschehens gnadenlos ausgeblendet und reduziert auf das Wunder der intimen Begegnung mit dem Heilsbringer, der die Beladenen in seine Gnade aufnimmt, sich ihnen zuwendet.

Das Melodrama verkündigt also kein gesellschaftspolitisches Programm und propagiert keine dezidierten weltanschaulichen Systeme. Es versucht, hinter den Sozialrollen und ideologischen Masken seines Personals die menschliche Substanz zu entdecken und zu befreien. Das Melodrama will die Masken- und Rollenzwänge im gesellschaftlichen Verkehr überwinden helfen. In dieser kritischen Funktion ist es dem urchristlichen Menschenbild und der Verkündigung der Bergpredigt sehr nahe. Die Bergpredigt und ein sehr »vermenschlichter« Jesu sind zwei Fixpunkte melodramatischer Weltbetrachtung. Aus diesem Fundus entstammen einige der wesentlichen Stereotype und Versatzstücke des melodramatischen Schreibens:

Der Schicksalsweg:

- das Geheimnis der Vorausbestimmung;
- die Versuchung, sich des Weges zu entziehen;
- das geoffenbarte Wunder;
- die schließliche Unbedingtheit des Weges bis zu seinem Ende.

Das barmherzige Opfer:

- die unbedingte Bereitschaft zum Selbstopfer und zur praktischen Barmherzigkeit;
- die Bereitschaft, ein fremdes Schicksal auf sich zu nehmen und zugleich sein eigenes Schicksal als Passion zu tragen.

Die Probe:

Zuwenden zu dem anderen und Abwenden von dem anderen um des Weges willen, das ist die entscheidende Aufgabe auf dem Weg: Sie wandten sich einander zu und erkannten sich. Sie wandten sich voneinander ab und sahen ihren Weg vor sich. Und sie gingen, jeder für sich.

4

Träume und Defekte – Skandale und Schocks

»… die Ersetzung des Seins durch Haben, dies ist es, wogegen die Helden des Melodramas sich wehren.«

Georg Seeßlen

Anhand der Kurzanalyse dreier theatralischer Melodramen aus drei Jahrhunderten und aus drei unterschiedlichen Kulturkreisen wollen wir die erzählerisch-dramaturgischen Essentials des Genres, die grundlegenden Verfahrensweisen zum Hervorrufen von Tränen und Schmerz, Rührung und Mitleiden herausschälen. Die drei Beispiele sind Lessings bürgerliches Trauerspiel *Miß Sara Sampson* (1755), das Drama *Die Kameliendame* (1852) von Alexandre Dumas-fils und das Stück *Endstation Sehnsucht* (1947) von Tennessee Williams.

Das bürgerliche Trauerspiel

Das bürgerliche Trauerspiel ist für uns deshalb der unmittelbare Vorläufer für alles melodramatische Schreiben, weil hier erstmals die Konflikte »bürgerliche Ehe/heiliges Sakrament der Ehe, Gefühlshaushalt/Finanzhaushalt« ausgetragen werden. Im Zerfall der traditionellen Familie, mit dem Hausvater an der Spitze einer intakten häuslichen Wirtschaft und einer strengen Geschlechter- und Generationenhierarchie, spielen sich leidvolle Emanzipationskämpfe ab. Einerseits entwickelt sich ein neues Familienmodell, ganz dem zentralen Leitspruch der modernen bürgerlichen Wirtschaftsethik verpflichtet: »Bedenke, daß Geld von einer zeugungskräftigen und fruchtbaren Natur ist. Geld kann Geld erzeugen, und die Sprößlinge können noch mehr erzeugen und so fort.«[9] Andererseits entwickelt sich parallel dazu ein kräftiges individuelles Liebesverlangen, das sich in der selbstbestimmten Liebesheirat erfüllen soll.

Miß Sara Sampson von G. E. Lessing

Lessing erzählt die Geschichte eines Mädchens, das ohne den Segen ihres Vaters mit einem Mann das väterliche Haus verlassen hat. Die Tochter hat die väterlich-familiäre Sicherheit im Überschwang der Gefühle eingetauscht gegen das nebulöse Eheversprechen ihres ersten Liebhabers. Dieser Liebhaber nun, der frauenerfahrene MELLEFONT, ist sich seines Gefühls gegenüber SARA so sicher gar nicht – aber noch fesselt sie ihn. SARA ist bedingungslos mit MELLEFONT mitgegangen, aber eines erwartet sie umgehend von ihm: die himmlisch sanktionierte Ehe, nicht um öffentlich reputierlich zu erscheinen – sie räumt ihrem Geliebten sogar ein, sie dritten gegenüber als Ehefrau zu verleugnen –, sondern um einzig und allein ihr Gewissen zu beruhigen. Die Ehe ist für SARA ein Liebesversprechen zweier Menschen vor dem unsichtbaren, aber allgegenwärtigen Gott und keine bürgerlich-öffentliche Institution und Konvention. Sie drängt besonders deshalb auf die schnelle Heirat, weil sie einen Alptraum hatte. In diesem Traum stieg sie hinter MELLEFONT im Hochgebirge bergan und hörte plötzlich hinter sich die Stimme ihres Vaters. Als sie sich zu ihm umdrehte, glitt sie aus, wurde aber von einer ihr ähnlich sehenden Frau aufgehalten. Aber im Moment der scheinbaren Rettung zog diese ein Stilett und stach auf SARA ein.

Dieser Traum vereinigt in sich zwei Eckpunkte des heutigen melodramatischen Erzählens – den Furchtpunkt und den Lebenstraum. Und SARA sieht sich in der klassischen Konfliktkonstellation, in der der melodramatische Held entscheiden muß: hier die bekannte Familie und dort der unbekannte, aber lockende Fremde.

MELLEFONT verschiebt die sofortige Eheschließung mit dem Vernunftargument, daß er erst nach Klärung eines komplizierten juristischen Sachverhalts das notwendige Geld aus einem ihm zur Hälfte zustehenden vetterlichen Vermächtnis in Empfang nehmen könne – und ohne dieses Geld könne er SARA nicht den notwendigen Lebensstandard sichern.

Die zwei miteinander im Konflikt stehenden Lebensinteressen der beiden Hauptfiguren sind deutlich etabliert: die Sehnsucht der SARA, in einer Welt reiner und hoher Gefühle leben zu wollen, und das Streben MELLEFONTS, in der irdischen Welt begütert dazustehen. Für die Frau ist das befreite Ausleben der Gefühle, für den Mann die Freiheit von materiellen Zwängen das Lebensziel. Die Unvereinbarkeit liegt auf der Hand, das weitere dramatische Geschehen und die endliche Katastrophe soll uns weinen machen. Für die Katastrophe braucht Lessing einen dritten, der die Situation verschärft. Das könnte einerseits SARAS Vater sein, besser aber ist die Idee Lessings, aus dem bisherigen Leben des MELLEFONT eine ehemalige, aber weiterhin um ihn buhlende Geliebte und deren Tochter ins Spiel zu bringen.

Das melodramatische Personal ist etabliert, und eine weitere Spielregel des Melodramas eingeführt: Melodramatische Figuren können ihrer Vergangenheit nicht entfliehen, die Sünden der Vergangenheit ruinieren Gegenwart und Zukunft.

MELLEFONT erhält einen Brief von seiner letztverflossenen Geliebten, der MARWOOD, worin diese ihn zu einem Gespräch bittet. Hierbei intoniert die MARWOOD die gesamte Gefühlsklaviatur, um MELLEFONT wieder für sich zu gewinnen. Sie erfindet alle Facetten des melodramatischen Spiels in ihrem Rollenspiel – sie nutzt alle Leidenschaften, die sie herzeigt, für einen einzigen Zweck: »Haben«! So wird ihr »Sein« zum immerwährenden Rollenspiel, ohne zu einer endlichen glücklichen Selbstberuhigung zu führen. Damit ist sie die radikale Gegenfigur zur SARA, und damit gehört sie auch zum archetypischen Figurenarsenal des späteren Melodramas. In ihrem Spiel mit MELLEFONT umfasst das Repertoire der MARWOOD sechs Rollen.

Die erste Rolle: die großmütige, mitfühlende, liebend-verzeihende Frau;

die zweite Rolle: die sich für den anderen aufopfernde, auf alles eigene Glück verzichtende Frau;

die dritte Rolle: die mitleidheischende sorgende Mutter samt bittendem Kind.

MELLEFONT unterliegt diesem Gefühlsangriff, und mit dem Versprechen, der MARWOOD zu willfahren, geht er ab. Die MARWOOD triumphiert. Doch gleichsam auf dem Absatz hat MELLEFONT sich eines anderen besonnen. Er kehrt zur MARWOOD zurück, ihr mitzuteilen, daß er von Sara nicht ablasse. Die MARWOOD steigert sich daraufhin in drei weitere Rollen:

die vierte Rolle: die wahnsinnige Kindsmörderin;

die fünfte Rolle: die wild entschlossene Selbstmörderin;

die sechste Rolle: die zur Vernunft kommende, sich in ihr Schicksal fügende ergebene Büßerin.

MELLEFONT scheint die MARWOOD niedergerungen zu haben. Und auch SARAS Vater erklärt in einem Brief, daß er ihr vergibt, in die Heirat SARAS einwilligt und das Paar in das väterliche Haus aufgenommen sein soll. Der Brief wird überbracht, und SARA badet sich in der Erwartung, eine reumütige Tochter und eine geliebte honette Ehefrau zugleich sein zu können. MELLEFONT hingegen bekennt ganz unverblümt eine andere Hoffnung: »Ich möchte gern gegen die ganze Welt mit Ihnen prahlen. Und wenn ich auf den Besitz einer solchen Person nicht eitel wäre, so würde ich mir selbst vorwerfen, daß ich den Werth derselben nicht zu schätzen wüßte.«

MELLEFONT steckt in der Gefühlsfalle. Seine Leidenschaft zu SARA ist gemischt mit einer narzißtischen Angst vor seiner Einhegung in die Familie, und zudem zweifelt er an der Standhaftigkeit seines Liebesgefühls angesichts vieler anderer junger Mädchen. So überläßt er auch der MARWOOD das Feld, als diese in der Maske einer fernen Verwandten MELLEFONTS noch einmal SARA besucht. Sie erzählt der SARA in verschleierter Form die Geschichte ihrer Liaison mit MELLEFONT bis hin zu drei unmittelbar aufeinanderfolgenden Schicksalsschlägen: MELLEFONT ist Vater! MELLEFONT liebt die MARWOOD noch! Sie selbst ist diese MARWOOD! Unter diesen Schlägen bricht SARA im Schock zusammen. Sie sieht sich zurückversetzt in ihren Anfangstraum und erkennt in der MARWOOD jetzt die Frau, die den Dolch gegen sie zückte.

Und es kommt, wie es zwangsläufig kommen muß. Der MARWOOD gelingt es, SARA unbemerkt zu vergiften. Aber im Sterben verzeiht SARA MELLEFONT alles. Sie stirbt, nicht ohne vorher ihrem Vater den Geliebten als Sohn ans Herz gelegt zu haben. Das ist für MELLEFONT dann doch zuviel – aber bevor er sich ersticht, bittet er SARAS Vater, seine Tochter ARABELLA ins Haus zu nehmen. SIR SAMPSON tut es und hat so nun wieder eine Tochter. Seine häusliche Bilanz ist ausgeglichen.

SARA hinterfragt ihre Liebe zu MELLEFONT nicht, wohl aber fragt sie MELLEFONT, ob er sie genauso unbedingt liebe wie sie ihn, denn wenn nicht, das schwingt immer mit, würde SARA sich töten müssen. Das ist entscheidend fürs Genre. Der melodramatische Held scheitert an den anderen, weil sie zu der emotionalen Unbedingtheit des Helden keine Einstellung finden. Die Maßlosigkeit der Gefühle erschreckt die anderen Personen und überfordert sie emotional. Das macht den Zuschauer traurig und hilflos und warnt ihn zugleich vor eigenen exzessiven Leidenschaften.

Die Modernisierung des bürgerlichen Trauerspiels – Das klassische Melodrama *Die Kameliendame* von Alexandre Dumas-fils

Dumas erzählt, wie sich ein junger Mann aus der Provinz in eine stadtbekannte Schönheit der Pariser Halbwelt verliebt und mit dieser alle Höhen und Tiefen eines gemeinsamen künftigen Lebens teilen will – zum Entsetzen seines Vaters, der die Geliebte überredet, auf seinen Sohn zu verzichten. Die Geliebte gibt nach, glaubt aber, um sich selbst wie auch den jungen Mann vor jedem Liebesrückfall zu bewahren, den Geliebten in den Wahn stürzen zu müssen, sie habe ihn permanent betrogen. Aus der Liebe zu ihr soll Haß werden. Soweit die dramatische Grundidee des Stücks.

Zu *dem* Grundmodell des Familienmelodramas wird der Text jedoch im besonderen Maße durch die konsequente Nutzung aller in diesem Plot beschlossenen emotionalen Umschwünge. Dabei verzichtet Dumas auf jedwede äußerliche Intrige, das Geschehen entwickelt sich allein aus den Leidenschaften der handelnden Personen und aus dem ihnen vorab auferlegten Schicksal.

Die melodramatische Schicksalsgeschichte liegt ganz allein in dem So-Sein der Figuren und ihrem leidenschaftlichen Aufeinandertreffen begründet und in der Unmöglichkeit, ihren gemeinsamen Traum zu verwirklichen.

Erster Akt

MARGUERITE, dreiundzwanzigjährig, einstmals Näherin, ist eine erfolgreiche Kokotte, ausgehalten von einem Herzog, der in ihr eine lebendige Erinnerung an seine jung verstorbene Tochter sieht.

Aber auch MARGUERITE ist krank, tuberkulös. Sie ist also zweifach schicksalhaft gezeichnet. ARMAND DUVAL, Sohn eines hohen Provinzialbeamten, ist heftig verliebt in MARGUERITE, aber bisher zu schüchtern gewesen, sich ihr mit einem Geständnis zu nähern. Außerdem verfügt er über keine erklecklichen Geldmittel, da er sich mit einer kleinen väterlichen Unterstützung bescheiden muß.

Während einer intimen Abendgesellschaft im Hause der MARGUERITE treffen beide erstmals aufeinander. Da wird MARGUERITE von einem ihrer tuberkulösen Hustenanfälle gepackt. ARMAND nähert sich ihr voller Mitgefühl und Sorge in diesem Moment körperlichen Schmerzes und trüber Todesahnungen. Er versichert sie seiner heiligen Liebe und fleht sie an, ihren Lebensstil radikal zu ändern, zusammen mit ihm ein ruhiges Glück fern ihrer bisherigen Lebensumwelt zu suchen.

MARGUERITE charakterisiert ARMAND in diesem ersten Gespräch treffend: »Sie haben ein gutes Herz. Sie bedürfen der Liebe, doch sie sind zu jung und zu gefühlvoll, um in unserer Welt zu leben. Setzen sie sich auf die nächste Post und retten sie sich.« Damit ist auch ARMAND DUVAL als ein außergewöhnlicher Charakter und als ein geeigneter melodramatischer Mitspieler gekennzeichnet.

Eine wirkungsvolle doppelte Bedrohung ist etabliert: MARGUERITE ist tödlich bedroht durch den Tuberkel-Bazillus und ARMAND durch ein realitätsfernes Übermaß an mitfühlender Leidenschaft und Besessenheit auf sein Objekt. Darüber hinaus werden zwei sich wechselseitig ausschließende Lebenswelten und Biographien gegenübergestellt: Halbwelt und Provinz; der unberührte Jüngling und die befleckte Frau; der Gesunde und die Kranke.

Doch ARMAND ist MARGUERITE bereits verfallen, und auf seine Gretchenfrage: »Sie haben also nie Jemand geliebt?« erhält er die sehnlichst erhoffte Antwort »Nie!« ARMAND ist beglückt, weil er – ohne MARGUERITE eigentlich zu kennen – in Liebe zu ihrer seelischen Existenz entflammt ist, während er ihre Körperlichkeit kaum reflektiert und offenbar nicht sonderlich begehrt. Sexuell besessen ist ARMAND nicht. Diese Asexualität ist wichtig, um das Entscheidende des Melodramas gestalten zu können: den Tabubruch. Den begeht ARMAND auf extreme Weise: Er liebt die Seele einer Kokotte, die laut Konvention natürlich gar keine haben kann.

Zweiter Akt

MARGUERITE entscheidet sich für eine zeitlich begrenzte ländliche Idylle mit ARMAND, obwohl sie nicht weiß, ob ihre Beziehung zu ihm eine Leidenschaft oder nur eine Laune ist. Doch diese Landpartie kostet Geld. ARMAND hat keins, und ihrem Gönner, dem Herzog, verschweigt sie, daß sie mit einem Geliebten aufs Land zieht. So muß sie das erforderliche Geld von einem ihrer potentiellen Liebhaber erbitten. Sie eröffnet ARMAND, daß sie mit ihm den Sommer auf dem Lande verbringen wird. ARMAND verläßt hochgestimmt MARGUERITE – aber in diesem Moment sieht er den Grafen, den sich MARGUERITE als Geldgeber erkoren hat, das Haus seiner Geliebten betreten, obwohl MARGUERITE ihm gerade noch versichert hatte, keinen Herrenbesuch mehr zu erwarten. Noch während MARGUERITE mit dem Grafen verhandelt, trifft ein Brief von ARMAND ein: »Verzeihen Sie mir mein einziges Unrecht, das, nicht Millionär zu sein, und vergessen wir beide, daß wir uns gekannt haben und daß wir einen Augenblick glaubten, uns zu lieben.« MARGUERITE »zuckt« unter dem Schlag zusammen, faßt sich aber und fordert den Grafen auf, sie zum Souper einzuladen. Doch bevor sie aufbricht, trifft die flehentliche Bitte ARMANDS ein, sie sofort sehen und sprechen zu dürfen. MARGUERITE zögert keine Sekunde, den Grafen in die Nacht hinaus zu verabschieden und ARMAND erneut zu empfangen. Die Gemüter sind hinreichend erhitzt, die Zeit der tiefsten gegenseitigen Geständnisse ist angebrochen.

ARMAND: »Du bist meine ganze Hoffnung, mein einziger Gedanke, mein ganzes Leben bist du!« MARGUERITE: »Einen Augenblick baute ich wie eine Wahnsinnige meine ganze Zukunft auf deine Liebe; ich träumte von dem Landleben, von reiner Liebe, ich erinnerte mich meiner Kindheit, denn, was man auch geworden ist, eine reine Kindheit hat man doch gehabt. Das hieß das Unmögliche wünschen.«

ARMAND: »Wir sind jung, wir lieben uns, folgen wir unserer Liebe!«

MARGUERITE: »Täusche mich nicht, Armand, bedenke, daß eine gewaltsame Aufregung mich töten kann; bedenke wohl, wer und was ich bin.«

ARMAND: »Du bist ein Engel, und ich liebe dich.«

Auf dem Höhepunkt der wechselseitigen Liebesgeständnisse überbringt das Hausmädchen einen Brief vom dem wartenden Grafen.

MARGUERITE: »Verlangt er eine Antwort?«

DAS MÄDCHEN: »Ja, Madame.«

MARGUERITE: »Sag, daß keine ist.«[10]

Beide Dialogstellen verraten viel über die Technik des melodramatischen Schreibens. Die Personen nennen ihre Gefühle beim Namen. Die Gefühle werden nicht umschrieben. Hier herrscht keine Scheu vor großen Begriffen. Es wird gesagt, was man fühlt, nicht wie man fühlt. Das ist entscheidend, um jeder gefühlig seichten Phraseologie zu entgehen. Diese hochgestimmten Dialogpassagen werden von Dumas souverän gekontert mit einem trockenen Sarkasmus, der seine Figuren auszeichnet, wenn sie sich wieder den Alltäglichkeiten zuwenden. Dieser Wechsel im Sprachgestus verleiht dem Text ein hohes Maß an Glaubwürdigkeit und verhindert jedwede Angestrengtheit, die ein durchgängig hoher melodramatischer Ton mit sich brächte.

Dritter Akt

Das Landleben bringt für MARGUERITE und ARMAND den erhofften Liebeshimmel – aber auch leere Kassen. Sich gegenseitig täuschend, versucht jeder der beiden, irgendwie Geld herbeizuschaffen. Beide sind drauf und dran, sich in ihrer Leidenschaft finanziell zu ruinieren, da sie den letzten Tabubruch nicht zu denken wagen: Heirat und auf Erwerbstätigkeit beruhende bürgerliche Existenzgründung. MARGUERITE ist in ihren eigenen Augen keine heiratsfähige Frau mehr. Sie erträumt sich nurmehr eine kleine Dachwohnung, in der sie vergessen (von der Welt) und vergessend (ihre bisherige Biographie) mit ARMAND leben will. Sie ist bescheiden, demütig und glücklich.

In dieser Stimmung wird sie vom Vater ARMANDS heimgesucht. Der alte DUVAL will seinen Sohn aus den Händen der blut- und geldsaugerischen Kokotte erretten. Doch er muß erkennen, daß er irrt. Eine Geläuterte tritt ihm entgegen. Er ist tief beeindruckt, daß sie all ihren Besitz veräußern will, um das Leben mit ARMAND zu finanzieren. Aber die Heirat seiner Tochter, ARMANDS Schwester, steht auf dem Spiel. Solange ARMAND die »unmögliche« Liaison mit MARGUERITE fortsetzt, ist die Heirat der Schwester gesellschaftlich nicht denkbar. DUVAL appelliert an ihr Mitgefühl. MARGUERITE schlägt ihm einen Handel vor: Er soll ihr besten Wissens und Gewissens versichern, daß er glaube, daß sie seinen Sohn aus tiefstem Herzen liebe, und als Zeichen dieses Verständnisses soll er sie einmal wie seine Tochter umarmen. Dann werde sie auf seinen Sohn verzichten. So kann sie sich als Retterin eines fremden Glücks fühlen, was ihren eigenen Schmerz lindert. Und sie geht noch einen Schritt weiter. Sie bezichtigt sich ARMAND gegenüber, ihn während des sommerlichen Landlebens betrogen zu haben. Sie handelt kühl kalkulierend: Aus Liebe soll Haß werden. Der Plan scheint zu gelingen. ARMAND sinkt halb irre von der schrecklichen Botschaft in die Arme seines Vaters, er ist wieder zu Hause.

Vierter Akt

Mit selbstmörderischer Besessenheit stürzt sich MARGUERITE an der Seite eines neuen Geldgebers wieder in die Halbwelt. ARMAND, getrieben von seiner unauslöschlichen Leidenschaft für MARGUERITE, bedrängt sie trotz ihres für ihn unbezweifelbaren Vertrauensbruchs, mit ihm aus Frankreich zu entfliehen. MARGUERITE, an ihr Versprechen gegenüber ARMANDS Vater gebunden, behauptet, sie liebe ihren neuen Begleiter. Dieses Scheingeständnis bringt ARMAND völlig außer sich. In aller Öffentlichkeit »bezahlt« er die Liebesdienste der MARGUERITE, indem er ihr Geld in den Schoß wirft. MARGUERITE bricht zusammen.

Fünfter Akt

Wieder ein paar Monate später. MARGUERITE steht kurz vor dem Tod, aber eine Hoffnung hält sie noch am Leben: ARMANDS Vater hat sie informiert, daß er seinem ins Ausland entwichenen Sohn die Wahrheit gebeichtet hat. Und – er gibt dem ungleichen Paar seinen Segen, ist doch inzwischen die Hochzeit seiner Tochter mit dem repräsentablen Schwiegersohn vollzogen. Jetzt kann sich Herr DUVAL den Gefühlsüberschuß in seiner Familie erlauben. Das Schicksal geht gnädig mit MARGUERITE um: ARMAND kommt rechtzeitig zu ihr zurück. In seinen Armen kann sie ihren Leidensweg beenden, und für einen letzten Moment erlebt sie ihr Heil.

Dumas faßt sehr klar die Grundtendenz seines Melodramas zusammen, wenn er schreibt:

»Ich bin einfach überzeugt von der Wahrheit des Prinzips, das lautet: Der Frau, deren Erziehung sie nicht das Gute gelehrt hat, läßt Gott immer zwei Pfade offen, die zu ihm hinführen: den Schmerz und die Liebe. Es sind schwierige Pfade. Die Frauen, die sie betreten, reißen sich die Füße blutig, sie zerfleischen sich die Hände, aber sie lassen die Geschmeide des Lasters in den Dornen am Wege, und so erreichen sie das Ziel in jener Nacktheit, über die man vor Gott nicht zu erröten braucht.«[11]

Mag uns der christliche Rigorismus und der gnadenlose Moralismus dieses Erlösungskonzepts auch erschrecken, so ist doch gerade seine erbarmungslose Stringenz die dramaturgische Erfolgsgrundlage für das Melodrama. Der Autor eines Melodramas, wir wiederholen uns, muß die Leiden seiner Figuren kennen, er darf auch außerhalb des Werkes mit ihnen leiden, aber innerhalb der erzählten Leidensgeschichte soll er fremde Gefühle verständlich machen und sich selbst nicht gefühlig zeigen. Die Schicksale der Figuren dürfen ihn nicht übermannen, denn nicht er, sondern der Zuschauer soll mitleiden, mitfühlen und mitweinen mit den Figuren.

Melodrama und Psychoanalyse

»Die Psychoanalyse hat den Widerspruch zwischen Trieb und Kultur aufklären können, wie er sich in der ersten Phase der Industrialisierung abbildete: einen Amok des Sparens und der inneren Unterdrückung im Dienst der großen Ziele des Fortschritts.«[12]

Diesen Basisprozess bürgerlichen Werdens begleitete und kritisierte das Melodrama vorzüglich, und die Psychoanalyse Sigmund Freuds bringt logischerweise viele ästhetische und inhaltliche Besonderheiten des Melodramas in ihrer Terminologie zur Sprache und verdeutlicht auf diese Weise manches. Zugleich sind auf Basis des freudschen Menschenbilds die wirkungsästhetischen Grundprinzipien des melodramatischen Schreibens im 20. Jahrhundert erheblich verändert worden.

Freuds Konzept beruht auf der Annahme, ein permanenter innerpsychischer Konflikt zwischen äußeren Anforderungen (Über-Ich), verinnerlichten Realitätserfahrungen (Ich) und gattungsmäßigen Grundtrieben (Es) bestimme die Existenz des Individuums und strukturiere die Persönlichkeit. Dieser Konflikt könne, so Freud, höchstens in einem labilen Gleichgewicht gehalten werden. Dieses Gleichgewicht zu bewahren ist die schicksalhafte Aufgabe des Menschen. Der Verlust dieses Gleichgewichts führt nach innen gerichtet zur Selbstzerstörung und nach außen gelenkt zur Zerstörung anderer.

Das freudianisch aufgeladene Melodrama erzählt vom Walten des selbstzerstörerischen Potentials im einzelnen und von seinen vergeblichen Versuchen, dieses Potential positiv zu regulieren. Damit verabschiedet sich aber das Melodrama von seiner trostspendenden Funktion, von der in seinen Geschichten vergegenständlichten Sehnsucht nach dem Gelingen eines leidenschaftlich erfüllten Lebens. Das trostversagende Melodrama ist der problematische Grenzfall des Genres. Diese Art Melodrama verweigert das erlösende Weinen. Es gibt ein erstes und großes Beispiel hierfür.

Tennessee Williams: *Endstation Sehnsucht*

Ich möchte jenes flackernde, umwölkte, schwer zu fassende – aber fieberhaft mit Spannung geladene Zusammenspiel lebendiger Wesen in der Gewitterwolke einer gemeinsamen Krise darstellen.

Tennessee Williams

Williams gestaltet in seinem Drama den Schlußpunkt einer verhängnisvoll gescheiterten Biographie. BLANCHE, affärengeplagt und alkoholabhängig, sucht nach dem Verlust ihres Familiensitzes und der Kündigung ihrer letzten Arbeitsstelle Unterkunft und Schutz bei der letzten ihr verbliebenen Verwandten, ihrer jüngeren Schwester STELLA. STELLA lebt mit ihrem Mann in einem proletarisch-kleinbürgerlichen Milieu, dem sie sich voll Begierde auf die sexuelle Kraft ihres Mannes vorbehaltlos angepaßt hat.

In drei großen Katastrophenschüben läßt Williams seine

Heldin BLANCHE zugrunde gehen. Die Katastrophen werden von BLANCHE hervorgerufen, da sie dreimal zwanghaft neurotisch falsch reagiert:

1. Katastrophe: Sie offenbart sich ihrer Schwester nicht. Sie verheimlicht ihre nymphomanische Vergangenheit, die zu ihrer Kündigung geführt hat.
2. Katastrophe: Sie akzeptiert den Mann ihrer Schwester nicht in seinem machistischen und proletarischen So-Sein. Sie greift in sein Da-Sein ein, weshalb er ihre skandalöse Lebensgeschichte verfolgt, aufklärt und öffentlich verbreitet.
3. Katastrophe: Sie entscheidet sich zu spät zu einer radikalen Lebensbeichte gegenüber ihrem potentiellen Liebhaber MITCH, der sie zwar nach dieser Beichte zur Geliebten nehmen, sie aber niemals heiraten wird, da sie nicht mehr »rein« ist.

   Am Ende dieser Entwicklung steht dann folgerichtig die Vergewaltigung der schwer betrunkenen BLANCHE durch ihren Schwager in der Nacht, in der ihre Schwester ein Kind gebiert. BLANCHE wird endgültig verrückt, die Einweisung in die Irrenanstalt ist die letzte Konsequenz. Williams läßt in dieser Schlußsequenz keinen Zweifel aufkommen, daß der radikale Realitätsverlust der BLANCHE irreparabel ist.

Und wo liegt nun die Ursache dieser Leidensgeschichte der BLANCHE begründet? Als junges Mädchen war sie in einen homosexuellen Jungen verliebt, heiratete diesen und erwischte ihn dann mit seinem Liebhaber. Daraufhin versuchten sie es mit einer alkoholgeschwängerten platonischen Triole. Aber der junge Mann beendete per Selbstmord das Experiment. Und seitdem greift Blanche immerfort jungen Männern in die Hose, säuft und kommt sich dabei schlecht vor. Blanche ist gleichsam die Idealpatientin eines Psychoanalytikers, oder anders gesagt: Ihre Krankengeschichte ergäbe mehrere melodramatische Plots, deren jeder einzelne für sich genommen eine positive, tröstliche Konsequenz für Blanche hätte haben können. Genau das wollte Williams nicht, er wollte das freudianische Supermodell – die Sehnsucht ist an ihrem Ende angekommen. Die Grundbotschaft des nichtfreudianischen Melodramas, »Wer vom Schicksal ergriffen wird, für den gilt: Fürchte dich nicht!«, ist hinfällig. BLANCHE ist unseres Mitgefühls sicher, mitleiden können wir mit ihr nicht: »Sie gleitet aus Schwäche in den Untergang, so wie sie aus Schwäche in ihre Schuld glitt.«[13]

In einigen melodramatischen Filmen Buñuels, Viscontis, Sirks und Fassbinders wird das Verfahren von Williams zur grundlegenden Schreibmethode: »Es gibt nicht den Schatten der Möglichkeit einer Versöhnung der Gegensätze in ihnen (den Melodramen; d.V.), und es gibt keine Tränen, weil der trost- und hoffnungslose Ausgang in der Konsequenz der unbeugsamen Herausforderung liegt, die diese Besessenen für ihre soziale Umwelt sind und sein wollen: Im melodramatischen Untergang finden sie den Gipfel ihrer Selbstverwirklichung.«[14]

5

Möglichkeiten und Erscheinungsweisen des Melodramas heute

»Das Scheitern ist das große moderne Tabu.«

Richard Sennett

Die aktuelle Frage lautet: »Bietet eine Gesellschaft, die nahezu jedes Tabu öffentlich erledigt hat, noch Stoffe für Melodramen?«[15] Die Frage ist berechtigt, wenn wir unter Melodrama allein den großen Tabubrecher sehen wollen. Die Frage ist unberechtigt, wenn wir im Melodrama ein Genre sehen, in dem Möglichkeiten und Unmöglichkeiten individueller Glückseligkeit durchgespielt werden. Die Frage ist sogar sinnlos, wenn wir – wie geschehen – die Wirkungsfunktion des Melodramas als entscheidenden Ausweis für seine kulturelle Notwendigkeit betrachten. Die Frage entspringt einem Zeitgeist, der die Leidensgeschichte aus dem Kanon heute erzählenswerter Geschichten ausblendet. Der Zeitgeist verlangt momentan nach witzigen, schrägen und aktionsreichen Erlebnissen im Kino und den dementsprechenden Filmen.

Deshalb scheint das Melodrama quer zum Zeitgeist zu stehen, basiert es doch auf dem unverbrüchlichen Glauben an die Bindekraft der Gefühle, während der Zeitgeist lediglich den Gefühlsthrill, die schnelle und kurzzeitige Aufgipfelung exklusiver Gefühle sucht. Das setzt eine grundsätzliche Bindungslosigkeit voraus – der Single auf dem Gefühlstrip. Der Antagonist des melodramatischen Helden beherrscht heute scheinbar die lebensalltägliche

Bühne. Er gibt sich Fun-süchtig und egozentrisch, höchstens kleingruppenzentriert.

Aber dennoch, ein zufällig mitgehörtes Handygespräch einer Zwanzigjährigen spricht eine andere Sprache: »Ich bin jetzt gleich zu Hause, und ich möchte mit Dir einen schönen Nachmittag verleben. Kann ja sein, daß ich dir jetzt aufschwatze, daß du mich magst!« Das klingt zwar sehr cool und ist doch schon ein melodramatisch aufgeladener Stoff. Das Melodrama scheint, will es das aktuelle Lebensgefühl treffen, sich damit begnügen zu müssen, sehr kurzzeitige Erlebnisse und episodische Ereignisse in melodramatische Geschichten umzuschreiben. Passionen erleiden und von Obsessionen gepackt zu sein, sich hingeben – all das ist in den Augen der aktuellen Gewinnertypen nur Ausweis jämmerlicher Schwäche und jammervollen Versagens. Das Melodrama degeneriert zu Episoden in den *soap operas*.

Trotzdem werden unverdrossen Melodramen geschrieben, verfilmt und mit beträchtlichem Zuspruch im Kino wie im Fernsehen gezeigt. Das Genre Melodrama rangiert derzeit zwar nicht an der Spitze der Zuschauergunst, aber dennoch finden zunehmend einzelne melodramatische Filme einen enormen Zulauf. Mehrere dieser Filme wollen wir kurz betrachten, um dann abschließend einige Möglichkeiten zeitgenössischen melodramatischen Schreibens zu erörtern.

High Heels

Scheinbar ungerührt von den Schicksalen seiner Heldinnen, folgt der Film den biographischen Wirrungen und Irrungen von Mutter und Tochter inmitten einer maskenhaften Männerwelt. Der Film beginnt durchaus genregemäß. Auf einem orientalischen Markt feilschen Vater und Mutter mit ein paar Kokosnußhändlern spaßeshalber darum, für wie viele Kokosnüsse sie ihnen die fünfjährige Tochter abkaufen würden. Die Tochter flieht angesichts des fiktiven Schachers.

Diesen melodramatischen Schock hat Almodóvar tief in die Figur der Tochter eingesenkt – sie wird sich immer als verkauft, als Ware gehandelt betrachten, weshalb sie sich dann auch viel Mühe gibt, ihren Preis zu steigern. Aber die Beziehung Tochter-Mutter ist prinzipiell gestört. Da nützt es auch nichts, daß die Tochter in frühen Jahren den die Mutter und sie störenden Ersatzvater auf raffinierte Weise umbringt. Dieser Mord befreit sie nicht, sondern traumatisiert sie nur noch mehr. Sie ist danach nicht fähig, selbstbewußt mit Männern umzugehen. Deshalb gibt sie sich in einem One-Night-Stand einem Transvestiten hin, aber wie: Sie klammert sich an ein Leitungsrohr an der Decke, und er fährt ihr unter den Rock. Der Teufel vergewaltigt Jesu am Kreuz.

Diese für sie offenbar bisher unbekannte orale Befriedigung löst in ihr jedoch eine solche sexuelle Lust aus, daß sie die Initiative zu einem »normalen« Beischlaf ergreift. Hier bestimmt sie sich selbst, so wie sie noch einmal eine Selbstbestimmung vornehmen wird, wenn sie später ihren Ehemann erschießt, einen abgelegten Liebhaber ihrer Mutter. Sie erschießt ihn, weil er noch eine offene sexuelle Rechnung mit ihrer Mutter begleichen mußte und weil er außerdem und nebenher noch mit ihrer Kollegin schläft. Aus dieser Konfliktmelange entwickelt Almodóvar den extremen Tabubruch, den der Film in den letzten Sequenzen erzählt.

Auf dem Totenbett liegend, nimmt die Mutter trotz ihres katholischen Glaubens die Mordtat der Tochter auf ihr Gewissenskonto. Sie stirbt mit einer Lüge und opfert damit ihr Seelenheil für das irdische Wohlergehen ihrer Tochter. Für ein traditionell katholisches Publikum ist diese Tat ein ungemeine schockierender Tabubruch. Aber die befreiende Wirkung eines erlösten Weinens verweigert der Film. Almodóvar baut seine Geschichte so, daß er seinen Akteuren dieses Weinen nicht zugesteht und den Zuschauern zwar das rationale Erkennen eines Tabubruchs ermöglicht, aber die darauf folgende emotionale Erschütterung und Erleichterung verwehrt. Erst auf dem Nachhauseweg aus dem Kino kann dem Zuschauer dämmern, was ihm da zugemutet wurde. Trost wird ihm hier nicht mehr gespendet – hier muß er sich selbst Trost zusprechen – aus seiner Vernunft und nicht aus seinen Gefühlen heraus. Almodóvar setzt also Vernunft und Emotion in ein äußerstes Spannungsverhältnis. Er huldigt in diesem Film dem Subgenre des Trost versagenden Melodramas.

Die Muschelsucher

Auch der englische TV-Film *Die Muschelsucher* nach dem gleichnamigen Roman von Rosamunde Pilcher ist ein beachtenswertes Modell für gegenwärtiges melodramatisches Schreiben. Hier obwaltet eine ungebrochene Rührung beim Zuschauer angesichts der beinahe zu späten Selbstfindungsreise einer sich im Familiendienst fortwährend aufgerieben habenden Frau. Sie hat alle die ihr offenstehenden weiblichen Sozialrollen in ihrem Leben durchgespielt: Freundin, Geliebte, Ehefrau, Mutter, Witwe, Großmutter und Schwiegermutter. Sie hat sich bisher allein durch die Familienbande definiert. Durch eine Krankheit »aus dem Familienrennen« genommen, entdeckt sie ihren lebenslangen Irrtum. Jetzt schleudert sie ein paar unangenehme Wahrheiten ihren Kindern ins Gesicht, und schon sind wir zu Tränen gerührt über ihren erfolgreichen Versuch, sich selbst zu bestimmen, indem sie die Familienbande sprengt, die so tief gesellschaftlich verankert sind, daß schon allein ihre Infragestellung als Tabubruch begriffen werden kann. Und nicht nur das – sie baut sich eine neue, nicht durch Blutsbande bestimmte zweite Familie auf, der sie aber nur freundlich beratend zur Seite steht, in der sie nicht wieder aufgehen und damit fast untergehen wird. Das freut und rührt uns. Die Basis des Plots, die in ihren überholten Traditionen erstickende und dennoch die gesellschaftlichen Verkehrsformen beherrschende bürgerliche Klasse, existiert in Deutschland so nicht. Die wenigen modernen Melodramen, die im deutschen Bürgertum spielen, sind Sartres Theaterstück *Die Eingeschlossenen von Altona* und Luchino Viscontis Film *Die Verdammten.* Das sind fremde Blicke auf ein fremdes Land aus der historischen Distanz. Das deutsche Melodrama war bisher allzuoft ein der Gesellschaft enthobenes, abstrakt menschelndes Gemurmel und Geweine.

Eines der aktuellen Beispiele liest sich so: »Weil Buchhalter Peter mit seiner Frau nicht mehr schlafen mag, sich vor seiner erzkatholischen Mutter fürchtet, als gläubiger Mensch den

Ehebruch scheut und gerne Tennis spielt, geht er eines Tages heimlich zu einer Hure – und lässt sich mit dem Tennisschläger den Hintern versohlen. Weil seine vernachlässigte Ehefrau den Heim-und-Herd-Frust und die böse Schwiegermutter nicht mehr erträgt und nicht einmal ein eigenes Auto bekommt, wird sie eiligst zur Edelnutte – und vertrimmt, verschleiert und daher unerkannt, ihren Gatten erst mit dem Racket und liebt ihn dann. Am Ende kriegen sie das Ersehnte zustande. Ehe und Ehre sind wiederhergestellt. Anna lernt sogar Tennis.«[16]

Weniger klischeehafte deutsche Melodramen widmen sich sogenannten Randgruppen oder absonderlichen Einzelschicksalen. Selbst solche anspruchsvollen Filme wie *Die Unberührbare* oder *Aimée und Jaguar* sind in diesem Muster verfangen. Statt kräftig erzählter Melodramen entstehen bestenfalls subtile Außenseiterpsychogramme.

Dabei wäre jetzt die Zeit für ein Melodrama, das die gegenwärtig massenhaft erfahrenen und erlittenen Konflikte zwischen Privatheit und Öffentlichkeit als große Rahmenerzählung nutzt:

- die weitverbreitete Kleingruppen-Harmonie-Sehnsucht und deren permanente Gefährdung;
- das bedrückende Alleinsein innerhalb der Fun-Society;
- die individuelle Ohnmacht angesichts des zunehmenden Abdankens der Politik in der modernen Gesellschaft;
- das beschleunigte Auseinanderfallen des solidarischen Generationenvertrags;
- die Fragmentarisierung vieler Lebensläufe.

Welche Folgen haben diese Prozesse für den individuellen Gefühlhaushalt, für das Existieren des einzelnen in der Familie, für seine Sexualität und Erotik? All diese Fragen eröffnen ein weites Feld für das melodramatische Schreiben.

American Beauty

Dies ist einer der ersten Filme, der diese Konfliktfelder thematisiert. Er scheint uns eine neue Weise des Melodramas –

wie auch schon in *Das Piano* – anzustimmen. Beide Filme lobpreisen auf sehr unterschiedliche ästhetische Weise die individuellen Abschiede von traditionellen Lebensformen, die schmerzhaften Vorgänge des sich Trennens und Selbstbestimmens. Während in *Das Piano* eine Ahnung des Gelingens dieser Suche nach etwas Neuem aufscheint, wird in *American Beauty* dessen radikales Scheitern beschrieben. Der Film »rettet« sich, um dem Mainstream des »Positiven Denkens« zu entsprechen, in eine Oberflächenkomik und kann deshalb fälschlicherweise – aber erfolgreich – als Satire angepriesen werden. In seiner Tiefenstruktur ist der Film jedoch eine radikale, melodramatisch aufgeladene Absage an den American Dream. Ein stärkerer Tabubruch ist kaum denkbar, feiert doch der Held das Scheitern im System als Erfolg. Dieser Ansatz des Erzählens macht den Film absolut bemerkenswert, ganz abgesehen davon, daß er eine fast komplette Sammlung familialer und sexueller Tabubrüche in der amerikanischen weißen Mittelklasse im Schnelldurchlauf abfeiert.

Die Sehnsüchte des Helden sind nicht mehr kompatibel mit seiner familiären und beruflichen Situation. Er zieht die Konsequenzen und steigt aus. Er masturbiert wohlig unter der Dusche und läßt seine liebe Gattin im Bett schmoren. Er erpreßt ein schönes Sümmchen als goldenen Handschlag von dem, der ihn gerade aus der Redaktion hinausrationalisieren wollte. Er mutiert zum Fastfoodverkäufer. Und das alles, weil er sich unsterblich in eine Klassenkameradin seiner Tochter verliebt hat. Er beginnt seinen ganz individuellen Lolita-Traum zu verwirklichen. Parallel dazu und dadurch befördert, zerbricht die Familie gründlich – so gründlich, daß zum überraschenden Ende des Films sowohl seine Frau als auch seine Tochter triftige Gründe hätten, ihn umzubringen. Bis hierhin ist das durchaus komisch für den Zuschauer. Aber – und hier liegt der melodramatische Kernpunkt – der Ausbruchversuch endet nicht aus diesen Gründen tödlich für den Helden, sondern deshalb, weil er von einem Mann begehrt wird, der an seiner unterdrückten Homosexualität psychotisch leidet. Dieser andere Mann ist, anders als der Held, nicht in der Lage, sein Leben zu ändern. Er kann seinen

Tabubruch nicht verwinden, geschweige denn veröffentlichen. Er bringt das Objekt seiner Begierde lieber um als zuzugeben, daß er liebt, und sei es vergeblich. Dieser Mann hat nicht die Kraft, ein melodramatischer Held zu werden, er kastriert seine Gefühle.

Das Melodrama hat in seinem geschichtlichen Werdegang durch seine ausgefeilte Ästhetik und Dramaturgie ein hohes Maß an gesellschaftlicher Verbindlichkeit erworben, dem sich der Drehbuchautor nicht entziehen kann. Der melodramatische Kanon ist zwar außerordentlich vielgliedrig, aber zugleich streng ausformuliert. Jedes Exemplar des Genres muß sich am Gesamtbestand messen lassen können. Es erscheint uns sinnvoll, hinsichtlich dieses Genres nur darüber zu sprechen, ob es innovativ oder konservativ, ob es zeitgemäß oder unzeitgemäß erscheint und was es kraft seiner Eigenart im Zuschauer zu bewirken vermag.

Hinsichtlich des einzelnen melodramatischen Films kann und muß zwischen gut und schlecht, geglückt und mißglückt unterschieden werden. Maßstab sind hierfür die Genreregeln einerseits und andererseits die Stellung des jeweiligen Films in der Genregeschichte. Dieses Thema behandeln wir in den folgenden Abschnitten.

Abschließend und grob gesagt: Der Grundstoff des Melodramas ist der rohe Alltag. Dieser wird mittels bestimmter Wirkstoffe veredelt oder verschärft, auf jeden Fall in eine Künstlichkeit umgeformt. Werden jedoch diese Wirkstoffe überdosiert oder gar pur, ohne den notwendigen »Alltags«-Ballaststoff gereicht, dann sprechen wir entweder vom sauren Kitsch (Aus dem tiefsten Elend steigt der Held auf, verwandelt sich beim Aufstieg in einen herzlosen Bösewicht und wird durch ein Liebeserlebnis oder eine andere Heimsuchung geläutert.) oder vom süßen Kitsch (Eine reiche, schöne, gute Familie wird in kürzester Frist von unverschuldeten Schicksalsschlägen heimgesucht, worauf einige Familienmitglieder vor Kummer sterben, schrecklich erkranken oder sich gar irgendwelchen Bösewichtern an den Hals werfen, die natürlich den Ruin beschleunigen. Aber wenn die Not am größten, naht die Rettung. Die Guten und Schönen haben noch mal überlebt, obgleich ihnen das Schicksal böse mitgespielt hat.) Maßlos müssen die erzählten und dargestellten Leidenschaften sein, genau abgewogen dagegen ihre wirkungsvolle Präsentation.

6

Zu Tränen rühren

Die Darstellung von Leid zur Erzeugung von Mitleid

»Jetzt wollen wir erörtern, welche Dinge mitleiderregend sind, wen wir bemitleiden, und in welcher Verfassung wir dies tun. Mitleid sei definiert als eine Art Schmerz über eine anscheinend verderbliche und leidbringende Not, die jemanden, der es nicht verdient, trifft ...«

Aristoteles

Wie wir sehen, hat man sich bereits vor mehr als 2300 Jahren mit der Erzeugung von Mitleid beschäftigt. Bevor wir im folgenden untersuchen werden, welche melodramatischen Situationen und Strukturen es gibt und wie sich Figuren in ihnen verhalten, wollen wir zunächst einen Blick darauf werfen, welche erzählerischen und wirkungsästhetischen Grundvoraussetzungen erfüllt sein müssen, um den Zuschauer für mitleidendes oder sympathisierendes Erleben »zu öffnen«. Dieses Erleben wollen wir Empathie nennen.

Mitleid und *Rührung* sind wahrscheinlich die zwei Begriffe, die für die Wirkungsabsichten des Melodramas im Vordergrund stehen. Mitleid, wie es uns in diesem Zusammenhang interessiert, ist das instinktive Miterleben von Leid, das Filmfiguren widerfährt. Auf zwei verschiedenen Wegen kann diese Emotion an den Zuschauer herantreten. Die völlige

Identifikation (deren Voraussetzungen im weiteren erläutert werden) mit der Filmfigur macht ihre Verzweiflung zu der unseren. Das Schicksal schlägt dem Helden Wunden, die zu unseren werden. Auf der reflexiven Ebene schafft sich das Mitleid seinen Raum über den Schmerz. Den Schmerz über die Vergeblichkeit unseres Hoffens. Den Schmerz über eine Ungerechtigkeit, die wir nicht verhindern können. Die Machtlosigkeit des Protagonisten spiegelt sich schmerzvoll in unserer eigenen wider.

Der Gegenpol zum Mitleid ist die Rührung. Die Figur erträgt ihr Schicksal in einer bewunderungswürdigen Art und Weise, fast übermenschlich, so, wie wir es als Zuschauer wohl kaum vermocht hätten. Und wieder ist es ein Schmerz, der die Emotion des Zuschauers so eindringlich macht. Eine schmerzhafte Sehnsucht nach dieser übermenschlichen Veredelung des Gefühls, wie sie die Protagonistin oder der Held des Melodramas uns vorführen.

Wir sehen also schon jetzt: Dem Zuschauer Genuß am Melodrama zu verschaffen heißt, ihm auf subtile Art und Weise Schmerzen zuzufügen.

Um die beschriebenen Emotionen überhaupt befördern zu können, braucht es im Melodrama einer Nähe zur Figur, wie sie wohl in keinem anderen Genre so eng und unmittelbar ist. Dazu ist ein umfangreiches Wissen über die Figur vonnöten, über ihre Umwelt und ihre sozialen Beziehungen. Dieses Wissen kann einerseits der Film vermitteln, andererseits gibt es Grundsituationen, die man beim Zuschauer als Vorwissen voraussetzen kann: Sklaverei, Gefangenschaft, Flucht, schwere Krankheit …

Um den Zuschauer in dieses Beziehungsgeflecht hineinzuziehen, braucht es eine Vielzahl von Subplots. Von der Mutter über die Schwester bis hin zur Freundin muß alles abgeleuchtet werden, was das emotionale Leben der Hauptfigur betreffen kann. Wo der Mainplot eher sparsam in seiner Erzählung über das *äußere* Geschehen ist (Die Storys der besten Melodramen lassen sich in ein, zwei Sätzen zusammenfassen.) und nur auf drei, vier Handlungspfeilern ruht, erzählen die Subplots um so mehr über den *inneren* Zustand der Figur.

Eine eher karge äußere Grundgeschichte scheint Bedingung dafür zu sein, die Aufmerksamkeit des Zuschauers auf das innere Erleben zu lenken. Nur ein stringenter Mainplot läßt Platz und Aufmerksamkeit für den Teppich von Nebenhandlungen, der das Beziehungsgeflecht der Hauptfigur so weit ausbildet, daß es zum unmittelbaren Miterleben verleitet. *Casablanca* behandelt die Frage, ob RICK die in seinem Besitz befindlichen Transitvisa an seine ehemalige Geliebte und deren Ehemann aushändigen wird. Wer schläft mit NADIA? ist die Hauptfrage, um die sich die äußeren Geschehnisse in *Rocco und seine Brüder* drehen.

Ausnahmen von dieser Gewichtung auf emotional wichtige Nebenhandlungen bilden Filme, die eine insuläre Situation widerspiegeln, wie zum Beispiel *Das Piano* oder alle Arten von verfilmten Kammerspielen. Aber auch hier ist der Mainplot stringent, und statt ihrer äußeren Lebensumstände werden hier die psychologischen Facetten der Figur anhand ihres Handeln innerhalb der Kammerspiel-Situation ausgeleuchtet. Figuren werden in spezifischen Situationen isoliert, um sie innerhalb dieser Laborsituation – ungestört von äußeren Einflüssen – sezieren zu können. Diese »Strindberg-Variante«, die ihre Wurzeln im naturalistischen Theater hat, wird im Unterhaltungsfilm (besonders in den TV-Movies) nicht gern genutzt. Das Sezieren bedarf einer besonderen Bereitschaft zur Aufmerksamkeit, wie sie dem Fernsehzuschauer kaum abzufordern ist.

Woher rührt die Notwendigkeit, den Zuschauer zum »absoluten Insider« im sozialen Umfeld des Protagonisten zu machen? Das resultiert aus der spezifischen Gemeinsamkeit der beiden hauptsächlichen Emotionen Mitleid und Rührung: Sie kommen nicht plötzlich, sondern allmählich. Sie müssen »gefüttert« werden mit immer neuen Details. Eine sich anbahnende Katastrophe muß sich der Zuschauer in allen ihren Wirkungen schon vor ihrem Eintritt vorstellen können, sich also bereitmachen für die kommenden Emotionen. Er muß schon im Vorfeld des niederschmetternden Ereignisses sich mit der Frage beschäftigen können: Wird die Protagonistin diesen Schock überstehen? Und wenn ja – wo ist der

Weg, der aus dem Dunkel wieder ans Licht führen könnte? So entsteht eine emotionale Bindung zur Hauptfigur, die auf Dauer angelegt ist und damit auf Intensität. Diese Notwendigkeit, sich auf kommende Emotionen vorzubereiten, sagt uns zugleich: Überraschungen taugen nicht allzuviel für die emotionale Wirksamkeit des Melodramas. Der Zuschauer muß den Schicksalsschlag als Konsequenz sehen können, und zwar früher als das Opfer. Denn er soll und will sich auf die Reaktion des Opfers vorbereiten. Der Zuschauer hat ja eine Erwartung, die er insgeheim erfüllt sehen will: »Mal sehen, wie sie zusammenbricht, wenn sie das erfährt. Oh, die Nachricht wird ihr sehr wehtun. Es ist schon traurig, zu wissen, daß diese glückliche Frau gleich furchtbar leiden wird.«

Die Darstellung von Leid erzeugt nicht automatisch Mitleid. Figuren, die bitterlich klagen und Tränen vergießen – dieser Anblick läßt den Zuschauer meist eher kalt. Nicht der äußerliche Ausdruck des Gefühls der Figur löst das gleiche Gefühl beim Zuschauer aus, sondern der Kampf gegen den Gefühlsausdruck. Wenn der Held darum kämpft, nicht zu heulen, ist der Zuschauer eher versucht, es stellvertretend für die Figur zu tun.

Die Aktivierung der Zuschaueremotion geschieht auf mindestens drei Ebenen:

a) Die darstellerische, aber drehbuchimmanente Ebene: Um den Zuschauer zu bewegen, darf die dargestellte Emotion selbst nicht statisch sein. Die Wege in das emotionale Miterleben führen nur über den Kampf der Emotionen. Unterdrücktes Weinen, sich auf die Zunge beißen, um den Schmerz nicht herauszuschreien usw. – das alles sind innere Kämpfe, die im Zuschauer am ehesten einen »emotionalen Kurzschluß« verursachen. Der Kampf der Emotionen ist also Darstellungsgegenstand des Melodramas. Der Versuch, den Zuschauer durch die bloße Darstellung des Ausflusses von Emotionen (und Ausfluß meint hier sowohl »Ableitung« als auch buchstäblich Tränen) zu bewegen, führt einerseits direkt zum Kitsch – was ja an sich noch kein Werturteil sein muß –, aber andererseits zur Wirkungslosigkeit, zur inneren Abkehr des Zuschauers von seinem Protagonisten.

b) Die Ebene der szenischen Auflösung: Die zweite allgemeine Voraussetzung für die Empathie des Zuschauers fußt auf der Notwendigkeit, innere Vorgänge der Filmfigur als nicht statisch zu begreifen und darzustellen. Umgangssprachlich heißt diese Bewegung »Wechselbad der Gefühle« – und dies beschreibt schon die Technik. Nur aus der Freude heraus – oder aus der Hoffnung – können wir zuschauend so richtig tief in die Mit-Verzweiflung stürzen. Nur nachdem wir mit unserem Helden gelitten haben, können wir intensiv genug nach neuer Hoffnung dürsten. Was in der Dramaturgie als »Fallhöhe« für den Protagonisten gilt, ist hier in stärkstem Maße auch auf den Zuschauer anzuwenden.

c) Die inhaltlich-kognitive Ebene: Die dritte Komponente der Erzeugung von Mitleid führt den Gedanken der Vorbereitung von Zuschauer-Emotionen weiter. Es bedarf hier eines geschickten Umgangs mit dem Wissen des Zuschauers. Denn Wissen kann eine schmerzvolle Belastung sein. Dieses Mehr-Wissen bricht dem Zuschauer das Herz, wenn die Heldin sagt: »Ich bin glücklich! Mir geht es gut! Der Krebsverdacht hat sich nicht bestätigt. Ab heute werde ich jede Sekunde meines Lebens genießen ...« – und der Zuschauer weiß, daß die Tests vertauscht sind. Die Frau *hat* Krebs. Die Figur ist im Gegensatz zum Zuschauer noch in der Täuschung befangen. Diese Täuschung bewirkt in der Figur gewaltige Hoffnungen und Vorsätze, die allesamt zum Scheitern verurteilt sind. Der Zuschauer weiß, daß »seine« Figur Opfer eines Irrtums ist. Aber er kann es ihr nicht mitteilen. Die Vergeblichkeit dessen, was er mit der Figur erlebt, ist eine schmerzvolle Erfahrung.

Dazu ein fiktives Beispiel:

Eine liebende Ehefrau bereitet zu Hause den Geburtstag ihres Mannes vor. Sie deckt gerade den Tisch für ein Candlelight-Dinner, da geht die Tür auf, der Mann kommt nach Hause – betrunken, mit deutlichen Knutschflecken am Hals.

Diese Szene wird beim Zuschauer kaum Rührung, Mitleid oder gar Verzweiflung auslösen. Das Geschehnis ist ein Fiasko, eine peinliche Situation – und damit latent komisch und nicht melodramatisch. Wir sehen wieder, daß die Überraschung des Zuschauers nicht die stärkste Waffe des Melodramas ist, ganz im Gegenteil.

In der zweiten Variante sieht der Zuschauer im Gegenschnitt die liebevollen Bemühungen der Frau mit allen Schwierigkeiten (wie sie trotz der zänkischen Nachbarin sich die Laune nicht verderben lassen will) – und das, was der Mann zur selben Zeit tut. Das Verworfene gegen das Edle. »Meine Frau? Ach, die merkt doch eh' nichts!« Der Zuschauer hat nun ein Mehrwissen, kann die Frau schon vorher bedauern, ist auf die kommenden Gefühle vorbereitet. Die Bedeutung dieser Möglichkeit kann nicht überbetont werden. Der Zuschauer muß sich auf seine Emotionen vorbereiten können, weil diese wahrhaftig, echt sind und sich deshalb nicht an- und ausknipsen oder von Blau auf Grün schalten lassen.

Dieses »Mehr-Wissen« des Zuschauers kann, wie in der Beispielszene, ein inhaltliches sein, aber auch ein allgemeinkognitives. Die vergeblichen Mühen einer Filmfigur herauszustellen ist ein gern genutztes Mittel, um den Zuschauer zu rühren. Jeder Leser wird eine der filmischen Standardsituationen bereits gesehen haben, in der ein Jüngling seine tote Geliebte schüttelt oder ihren Sarg mit den Worten »*Bleib bei mir!!*« umarmt. Sein Tun ist offensichtlich vergeblich. Auch an einer solch rührenden Stelle ist der Zuschauer realistisch genug, um zu wissen: Tot ist tot! Da wird sich wohl nichts mehr machen lassen. Aber unser Filmheld ist emotional nicht in der Lage, dies zu realisieren. Und das wissen wir *auch*. Dieser Widerspruch ist schmerzhaft beim Zuschauen.

Nach diesen Vorbetrachtungen darüber, *wie* der Zuschauer zu möglichst großer Empathie und infolgedessen zu möglichst großem mit- oder nachempfundenen Schmerz gebracht werden kann, wollen wir uns jetzt mit der Frage beschäftigen, *womit* dies erreicht wird.

Die melodramatische Situation – Krankheiten und andere Schicksalsschläge

Melodrama und Medizin

Woher stammt wohl das Bedürfnis nach der von englischen Produzenten spöttisch so bezeichneten *disease of the week*? Woher diese *Lust* am Krebsleiden der Heldin, am Tumor des Kleinkindes? Die Suche nach melodramatischen Stoffen scheint ja oft mit der Frage zu beginnen, welche Krankheit denn noch nicht fiktional ausgeschlachtet wurde, welche Konstellation aus mitleidheischenden Elementen wie Kind (möglichst klein und schutzlos), Krankheit (möglichst unbekannt und grausam – vor allem aber tödlich) und Protagonistin (unterdrückt und unglücklich) noch nicht angewandt wurde, um die empathischen Schmerzpunkte des Zuschauers zu aktivieren.

Die Themen des Melodramas sind sehr zeitbedingt. Dies gilt, wie zuvor dargestellt, in der Literatur genauso wie in Film und Fernsehen. Während im TV-Melodrama der 80er Jahre nichts ohne Mull und Metastasen zu machen war, entdeckte dieses Genre Ende der 90er mehr und mehr die Geschichten, die einen differenzierteren Blick in den Abgrund werfen, der sich zwischen persönlichem Glücksanspruch und sozialem Zwang auftut. Nicht wenig mag das damit zu tun haben, daß die Rolle der Frau im Melodrama stark auf das Fach »Opfer« beschränkt war, während bald 20 Jahre später die Zuschauerinnen sich weniger in der passiv duldenden (soviel mehr kann man gegen Krankheit kaum tun) als in der aktiv selbstbestimmten Frau wiederfanden.

Demzufolge ist es müßig, an dieser Stelle wirkungsvollen Geschichten nachzuspüren. Ertragreicher ist es, die dramaturgisch-strukturelle Wirkungsweise wie auch die erzählerischen Verfahren der Variation wirksamer »Meta-Melodramen« zu untersuchen. Wobei wir unter »Meta-Melodramen« all jene tradierten Geschichten verstehen wollen, die erzählerisch den Weg durch das Leiden in die Katharsis gehen.

Ohne einen Anspruch an Vollständigkeit erfüllen zu wollen: Melodramen, die mit Krankheit und ähnlichen Schicksalsschlägen erschüttern, lösen beim Zuschauer Empfindungen aus, die sich etwa folgendermaßen verbalisieren lassen:

»Wie schnell kann dir alles unter den Händen zerfließen.«

»Wie schnell stehst du plötzlich nackt da, weil dich die Krankheit erwischt hat.«

Diese Gedanken stellen sich deshalb so direkt ein, weil das Melodrama viel enger an der ganz praktischen Lebensumwelt des Zuschauers bleibt als jedes andere Genre. »Nichts ist fest«, teilt uns das Melodrama mit. »Nichts ist beständig, alles kann von einer Minute auf die andere verloren sein.« (Insofern sollten alle TV-Melodramen klugerweise von Versicherungen »präsentiert« werden – ein besseres Werbeumfeld findet sich nimmer.)

Zwei Wirkungen ergeben sich unmittelbar aus den melodramatischen Geschichten; und beide Wirkungen haben etwas mit Suche zu tun. Die erste und spontanste Wirkung ist wahrscheinlich ein direkter Vergleich mit dem eigenen Leben. Worin liegt meine Sicherheit? Wie läßt sie sich erhöhen? Das Gesehene regt dazu an, im eigenen Leben für Beständigkeit zu sorgen.

Die zweite Suche des Zuschauers geht etwas tiefer. Kraft seiner Identifikation mit dem Protagonisten stellt er sich vor, wie sich denn wohl die eigene Lebensumwelt, die eigene Familie, der eigene Freundes- und Kollegenkreis in einer solchen Situation bewähren würde. »Würde meine Freundin mich genauso im Stich lassen?« ist die negative, »Bestimmt, wenn es so weit käme, stünde mein Mann auch zu mir!« ist die positive Form dieser Gedankenspiele.

Der erste und schnellste Gewinn des Zuschauers beim Betrachten der *disease of the week* ist, daß es ihm besser geht. Besser im Vergleich, weil *er* das Gezeigte *nicht* erleiden muß. »Wie eben im Film gesehen«, kann das Schicksal furchtbar zuschlagen. Wie gering ist dagegen der eigene Kummer über den Ärger mit dem Ehepartner / dem Arbeitgeber / der Auto-Haftpflichtversicherung.

Die Vergänglichkeit der selbstverständlichsten Lebensumstände – mögen sie emotional, materiell oder physisch sein – ist eine grundlegende, vom Melodrama vermittelte Erfahrung. Nun erst entdeckt man, wieviel Bewahrenswertes im eigenen Leben zu finden ist.

Aber es wäre zu kurz gegriffen, wollte man die Wirkung des Melodramas darauf beschränken, daß es zeigt, wie schlecht es einem gehen kann und wie glücklich man sein kann, daß es einen noch nicht erwischt hat. Ein zweiter Gesichtspunkt schildert die tieferen und auch bleibenderen emotionalen Eindrücke, die wirkungsvolle Filme dieses Genres hinterlassen: Das Melodrama erfüllt eine Sehnsucht. Die Geschichten erzählen Extremsituationen, die der Zuschauer glücklicherweise gerade nicht erleiden muß. (Wäre es so, würde er mit großer Wahrscheinlichkeit keine Gelegenheit haben, ins Kino zu gehen oder es sich im Fernsehsessel bequem zu machen.)

Indem der Zuschauer identifikationsfähigen Figuren in emotionalen Extremsituationen zusieht, deren Schicksal er MITerLEIDet, erfährt er an sich selbst Emotionen, menschliche Werte, positive Gefühle, die im Alltag gar nicht notwendig sind – und deshalb auch nicht gelebt werden. Um so geringer die objektive Notwendigkeit für solche innerlich erschütternden Gefühle, desto größer die Sehnsucht nach ihnen. Das Gefühl, daß es eine Liebe gibt, die so groß ist, daß sie alles in den Schatten stellt – ja sogar die Angst vor dem Tod paralysieren kann –, ist eine große seelische Erfahrung. Im realen Leben ist sie leider selten zu haben – dafür aber in einem Film wie *Titanic*. Es ist ein großes Gefühl, wenigstens in der Imagination die nicht alltägliche Solidarität des Ehepartners/Freundes/der Freundin erleben zu dürfen, gerührt davon zu sein. Denn wo kann man sonst gerührt sein? Rührung im Alltag ist kaum möglich, findet kaum statt, weil rührende Situationen weniger kenntlich sind, weil Situationen erst ästhetisch so konzentriert werden müssen, daß sie rührend werden. Dafür gibt es ja die Kunst: Sie soll dem Leben, wenn es denn nicht bereit ist, erhabene Situationen zu schaffen, ästhetisch auf die Sprünge helfen. Und je tiefer die

Finsternis, die ein fiktiver Schicksalsschlag um sich herum verbreitet, desto sichtbarer wird jedes Licht einer positiven Kraft. Jeden Tag findet man im Alltag etwas ärgerlich. Oft sieht man komische Situationen oder ist selbst Teil von ihnen. Aber wie oft ist man im Alltag gerührt? Um dieses Defizit auszugleichen, werden Melodramen geschrieben.

Der Schicksalsschlag in Tragödie und Melodrama

Die Rahmenerzählung des Melodramas beruht oft auf einer für eine große Anzahl von Menschen katastrophalen Situation. Mag dies ein Krieg sein *(Vom Winde verweht, Casablanca)*, ein Schiffsuntergang *(Titanic)* oder eine epidemische Krankheit bzw. Behinderung *(Philadelphia, Rain Man)*. Dieses massenhafte Unglück wird auf den Einzelfall spezifiziert, wobei nicht die ästhetische Reflexion der realen Katastrophe im Mittelpunkt steht, sondern die Etablierung einer Bedrohung, die es erzählerisch höchst ökonomisch ermöglicht, mit geringem Aufwand eine sehr konkrete Lebenssituation zu schaffen. Wenn sich dann der Plot quasi mit einem Brennglas auf zwei, drei Personen fokussiert, sind all deren äußere Gebundenheiten und Zwänge schon einmal grob erklärt.

Man vergleiche dazu die ersten Bilder von *Casablanca*: Der gesamte Globus ist zu sehen, eine Off-Stimme weist auf die historische Situation hin, und die Bedeutung der Fluchtroute über Casablanca wird in wenigen Worten eindringlich vermittelt. Dann die ersten Bilder aus der Stadt. Die Menschen warten. Sie warten und hoffen. Überall werden Geschäfte mit der Hoffnung gemacht. Als Gegensatz zur Statik des Wartens und Hoffens dann plötzlich Tempo: Razzia. Noch in der Rahmenerzählung sehen wir den ersten Toten – einen Mann, dessen Paß vor drei Wochen abgelaufen war.

Alle massenhaft auftretende Katastrophen (Krebs, AIDS, Erbkrankheiten, Süchte) werden, sobald sie als neue Welle um die Welt gehen, in melodramatischen Einzelschicksalen aufgearbeitet. Einfach, weil jede neue reale katastrophale Situation die Welt der Fiktion um eine neue Variation der Rahmenerzählungen bereichert. Doch letztlich ist der Name der filmisch benutzten Krankheit belanglos. Sie wird nur wegen ihrer katastrophalen Wirkung gebraucht. Nicht die Krankheit macht das Melodrama, sondern deren emotionale Auswirkungen. Die Krankheit ist einfach der bekannteste und häufigste Schicksalsschlag, der moderne Menschen treffen kann. In Form der Krankheit schlägt das Schicksal *blind* zu. Sie kann jeden treffen. Sie gehört damit nicht in die Tragödie (ist also, in der ursprünglichen Bedeutung des Begriffs, nicht *tragisch*), sie ist melodramatisch. Denn das Schicksal hat tatsächlich »aus eigenem Antrieb« zugeschlagen, der Held hat es nicht etwa durch sein Handeln herausgefordert.

Wird ein Held in die Konfliktsituation hineingestoßen, statt sie aus eigenem Willen zu betreten, begibt er sich sofort in die Nähe des Melodramatischen. Wenn die Konfliktkonstellation gar keine Lösungsmöglichkeit anbietet, der Held mit gar keiner erfolgversprechenden Handlungsoption versehen ist und sich vergebens abarbeiten muß, dann befinden wir uns im Trauerspiel, dem Vorläufer des Melodramas.

In der Tragödie hat die Welt einen Mangel. Der Held zieht aus, ihn zu beheben. Sein Schicksal ist die Vergeblichkeit des Bemühens, unlösbare Widersprüche zu lösen. Aber die Welt wird auch durch sein Scheitern eine andere.

Im Melodrama hat der Held einen Mangel. Das Schicksal fordert ihn auf, diesen Mangel zu beheben. Es ist seine bisherige Welt, die er bei diesem Kampf gegen das Schicksal verlieren wird – aber das bedeutet wenig, denn am Ende ist der Held ein anderer.

Eines der ältesten schriftlich festgehaltenen Melodramen – das Buch Hiob – beginnt folgendermaßen:

»Der Herr sprach zum Satan: Hast du nicht achtgehabt auf meinen Knecht Hiob? Denn es ist seinesgleichen nicht im Lande, schlecht und recht, gottesfürchtig und meidet das Böse. Der Satan antwortete dem Herrn und sprach: Meinst du, das Hiob umsonst Gott fürchtet? Hast du doch ihn, sein Haus und alles, was er hat, ringsumher verwahrt. Du hast das Werk seiner Hände gesegnet, und sein Gut hat sich ausgebreitet im Lande. Aber recke deine Hand aus und taste an alles, was gilt's, er wird dir ins Angesicht absagen? Der Herr sprach zum Satan: Siehe, alles was er hat, sei in deiner Hand; nur an ihn selbst lege deine Hand nicht.«[17]

Der brave, gottesfürchtige Hiob wird aufgrund dieser Wette zwischen Gott und Satan eine Reihe von Prüfungen auf sich nehmen müssen. Lange hadert er mit seinem Schicksal, dann begreift er sein Leid als Chance (»Gottes Züchtigung dient zum Heil der Seele«) und tut Buße. Darauf gibt ihm Gott »zwiefältig so viel, als er gehabt hatte«[18].

Die Konstitution des melodramatischen Helden

Wie muß er nun beschaffen sein, unser melodramatischer Held?

Wir glauben, die Prädisposition eines solchen Helden auf drei Begriffe bringen zu können: Totalität, Glaubwürdigkeit und Mangel.

Den Helden in ihrer Totalität darzustellen heißt, ihn in möglichst vielen Verknüpfungen zu zeigen. Solche mit dem Makrokosmos von Kultur, Staat, Ökonomie und solche mit dem Mikrokosmos von Familie, Freunden und Arbeitsstelle. Die andere Möglichkeit ist die Darstellung einer sehr tiefen Obsession, was ja das genau gegenteilige Verfahren ist, nämlich die Reduktion einer Person auf ihre Begierde, mag dies die Totalfixierung auf eine Person *(Der blaue Engel)* oder eine Sucht sein. Totalität heißt aber auch, daß Konflikte eben nicht »wie im Film« sauber zu lösen sind. Gut und Schlecht – das sind nicht die Konstellationen, an denen sich die melodramatische Figur abarbeitet. Sondern solch quälende und verzwickte Alternativen wie »Besser, aber unter Verlust von A« oder »Wesentlich schlechter mit der Hoffnung auf Besserung«. Kein Drehbuch eines Actionfilms würde den Zuschauer z. B. in folgende gedankliche Verlegenheit bringen: Der Held will vier Opfer retten; bei dem Versuch, dies zu tun, sterben auch vier zufällige Passanten. Hier weiß jeder Autor und Produzent schon »aus dem Bauch heraus«, daß ein solches Ergebnis von Heldentaten den Zuschauer nicht glücklich macht. Ein solches Dilemma, ein solch labiles Gleichgewicht zwischen Opfer- und Täter-Sein ist aber für ein Melodrama ein gefundenes Fressen. Denn es will ja nicht auf Anhieb glücklich machen, sondern quälen ...

Der melodramatische Charakter muß absolut glaubwürdig sein. Während in der Komödie, wie wir später aufzeigen werden, der Held auf seine komischen Zwecke hin zurechtgestutzt werden kann, muß der melodramatische Charakter durch möglichst viele Facetten und Interaktionen an Glaubwürdigkeit bzw. – mit Stanislawski gesagt – an Wahrhaftigkeit gewinnen. Während der komische Held auf Extreme (z. B. Geiz) reduziert werden kann, wird die Glaubwürdigkeit der melodramatischen Charaktere gestützt durch die Wiedererkennbarkeit, ja die Durchschnittlichkeit der Umwelt. Der Held ist wie der Zuschauer »voll im Leben verankert«, aber im Gegensatz zur Welt des Zuschauers liegt über ihm meist noch der große Schatten der Rahmenerzählung. Die Wirkungen der Rahmenerzählung müssen sich in der Geschichte des melodramatischen Helden im Detail wiederfinden.[19] Der Autor des Melodramas ist gut beraten, möglichst genau an der Lebensalltäglichkeit entlang zu erzählen, um dann in ihr einen Charakter darzustellen, der stärker, tiefer, eruptiver, ungebremster empfindet als der »Normalbürger«.

Am Beginn des Weges der melodramatischen Figur steht ein Mangel, der am ehesten als nicht ausgeglichener emotionaler Haushalt beschrieben werden kann. Der Held des Melodramas hat somit eine Prädisposition, die das ihm widerfahrende Schicksal als folgerichtig erscheinen läßt. Die Lebenssituation des Protagonisten ist höchst unbefriedigend. Das kann ihm bewußt sein, muß es aber nicht. Vielleicht hat er ja noch eine Vielzahl von Ausflüchten, Entschuldigungen und Verdrängungen, die ihn seine Situation noch nicht bewußt erkennen lassen. In diesem Falle wird der Zuschauer alle Selbstlügen, alle Mechanismen, die die Lebenssituation als gut oder zumindest annehmbar umdeuten, genau registrieren. Ob es also nur der Zuschauer sieht oder der Zuschauer gemeinsam mit dem Melodramhelden – die Harmonie ist gestört. Aber noch sieht der Protagonist keinen Grund oder hat keine Kraft, dies zu ändern. Da ereilt ihn der Schicksalsschlag. Und nach einem schmerzensreichen Verlust seines alten Lebens wird er ebenso schmerzensreich zu einem neuen finden.

Generell erkennen wir zwei Kategorien von melodramatischen Helden:

a) Helden in einer scheinbar gesicherten Ausgangssituation, die ihnen durch einen Schicksalsschlag zerstört wird. (Die erfolgreiche Bankerin, die von ihrem kriminellen Chef zum Sündenbock gemacht wird.) Die Katastrophe, die über den Helden hereinbricht, ist jedoch nur dann ein melodramatischer Schock, wenn sie den Protagonisten in seiner Gefühlswelt trifft. Um beim Beispiel der Bankerin zu bleiben: Wenn infolge der fehlerhaften Bilanzen der Bankerin eine Kündigung ausgesprochen wird, dann kann dies für die Frau durchaus eine finanzielle Katastrophe sein, nicht aber automatisch eine *melodramatische*. Sagt sich die Exbankerin: »Gut, dann lebe ich eben von der Sozialhilfe, Hauptsache, ich bin glücklich!«, fällt sie als melodramatische Heldin aus. Die Katastrophe muß sie in ihrer Gefühlswelt treffen. Ihr Selbstwertgefühl (oder ein anderer, für die emotionale Existenz wichtiger Teil der Innenwelt) muß grundlegend beschädigt werden. Diese Katastrophe muß selbst noch kein melodramatischer Schock sein. Sie bewirkt jedoch, daß sich im Laufe der Exposition die Spreu vom Weizen ihres sozialen und privaten Mikrokosmos trennt. Nehmen wir an, der Geliebte der Bankerin ist ein bekannter, aber finanziell erfolgloser Künstler. Wenn die Bankerin nach der Kündigung von ihrem Geliebten verlassen wird, weil sein Bedürfnis nach Luxus nicht befriedigt wird – dann kann das der Ausgangspunkt für ein Melodrama sein. Die Heldin meint, nun etwas wiederherstellen zu müssen, und tut zunächst alles, um auf den äußeren Anfangspunkt zurückzukommen. Dazu wird sie vielleicht betrügen, einbrechen, sich prostituieren ... Und muß nach dem leidvollen Scheitern all dieser Bemühungen feststellen, daß das eigentliche Problem in ihr selbst liegt. In ihrem Irrglauben, daß das konforme Leben, in das sie sich im Laufe der Jahre hineinmanövriert hat, von außen, durch das Werkzeug eines unkonventionellen Ehemanns, heilbar sei. Dieses Beispiel mag etwas vereinfacht sein, zeigt aber, wie in der Summe aus einer Katastrophe und einem defizitären emotionalen Zustand der Grundplot für ein Melodrama entsteht. Vereinfacht läßt sich der Plot des melodramatischen Helden dieses Typus so darstellen: Der Held hat eine emotionale Bindung zu einer Person resp. Lebenssituation, die er als Grundpfeiler seiner emotionalen Existenz begreift. (Je tiefer die Bindung, desto problematischer der Verlust.) Diese Bindung bricht schmerzvoll auseinander, das entstehende Vakuum wird von etwas Neuem gefüllt. Ein Beispiel dafür finden wir, fast ungestört von Nebenhandlungen, in *Das Piano*: Die Protagonistin ADA verkauft zunächst sich selbst, um Klavier spielen zu können. Erst sehr viel später entdeckt sie, daß es ja noch etwas anderes geben kann, als ihr ganzes Gefühlsleben im Klavierspiel zu sublimieren. Das symbolische Ende ist konsequent: ADA versinkt mit dem Piano im Meer, um sich dann doch noch von ihm zu befreien.

b) Helden, die nicht aus einer gesicherten Situation herausfallen, sondern erst in eine emotional befriedigende hineingelangen wollen. Dazu gehören Helden, die sich in Traumwelten befinden, eine Wahrnehmungsverschiebung haben, die etwas objektiv Unerreichbares einholen wollen. Dieser melodramatische Held bildet sich einen Wunschtraum, der so stark ist, daß er zur Obsession werden kann. Und der so sehr Traum ist, daß er gegenüber der Realität nicht bestehen kann. Dieses Wissen um die Unhaltbarkeit des Traums gewinnt der Zuschauer sehr früh, die Protagonistin sehr spät, vielleicht nie. PROFESSOR IMMANUEL RATH *(Der blaue Engel)* geht an einer solchen Obsession nach einem langen Weg, der über die eigene Lächerlichkeit bis zum Verlust seiner bürgerlichen Existenz führt, schließlich zugrunde.

Die Wünsche von BLANCHE *(Endstation Sehnsucht)* sind nicht einmal maßlos, aber ein Neubeginn bleibt ihr trotzdem verwehrt, woran ihre Psyche vollends zerbricht.

Während also der emotionale Wunschtraum des Helden vom ersten Typus durch den melodramatischen Schock geweckt wird, läuft der zweite Held diesem Traum schon hinterher. Der Held der ersten Art wird sich zunächst nicht bewußt, daß sein Ziel in der Erfüllung eines Wunschtraums liegt. Er meint zunächst, es gehe um das äußere Herstellen des Ausgangszustands und wird durch Leiden von diesem Mißverständnis geheilt. Das eigentliche Ziel taucht vor dem Helden in der Phase nach der Katastrophe auf. Die Katastrophe ist ja nur ein äußeres Ereignis, das Wichtige – die Folgen für die Innenwelt des Helden – ist die nächste, wesentlichere Phase, in der der Protagonist sein Defizit feststellt. Oder – wenn er noch nicht soweit ist – der Zuschauer dies für ihn tut. Aber hier erwacht der Wunschtraum.

Der melodramatische Schock für den Helden der zweiten Art wird darin bestehen, daß er für seinen Wunschtraum ein Objekt findet, auf das er ihn projizieren kann, und nun dem Mißverständnis unterliegt, es gehe nur noch darum, dieses Objekt zu besitzen. Dieser Held kann fast nur noch scheitern. Und dieses Scheitern ist so groß, daß es in mehr oder minder direkter Weise tödlich ist.

Opfer müssen gebracht werden

Die Helden des Melodramas tragen im Verlaufe der Handlung Beschädigungen davon. Diese Beschädigungen sind psychischer Natur, können aber durchaus ins Physische übersetzt werden. Im schlimmsten Falle sind diese Beschädigungen so stark, daß sie tödlich wirken. (Die Schwindsucht der *Kameliendame* konserviert einen zeitlich begrenzten Glückszustand durch den Tod.) Selbst wenn die Geschichte zu einem äußeren Happy-End findet, ist in der Figur etwas zerstört, zerbrochen, verändert worden. Immer geht es im Melodrama um Verluste oder Abschiede.

Während in der Tragödie das »Menschenopfer« am Ende erbracht werden muß, ein Happy-End nicht möglich ist, läßt das Melodrama die Möglichkeit offen, daß das Opfer am Ende noch abgewendet werden kann. In dieser Beziehung ist das Melodrama eine unendliche Variation des biblischen Themas von Abraham, der auf Geheiß Gottes seinen geliebten Sohn Isaak opfern soll[20]: »Und als sie an die Stätte kamen, die ihm Gott gesagt hatte, baute Abraham dort einen Altar und legte das Holz darauf und band seinen Sohn Isaak, legte ihn auf den Altar oben auf das Holz und reckte seine Hand aus und faßte das Messer, daß er seinen Sohn schlachtete. Da rief ihn der Engel des HERRN vom Himmel und sprach: Abraham! Abraham! Er antwortete: Hier bin ich. Er sprach: Lege deine Hand nicht an den Knaben und tu ihm nichts; denn nun weiß ich, daß du Gott fürchtest und hast deines einzigen Sohnes nicht verschont um meinetwillen.«

Die völlige Abwehr des Opfers indes gelingt selten, ist vielleicht auch gar nicht das erwünschte Resultat. Denn je teurer das Ende erkauft, um so kostbarer wird es dem Helden. Man kann nur Neues gewinnen, indem man Altes wegwirft. Es muß etwas geopfert werden – und so bleibt auf dem Weg zum Ende immer etwas auf der Strecke. Ein Opfer, daß sich letztlich als Befreiung herausstellen kann. Aber auch als ewig schmerzende Narbe, die dem Helden für immer den zurückgelegten Weg im Bewußtsein hält.

In *Das Piano* finden wir das Opfer extrem und buchstäblich: ADA muß einen Finger weggeben, um sich den Weg nach vorn zu verdienen. Das Melodrama verlangt Hingabe, verlangt, den bisher so wohlgehüteten Besitz – mag er materieller oder ideeller Art sein – widerspruchslos, ja duldsam hinzugeben.

Was man alles opfern kann:

- die Familie *(Jenseits von Eden)*,
- die sexuelle Selbstbestimmung *(Ein unmoralisches Angebot)*,
- die körperliche Unversehrtheit *(Das Piano)*,

- Menschen, die einem nahestehen *(Die Kameliendame)*,
- die »große Liebe« *(Casablanca)*,
- Geld und Besitz *(Senso)*,
- Ruf und Ehre *(Der blaue Engel)*,
- seinen Verstand *(Endstation Sehnsucht)*,
- Tränen als symbolisches Opfer *(so gut wie jedes Melodrama)*,
- das eigene Leben als Selbstopfer (JACK in *Titanic*),
- den bisherigen Lebensentwurf, auch ein Selbstopfer *(American Beauty)*.

Genauso wie das Melodrama von seinem Helden Hingabe erfordert, braucht es auch die des Zuschauers. Keine Rezeptionshaltung ist tödlicher für das Melodrama als die des kritisch-distanzierten Betrachtens: »Wie kann man nur etwas so Dummes tun!« Nur die absolute Hingabe an das Gefühl des Helden ermöglicht die emotionale Teilhabe, die das Zusehen erst zum lohnenden Geschäft macht. Denn das Melodrama ist eine Art Vertragsgegenstand im »Geschäft« zwischen Zuschauer und Produzenten: Der Zuschauer muß das Opfer (ob nun Krankheit, Tod oder ein ähnlicher Verlust) nicht real bringen und bekommt trotzdem, ohne die reale Vorleistung, den vollen Ertrag (das starke Gefühl, die Katharsis). Dafür bezahlt er Eintritt, die Rundfunkgebühr oder mit dem Betrachten von Werbespots.

7

Dramaturgie des Weinens

Melodramatische Grundstrukturen

Das Melodrama ist ein sehr »sparsames« Genre. Es braucht eine karge und vom äußeren Verlauf eher unkomplizierte Geschichte, nur wenige Wendepunkte im Plot, und auch seine personelle Grundstruktur ist einfach. Die melodramatische Grundstruktur besteht aus drei Personen. Eine Frau ist meist die Protagonistin. Sie steht zwischen zwei Kraftpolen (meist durch Männer verkörpert) und damit im Konflikt zwischen der Kraft, die über einen Leidensweg in den ausgeglichenen »emotionalen Haushalt« führt, und der Kraft, die beharrt.

Der Hauptkonflikt des Melodramas konstituiert sich damit aus den Begriffen *Defizit* und *ausgeglichener Gefühlshaushalt*. In diesem Spannungsfeld pendelt die Handlung ständig zwischen positiven und negativen Emotionen. Es braucht für dieses Genre also nicht so sehr die extremen *Handlungs*- als vielmehr die extremen *Stimmungs*- und *Gefühls*umschläge, was sich auf die Helden genauso wie auf den Rezipienten bezieht.

»Dem inhärenten großen Wunsch des Melodrams stehen aber Tausende von Verboten, Unmöglichkeiten und Ängsten gegenüber, so daß es ein System von Verkleidungen, Bestrafungen und Relativierungen erfinden muß, das alle kulturellen, sozialpsychologischen Tageserscheinungen mit einschließt. Das Echo auf einen großen Wunsch sind viele kleine Nein, ein paar zögernde Vielleicht, und hier und da ein trotziges Ja.«[21]

Das Melodrama ist ein ästhetisches *Perpetuum mobile*, das mittels einer sehr präzisen Mechanik die »dramatische Energie« aus sich selbst erzeugt: Ein scheinbarer Erfolg wird für den Helden zu einem emotionalen Hoch. Dieses Hoch auslebend, muß der Held erkennen, daß der Moment des Glücks nur ein scheinbarer war – und so kippt die emotionale Stimmung wieder um. Zurückgeworfen ins Unglück, wird der Held nach einem Zeichen der Hoffnung lechzen, es finden und wieder als Illusion erkennen. Das sind die wichtigsten dramaturgischen Umschwünge im Melodrama. Während wir in anderen Genres die Wendepunkte über die Handlung definieren (dem Ziel nähergekommen / Ziel verfehlen etc.), betrachten wir im Melodrama besser die emotionalen Umschwünge, die sich immer an der Grenze der emotionalen Belastbarkeit bewegen sollten. Und wieder sollen Zuschauer und Held gleichermaßen belastet werden.

Kein Genre – auch nicht das Melodrama – kommt ohne Konflikt aus. Nun gehören zu einem Konflikt mindestens zwei Parteien. Wie sehen die beim Melodrama aus? Oft scheint es, als ob der Antagonist des Melodramas nicht unbedingt eine Person sein muß. Er kann auch ein äußerer Schicksalsschlag sein wie Krebs, AIDS, ein Schiffsuntergang oder ein Krieg. Wir wollen dem deutlich widersprechen: Ein wucherndes Zellgewebe ist kein Antagonist![22] Zwar greift eine lebensbedrohliche Krankheit in die Beziehung zwischen Menschen ein. Aber nicht die Diagnose des Arztes eröffnet den Konflikt, sondern die Reaktion der betroffenen Menschen auf diese Diagnose.

Auf eines wollen wir an dieser Stelle noch einmal hinweisen: Antagonist heißt nicht automatisch »Bösewicht«– gerade beim Melodrama nicht. Im Gegenteil, je beharrlicher der Antagonist sich weigert, den »Bösewicht« zu mimen, desto quälender werden die emotionalen Entscheidungen für die Figur und ihren Zuschauer. Einen brutalen Ehemann, der seine Frau schlägt, wird der Zuschauer schnell in die Ecke des Schuldigen stellen. Der innere Konflikt ist für ihn gelöst – er schaltet im doppelten Sinne ab. Wenn es aber nicht so leicht ist, Schuld und Unschuld zu verteilen, gerade dann wird dem Zuschauer bewußt, wie schwierig es ist, sich vom dargestellten Konflikt durch einen inneren Schiedsspruch zu befreien. Der Zuschauer bleibt also beteiligt.

Um sich mit der diffizilen Verteilung von Schuld und Unschuld auseinandersetzen zu können, braucht der Zuschauer des Melodramas Zeit. Um im Actionfilm erkennen zu können, daß der wahnsinnige Bombenleger möglichst bald gestoppt werden muß, braucht man nicht mehr als Zehntelsekunden. Doch das Melodrama ist ein Weg, ein Kommen und Gehen. Der Held löst sich von etwas, um bei etwas anderem anzukommen. Er verliert etwas, gewinnt vielleicht etwas dazu und befindet sich in einem ständigen Übergang. Hier ergibt sich neben dem Zeitproblem für den Zuschauer auch das für den Protagonisten. Er muß die Gelegenheit haben, sich zu lösen, zu gehen, um schließlich anzukommen. Die Schicksalsschläge kommen plötzlich und mit großer Wucht – aber sie müssen stückweise abgearbeitet werden. Dies schildernd, »quält« sich das Melodrama durch viele Episoden von Glück und Unglück. »Und die Botschaft des Melodrams ist auch die Intensität, mit der Glück und Unglück erlebt werden. Es ist in einem Melodram nicht vorhersehbar, wann auf das Glück das Unglück folgen wird (nicht *logisch* vorhersehbar – stimmungsgemäß sehr wohl), aber es ist klar, daß das Unglück kommen wird.«[23] Diese emotionalen Wechselbäder müssen dargestellt und dem Protagonisten die szenische Gelegenheit gegeben werden, diese Etappen auszukosten.

Wenn in einer Komödie oder in einem Thriller der Briefträger kommt und ein Weihnachtspäckchen mit Selbstgebackenem von der Mutter abgibt, dürfte diese Szene in den meisten Fällen für den Mainplot völlig irrelevant und damit überflüssig sein. Im Melodrama kann dieselbe Szene zu einem der bedeutendsten Ereignisse gehören. Gerade weil dieser Vorgang so ein ganz lebensalltäglicher ist, kann er ein glaubwürdiger Pendelschlag in der Abfolge der Emotionen sein – und damit unverzichtbar für die Dramaturgie des Melodramas. Dieses Päckchen kann zu Tränen oder eben zu neuer Hoffnung beitragen und damit der Handlung neue Energie zuführen. Nicht die Handlung wird vorrangig nach vorn getrieben, sondern die Emotion. Die Story muß nicht voluminös sein, es reichen die zwei Wendepunkte des äußeren Plots – und deswegen tut es ein einfacher Konflikt: »Bleibe ich bei meinem Mann oder gehe ich zu dem anderen?« Die Kunst des Schreibenden besteht nun darin, aufzudecken, was sich hinter dieser einfachen Frage an Verzweiflung, Hoffnung und Schmerz entdecken läßt. Was verliert die Frau, wenn sie zu dem anderen geht? Was gewinnt sie, wenn sie dies tut? Diese Fragen eröffnen uns einen Blick auf einen wesentlichen Aspekt des Genres, auf den wir später noch ausführlicher eingehen werden. Am Ende steht immer eine fast kaufmännische Gewinn-und-Verlust-Rechnung. Wenn die Geschichte schließlich trotz allen Leidens und mancher Opfer zu einem versöhnlichen Ende kommt, dann steht auf dem Konto der Emotionen ein kleines HABEN.

Für die dramaturgische Strukturierung des Melodramas, die wir im folgenden behandeln wollen, scheint uns das Wissen um Gewinne und Verluste der Hauptfigur im jeweiligen Handlungsabschnitt wesentlich.

Die Exposition

Die Exposition besteht aus drei wesentlichen Teilen:

1. Die Bindungswelt des Protagonisten wird in ihrer größtmöglichen Komplexität gezeigt. Der Lebensplan als äußeres Ziel des Helden wird vorgestellt, um ihn zum Ende der Exposition in die Krise zu bringen.
2. Die Defizite des Protagonisten werden offenbart. Hier findet die Entscheidung über die Form des Helden statt. Werden die Defizite von ihm wahrgenommen – oder besser: Sind sie ihm bewußt oder nicht?
3. Eine von außen kommende, für den Protagonisten überraschende Katastrophe – der melodramatische Schock – wirft ihn aus der Bahn.

Damit ist der erste Akt abgeschlossen.

Für die Exposition gibt es zwei verschiedene Strukturen, die sich nach der Beschaffenheit des Protagonisten richten. Es gibt tatsächlich nur zwei, denn dramatisch sinnvoll erscheinen nur zwei Ausgangspositionen: Entweder geht es dem Protagonisten gut, oder es geht ihm schlecht. Ein Teils-teils ist kein Feld dramatischer Darstellung:

- Ein Outsider will in den harmonischen Zustand gelangen oder
- ein Insider wird (durch einen Schicksalsschlag) aus dem Zustand der Harmonie herausgerissen.

Wir haben den Schicksalsschlag und dessen Auswirkung für den Insider der Harmonie bereits ausführlich besprochen. Wie aber sieht für den Typus »Outsider will rein« die Katastrophe aus und wo liegt sie? Strukturell liegt die Katastrophe beim »hineinwollenden Helden« genau an der gleichen Stelle wie beim anderen Heldentypus. Sie sieht nur anders aus – nämlich wie ein Erfolg! Wenn PROF. IMMANUEL RATH in *Der blaue Engel* endlich von LOLA-LOLA erhört wird, sieht das für ihn wie ein Erfolg aus. Dem Zuschauer wird im selben Augenblick klar: Dies ist seine Katastrophe. Es wird furchtbar enden. Er ist einem Irrtum erlegen, einer Täuschung, die ihn bis zum vollständigen Untergang führen wird.

Der zweite Akt spannt hier den Bogen zwischen Täuschung und Ent-Täuschung.

Der Bogen des II. Akts

Indem der Protagonist versucht, der ihn belastenden Situation zu entfliehen, gleitet er immer tiefer in die Misere. Sein Verhalten läßt sich mit dem eines im Moor Versinkenden vergleichen. Je mehr er sich bewegt, um festes Ufer zu erreichen, desto mehr werden gerade diese Bewegungen ihn auf den Grund ziehen. Im Melodrama wie im Moor braucht es etwas von außen, damit man wieder herauskommt.

Auf diesem Bild beruhend, wollen wir hier ein Modell für den II. Akt skizzieren, das keinen Anspruch auf Ausschließlichkeit erhebt, aber eine Grundlage für die äußere Bewegungsrichtung des Plots bietet. Der Protagonist befindet sich nach der Katastrophe in einer verzweifelten Situation. Es gibt keinen Ausweg. Selbstzweifel setzen ein, ob er denn nicht durch seine maßlosen Wünsche und einen unbescheidenen Glücksanspruch den Schicksalsschlag herausgefordert hat. Zu den Selbstzweifeln gesellt sich nun eine Prüfung der intimen Beziehungen. Freunde erweisen sich als Judas, nette Kollegen nutzen die Gunst der Stunde für den eigenen Aufstieg. Im schlimmsten Falle stellt der Protagonist fest, daß sein gesamtes soziales Umfeld nur scheinbar funktionierte. Dem Leben entschwindet der Sinn – und der Selbstmord lauert schließlich über jedem melodramatischen Helden. Und wenn nicht, dann wenigstens der Absturz in Alkohol, Drogen, Tabletten – andere Formen des Selbstmords.

Bis zur Mitte des II. Akts sinkt der Protagonist, sich verzweifelt wehrend, auf den Grund unseres metaphorischen Moores. Hier nun, ganz unten, findet er einen Schlüssel in Form einer Person, einer Bindung, eines neu mobilisierten Gefühls, eines persönlichen Handlungsplans etc. Er weiß aber noch nicht, wie dieser anzuwenden ist. Dies lernend, schwankend zwischen Erfolg und Mißerfolg, darin besteht die zweite Hälfte dieses Akts. Dieses Finden des Schlüssels beschreibt ausschließlich einen generellen Richtungswechsel in der Mitte des Films, ohne daß die von uns beschriebene Mechanik des emotionalen Pendelschlags dadurch ersetzt würde. Der auf dem Tiefpunkt gefundene Schlüssel öffnet nicht (wie etwa im Abenteuerfilm) etwas Äußeres, sondern etwas Inneres. Er ist auch nicht ausschließlich als eine von außen kommende Hilfe zu begreifen, sondern vielmehr als ein Punkt, an dem der Leidensdruck so groß geworden ist, daß die Figur nunmehr zu Entscheidungen befähigt ist, die vorher niemals in seinem Gesichtskreis waren.

Der Wendepunkt vom II. zum III. Akt:

Der II. Akt entwickelt seine Dynamik aus der beschriebenen Bewegung von emotional positiven zu emotional negativen

Emotionen – ein Hin und Her, ein Wechselbad der Gefühle, das wir als melodramatischen Pendelschlag bezeichnen.

Der III. Akt hat eine ganz andere Bewegungsrichtung. Hier werden auch die äußeren Konflikte gelöst. Die Handlung bekommt eine neue Richtung und eine neue Mechanik.

Dieser Moment wird durch die Entscheidung des Protagonisten bestimmt. Der Held hatte bis hierhin Zeit zu lernen, welche verschiedenen Wege es gibt und welche negativen und positiven Konsequenzen jeder der möglichen Wege mit sich bringt. Nun, am Wendepunkt zum III. Akt, wird ihm eine Entscheidung abverlangt. Nun muß er sich dazu durchringen, endlich konsequent seinem Gefühl zu folgen. Was natürlich alles in einer neuerlichen Katastrophe enden kann – aber diesen Schritt zu wagen bringt dem Protagonisten alle Sympathie, alles Mitgefühl des Zuschauers. »Jetzt hat sie endlich gelernt, sich selbst und ihren Gefühlen zu trauen! Hoffen wir, daß es gutgeht!«

Das ist eine Hoffnung, keine Gewißheit. Denn mit der Entscheidung, die der Protagonist am Wendepunkt zum III. Akt fällt, ist nicht etwa klar, daß nun alles gut wird. (Dies ist eine Besonderheit des Melodramas, anders als bei einem Thriller oder Abenteuerfilm. Bei diesen Genres ist dem Zuschauer klar, daß die Entscheidung dazu da ist, um den Antagonisten zu besiegen. Fraglich ist höchstens noch, ob Zeit oder technische Möglichkeiten ausreichen.) Auch nach der Entscheidung zum III. Akt gibt es immer noch alle Alternativen zwischen Tod und Happy-End. Das Problem wird weiter in der Schwebe gehalten. Aber der Held ist nun emotional »bei sich«. Die Entscheidung des Protagonisten kann nach rationalen Gesichtspunkten sogar falsch sein. Aber der Zuschauer kennt seinen Helden inzwischen so gut, daß er weiß: »Es ist das Beste für ihn.«

So gibt der Wendepunkt keine Antwort, beendet auch nicht einen Teil des Konflikts, sondern reißt gerade durch die Entscheidung neue Fragen und neue Handlungsmöglichkeiten auf.

Das Ende

Das Melodrama kennt drei unterschiedliche Schlüsse:

- das Happy-End,
- den offenen Schluß (den der Heilsgeschichte),
- den endlichen, oft tödlichen Schluß (den der Leidensgeschichte).

Betrachten wir zunächst den tödlichen Ausgang des Melodramas. Der Tod am Ende kann von zwei Seiten aus gesehen werden: aus der Sicht des Rezipienten und aus der Sicht des Helden. Zum einen ist der Tod ein den Zuschauer betrübendes Ereignis. Er hat einen langen Kampf miterlebt. Dem Protagonisten eröffnen sich als Ergebnis dieses Kampfes neue Möglichkeiten zu leben. Insofern erlebt der Zuschauer den Tod als Bitternis über den Verlust der neu erworbenen Chancen.

Von der Figur her gesehen, kann der Tod eher als Gewinn des Friedens erscheinen. Der ausgeglichene Gefühlshaushalt ist der positivste Endpunkt eines Melodramas. Und auch der Tod sorgt für einen ausgeglichenen Gefühlshaushalt. Sie *RUHET IN FRIEDEN*.

Um den Zuschauer mit dem Tod zu versöhnen, muß die Sterbende ihre Fackel an jemand anderen weitergeben. Das, was er gewonnen hat, kann der Held ja nicht mit ins Grab nehmen. Wofür sonst die ganze Arbeit? Der Tod ist Befreiung – das ist die Botschaft, die der Sterbende dem Weiterlebenden gibt. Der Held scheidet melodramatisch im Frieden mit der Welt – der Hinterbliebene wird geläutert.

Die Zuschauerhaltung dabei ist entweder eine dem Tod gefaßt ins Auge sehende, denn der Weg des Helden war das Ziel, so daß der Tod ein tröstliches Ende bedeutet – oder sie ist eine traurige. Letztere resultiert aus der – wohl unbewußten – Erkenntnis, daß der Sterbende gerade etwas gewonnen hat, eine neue Perspektive, einen neuen Weggefährten, endlich den Ausweg – und dies nun alles nicht mehr nutzen kann! Goethe hat ein Gedicht geschrieben, das den Leser bis zuletzt bangen läßt, um ihn im Moment der äußeren Rettung mit dem Tod zu konfrontieren – und weil dieser Bruch so wirkungsvoll ist, bleiben wohl jedem, der sie einmal in der Schule hörte, diese letzten Zeilen im Gedächtnis:

Dem Vater grauset's, er reitet geschwind,
Er hält in den Armen das ächzende Kind,
Erreicht den Hof mit Mühe und Not;
In seinen Armen das Kind war tot.[24]

Weitaus häufiger als tödlich endet das Filmmelodram offen. Das Erlebte war für den Protagonisten und die Zuschauer traurig, aber nun ist ein Zustand erreicht, wo man mit dieser Traurigkeit leben kann – und leben *möchte*. Die Botschaft lautet Versöhnung statt Sieg. Hier erfüllt das Melodrama seine andere, heilsgeschichtliche Bestimmung. Denn Melodrama heißt:

eine traurige Geschichte versöhnlich zu Ende erzählen.

Versöhnen heißt nicht glätten, nicht überwinden, nicht siegen. Denn das Melodrama kennt keine Sieger, nur Gewinner. Und die Gewinne sind als solche erst auf den zweiten Blick zu erkennen: Die Narben bleiben, genauso wie die Erinnerungen an die erlittenen Schmerzen. Deshalb kennt das Melodrama auch kein Happy-End – und von den drei unterschiedlichen Möglichkeiten eines Melodramaendes bleiben nur zwei. Denn vollkommen glücklich ist am Ende niemand, und jedes scheinbare Happy-End ist gleichfalls ein offenes Ende. Das Ziel eines ausgeglichenen Gefühlshaushalts ist zwar erreicht, aber nur als ein labiles, jederzeit gefährdetes Gleichgewicht. (Man betrachte dazu das Ende von *Das Piano*: Äußerlich hat sich alles zum Guten gewendet – wirklich alles. Und trotzdem bleibt die Erinnerung, bleibt auch im Zuschauer die Sorge, daß die nun aufgebaute Hoffnung sich als Trugbild erweisen und wieder in sich zusammenfallen könnte.)

Das versöhnliche Ende gleicht aus zwischen dem Erlittenen und dem Gewonnenen. Es wird kein vorher bestehendes Problem weggenommen, aufgelöst, es wird nichts geglättet.

Es heißt nicht: *Ab jetzt wird alles gut*, sondern: *Ab jetzt kann ich damit leben.*

Was ist also ein Melodrama?

Ein jeder aber prüfe sein eigenes Werk; und dann wird er seinen Ruhm bei sich selbst haben und nicht gegenüber einem andern.
Denn ein jeder wird seine eigene Last tragen.[25]

Diese drei Zeilen aus dem Brief des Paulus definieren das Melodrama bereits vollständig. Die Prüfung des eigenen Werkes ist der Inhalt, der Ruhm bei sich selbst statt vor anderen zu finden ist das Ende des Melodramas.

Das Melodrama geht davon aus, daß die Welt nicht zu ändern ist. Das scheint etwas Resignatives, etwas Fatalistisches zu haben: Die Welt ist, wie sie ist. Der Held muß sich ändern und kann im besten Falle das ihm vom Schicksal Zugefügte dazu nutzen, sich selbst zu veredeln. Und wie im Gartenbau geht Veredelung nicht ohne Verluste ab: trennen, wegschneiden, neu zusammenfügen, bis nur noch die besten Eigenschaften übrigbleiben.

Das Melodrama hat unterschiedliche Charaktere, unterschiedliche Schlüsse und variiert in den Themen. Aber in seiner Technik bleibt es doch recht festgelegt – und dürfte neben dem Thriller noch die feststehendste Struktur haben. Als eine der wichtigsten Eigenschaften des Melodramas haben wir seinen Pendelschlag herausgestellt: Aus Gut wird Böse. Aus Liebe wird Haß. Aus Gesundheit wird Krankheit, und aus Krieg entsteht Frieden. Der Protagonist fällt aus einer Bindung heraus und muß eine neue aufbauen. Er verliert und gewinnt. Diese Bewegungsformel treibt das Melodrama über seinen gesamten zweiten Akt an. Zum Schluß können die Gegensätze versöhnt werden – aber unter welchen Opfern!

Der Protagonist verliert zu Beginn das, was ihm die Welt zu bedeuten schien. Im Kampf gegen diesen Verlust sammelt er

Pluspunkte, die das Verlorene zwar nicht ersetzen, sondern ein HABEN in einer anderen Währung wieder aufbauen. Das buchhalterische HABEN erscheint emotional als GEWINN. Diesen Wechsel von Verlieren und Gewinnen kennen wir auch aus unserem Sprachgebrauch: das wiedergewonnene Selbstbewußtsein, die verlorene Liebe, der wiedergewonnene Lebensmut. In diesem Sinne kann man bei der Konzeption eines Melodramas tatsächlich buchhalterisch herangehen, die Gewinne mit den Verlusten verrechnen und am Ende Bilanz ziehen, wie wir dies hier (in einer nicht furchtbar ernstzunehmenden Art und Weise) an einem Beispiel demonstrieren wollen (s. Tab. 1).

Wie wir sehen, bleibt am Ende ein kleiner GEWINN. Der Zuschauer hat jeden Rückschlag mitvollzogen und jede neue Hoffnung aufgesogen – falls es denn gelungen ist, ihn in das emotionale Auf-und-Ab der Figur einzubinden und von Anfang an einen großen emotionaler Druck auf ihn auszuüben – der sich am Ende in einem befreienden kathartischen Weinen

Tab. 1: Beispiel

Ereignis	*Wert VERLUST*	*Wert GEWINN*
Die Ehe scheitert nach 12 Jahren.	– 50	
SIE entdeckt, wie wichtig ihr die vom Gatten vergraulte Freundin ist.		+ 18
Die Kinder bieten nicht den erhofften Rückhalt.	– 7	
SIE braucht keine Rücksicht mehr auf den Geschmack des Gatten zu nehmen und verändert ihr Äußeres.		+24
Finanzielle Schwierigkeiten.	– 4	
Aus dem Zwang der Jobsuche entwickelt sich eine interessante berufliche Perspektive.		+12
Aber abends immer allein.	– 6	
Der neue Kollege verliebt sich in SIE.		+ 35
Doch er wird bei seiner Frau bleiben.	– 15	
SUMMEN:	– 82	+89
DIFFERENZ:		+7

entlädt. Deshalb wollen wir hier die Techniken zur Herstellung eines möglichst großen emotionalen Drucks auf den Zuschauer abschließend zusammenfassen:

a) Die konsequente Einbindung des Zuschauers in das emotionale und soziale Beziehungsgeflecht des Protagonisten. Der Rezipient wird »Teil von ihm«.
b) Das Appellieren an das Mitleid des Zuschauers, indem dem Helden immer wieder Schlimmstmögliches zugemutet wird. (Da wir Mitleid als instinktives Miterleben von Leid begreifen, wissen wir, was wir dem Helden antun müssen. Instinktiv gesteuert wird das Erleben immer, wenn es um Sein oder Nichtsein geht.)
c) Die Anlage als eine lange Abfolge kleiner Episoden, die emotionale Wechselbäder bereiten. Der Zuschauer darf sich von seiner Bestürzung, Betroffenheit nur dann erholen, wenn es dazu dient, ihn noch tiefer zu involvieren, nach dem Motto: »Jetzt hast du schon gelacht – schäm dich, denn es soll noch schlimmer kommen ...«
d) Die Herstellung von Bildern, die immer wieder zum Verweilen einladen. Die Emotion des Zuschauers muß gehegt und gepflegt werden – das heißt eben auch, daß sie Zeit zum Wachsen haben muß.
e) Nie versetze man den Zuschauer in die Lage, die Entscheidung des Protagonisten in Kategorien von richtig oder falsch, klug oder unklug zu sehen. Entscheidend muß auch in der Betrachtungsweise des Zuschauers sein: Dem Protagonisten geht es nach der Entscheidung emotional besser – also ist sie *per se* richtig, egal welche realen Auswirkungen sie haben wird.
f) Besser ist es, den Protagonisten nie ganz zu enthüllen. Man kann den Helden seines Melodramas auch gnadenlos platterklären – und nimmt dem Zuschauer damit den Impuls, die Figur verstehen zu wollen. Melodramatische Figuren haben also gern ein Geheimnis, das den Zuschauer in seinen Bann zieht. (In den nachfolgenden Filmbeispielen werden wir an allen Heldinnen und Helden etwas Unerklärbares finden.)

In den folgenden Filmbeispielen wollen wir versuchen, die bisher beschriebenen Elemente und Wirkungsweisen des Melodramas aufzufinden. Uns interessiert nicht so sehr eine dramaturgische Analyse – dafür gibt es andere aufschlußreiche Literatur. Wir wollen den Blick auf die genrekonstituierenden Elemente des jeweiligen Beispiels lenken.

8

Wasser für Canitoga

Selten ausgestrahlt, bekannt weniger durch seine Handlung als durch das Lied *Good bye, Johnny,* ist dieser deutsche Spielfilm von 1939 eines der beeindruckendsten Melodramen mit Hans Albers. Selten findet man eine Wirkungsmischung, in der Schauspieler, Musik und Handlung so gut aufeinander abgestimmt sind.

Im Frühjahr 1905 wird in Kanada eine Wasserleitung nach Canitoga gebaut. Mit dabei: der Bauingenieur Oliver Montstuart (Hans Albers), ein Weltenbummler, dessen großer Traum es ist, mit seinem alten Freund Reechy nach Florida zu gehen, sich für 2000 Dollar ein Häuschen zu kaufen und den Rest des Lebens mit Angeln zu verbringen. Reechy hat das schon oft gehört. Bei jedem neuen Bauprojekt nimmt sich Montstuart dies vor. Jedesmal bleibt er wieder irgendwo hängen, gibt sein ganzes Geld aus und ist dann froh, wenn es irgendwo wieder neue Arbeit gibt.

Die Exposition der Figur Montstuart geschieht hier im Eiltempo, aber darum nicht weniger deutlich. Die zwei Grundzüge der Figur sind das Leben für den Augenblick und eine latente Gefährdung durch Alkohol. Die Unbesorgtheit, die der Held an den Tag legt, läßt den Zuschauer um so empfänglicher für die nun folgende Intrige werden.

Westbrook, ein Kollege Montstuarts, beauftragt den Sprengmeister, er solle 500 kg Dynamit verwenden, dies sei die Anordnung Montstuarts. Obwohl der Sprengmeister diese Menge als wesentlich zuviel empfindet, fügt er sich.

MONTSTUART vergewissert sich kurz darauf bei WESTBROOK, daß 250 kg verwendet werden, was dieser wider besseres Wissen bestätigt.

Das Komplott ist für den Zuschauer offensichtlich, der Ausführende ebenso wie das Opfer. Aber das Ziel des Saboteurs bleibt im Dunkel. Als es bei der Sprengung dann tatsächlich zur Katastrophe kommt, MONTSTUART von WESTBROOK den Auftraggeber erfahren will und diesen dann schließlich in einer gefährlichen Mischung aus Jähzorn und Notwehr erschießt, haben wir eine der schnellsten Expositionen hinter uns, die ein Spielfilm bieten kann. Erst wenige Minuten sind vergangen – und der Zuschauer kennt seinen flüchtenden Helden mit dessen Träumen und Gefährdungen; er kennt den Gegner und den Konflikt.

In den folgenden Monaten befindet sich MONTSTUART auf der Flucht. 500 Dollar sind auf seine Ergreifung ausgesetzt. Die Wasserleitung ist nun – am Silvsterabend 1905 – kurz vor ihrer Fertigstellung. Da taucht MONTSTUART wieder auf: ein Einsamer, Trauriger – inmitten des emotionalen Überschwanges der Silvesternacht. Er trifft REECHY wieder, der ihn zunächst bei sich aufnimmt. Früher habe er getrunken – so MONTSTUART über sich –, jetzt saufe er wieder. Seine Flucht hat MONTSTUART genutzt, um die Hintergründe möglicher Sabotageakte auf die Wasserleitung nach Canitoga zu erforschen. Die amerikanische Gold Corporation geht pleite, wenn Wasser nach Canitoga fließt, mit dem kanadisches Gold gewaschen werden kann. Am selben Abend hat REECHY den ersten Auftritt mit seiner selbstentworfenen Musikmaschine im örtlichen »El Dorado«. MONTSTUART will ihn begleiten. Frisch rasiert (seine größte äußerliche Veränderung) will er ausprobieren, ob ihn denn wirklich niemand wiedererkennt. Denn MONTSTUART weiß, daß es einen neuen Anschlag auf die Wasserleitung geben wird. Er will dabei sein, um die Schuldigen zu entlarven und sich selbst zu rehabilitieren. REECHYS Auftritt wird zum Skandal. Die Gäste lachen den Alten zunächst aus, bewerfen ihn dann mit Tellern, um ihn dann sogar tätlich anzugreifen.

Hier wird MONTSTUART das erste Mal zum emotionalen Helden des Zuschauers. Denn er mischt sich in den Skandal ein, trotz der Gefahr, in die er sich damit begibt. Und er singt das Lied von Johnny: »Mein Freund Johnny, das war ein feiner Knabe. Er war ein Tramp und hatte kein Zuhaus.« Die Silvesterszene im »El Dorado« ist vor dem Finale sicherlich der emotionale Höhepunkt des Films, bei dem auch hartgesottene Analytiker kaum ungerührt bleiben können. Denn in dieser Szene überlagern sich verschiedene Wirkungen und verstärken sich gegenseitig. Zunächst wird klar – das Lied besingt eigentlich das Leben MONTSTUARTS. Ein Mann berichtet von seinem Unglück, kann dies nur in vermittelter Form tun – und bekommt dadurch auch keinen Zuspruch. Dazu kommt die Situation, daß ein Retter sich selbst als zu Erlösender herausstellt. Als dritte Ebene ist die im Lied besungene Geschichte von einer Abschiedsstimmung geprägt. Aber ein Abschied, der nicht rührselig ist, sondern der den von uns zuvor dargestellten Kampf der Gefühle ausficht: »Bricht uns auch heut' das Herz entzwei – in 100 Jahren, Johnny, ist alles vorbei!« Wer kann angesichts dieses verzweifelten Optimismus kalt bleiben? Der melodramatische Schock ereilt hier nicht die Figur MONTSTUARTS, sondern wird von ihm in einem Lied berichtet. In der Reaktion der Gäste des »El Dorado«, in ihrer Ergriffenheit, findet der Zuschauer den emotionalen Höhepunkt, nicht durch die momentane Darstellung des Protagonisten.

Auch wenn sie in ihrer äußerlich-erzählerischen Funktion keine neue Entwicklung bringt, ja auf den ersten Blick wie ein unterhaltender Zwischenteil aussieht, hat diese Szene eine hohe emotionale Wirkung, treffen hier doch einige archetypische Erlebnisse zusammen: die Verspottung des guten Freundes, der in dieser Situation physisch und psychisch hilflos ist, die Reflexion des eigenen Schicksals, der Mut des Helden, die dauernde Bedrohung durch die Polizei ... und am Schluß weint das gesamte Publikum. Weint über die eigene Hartherzigkeit – aber ihm wird vergeben. Und auch seinem alten Kameraden TRAFFORD, der sich im Frühjahr nicht vor MONTSTUART gestellt hat, vergibt er. Ohne uns allzu tief auf diese Interpretation einlassen zu wollen – MONTSTUART agiert hier wie ein Gottgesandter. Sein Lied ist die Predigt, in deren

Folge die Sündigen ihre Katharsis erfahren; den so Geläuterten vergibt er ihre Schuld.

Das melodramatische Pendel schlägt hier weit aus. Nach der elenden Situation, in der wir den Protagonisten wiedergetroffen hatten, ist er nun emotional gewappnet, um die vor ihm liegenden Aufgaben zu bestehen. Das neue Jahr bedeutet für MONTSTUART ein neues Leben. Dazu hat er eine Frau gefunden – LILLY. Während MONTSTUART auf dem emotionalen Höhepunkt ist, erfährt der Zuschauer, daß seine neue Geliebte die Witwe WESTBROOKS ist. Wehe, wehe. Zumal bald klar wird, daß LILLY in die Sabotageaktion, deren Opfer letztlich MONTSTUART wurde, verwickelt ist.

Der erste Ingenieur INGRAM ist der wirkliche Saboteur. Dieser Verdacht kommt schnell auf, als er alle Besorgnis wegen der häufigen Erdrutsche beiseite fegt. Eine neue Frau, schon bei ihrem ersten Auftritt einem Engel gleich, kommt ins Spiel. Es ist TRAFFORDS Privatsekretärin und Verlobte WINIFRED GARDENER. Mit einem sicheren Gespür schaut sie in das Innere des Helden und befindet: Er macht einen verzweifelten Eindruck und ist bestimmt kein glücklicher Mensch. Sie appelliert an ihn, mit dem Saufen aufzuhören, möchte, daß er froh und glücklich wird. Das ist Liebe – nicht die zweckorientierte Zuneigung der LILLY. Und prompt sieht LILLY die beiden im innigen Kuß.

Zwei Beziehungsdreiecke schieben sich hier übereinander: Da steht MONTSTUART zwischen WINIFRED und LILLY und WINIFRED zwischen TRAFFORD und MONTSTUART. In dem Moment, da MONTSTUART und WINIFRED einen kleinen Augenblick des wirklichen Glücks finden, schlägt das Pendel wieder in die andere Richtung. REECHY geht zugrunde. Wieder hat MONTSTUART im Affekt gehandelt, ist wegen WINIFRED nicht sofort dem Freund zur Hilfe geeilt. Nun ist der Freund tot – und MONTSTUART ist moralisch schwer belastet. So ein Held kann nur noch sterben, nur noch durch den Tod sühnen.

MONTSTUARTS Tod wird nun auch zum zweiten Mal in der äußeren Erzählung vorbereitet. Nachdem er schon mit der Bauleitung über die Gefahren der Arbeit im Caisson sprach, wird dem Zuschauer von RUSKI, wohl eine Art Lagerarzt, erklärt, was passiert, wenn man ohne Druckausgleich in den Caisson steigt: Die Lunge platzt wie eine aufgeblasene Papiertüte.

INGRAM hat inzwischen das MONTSTUART-Fahndungsplakat herausgekramt und zeigt ihn bei TRAFFORD an, hat alle Arbeiter gegen MONTSTUART aufgebracht und bezichtet ihn jetzt sogar des Mordes an REECHY. MONTSTUART soll gehängt werden. Er könnte sich leicht ein Alibi besorgen. Nur dann müßte er erzählen, daß er gerade WINIFRED küßte, als REECHY starb. Die erste Sühne für seine unkontrollierten Gefühle.

INGRAM ist in der Luftschleuse und Wasser steigt in den Caisson. MONTSTUART bittet darum, ihm noch fünf Minuten zu vertrauen. Wenn er das Vertrauen mißbrauche, wolle er sich freiwillig hängen lassen. Schnell stellt sich MONTSTUARTS Vermutung als richtig heraus. INGRAM hat die vom Sprengmeister REECHY gestohlenen Sprengpatronen unten im Caisson gelassen. In wenigen Minuten ist das Projekt der Wasserleitung für immer zerstört. MONTSTUART will in die Tauchglocke, um die Sprengladungen zu entschärfen. Die Zeit drängt, deshalb ordnet er einen Druckausgleich in nur zwei Minuten an. (Und uns ist demonstriert worden, welche Auswirkungen das hat!)

MONTSTUART ist sehr einsam bei seinem Opfergang. In Gegenschnitten werden die Gesichter der besorgten, ja erschütterten Arbeiter gezeigt. Sie erzählen mehr von der Größe des Opfers, als der Schauspieler Albers allein spielen könnte.

Schon vom Tod gezeichnet, kommt MONTSTUART nach geglückter Rettung des Bauwerks aus der Schleuse. Nun will er seine Ehre wiederherstellen – und zwar in Canitoga, beim Empfang des Gouverneurs. Natürlich wird er rehabilitiert und hat damit sein Ziel erreicht – wenn auch unter Verlust seines Lebens. Während der Gouverneur ihm dankt, bekommt MONTSTUART ein Glas Alkohol in die Hand gedrückt. Das fällt ihm aus der Hand – und er trinkt statt dessen ein Glas Wasser. Er wußte gar nicht, merkt er an, wie gut das schmeckt, wofür er gearbeitet und sein Leben gelassen hat. Unter den Klängen des Johnny-Liedes verläßt MONTSTUART den Saal. Fast zynisch, auf jeden Fall schmerzvoll, ist das »Good bye, Johnny«, während MONTSTUART zum Sterben geht. An der Tür eine letzte Begegnung mit TRAFFORD und WINIFRED. Er drückt das Mädchen an TRAFFORD und gibt damit dem Paar seinen Segen. Draußen, im Schnee, sinkt er zusammen und wird von der kanadischen Fahne gnädig zugedeckt.

Wir finden in diesem Melodrama mehr Besonderheiten, als die recht einfache Geschichte zunächst glauben läßt. Hier laufen mehrere melodramatische Ebenen parallel. Dazu kommt ein breit gefächertes Arsenal von melodramatischen Techniken.

Die Transformationen des Helden

Das Ziel des Helden ist die Wiederherstellung der Anfangssituation. Am Anfang stand sein Traum von Florida – der ist inzwischen zerbrochen, nun will er nicht den Traum, sondern wenigstens den *Status quo* vom Beginn, die Wiederherstellung seines Rufes.

Am Beginn des Films bewegt sich MONTSTUART in der Gemeinschaft, ohne Teil von ihr zu sein. Dann schießt er sich buchstäblich aus ihr heraus, wird ausgespieen, und muß nun versuchen, wieder in sie hineinzukommen. Dieses Hineinkommen hat nun freilich eine neue Qualität, denn er will ein Teil von ihr werden. Dafür muß er sich bewähren, und das gelingt nur durch ein radikales Opfer – und der Weg zu diesem Opfer ist unabänderlich. So zeigt uns der Film eine Bewegung vom Innern nach außen und von dort wieder ins Innere – und ins Zentrum der Gemeinschaft, in die Herzen ihrer Mitglieder gelangt man nur durch ein besonderes Opfer.

Während des ganzen Films ist MONTSTUART nur einmal glücklich, als er WINIFRED im Arm hält. Im Gegensatz zu anderen melodramatischen Helden gibt es also bei ihm kein glückliches Vorher, aus dem ihn der Schicksalsschlag hinausreißt. Er ist von Anfang an ein Getriebener. Ein Getriebener, der einem Traum hinterherläuft. Dieser Traum heißt bei MONTSTUART Florida. Auf dem Weg zu seiner Erfüllung ist er jedoch schon so oft gescheitert, daß dieses Ziel auch für ihn kein Kraftquell mehr ist; deshalb der Alkohol. Und während sich der Traum von Florida für einen Charakter wie MONTSTUART als unrealistisch entpuppt, ergibt sich die wirkliche Alternative mit dem, was er nie gesucht hat – verkörpert hier durch WINIFRED GARDENER. MONTSTUART brauchte die Phase des Leids, um den wirklichen Weg zu finden. Das ist reinstes Melodrama!

Obwohl Opfer einer Intrige, ist MONTSTUART durchaus mitschuldig an seinem Untergang. Er hat einen Fehler begangen, hat zu schnell und vom Affekt getrieben geschossen. Mit diesem Schuß endet das erste Leben des MONTSTUART. Die melodramatische Konstruktion seines weiteren Weges ist einleuchtend. Er glaubt, wieder zur Ausgangssituation zurückkehren zu müssen, ist sich seiner weitergehenden Bedürfnisse noch nicht klar geworden. Im Gegenteil. In seinem zweiten Leben, dem des Outcast, erscheint ihm nichts erstrebenswerter. Diese Etappe endet im Kuß mit WINIFRED. Nun hat er das gefunden, was er nie besaß und bewußt noch nie vermißt hatte: eine Heimat. Aber noch ist er ein Ausgestoßener – und seine wahre Heimat kann er nur finden, wenn ihn nicht nur WINIFRED, sondern die gesamte Gemeinschaft aufnimmt. Wenn er aus der Schleuse kommt, dem Tod schon näher als dem Leben, hat er auch diese dritte Etappe abgeschlossen und seine vierte Existenz beginnt – die ist schon eine Epiphanias.

Die Heilsgeschichte

Parallel zu diesen qualitativ unterschiedlichen Existenzstufen, die der Protagonist durchläuft, geschehen auch vier symbolische Familiengründungen. Da ist der Traum vom Leben mit REECHY in Florida. Eine mehr sinnliche Gemeinschaft scheint mit LILLY möglich zu sein. Die wirkliche irdische Erfüllung findet er in der gegenseitigen Liebe mit WINIFRED. Und am Ende steht die auf Ewigkeit angelegte Vermählung mit der Fahne.

Und um das Maß dessen, was an Heilsgeschichte in dieses Melodrama eingepflanzt ist, vollzumachen, stellen wir noch ein Thema heraus – das des Erbarmens.

MONTSTUART erbarmt sich REECHYS, nachdem der sich

MONTSTUARTS erbarmt und diesen bei sich aufgenommen hat. WINIFRED erbarmt sich MONTSTUARTS, was es diesem wieder möglich macht, sich der Gemeinschaft zu erbarmen. Alle die, die sich nicht erbarmen, gehören entweder zu den bösartigen Kräften und werden besiegt, oder sie sind, wie TRAFFORD, zu schwach. Sie fallen aus der »Gemeinschaft der Heiligen« (und das sind MONTSTUART und WINIFRED) heraus. MONTSTUART ist ein unheiliger Heiliger. Er solidarisiert sich mit den Armen und Entrechteten und ist dabei selbst ein Ausgestoßener. Wie schnell das Volk, das selbst so affektgeladen ist wie MONTSTUART am Beginn, umschwenken kann, sehen wir, wenn der Mob von einem Moment auf den anderen bereit ist, den eben noch so beliebten Entertainer des Lagers zu lynchen. Doch er gewinnt das Vertrauen zurück, indem er sein Leben anbietet und ein Wunder vollbringt. Der erfolgreiche Einsatz im Caisson ist ein übermenschlicher Akt – und nichts anderes bezeichnet ein Wunder. Damit stiftet er eine neue Gemeinde – die seiner Anhänger. *Wasser für Canitoga* ist ähnlich »frauenlos« wie das Neue Testament. MONTSTUART macht nichts einer Frau wegen. Immer geht es um eine übergeordnete Aufgabe: um seinen Ruf, das Wasser, die Freundschaft … MONTSTUART sucht sich seine Ziele selbst und läßt sie nicht durch »so etwas Irdisches wie Frauen« bestimmen.

Das Ende ist ein Staatsbegräbnis. Das Finale beim Empfang des Gouverneurs ist höchst geschickt angelegt. Hier wird die Möglichkeit geschaffen, die Grabrede vor dem Tod des Betreffenden zu halten – wenn das nicht beeindruckend und rührend ist. Noch einmal wird das Lied *Good bye, Johnny* angestimmt. Das letzte Mal sang MONTSTUART es, als er REECHY aus einer prekären Situation gerettet hat, dort sang er mit dem gemeinen Volk, jetzt singen es die Vornehmen mit ihm – auch dies ist ein Gang nach oben. Erst sollte er »gesteinigt« werden, jetzt erkennen ihn alle als sich selbst opfernden Heilsbringer an.

Ein wirklich klassisches melodramatisches Ende: In dem Moment, da der Held in der sozialen Anerkennung den höchsten Punkt erreicht hat, erreicht er gleichzeitig sein physisches Ende. Und er hinterläßt eine Trauernde – die über diesen emotionalen, melodramatischen Schock nie wegkommen wird: WINIFRED. MONTSTUART hat diese Frau »veredelt«. Und sein Vermächtnis, das er ihr auf den Weg gibt, als er sie und TRAFFORD noch einmal zusammenführt, wird sie nie vergessen.

Das Melodrama ist unerbittlich

Wir wollen noch einmal betonen: *Wasser für Canitoga* ist auch deshalb ein besonders gelungenes Melodrama, weil durch die Zwangsläufigkeit der Handlung der Held nicht in die reflektierende Zuschauerkritik gerät. Alle Stationen bis MONTSTUARTS Tod kann der Zuschauer nachvollziehen, emotional mittragen und wird sie deshalb nicht in Zweifel ziehen – aber dieser Weg führt unweigerlich in den Tod. Das ist das, was wir umgangssprachlich als *tragisch* bezeichnen würden, was also zutiefst melodramatisch ist. Gerade der Umstand, daß man sich der Konsequenz des Handlungsverlaufs nicht entziehen kann, löst im Zuschauer Rührung und Mitleid aus. Dabei berührt der Film schon fast die Tragödie. MONTSTUART fordert Kräfte heraus, die er nicht herausfordern müßte. Er begibt sich selbst ins Zentrum und übernimmt allein die Verantwortung dafür, daß Wasser nach Canitoga fließt. Die anderen scheuen die Verantwortung, sind ihr nicht gewachsen oder nehmen sie nicht wahr. Selbst der Chef des Bauunternehmens – TRAFFORD – will aufgeben. Die Geschichte hat außer dem melodramatischen eben auch einen heroischen Punkt, und hier berühren sich Melodrama und Tragödie. Das Schicksal schlägt nicht blind auf MONTSTUART ein (sehen wir einmal von der Intrige der Exposition ab), nein, er stellt sich dem Schicksal. Vernünftig wäre es für ihn, von Canitoga wegzubleiben. Gerade das tut der heroische Held nicht. Er will Rehabilitierung, den heroischen Kampf. Diesen Kampf gewinnend, wird er sein Leben lassen – aber alles erreichen, was ihm und dem Zuschauer wichtig war: seinen Frieden, Harmonie mit sich selbst und die für ihn neue Gewißheit von der Existenz der Liebe.

9

Casablanca

»Zwei Klischees sind lächerlich, hundert Klischees sind ergreifend.«

Umberto Eco

Wir haben bereits erwähnt, wie in den ersten Bildern von *Casablanca* die Rahmenerzählung ins Bild gerückt wird: Erdball, Off-Stimme, dokumentarische Bilder, um sich dann immer weiter auf einen Ort des vom Krieg geschundenen Planeten zu fokussieren – Casablanca. Hier sehen wir Razzia, Durchsuchung, Paßkontrolle. Ein Flugzeug kommt an, und alle, die hinaufschauen, reflektieren ihre Sehnsucht, wegfliegen zu können. (Und mit dem Flugzeug werden am Ende Ilsa und Victor Laszlo auch entkommen.) Dem Flugzeug entsteigt der Deutsche Major Strasser. Der erste melodramatische Pendelschlag: Das Flugzeug weckt Gefühle der Hoffnung und Sehnsucht, in diese positiven Emotionen brechen die negativen herein – Strasser und Nazideutschland als Bedrohung aller Flüchtlinge.

Die Etablierung der Stadt Casablanca als riesiger Warteraum ist der Beginn einer Fabel. Und sie erzählt mehr als eine unglückliche Liebe in Kriegszeiten.

»Um aus dem Warteraum in das Gelobte Land zu gelangen, braucht man einen Magischen Schlüssel: das Transitvisum. Im Kampf um die Eroberung dieses Schlüssels entzünden sich Leidenschaften. Das Mittel, ihn in die Hand zu bekommen, scheint eine Zeitlang das Große Geld zu sein (…), doch am Ende entdeckt man, daß der Schlüssel nur durch ein Großes Geschenk zu bekommen ist: das Geschenk des Visums, aber auch das Geschenk, das Rick mit seinem Liebeswunsch bietet, indem er sich und ihn opfert. Denn dies ist auch die Geschichte eines Reigens begehrlicher Wünsche, von denen am Ende nur zwei in Erfüllung gehen: der von Victor Laszlo, dem Reinen Helden und der des jungen bulgarischen Ehepaars. Alle anderen, die unreine Leidenschaften haben, scheitern.«[26]

Die folgenden kleinen Szenen sollen den Zuschauer in die Atmosphäre hineinziehen. Betrachten wir kurz, wie viele Einzelschicksale in den ersten Episoden bei »RICK'S« erzählt werden:

- Eine verzweifelte Frau muß Schmuck verkaufen;
- konspirative Gespräche;
- ein Kellner ist offensichtlich ein »Herr Professor«.

Ein großes Tableau aus Hoffen und Harren, aus Verzweiflung und Mut in diesem geschichtlichen Ausnahmezustand wird ausgestellt, bevor wir die Helden des Films überhaupt zum ersten Mal zu Gesicht bekommen.

Wir wollen zunächst untersuchen, was sich unter den Stichworten *Defizite, Geheimnisse* und *Geschäfte* im I. Akt begibt – bis zum Ende der Exposition im melodramatischen Schock.

Defizite

Dem Zuschauer wird sehr schnell durch RICKS Verhalten und seine Kommentare klar: Unter seiner äußeren zynischen Fassade kann er kaum glücklich sein. »Ich halte für niemanden den Kopf hin.« – Dieser Satz ist nicht besonders heldenhaft. Er ist ein Defizit. Capitain RENAULTS Nachricht von der Ankunft VICTOR LASZLOS in Casablanca nimmt RICK eher sportlich auf – er wettet mit ihm um 10 000 Francs, daß LASZLO die Flucht aus Europa gelingt. Aber RENAULT vermutet schon jetzt, »daß unter dieser zynischen Schale ein recht sentimentales Herz schlägt«. Major STRASSER erkundigt sich bei RICK, ob er denn kein Mitgefühl mit dem Gejagten – LASZLO – habe. Aber RICK meint, auch den Standpunkt des Spürhundes zu verstehen.

Und schließlich wird durch RICKS Umgang mit seiner Freundin YVONNE (»Sehen wir uns heute nacht?« – RICK: »Ich plane nie soweit im voraus.«) klar, daß die Liebe bei ihm keinen Platz hat.

Wie kann sich ein Mann so offensichtlich und bewußt einen Panzer aus Kälte, Mitleids- und Lieblosigkeit zulegen? Damit kommen wir auf RICKS

Geheimnisse

RENAULT: Was hat Sie nun in Gottes Namen nach Casablanca verschlagen?

RICK: Meine Gesundheit. Ich kam nach Casablanca wegen der Quellen.

RENAULT: Quellen? Was für Quellen? Wir sind in der Wüste.

RICK: Man hat mich falsch informiert.[27]

Ebenso schwer wie CAPITAIN RENAULT und MAJOR STRASSER wird es dem Zuschauer gemacht, das Geheimnis um RICKS Vergangenheit zu lüften. Warum er die USA verlassen hat – darüber gibt es so manche Spekulation, aber nie eine Antwort. Und die jüngste Vergangenheit RICKS scheint eine sehr bewegte gewesen zu sein. 1935 schmuggelte er Waffen nach Äthiopien, 1936 kämpfte er in Spanien gegen die Francisten, 1940 war er in Paris ... Dies alles steht in einem merkwürdigen Mißverhältnis zu RICKS gegenwärtiger Existenz. Ein zurückgezogener, einsamer Wolf, der scheinbar Abschied von den Kämpfen der äußeren Welt genommen hat, desillusioniert und verbittert. Warum das? Diese Frage wird den Zuschauer weiter beschäftigen.

Wenn wir behaupten, daß im Melodrama Ökonomie versus Emotion agiert, müssen wir auch einen Blick auf die

Geschäfte

werfen, die im Umfeld des großen emotionalen Konflikts getätigt werden. Der ganze Plot von *Casablanca* beschäftigt sich ja mit einem Geschäft: Mit welchem Gegenwert ist die Ware (zwei Transitvisa) zu bezahlen? Schon in der Exposition wird in einer großen Zahl von kleinen Szenen und Episoden gezeigt: Das Überleben ist ein hartes Geschäft, und Schauplatz des Films ist ein großer Marktplatz, auf dem Geld gegen Waren und Waren gegen Emotionen getauscht werden. Bevor wir RICKS Gesicht zum ersten Mal sehen, sehen wir seine Hand, die eine Rechnung gegenzeichnet. RICK hat nichts gegen UGARTES unsaubere Visa-Geschäfte, nur etwas gegen Leute, die die Preise verderben. Die Ware dieses Films wird zügig eingeführt. UGARTE, der Mörder der beiden deutschen Kuriere und Dieb ihrer Transitvisa, legt die erbeuteten Papiere auf RICKS Tisch; RICK soll sie für UGARTE aufbewahren, er ist der einzige, dem UGARTE vertraut. SEÑOR FERRARI, der Besitzer des »Blauen Papagei«, will erst RICKS Café, dann SAM kaufen. RICK dagegen bezieht von UGARTE seine Zigaretten. Die Flucht VICTOR LASZLOS aus einem deutschen KZ und sein Versuch, Europa zu verlassen, ist für RICK und Capitain RENAULT zunächst Gegenstand einer Wette. Und selbst Major STRASSER bietet LASZLO ein Tauschgeschäft an: die Namen der Führer der Widerstandsorganisationen gegen freie Ausreise. Die Suche des flüchtenden Ehepaars nach den beiden Transitvisa, die UGARTE ihnen verkaufen wollte, entwickelt sich zu einem geschäftlichen Vorgang, der die beteiligten Figuren mehr und mehr verschlingt. Zunächst ist es FERRARI, der vermutet, daß RICK im Besitz der Visa ist und sie ihm abkaufen will. Dann schlägt FERRARI dem Ehepaar LASZLO einen neuen Handel vor, bei dem ILSA das Land verlassen könnte – allerdings allein. Und schließlich wird ILSA zum Objekt des Handels zwischen zwei Männern: LASZLO will von RICK die Visa erwerben, dieser rät ihm, die Ursache seines »*Embargos*« bei ILSA zu erfragen.

Bevor mit dem Auftritt ILSAS der melodramatische Schock ausgelöst wird, spielt der Film noch einmal auf der Klaviatur des Mitleids. Während alle Szenen zwischen RICK und CAPITAIN RENAULT vertraut, ja beinahe freundschaftlich sind, zieht mit Major STRASSER die Kälte ein. Dies bedeutet einen Ausschlag des emotionalen Pendels im Dialog (von warm zu distanziert, von freundschaftlich zu diplomatisch) wie auch in der Handlung: UGARTES wird in Anwesenheit STRASSERS verhaftet. Mitleid und Furcht des Zuschauers werden durch dieses Nebenschicksal erregt – jetzt ist er hinreichend sensibilisiert. Das vergebliche Bemühen, die Katastrophe abzuwehren, diese melodramatische Technik sehen wir hier in den Bemühungen UGARTES, Zeit zu gewinnen. Er will seine im Spiel gewonnenen Chips einlösen, sich dabei nach einer Möglichkeit zur Flucht umsehen – der Zuschauer weiß um die Vergeblichkeit dieses Tuns und entwickelt im günstigsten Fall Mitleid. Auf jeden Fall ist er sensibilisiert für das nun Folgende – wenn ILSA an der Seite von VICTOR LASZLO das Lokal betritt, kündigt er sich an:

Der emotionale Schock

Noch sind es gar nicht die Helden des Films, die damit konfrontiert werden. SAM sieht ILSA als erster und ist völlig konsterniert. Hier wird durch die Reaktion des Pianisten und Freundes RICKS emotionaler Schock vorbereitet. Bewußt wird hier nicht auf den Moment der Überraschung gesetzt. Ganz im Gegenteil, wie zuvor ausgeführt, widmen sich die folgenden Einstellungen fast genüßlich der Vorbereitung von emotionalen Hochspannungen.

Diese Stelle des Films wollen wir etwas genauer betrachten. Noch bevor ILSA und RICK sich wiedersehen, erleben wir eine plötzliche Häufung von kleineren Katastrophen. Erdstöße sozusagen, die das große Beben ankündigen. Es begann mit der Verhaftung UGARTES. Nun wird der erste Druck auf die Ankommenden ausgeübt. Sie sollen sich morgen im Büro des Polizeipräfekten melden. ILSA erfährt, daß sie sich in RICKS Lokal befindet, was eine Wirkung hervorruft, die sich an dieser Stelle noch nicht erschließt. LASZLO erfährt, daß sein Kontaktmann verhaftet wurde. Das Crescendo (Melodrama schreiben heißt *komponieren.*) finden diese Vorbereitungen im ersten Wiedersehen zwischen ILSA und SAM. Ein verhaltener erster Dialog. Musik holt die Erinnerungen hoch. SAM windet sich und lügt, um seinen Chef und Freund emotional nicht zu gefährden. Gerade dieses Hinauszögern des Unausweichlichen zeigt eine hohe Wirkung. Der Zuschauer ist nun in Erwartung einer furchtbar heftigen Emotion. SAM kündigt die besonders heftige Emotion an. (»Lassen Sie ihn bitte in Ruhe, Miss Ilsa. Sie bringen ihm Unglück.«) Der Zuschauer ist dadurch besonders sensibilisiert und wird die Emotionen auch dort zur Kenntnis nehmen, wo sie nur durch minimale Gesten und Mimik ausgedrückt werden. Im Vergleich zu einem überraschenden Wiedersehen wird hier die Wirkung des gleichen Vorgangs beim Zuschauer wesentlich verstärkt. Aber noch immer sind die Vorbereitungen nicht beendet. ILSA bittet SAM, *As Time Goes By* zu spielen. Und wieder windet sich SAM, will nicht auch diese Wirkung noch beschwören: »Das kann ich gar nicht mehr, Miss Ilsa. Schon ein bißchen eingerostet.« Wenn SAM mit allen Mitteln *As Time Goes By* verhindern will, dann muß das emotionale Ergebnis dieses Liedes schrecklich sein. Nun ist die Beschwörung der Katastrophe auf ihrem Höhepunkt, nun muß unweigerlich RICK auftreten. Und selbst jetzt wird der Schock noch weiter hinausgezögert, erst ermahnt RICK seinen Pianisten, weil er das verbotene Lied spielt – dann erst sieht er ILSA.

»Nicht zu fassen – von allen Kaschemmen der ganzen Welt kommt sie ausgerechnet in meine!« wird RICK später beim Whiskey sagen – ja, das Schicksal schlägt *blind* und *zufällig* zu. Und zur Verarbeitung eines solchen Schlages, der bis in die Seele geht, der im Schmerz auf ein Defizit hinweist, gehört die Selbstqual: RICK will es ertragen, daß SAM noch einmal *As Time Goes By* spielt.

Die Funktion der Vergangenheit – Rückblende nach Paris

In Paris verbindet ILSA Rahmenerzählung und Binnengeschichte mit dem Satz: »Ausgerechnet, wenn die ganze Welt zusammenbricht, müssen wir beide uns ineinander verlieben.« Es ist eine Liebe im Ausnahmezustand, mit ungewisser Zukunft und ausgeblendeter Vergangenheit. Doch trotz des Grundsatzes, nicht über die Vergangenheit zu reden, tun beide es ständig, bis hin zu ILSAS Zahnspange. Hier wird das Thema des gesamten Films variiert: Es gibt kein Leben, keine Zukunft ohne die Bewältigung der emotionalen Vergangenheit.

RICKS Plan einer gemeinsamen Zukunft führt in die Katastrophe. Er will sie heiraten, mitten im zusammenbrechenden Europa will er eine Familie gründen. Sie aber macht einen Rückzieher, ohne eine rechte Begründung zu liefern. Schon wieder ein Geheimnis. Durch die Haupthandlung des Films weiß der Zuschauer, daß dieses Geheimnis zum Unglück führte und aus dem romantischen, zärtlichen RICK den kalten, zynischen »Kaschemmen«-Besitzer machte. Spannung also: Was für ein Geheimnis ist das? RICK in Casablanca konnte dieses Geheimnis nicht lüften, obwohl es ihn gequält haben wird. Nun beschäftigt es auch den Zuschauer. Die Drehbuchautoren und ILSA lassen sich noch etwas Zeit, bis sie auch diesen Rest auflösen.

Die Rückblende endet mit dem wartenden RICK an einem Pariser Bahnhof. Eine verzweifelte Situation für ihn – der Zug will abfahren, RICK kann nicht ohne ILSA fort. Da kommt der Brief von ILSA, in dem sie ihm mitteilt, daß sie nicht mitkommen kann. Und nun? Ein großer Gefühlsausbruch? Keinesfalls, den soll ja der Zuschauer, nicht der Darsteller haben. Der Regen und nicht RICK tropft die Tränen auf den Brief. RICK ist gar nicht in der Lage zu reagieren, ein physischer Schock hat ihn erfaßt, und SAM muß den regungs-, weil fassungslosen Freund in den Zug ziehen.

Ein Melodrama im Melodrama

Nachdem RICK von ILSA erfährt, daß sie schon damals in Paris mit LASZLO verheiratet war, ist sein Schock vollkommen, was sich in zunehmendem Alkoholkonsum bemerkbar macht. RICK ist auf seinem Tiefpunkt, der Rührungseffekt läßt sich über seine Figur nicht mehr steigern. Aber über andere. Da gibt es dieses Paar aus Bulgarien, das nach Amerika will. Capitaine RENAULT will helfen, wenn die Frau sich ihm hingibt. Diese bittet RICK um Auskunft: Wird RENAULT auch sein Wort halten? Ist ihr Handeln zu verurteilen? RICK, in seinem Glauben an die Liebe vollends erschüttert, wächst über sich hinaus. Er läßt den Ehemann im Casino gewinnen – damit reicht das Geld für den Ankauf der Visa, und die Frau muß nicht mit RENAULT schlafen. RICKS gesamte Umgebung ist von dieser unerwarteten edlen Tat gerührt, der Zuschauer wohl auch. Allen geht es durch diese Tat ein wenig besser – nur RICK nicht. RENAULT begreift zu Recht seinen Freund nicht mehr und kann die unerwartete Wendung nur kopfschüttelnd zur Kenntnis nehmen: »Wie ich vermutet habe: Sie sind durch und durch sentimental.«

Jede Menge Opfer – der III. Akt

ILSA versucht zunächst, mit rationalen Argumenten RICK zur Herausgabe der Visa zu bewegen. Und liegt mit dieser Taktik völlig falsch, denn für RICK gibt es keine große, wichtige Sache, wie sie LASZLO verkörpert, mehr: »Ich bin die einzige Sache, an der ich interessiert bin.« Nun will sich ILSA die Visa mit Waffengewalt nehmen – auch dies eine unangemessene Variante: »Na los. Schieß schon. Du tust mir damit einen Gefallen.« Und jetzt gesteht sie ihm ihre noch immer brennende Liebe ein – das bringt die Veränderung. ILSA tat bisher immer so, als ob die Vergangenheit abgeschlossen sei – jetzt knüpft sie die Verbindung zur gemeinsamen Vergangenheit neu. Der erste große Kuß zwischen beiden auf der Gegenwartsebene. Nun, am Wendepunkt zum III. Akt, muß RICK eine Entscheidung treffen. Und auch bei dieser Entscheidung weiß der Zuschauer nicht, ob sie gut oder schlecht für seinen Protagonisten ist. Nur eines ist sicher: Der Held ist soweit, eine Entscheidung zu treffen, und sie wird ihn zu einem ausgeglicheneren Menschen machen.

Wenn nun RICK sich und seine Liebe für die Zukunft von ILSA und LASZLO opfert, dann ist dies nur das offenkundigste von vielen Opfern, die hier gebracht werden. Denn mit seiner Entscheidung, ILSA mit LASZLO ins Flugzeug steigen zu lassen, opfert RICK seine Geliebte gegen ihren Willen. Sie war sich sicher, RICK niemals wieder verlassen zu können. Mit dieser Hingabe an RICK machte ILSA ihn erstmals wieder entscheidungsfähig. In Paris *wurde* er verlassen, jetzt kann er sich verlassen lassen. Im Schlußdialog versucht das Drehbuch noch gegen den bitteren Nachgeschmack der Opferung ILSAS anzuschreiben:

RICK: *Im Grunde wissen wir beide genau, daß du zu Victor gehörst. Du bist ein Teil seiner Arbeit, du gibst ihm Kraft weiterzumachen. Wenn du jetzt nicht mit ihm gehst, wirst du es später bereuen.*

Aber schon die Wortwahl beweist: Es geht nicht darum, was für ILSA in diesem Moment wichtig ist, sondern darum, wofür ILSA geopfert werden muß. Das ist die große melodramatische Aussage von *Casablanca*: ILSA muß geopfert werden, damit drei Männer handlungsfähig werden. Sie hat das weitere Agieren von RICK und LASZLO zunächst gehemmt. RICK war nach Paris erstarrt und handlungsunfähig, LASZLO kann in Zukunft nicht handeln, da ILSA seinem Transitvisa im Wege steht. Erst ihr Opfer kann beide Männer wieder zur Aktivität bringen. Am Ende gibt es drei große Männer, RICK, LASZLO und RENAULT, denen eine neue, selbstbestimmte Zukunft bevorsteht. ILSAS Geschichte ist zu Ende. Sie dürfte nach den Erlebnissen von Casablanca emotional gestorben sein.

Das ist die zweite, tiefere Ebene, die sich auf das Dreieck aus ILSA und den dominanten Männerfiguren bezieht. In der ersten Ebene opfert sich natürlich auch RICK für das Paar LASZLO – ILSA, für die Fortführung der Beziehung und damit der Arbeit. RICK verliert ILSA und gewinnt dadurch seine Vergangenheit zurück. (SAM durfte nie *As Time Goes By* spielen, die Vergangenheit war ausgelöscht.)

»Ich glaube, das ist der Beginn einer wunderbaren Freundschaft.« Das ist nicht nur ein schöner Satz, mit dem RICK den Film beendet. Er bedeutet auch, daß für RICK ein neues Leben beginnt. Die »freie französische Garnision in Brazzaville«, von der RENAULT spricht, die De-Gaulle-Armee, bedeutet für RICK den Wiedereintritt ins Leben. Es ist nicht zu unterschätzen, welche Entwicklung der Protagonist dieses Melodrams genommen hat. War er zu Beginn starr, gefühls- und bewegungslos, von seiner Vergangenheit abgeschnitten und damit ohne Zukunft – so hat er beides durch sein Opfer zurückgewonnen. Das Melodrama hat sich für seine Hauptfigur RICK gelohnt.

Der Film hat damit zwei verschiedene Schlüsse. Einen positiv offenen – RICK erblüht zu neuem Leben. Und einen letalen – ILSA stirbt als fühlendes Wesen. Aber damit erfüllt sie ihren Sinn als Opfer.

»Andererseits durchzieht der Opfer-Mythos den ganzen Film: das Opfer Ilsas, die in Paris den Geliebten verläßt, um zu ihrem verwundeten Helden zurückzukehren, das Opfer der jungen Bulgarin, die sich aus Liebe zu ihrem Mann hingeben will, das Opfer Victors, der bereit wäre, Ilsa an Rick abzutreten, um sie in Sicherheit zu wissen.«[28]

Mag sein, daß diese Häufung von Opferhandlungen eine Ursache der hohen emotionalen Wirksamkeit von *Casablanca* ist.

Warum ist so ein langsamer Film wie Casablanca so spannend?

Mit dem fiktiven Casablanca haben die Autoren ein merkwürdiges Zwischenreich erschaffen. Casablanca ist nicht deutsch, aber auch nicht unter französischer Herrschaft. Zwischen beiden Kräften herrscht ein Machtvakuum, das seine ambivalente Verkörperung in CAPITAIN RENAULT findet. STRASSER und LASZLO sind die beiden Pole des großen, bedrohlichen Rahmens. Die Situation, in der sich die Helden des Films befinden, ist eine in höchstem Maße schwebende. Die *Wacht am Rhein* tritt in jedem Augenblick gegen die *Marseillaise* an. Die Herrschaftsverhältnisse können jederzeit umkippen, das kleinste Ereignis kann unabsehbare Folgen haben. Alle sind bestechlich, es gibt kein ordnendes Prinzip. RICKS Café gehört eigentlich zum Establishment – und doch kann es von einer Sekunde auf die andere geschlossen werden. So weiß man nie, was der nächste Tag bringt. Das Herz bestimmt, wo es weitergeht. *Äußere Spielregeln sind nicht ablesbar.* Durch die Reduktion der äußeren fallen die Regeln, die einem das Herz auferlegt, viel stärker ins Gewicht; der Verantwortungsspielraum der einzelnen Figur ist sehr groß.

So haben die Autoren von *Casablanca* eine Grundregel des Melodramas nicht nur im äußeren Handlungsrahmen der Geschichte, sondern bis in die kleinsten Wendungen hin mit Leben erfüllt – sie haben einen Zustand geschaffen, der wie in Watte gepackt ist: Alles gibt nach, aber nie weiß man, bis zu welcher Grenze. Die melodramatischen Helden haben einen großen Spielraum und viele Entscheidungsmöglichkeiten. Immer hängt es von ihnen selbst ab, wie es weitergeht. Die Situation steht immer auf der Kippe – und immer fragt sich der Zuschauer, welcher Richtung der Held folgen soll. Niemand kann helfen – das vergebliche Bemühen, dies dennoch zu tun, ist eine der wichtigsten Funktionen der Figur des Pianisten SAM. Er ist der wirkliche Freund, der aber leider nicht helfen kann und damit das Mitleid im Zuschauer mobilisiert.

Die Suche nach den Visa ist ein wirklich karger Mainplot. Aber er ermöglicht es der Geschichte um RICK und ILSA, die ganze Dimension der Emotionen zu eröffnen.

Casablanca ist deshalb ein gutes, zeitlos wirksames Melodrama, weil es berücksichtigt, daß der Held eines Melodramas nicht automatisch schwach und weinerlich sein muß. Im Gegenteil: Gerade die Weinerlichkeit macht den Stoff schnell kraft- und damit wirkungslos.

Nur der Starke, der leidet, ist in der Lage, über sich hinauszuwachsen. Und nur das Übermenschliche im Opfern und Geopfertwerden ist in der Lage, unseren Emotionen den Weg zu weisen, der zur Katharsis führt: vom Mitleid zur Rührung. Mitleid hätte sich Humphrey Bogart wahrscheinlich auch verbeten.

10

Das Piano

Weißt du, wie … man einen Handel schließt?
Also … ich würde gern ein Geschäft mit dir machen.[29]

Als wenn er zum Beweis einer Theorie des Melodramas angetreten sei, verläuft der Plot des Kinofilms *Das Piano* von Jane Campion entlang einer geschäftlichen Beziehung zwischen einer Frau und einem Mann. Der Mainplot erzählt, wie ein Klavier Taste für Taste zurückerworben wird und wie sich dieser materielle Gewinn dann als emotional wertlos erweist. Die innige Beziehung zwischen Mutter und Tochter gerät in die Krise, als die Mutter sich für einen anderen Menschen öffnet. Die Tochter wird – ohne dies zu realisieren, was sie wiederum zum Opfer macht – zur Verräterin an ihrer Mutter. Eine Familiengründung scheitert, um eine nächste zu ermöglichen.

Die Eröffnung des Films beginnt bereits mit einem Handel, von dem wir durch die Off-Stimme der stummen ADA wenig, aber Wesentliches erfahren:

Heute hat Vater mich mit einem Mann verheiratet, dem ich noch nie begegnet bin. Schon bald werden meine Tochter und ich dann in seinem Land zu ihm stoßen.

Dem Film fehlt damit ein Anfang herkömmlicher Art, der dem Zuschauer erklärt, wie die Handlung angestoßen wird und wodurch die Protagonistin in eine für sie problematische

Lage kommt. Aber dafür ist die Figur der ADA von Anfang an eine melodramatische. Sie geht bereits mit einem dem Zuschauer sichtbaren Defekt in die Handlung. Dieser Defekt ist nicht nur ein physischer – im Gegenteil, die Stummheit ist ein anderes Bild für ihren inneren Defekt. Diesem auf die Spur zu kommen bleibt für den Zuschauer den ganzen Film über ein Unterfangen, bei dem er nie ein endgültiges Resultat erhält. Warum ADA stumm geworden ist – keine Antwort. Für die eine verlorene Ausdrucksform *Sprache* hat sie zwei neue bekommen. Die eine ist das Klavierspiel, die zweite die Zeichensprache als exklusive Verbindung zwischen ADA und ihrer Tochter FLORA. Klavierspiel und Zeichensprache sind nicht nur ein Behelf für Mutter und Tochter, sie sind Abgrenzung von einer feindlichen und zugleich Erschaffung einer konstant vertrauten Welt. Beides wird ADA im Verlaufe der Handlung verlieren und neu – und als neuer Mensch – gewinnen.

Die Vergangenheit

Das Geheimnis, das von Beginn an über ADA liegt, ihre Stummheit, bleibt nicht das einzige. Sie hat ein Kind, hat also bereits sexuelle Erfahrungen gemacht. Wer der Vater dieses Kindes ist, bleibt eine Legende, die ständigen Variationen unterliegt:

FLORA: »Mein richtiger Vater war ein berühmter deutscher Komponist.« Märchenhaft klingen die anderen Variationen FLORAS über ihren Vater – vom Lehrer ADAS, mit dem diese sich ohne Worte verstand, bis er Angst bekam, oder vom gemeinschaftlichen Singen in der Natur, bei dem der Vater von einem Blitz getroffen wurde, so, »*... daß er wie eine Fackel loderte*«.

Die Wahrheit erfährt der Zuschauer nicht, auch kaum etwas über die bisherige Biographie der Protagonistin. Und das Ergebnis dieser »Informationsverweigerung« ist nicht etwa Unwillen oder Abkehr des Zuschauers, sondern im Gegenteil reges Interesse, Neugierde, der Versuch, sich aus dem einen oder anderen Detail doch noch etwas zurechtzureimen. So dürften sich im Geist des Zuschauers – je nach seiner eigenen

Phantasie – unzählige Variationen der Figur herstellen. Der Zuschauer erschafft sich seine Protagonistin selbst.

Der Handel

Doch wenden wir uns wieder dem Geschäftlichen zu, dieser dünnen, aber dennoch starken Kette von Handelsereignissen, die den Film durchzieht, sein »Rückgrat« bildet. Wir erwähnten den ersten Deal: Als Handelsobjekt wird ADA mit ihrer Tochter nach Neuseeland verheiratet. Dort warten sie am Strand gemeinsam darauf, abgeholt zu werden. Europäische Kleidung, ein Klavier, das gemeinsame Musizieren, FLORAS Tanzen – diese künstliche Welt will so gar nicht in die Natur passen, in die sie nun verpflanzt wurden. Das Ergebnis dieser »fehlgeleiteten Investition« sehen wir alsbald: ADAS per schriftlicher Vereinbarung ernannter Ehemann STEWARD sieht keinen Anlaß dafür, die materiell unnütze Last des Klaviers durch den Dschungel transportieren zu lassen – die frischgebackenen Eheleute befinden sich in einem von ADAS Seite erbittert ausgetragenen Konflikt. Doch fehlt es ihr an Mitteln, sich durchzusetzen. Das Instrument bleibt am Strand stehen. Bis es für STEWARD wertvoll, bis es zu einem Handelsobjekt wird. Denn BAINES bietet 80 Morgen Land gegen das Piano und Klavierunterricht von ADA. STEWARD nimmt das für ihn lukrative Geschäft gegen den Widerspruch seiner Frau an. BAINES wiederum schlägt ADA einen Handel vor. Für jeden ihrer Besuche bekommt sie eine Taste zurück. Nach einem letzten Feilschen *(»Für jede schwarze Taste? ... Das ist viel weniger!«)* kommt auch dieses Geschäft zustande. Parallel zur Abfolge der winzigen Tabubrüche steigen die Preise mit den einzelnen Einsätzen: zwei Tasten gegen die Möglichkeit, ADAS Arm zu berühren, fünf Tasten, um einmal neben ihr zu liegen, zehn Tasten schließlich, um unbekleidet neben ADA liegen zu dürfen. Spätestens jetzt fragt sich der Zuschauer gebannt, wie weit jeder von beiden jetzt noch gehen kann. Da gibt BAINES ihr überraschend das Klavier zurück: *»Die Abmachung macht dich zur Hure und mich unglücklich.«*

Das Klavier ist nun wieder da, aber nicht ADA, sondern ihre Tochter FLORA spielt darauf. Sie hat das wiedererlangt, was ihr größter äußerlicher Verlust war. Aber plötzlich tut sich im Inneren Leere auf. Der Handel hat also emotional ein negatives Resultat gebracht. ADA sitzt am Klavier, kann nicht spielen, hat keine Freude am Spiel. Das, was ihr *wirklich* fehlt, gibt es ganz woanders: ADA geht zurück zu BAINES.

Trennungen, Verluste und Opfer

BAINES hat das Klavier – und damit die Verfügungsgewalt über ADA – geopfert und hat dafür weit mehr bekommen – ihr Bekenntnis zu ihm. Zunächst wird ein Verlust realisiert, doch gerade diese Handlung führt zu einem Gewinn auf einem anderen, höheren Niveau. ADA muß eine lange Phase von Trennungen und Verlusten überstehen, bis sie den ersten Lohn dafür empfängt. Bereits am Beginn des Films steht ihre erste Trennung. Es ist die von England, von der Heimat, von der vertrauten Umgebung. Der erste große Wendepunkt ist die Trennung vom Klavier, das am Strand zurückbleibt. Das Verhältnis zwischen Mutter und Tochter FLORA beginnt mit eiserner Solidarität (FLORA: *»Ich werde ihn auf gar keinen Fall Papa nennen. Ich werde ihn überhaupt nicht irgendwas nennen. Ich werde ihn nicht mal angucken.«*). Der Handel mit BAINES ist der Ausgangspunkt für die ersten Konflikte (da FLORA vor BAINES' Hütte warten muß), die bis zur vorläufigen Trennung zwischen ADA und FLORA führen. (Die Tochter ist auf die Seite von STEWARD »übergelaufen« und verrät die Mutter, ohne sich der Konsequenzen bewußt zu sein, an ihren Stiefvater.)

FLORA: *Du hättest dort nicht hingehen dürfen, nicht wahr? Ich finde es nicht gut. Und Papa denkt genauso.*

FLORA nennt STEWARD nun *Papa*. Wo ADA auf der einen Seite in der Beziehung mit BAINES etwas gewinnt – die gegenseitige Neugier, das Interesse, vielleicht sogar die Liebe –, verliert sie auf der anderen Seite ihre Tochter an den Antagonisten. Entgegen ihrer Zusicherung, dies nicht mehr zu tun, sucht ADA weiteren Kontakt zu BAINES. Mit diesem Schritt, in dem sie ihre Existenz aufs Spiel setzt, den Verlust der Tochter in Kauf nimmt, um ihre Situation zu verändern, rührt ADA ans Tragische. Sie ist in einer Entscheidungssituation, in der beide Alternativen Verluste und Schmerzen nach sich ziehen. Welches Opfer wiegt schwerer? Soll sie ihre Liebe oder die Beziehung zu ihrer Tochter preisgeben?

Ziel und Bedürfnis

»Das konkrete Ziel der Hauptfigur ist ihr bewußt und wird mit Absicht angestrebt. Doch der Mensch wird nicht nur durch sein Bewußtsein bestimmt, sondern zum größten Teil von seinem Unterbewußtsein. Der Film trägt dem Rechnung, indem die Hauptfiguren von einem Bedürfnis getrieben sind. (…) Dieses unbewußte Verlangen ist der eigentliche Motor der Geschichte, wobei dieses Bedürfnis kein intellektueller Wunsch, sondern ein grundlegendes menschliches Bedürfnis ist.«[30]

Dieser filmdramaturgischen Differenzierung zwischen Ziel und Bedürfnis folgend, kann man auch bei ADA den Rückgewinn des Pianos als Ziel ausmachen, dem sie Taste für Taste näherkommt. Doch wenn sie das Ziel erreicht und das Klavier zurückbekommen hat, erweist sich der vermeintliche Gewinn als wertlos. Sie kann mit dem Klavier nichts mehr anfangen. ADA hat ihr Ziel erreicht, aber ihr Bedürfnis ist nicht gestillt. Das ist ein entscheidender Wendepunkt im Melodrama: Der Protagonistin wird bewußt, daß ihre innere Aufgabe nicht etwa in der Wiederherstellung des Ausgangszustands, sondern im Aufbruch in einen neuen, ihr noch unbekannten Zustand besteht. Jetzt fangen die Opfer erst an.

Zunächst wird sie ihren Finger, dann das Klavier opfern müssen, um im Gegenzug ihr Sprechen zurückzugewinnen. Das Zurückgewinnen der Sprache ist der melodramatische Lohn ADAS sowohl im metaphorischen als auch im realen Sinne. Es geht also um den *kompletten* Menschen. ADAS Ausdrucksmöglichkeiten sind zwar vielfältig, aber beschränkt. Die Verständigung mittels Zeichensprache ist nur mit ihrer Tochter möglich. Die zweite Sprache ist das Klavierspiel, das je nach Situation Angriff oder Flucht, Konfrontation oder Rückzug sein kann. Die dritte Ausdrucksmöglichkeit ist die ihres Körpers über Gestik, Mimik und die Sprache ihrer Augen. All diesen Möglichkeiten ist eines gemeinsam: Sie halten den Partner der Kommunikation auf Distanz. Nähe von jemand anderem als ihrer Tochter zuzulassen – dies wäre eine neue kommunikative Fähigkeit, die ADA zurückgewinnen könnte. (STEWARD formuliert unbewußt ADAS kommunikativen Defekt bei der ersten Begegnung: »*Sie ist verkümmert.*«) Als BAINES ihr nahekommt und sie mit ihm schläft, meint er, sie sprechen zu hören – sie kommuniziert, weil und indem sie sich öffnet. Das entgegengesetzte kommunikative Erlebnis hat STEWARD, nachdem er ADA einen Finger abgehackt hat: »Ich hörte ihre Stimme. Hier in meinem Kopf. (...) Sie sagte: Ich muß gehen, laß mich gehen. Laß Baines mich fortbringen ...«

Ziel erreicht, Bedürfnis erfüllt – Happy-End?

Für den Aufbruch in ein neues Leben braucht ADA den richtigen Partner. In BAINES findet sie ihn. Er ist wie sie ein Outsider. Er spricht Maori – eine Sprache, die die Weißen um ihn herum nicht verstehen. In dieser kommunikativen Besonderheit gleicht er ADA.

ADA opfert alles, was Leben bisher für sie ausmachte, für ein ungewisses Neues mit BAINES. Mit dem Finger verliert sie die Fähigkeit zum Klavierspielen. Die Szene, in der STEWARD seine Frau zum Hackklotz schleppt, wirkt ja nicht etwa deshalb so stark, weil sie so brutal ist, sondern weil der Zuschauer seine Heldin inzwischen kennt. Weil ihm deshalb bewußt ist, daß hier nicht nur ein Finger, ein Körperteil abgehackt wird, sondern eine ganze Existenz. Hier passiert etwas, was durch keine Wendung wiedergutzumachen ist. Hier verläßt die Handlung jedes spielerische Geschichtenerzählen und »macht Ernst«. Die alte ADA ist tot.

Doch dieser Tod ist noch nicht der letzte.

Zusammen mit BAINES reist sie ab. Das Gepäck der beiden wird auf einem Kanu verstaut. Doch das Klavier ist zu schwer. Die Eingeborenen fürchten, daß das Kanu kentert. Anders als STEWARD am Anfang besteht BAINES darauf, daß es mitgenommen wird. Doch auf dem Wasser teilt ADA mit, sie wolle das Piano nicht behalten, es solle über Bord geworfen werden. Als dies geschieht, stellt sie ihren Fuß absichtlich (!) in eine Taurolle und wird so vom Piano in die Tiefe gerissen. Sie hat im Sinken einen Moment des Aufwachens, der Überlebenswille läßt sie das Seil vom Fuß abstreifen. Als ADA wieder auftaucht, ist sie eine andere. Der nächste Schnitt zeigt ADA, FLORA und BAINES in England. BAINES hat ADA einen Metallfinger gebaut, sie gibt Klavierunterricht. Und – sie lernt sprechen.

Ein glückliches Ende ist dies nicht. Eher eines mit stark resignativem Unterton, der auch über dem gesamten Film liegt und ihm diese eindringliche, beunruhigende und quälende Stimmung gibt. Denn – läßt man die Story Revue passieren – im gesamten Film findet sich nicht eine einzige Szene, in der der Zuschauer mit der Handlung einmal wirklich glücklich sein könnte. Der bedeutendste melodramatische Zwischenfall im positiven Sinne besteht darin, daß zur Überraschung der Heldin ihr Klavier gestimmt ist! *Das Piano* verweigert sich konsequent jeder äußerlichen Glücksverwirklichung.

Der Zuschauer und seine Protagonistin I – Hoffnung auf ein Happy-End

ADA wird dem Zuschauer ständig als schutzbedürftig angedient, alle seine Emotionen sind auf die Hoffnung ausgerichtet, daß es ihr besser gehen möge. Und am Ende gibt es sie auch, die äußerliche Rettung. BAINES nimmt sie mit, zurück nach England. Gleichzeitig bekommt aber der Zuschauer deutliche Signale, daß die Rettung eben nur eine *äußerliche* war. Er wittert eine Wahrheit hinter den Bildern, die trauriger ist als das, was ihm zugemutet wird. Der Zuschauer fühlt sich hier geschont – und hat doch selbst gesehen, wie sich ADA mit dem Fall ins Wasser vom Leben, von der Welt verabschiedet: »Was für ein Tod! Was für eine Möglichkeit!«

Gewinn und Verlust sind für die Protagonistin im *Piano* schwer aufzurechnen. Die Rechnung bleibt offen; der Zuschauer kann über die Bilanz nur spekulieren. So endet der Film ebenso offen, wie er begonnen hat. Der Zuschauer hat seine Hauptfigur nicht fassen können und fühlt sich »betrogen«. Damit ist ihm widerfahren, was auch STEWARD und

Baines mit Ada erleben mußten. Beide Männer haben wie der Zuschauer versucht, diese Frau zu (er)fassen. Baines mag es noch am ehesten gelungen sein, aber auch er wird ihr Geheimnis nicht lüften. Dieses Wechselspiel zwischen dem Wunsch des Zuschauers, hinter die Fassade dieser Frau zu sehen, und ihrer Gegenwehr, hier Einblick zu geben, dürfte eine der stärksten Wirkungskomponenten dieses Melodramas sein. Auch Baines weiß, daß er am Ende die Frau nicht vollständig *in Besitz nehmen* konnte. Er hat einen halben Gewinn, mit dem er sich zufriedengibt bzw. zufriedengeben muß. Er kann das – er hat nicht das rein rationale Ganz-oder-garnicht-Denken Stewards, durch das dieser bei Ada gescheitert ist. Für Baines kann ein Handel auch offenbleiben, für ihn zählt auch ein halber Gewinn. Diese Halbheit ist ein Zustand, den auch der Zuschauer nachempfindet, es ist der Zustand der unglücklichen Liebe, bei der man weiß, daß man den Partner nie ganz für sich haben wird.

Der Zuschauer und seine Protagonistin II – Der ständige latente Appell an das Mitleid

Nicht jeder Protagonistin läßt der Zuschauer durchgehen, was er Ada gestattet. Sie mißbraucht offenbar Stewards Vertrauen. Wenn sie ihm verspricht, nicht wieder zu Baines zu gehen, er ihr vertraut und neue Hoffnung schöpft *(»Mag sein, daß du mich mit der Zeit liebgewinnst.«)*, sie jedoch eine Klaviertaste zu Baines sendet *(YOU HAVE MY HEART)*, dann ist es weniger die Tatsache, daß sie Baines und nicht Steward liebt, die nicht unbedingt unseren Vorstellungen einer Filmheldin entspricht, als der Fakt des Hintergehens. Aber Ada darf das. Sie hat längst das emotionale Verständnis des Zuschauers gewonnen. Dies nicht zuletzt, weil ihre Möglichkeiten so beschränkt, die Auswege so wenig sichtbar sind – und weil sie ständig latent an das Mitleid des Zuschauers appelliert hat.

Zu Beginn des Films erlebt der Zuschauer Ada als eine Ausgestoßene, Verkaufte, Abgeschobene, allein mit ihrem Kind in feindlicher Umgebung. Das ist zunächst ein starkes Mitleidsmotiv. Die Heldin ist einer fremden Umgebung schutzlos ausgeliefert. Diesen Schutz will der Zuschauer unwillkürlich geben, er entwickelt ADA und FLORA gegenüber unbewußt einen Beschützerreflex. Neuseeland, die neue Welt, präsentiert sich mit Sturm, tobendem Wasser, Schlamm, Regen, unpassierbaren Wegen abseits jeglicher Zivilisation. Nach der ersten Trennung (von der Heimat) folgt gleich die zweite, womöglich noch schmerzvollere vom Piano. Damit sind alle bedeutsamen Fäden zur Vergangenheit abgeschnitten.

Prasselnder Regen bildet die Umrahmung für das Hochzeitsfoto. Was für die einen die bedeutsamste Stunde des Lebens sein mag, gerät hier zur Groteske. Doch auch Mitleid erschöpft sich und bietet keinen Ersatz für einen starken Konflikt. Einen Konflikt, der es dem Zuschauer nicht leicht macht, ihn selbst immer im Zwiespalt beläßt. Ein starker, dem Zuschauer verständlicher und damit interessanter Partner dieses Konflikts ist

STEWARD – der Antagonist als guter Mensch.

Auch STEWARD ist ein Opfer. Der Mann hatte sich alles so anders und so schön vorgestellt. Jetzt sieht er sich dem ehrabschneidenden Mitleid seiner weiblichen Sippschaft ausgesetzt, die Fortschritte im Eheleben erwartet, nicht zuletzt auch eine Schwangerschaft ADAS. Und aus ihm unerklärlichen Gründen will nichts gelingen. ADA hat auf dem Küchentisch Klaviertasten eingeritzt und läßt STEWARD so ihren permanenten inneren Widerstand spüren. Der Ehemann und Stiefvater bietet einen Gutenachtkuß an – und niemand will ihn haben. Man kann nicht sagen, daß er ungeduldig oder intolerant wäre. Und sein Ausbruch von Eifersucht, seine Gewalttat gegen ADA scheint fast verständlich angesichts der tiefen Verletzung, die sie ihm angetan hat. Was er will, ist eine Frau wie die anderen auch. In dem Sinne hat das Abhacken des Fingers einen durchaus symbolischen Wert. STEWARD will ADA reduzieren auf das, was andere Frauen auch sind, und ihr mit der Möglichkeit des Klavierspiels das Außerordentliche nehmen. Die wirklich schändliche Tat begeht STEWARD nicht an ADA, sondern an deren Tochter FLORA, indem er sie zur Verräterin an ihrer Mutter macht. FLORA ist das eigentliche Opfer, sie verleiht dem Film eine Bitternis, die man nicht so schnell vergißt: Indem sie das beste für die neu zu gründende Familie mit STEWARD will, wird sie zur Täterin, wird sie zur derjenigen, die ihre Mutter dem Beil STEWARDS ausliefert. Während ADA und STEWARD ihren Emotionen folgen, will das Mädchen der Vernunft folgen – und tut damit genau das Falsche. Sie wird zur ahnungslosen Täterin, die man nicht verurteilen kann. Und gerade die Verurteilung wäre für die Emotionen die einfachere Wahl, da sie eindeutigere Gefühle ermöglicht. So bleibt dem Zuschauer nur, sich für das Mädchen zu quälen, deren Tat der Film unkommentiert stehen läßt. In diesem Prinzip bleibt *Das Piano* konsequent: An keiner Stelle übernimmt das Drehbuch für den Zuschauer den Kommentar. Jede Wertung bleibt ihm selbst überlassen, das Verhältnis von Gewinn und Verlust bleibt eine Rechnung, die der Zuschauer immer mit sich selbst ausmachen muß. Und am Ende hat der Zuschauer vor allem seinen Frieden mit sich selbst und den aufgewühlten Emotionen zu machen – die Figuren nehmen ihm diese Arbeit nicht ab.

11

Aimée und Jaguar

Wessen Melodrama ist *Aimée und Jaguar,* und welche Filme hätten daraus werden können? Die Problematik dieser forschen Fragestellung ist uns durchaus bewußt, ist hier doch ein tatsächliches Geschehen verfilmt und nur in Details »filmgerecht« verändert worden. Aber gerade diese Umstände lassen es interessant erscheinen, *Aimée und Jaguar* unter folgenden Gesichtspunkten zu betrachten:

- Ist »*Eine Liebe, größer als der Tod*« (so der Untertitel) Stoff für ein Melodrama? Wenn ja, worin besteht es?
- Welche fiktionalen Eingriffe sind bei einem extrem nahe am wirklichen Geschehen nacherzählten Gegenstand nötig, um den Plot genregerecht zu gestalten und auf möglichst große Wirkung hin zu organisieren?

Die Grundidee

Der II. Weltkrieg kehrt zu seinem Ausgangsort zurück, Bomben fallen auf Berlin, überall in Deutschland halten Krieg, Tod und Verwüstung Einzug. In dieser Situation verlieben sich die in Berlin untergetauchte Jüdin Felice und die Nazi-Mitläuferin, Mutter und Ehefrau Lilly ineinander. Felice zögert lange, ihrer Geliebten zu erzählen, daß sie Jüdin ist. Sie tut es schließlich doch – und Lilly hält zu Felice. Doch schließlich wird die Jüdin von der Gestapo verhaftet und in ein KZ verschleppt.

Es fällt nicht schwer, die außergewöhnliche, den Druck von

außen verstärkende Situation zu entdecken, in der das Melodrama am fruchtbarsten wurzelt. Was aber wird uns über den Ausgangszustand der Figuren erzählt?

Die melodramatischen Heldinnen

FELICE wird in kurzer Zeit als eine Figur mit mehrfachen Besonderheiten eingeführt. Sie ist eine Jüdin, die keinen Stern trägt, also in dauernder Lebensgefahr schwebt. Sie gibt vertrauliche Informationen an den Widerstand weiter und scheint dabei extrem risikobereit zu sein. »Du kennst kein Risiko mehr!« wird ihr vorgeworfen. Von sich selbst sagt sie, daß sie auf dem Mond lebe, denn »da kann mir nichts passieren«.

Mit der Exposition der FELICE wird also ein Melodrama begonnen, das von einer Frau erzählt, die Weltflucht als emotionale Rettung betreibt, sich so vor dem inneren Tod schützt. Diese psychische Überlebenstechnik führt aber zum physischen Tod.

Nach der Exposition der FELICE schließt sich die der LILLY an. Sie ist Mutter von vier Kindern, die ihren Mann, der an der Ostfront kämpft, mit diversen Männern betrügt. Dem Zuschauer wird ihre aktuelle Liebschaft vorgeführt: Hauptmann ERNST wird durch seine »Liebespraxis« völlig desavouiert, schließlich will er sogar LILLYS Vater, der sich abfällig über den Krieg geäußert hat, anzeigen. Ein *melodramatischer Zwischenfall,* der LILLY endgültig bewußt werden läßt, daß hier keine Spur von Liebe ist. In das Schlafzimmer schleicht sich ein kalter Hauch des Todes.

LILLY als Protagonistin eines Melodramas sehnt sich also nach einer erfüllten Liebe. Sie muß unter Schmerzen erfahren, daß nicht die Masse der flüchtigen Leidenschaften, sondern die Tiefe einer Beziehung ihr Weg ist. Sie muß ihre Familie, ihre bisherigen Anschauungen opfern, um eine Liebe auf Gegenseitigkeit zu erfahren. Im Sinne eines solchen Plots böte sich natürlich die Szene mit Hauptmann ERNST als melodramatischer Schock an – die dann allerdings in eine Katastrophe (und nicht in die Angst vor einer Katastrophe) münden müßte.

Der melodramatische Konflikt

Nun haben wir zwei Frauen, zwei mögliche melodramatische Figuren – aber noch keinen Konflikt. Der böte sich mit der Figur der ILSE an.

Die 1. Möglichkeit

ILSE, mit der FELICE zuvor liiert war, hat das Potential zu einer dritten Hauptfigur. Die drei Frauen könnten ein »klassisches« melodramatisches Dreieck bilden, in dem FELICE zwischen ILSE und LILLY steht und die Schwierigkeiten, diese Liebeskonflikte zu lösen, durch die Situation der permanenten Lebensgefahr verschärft werden. Doch ILSE verläßt das Feld kampflos – der Konflikt findet nicht statt.

Die 2. Möglichkeit

Sieht man LILLY als Protagonistin des Films, muß es ja für sie einen melodramatischen Schock geben. Diese Szene gibt es, zwar weit nach der Exposition, aber stark auf sie wirkend und ein emotionales Chaos in ihr hinterlassend. Ihr Ehemann GÜNTHER schmust mit der dienstverpflichteten ILSE herum; gleichzeitig versucht FELICE, sie zu küssen. An dieser Stelle wird das, was sie zu verlassen gedenkt, noch einmal groß etabliert: die Familie. Die lieben Kinder sind im Bett – und eigentlich ist GÜNTHER auch ein guter Vater. Wobei hier durch einen fiktionalen Eingriff der Konflikt sogar *entschärft* wurde. Der reale GÜNTHER war in Bernau, nicht an der Ostfront stationiert. Kultiviert und ansehnlich, mit einem guten Posten bei der Bank – alles in allem also ein Mann, von dem man sich weit schwerer trennt als von Detlef Bucks GÜNTHER, der grobschlächtig, unkultiviert und leicht brutal daherkommt. Wie auch immer, LILLY befindet sich auf dem Tiefpunkt »ihres« Melodramas, ist im Zwiespalt, steht vor einer Entscheidung, die sie schließlich zur Scheidung führen wird. Aber LILLY trifft die Entscheidung konsequent, weder Zweifel noch Hindernisse folgen – filmtragend wird auch diese zweite Möglichkeit nicht. Aber ihre Entscheidung und angenommene Zweifel daran, ob sie richtig war, bringen uns auf:

Die 3. Möglichkeit

LILLY hat sich entschieden; sie will sich scheiden lassen. Und zu ihrer großen Überraschung sind FELICE und ihre Freundinnen gar nicht begeistert über ihre Absicht, nun auch offiziell zu »konvertieren«. Die Lektüre der dokumentarischen Buchvorlage verrät hier die lebenspraktischen Gründe für FELICES Erschrecken über diese Nachricht. Bei einem Scheidungsprozeß *muß* ihr Name fallen. Womit die emotional positive Nachricht in eine real lebensgefährliche umschlägt. Auch in dieser Ablehnung steckt der Stoff eines Melodramas. Eine Frau verläßt ihre gesicherte Existenz (Mann, Kinder, Wohnung, finanzielle Sicherheit) – scheint aber dieses Opfer umsonst gebracht zu haben, weil sie von der neuen Welt nicht angenommen wird. Erst nachdem sie gelernt hat, daß sie dieses Opfer nicht ihrer Geliebten, sondern sich selbst dargebracht hat, sie also auch keinen Dank zu erwarten hat, gelingt ihr der Eintritt in eine neue Existenz.

Eine 4. Möglichkeit

erwählt sich FELICE zur melodramatischen Heldin. LILLYS Entschluß, sich scheiden zu lassen, bringt FELICE in Zugzwang. Sie muß ihrer Geliebten, die bisher von sich behauptet hatte, Juden riechen zu können, anvertrauen, selbst Jüdin zu sein. LILLYS Antwort »Verlaß mich nicht!« erschafft daraus den emotionalen Höhepunkt für FELICE. Man stelle sich nun vor – und wir hatten uns vorgenommen, auf dem Felde der freien Fiktion zu bleiben –, diese Szene wäre als emotionaler Tiefpunkt gestaltet worden! LILLY hätte nicht über ihren Schatten springen können, die Liebe wäre zerstört worden, um neu erschaffen werden zu müssen! Genährt würde dieses Melodrama aus dem Konflikt zwischen der Emotion und der Gesinnung.

So stoßen wir immer wieder auf den gleichen Punkt: *Aimée und Jaguar* bleibt zu lange ohne Konflikt. »Jüdin im Nazi-Deutschland« ist zwar lebensbedrohlich, aber eben noch kein Konflikt, schon gar kein emotionaler. Wir haben vier Möglichkeiten beschrieben, Widersprüche zu Hauptkonflikten aufzubauen – was uns freilich auf die anfangs erwähnte Problematik zurückführt: Dies hätte ein größeres Maß an dichterischer Freiheit erfordert, als die Produzenten dieses Films zulassen konnten oder wollten.

Melodramatische Techniken

Wie der Film im folgenden mit dem melodramatischen Pendel von positiver zu negativer Emotion spielt, ist durchaus virtuos und soll an einigen Beispielen demonstriert werden:

(–) FELICE und ihre Freundinnen werden auf der Hoteltoilette als Jüdinnen erkannt.
(+) Dieselbe Frau, die eben noch als Bedrohung erschien, verkauft ihnen Lebensmittelkarten.

(+) FELICE und ihre Freundinnen vergessen den auf ihnen lastenden Druck, amüsieren sich beim Aktmodellsitzen.
(–) Eine der Freundinnen wird auf der Straße kontrolliert und dann erschossen.

(–) In der Zeitungsredaktion erwähnt ihr Chef, daß er sich schon immer gefragt habe, woher FELICE stamme.
(+) Er tippt auf Niederrhein, der Kelch geht noch einmal an FELICE vorüber.

(–) FELICES Chef weiß, daß sie heimlich die geheimen Nachrichten liest.
(+) Er, von dem man dies nie erwartet hätte, bekennt, auch das Ende des Krieges herbeizusehnen.

(+) Gemeinsamer Ausflug von FELICE und LILLY zum See, Natur, Freiheit, Lebensfreude.
(–) Zu Hause wartet bereits die Gestapo auf FELICE.

Durch die wiederholten Umschwünge von Hoffnung und Resignation gelingt es weit eher, den Zuschauer in der einzelnen Szene in den Bann zu ziehen, als durch einen Hauptkonflikt, der auch dem Zuschauer »an die Nieren« gehen könnte.

Ursachen und Wirkung

Alle Konstellationen, die wir als mögliche Ausgangspunkte für einen melodramatischen Hauptkonflikt beschrieben haben, stellen sich erst im letzten Drittel des Films her. Fragt man sich, warum dies denn so ist, findet man viele ineinandergreifende Schwierigkeiten.

Ein Wagnis war sicher die Entscheidung, einen Protagonistenwechsel in Kauf zu nehmen. Der Film führt FELICE als seine Heldin ein. Was aber sollte ihr emotionales Ziel sein? Welcher Entwicklungsweg liegt vor ihr? FELICE hat mit ihren Freundinnen und ihrer Verdrängungstechnik emotional alles, was sie braucht, und ist damit nicht weit entfernt von dem, was wir als Endzustand des Melodramas bezeichneten: einem relativ ausgeglichenen Gefühlshaushalt. Der Gewinn, den sie in der Verbindung mit LILLY macht, wird – von der sexuellen Seite einmal abgesehen – nicht dargestellt. FELICE entdeckt nicht das neue Leben. LILLY hat eine deutlichere melodramatische Exposition. Sie betrügt ihren Gatten mit den falschen Männern. Ihr Gatte ist auch nicht der richtige Mann – so ist ihre Lebenssituation nicht erträglich.

Doch dieser Konflikt ist in dem Moment gelöst, da sich Aimée und Jaguar finden. Es sei denn, man beginnt erst hier zu erzählen: Von den Schwierigkeiten, eine Liebe unter widrigen Umständen zu schützen, zu genießen und zu erhalten. Und hier gäbe es reichlich Material. Zwei lesbische Frauen, frisch verliebt, die nun vier Kinder zu versorgen und zu erziehen haben – das wäre problematisch geworden. In der dokumentarischen Buchvorlage verschafft sich FELICE ihre Stelle bei der Zeitung unter dem Namen LILLY WUST, was für beide Beteiligten gnadenlos gefährlich war. Diese Stelle zu bekommen war nicht einfach. Auch nicht, diese Arbeit durchzuhalten. Mit der Arbeit der Film-FELICE aber verhält es sich ähnlich wie mit ihrer Freizeit. Alles spielt nur in Kunstwelten: Hotels, Sektempfänge und Partys.

Dem Stoff fehlt die Verankerung in der Realität. Das Außen kommt über Kostüm und Luftangriff, nicht aber aus dem Figurenverhalten. Der Verzicht auf die kleinen, praktisch-alltäglichen Verästelungen in der Lebensrealität und ihr Ersatz durch das Wetterleuchten großer historischer Geschehnisse läßt eine ungute Diskrepanz zwischen der Größe des Gefühls und der Größe des Schicksals aufkommen. Neben der Realität des Hitler-Attentats wirkt die Liebe zwischen den beiden Frauen nur noch als leere Behauptung. Im Koordinatensystem der großen historischen Ereignisse wirkt eine durch nichts als Bilder belegte Liebe wie ein unter ästhetischen Gesichtspunkten eingefügtes Konstrukt. Eine Lebensmittelmarke und ein kaputter Strumpf erzählen eben manchmal mehr über die äußeren Einwirkungen, unter denen die Liebe zwischen einer »Jüdin« und einer Nazi-Mitläuferin steht, als Originalnachrichten. Und sie erzählen dem Zuschauer weit mehr an Unbekanntem.

Doch wir wollen nicht tiefer in die Ursachen gehen, sondern an das Ende dieser vier Filmbeispiele des Melodramas einen letzten Vergleich stellen. Weder RICK aus *Casablanca* noch ADA aus dem *Piano* noch MONTSTUART aus *Wasser für Canitoga* leisten sich Exaltiertheiten. Sie sind eher hart, zurückgezogen und scheinen eher ungewillt, dem Zuschauer ihr melodramatisches Schicksal preiszugeben.

Und so schließen wir das Kapitel mit einem Satz, der am Anfang der Ausführungen vielleicht noch wie ein Paradoxon gewirkt hätte: Das Melodrama muß hart sein und – obwohl sein einziger Handlungsgegenstand die Gefühle sind (oder gerade deshalb) – staubtrocken.

Motto:
Arnold Hauser, a. a. O., S. 613;
Tennessee Williams, zit. n.: *Reclams Schauspielführer*, hg. von Siegfried Kienzle u. Otto C. A. zur Nedden, Stuttgart 1990, S. 761;
Richard Sennett, *Der flexible Mensch*, Berlin 1998, S. 159;
Aristoteles, *Rhetorik*, Stuttgart 1999, S. 100;
Umberto Eco, »Casablanca oder die Wiedergeburt der Götter«, in: *Im Labyrinth der Vernunft*, Leipzig 1989, S. 300.

1 Georg Seeßlen, *Kino der Gefühle*, Reinbek 1980.
2 Nancy Friday, *Befreiung zur Lust*, München 1992, S. 23.
3 Luchino Visconti, in: *Romy Schneider – Bilder ihres Lebens*, hg. von Renate Seydel, Berlin 1987, S. 201.
4 Hellmut Plessner, *Lachen und Weinen*, Bern/München 1961, S. 180.
5 Georges Duby, *Die Zeit der Kathedralen*, Frankfurt/Main 1988, S. 387.
6 Richard Sennett, *Verfall und Ende des öffentlichen Lebens. Die Tyrannei der Intimität*, Frankfurt/Main 1996, S. 225.

[7] Virginia Woolf, *Die schlimme Brücke der Kunst, Ausgewählte Essays*, Leipzig 1986, S. 168.
[8] Honoré de Balzac, zit. n.: Richard Sennett, a. a. O., S. 203.
[9] Benjamin Franklin, zit. n.: Max Weber, *Schriften zur Soziologie, Die protestantische Ethik und der Geist des Kapitalismus*, Stuttgart 1995, S. 339.
[10] Alexandre Dumas fils, *Die Kameliendame*, Leipzig o. J.
[11] Alexandre Dumas fils, *Die Kameliendame*, Leipzig 1958, S. 23.
[12] Wolfgang Schmidtbauer, *Die Helden der Tagträume, Kursbuch 138*, Berlin 1999, S. 85.
[13] Hans-Dieter Gelfert, *Die Tragödie – Theorie und Geschichte*, Göttingen 1995, S. 148.
[14] Peter W. Jansen, in: *Luis Buñuel*, München / Wien 1975, S. 35f.
[15] Anke Westphal, in: *Berliner Zeitung*, 28. Juni 1999.
[16] Fritz Wolf, in: *Berliner Zeitung*, 25. April 2000 (zu *Anna H. – Geliebte, Hure und Ehefrau*, RTL).
[17] Hiob 1, 8–12.
[18] Hiob 42, 10.
[19] Margaret Mitchell arbeitete an *Gone with the Wind*, nicht zuletzt bedingt durch die umfangreichen Quellen- und Detailstudien, sechs Jahre lang.
[20] Altes Testament, 1. Buch Mose 22.
[21] Georg Seeßlen, a. a. O., S. 45.
[22] Einzig beim »reinen« Katastrophenfilm gibt es Varianten, in denen tatsächlich der Wirbelsturm oder das Erdbeben zur antagonistischen Kraft wird. Auch im Kriegsfilm, wenn die Masse der Feinde zum generellen Gegner wird, kann es solche Konstellationen geben. Aber schon auf den zweiten Blick sieht man den großen menschlichen Antagonisten ersetzt durch mehrere kleine, die z. B. den falschen Ausweg zeigen, einen katastrophalen Befehl geben usw.
[23] Georg Seeßlen, a. a. O., S. 50.
[24] Goethe, *Erlkönig*.
[25] Neues Testament, Brief des Paulus an die Galater 6, 4–5.
[26] Umberto Eco, »Casablanca oder die Wiedergeburt der Götter«, in: *Im Labyrinth der Vernunft*, Leipzig 1989, S. 297.
[27] zit. n. *Casablanca – Der Kultfilm*, München 1998.
[28] Umberto Eco, a. a. O.
[29] Dieses und alle weiteren Drehbuchzitate aus: *Das Piano*, München 1994.
[30] Oliver Schütte, *Die Kunst des Drehbuchlesens*, Bergisch Gladbach 1999, S. 28.

II

Grauen und Grusel – Thriller, Horror, Mystery und Fantasy

»Es gibt einen gemeinsamen Fundus symbolischen Materials, aus dem alle Phantasien geformt sind ... Phantasien sind durchaus geeignet, die alltäglichen Standardauffassungen von den typischen Merkmalen alltäglicher Objekte, der allgemeinen Geltung des Gesetzes von Ursache und Wirkung, von den Grenzen von Raum und Zeit außer Kraft zu setzen; gleichwohl zeigen sie deutlich strukturelle und inhaltliche Affinitäten zu einer Welt, die seit Jahrhunderten von Schriftstellern, Dichtern und Malern beschrieben wird. Genau wie die Welt der materiellen Objekte und Vorgänge hat auch die der Phantasien ein eigenes Vokabular und eine eigene Grammatik.«

Stanley Cohen / Laurie Taylor

12

Die Lust am Inszenieren des Grauens

Im Gegensatz zu Melodrama und Komödie haben diese Genres eindeutig ihre Quellen in der erzählenden und nicht in der dramatischen Literatur. Im Gegensatz zu den beiden theatralisch vorgeprägten Genres haben die Genres des Furcht-AngstGrauen-Erregens eine eigene sequentielle Bilderwelt schon vor ihrer ausgeprägten filmischen Existenz entwickelt: im Comic. Das Erzählmuster des Comic wird bestimmt durch möglichst schnelle explosive körperliche Aktionen, durch reflektions- und dialogarme Situationen im steten Wechselspiel zwischen Angriff und Verteidigung, Flucht und Verfolgung, Gefangensein und Befreitwerden, Erschrecken und Erkennen. Der Comic ist eine unaufhörliche rasante Sequenz von typologisierten Vorgängen, die sich souverän über Raum- und Zeitgesetze hinwegsetzen. Zwar schlägt die Dingwelt im Comic fürchterlich zu, aber unter jedem Trümmerberg kriecht allemal der verschüttete Held wider alle Logik ungerupft hervor. Damit ist das zweite Stichwort für unser Interesse am Comic gefallen: der Held. In unseren Betrachtungen zum Abenteuerfilm werden wir den Comic als »Helden-Gebärer« genauer untersuchen. Hier bleiben wir bei der ihm eigenen Inszenierungsweise des Bedrohlichen und Furchteinflößenden.

Die emotionalen und rationalen psychischen Prozesse der Comic-Figuren werden in Affektentladungen und einem radikalen körperlichen Aktionismus zusammengepreßt. Wir sind in einer besonderen Phantasiewelt, die durch folgende visuelle Merkmale sinnlich repräsentiert wird:

- die bildnerische Erfindung grauenerregender, fürchterlicher Lebewesen (Mischwesen, Monster, Mensch-Maschine-Symbiosen und krankhafte oder zufällig entstandene Mutanten);
- die bildnerische Simulation der Naturgewalten und Ausmalung technischer Katastrophen;
- der chirurgisch-pathologische Blick ins lebende und tote Innere des Menschen;
- der bildnerische Entwurf fremder Lebenswelten (Anderwelten) und der dazugehörigen Waffen, Interieurs und Moden;
- die bildnerische Konstruktion geheimnisvoller Architekturen und Verkehrsmittel;
- die bildnerische Inszenierung ausgefallener Folter- und Mordrituale und Tötungsverfahren;
- der permanente Perspektivenwechsel, mit dem der Betrachter das Geschehen verfolgen muß: einmal mit den Augen des Täters (am eindrucksvollsten über »Kimme und Korn« der Tatwaffe) und einmal mit den Augen des Opfers;
  und schließlich
- das Einschreiben des Grauens in die Gesichter der Helden und die furchterregenden Fratzen des Bösen.

All diese Bilder sind im Comic anzutreffen, und sie bestimmen in starkem Maße auch die filmische Bilderwelt. Verkürzt können wir sagen, der Comic weist diesen Genres den Weg, und der Film vollendet kraft seiner Technologie die Genres.

Die narrative Grundstruktur, auf der die Genres, gleichermaßen wie der Comic, ruhen und aufbauen, hat Ambrose Bierce in seiner Erzählung *Moxons Herr* trefflich skizziert:

»Moxon saß mir gegenüber, auf der anderen Seite eines kleinen Tisches; alles Licht im Raum stammte von der kleinen Kerze. Mit dem Rücken zu mir saß eine weitere Person. Auf dem Tisch zwischen ihnen lag ein Schachbrett; die Männer spielten. Ich verstand nicht viel von Schach, aber da nur ein paar Figuren auf dem Brett standen, war das Spiel offensichtlich kurz vor dem Ende. Moxon war ungeheuer interessiert – weniger, wie mir schien, am Spiel, als an seinem Antagonisten, den er mit so einem gespannten Blick fixierte, daß ich völlig unbemerkt blieb, obwohl ich unmittelbar in seiner Blickrichtung stand. Von seinem Gegner konnte ich nur den Rücken sehen, aber das war ausreichend; sein Gesicht hätte ich gar nicht sehen wollen.«[1]

Das ist eine präzise Inszenierungsbeschreibung, ganz dem ursprünglichen Theaterschema genügend: Protagonist – Antagonist – Zuschauer. Hier ist die eigene Lebenssituation des Zuschauers verhältnismäßig unwichtig. Das Publikum versammelt sich zu einem Ereignis, dessen Inhalte, Regeln und Konsequenzen keinen Einfluß haben auf das reale Leben. Diese Spiele erzählen etwas davon, woran sich Menschen ergötzen und freuen können, wovor sie mit selbstquälerischem Vergnügen erschauern möchten. Den größte Genuß bereiten dabei Spiele, in denen es um Tod und Leben geht. Die Lust, solche Spiele zu erleben und selbst zu spielen, ist vermutlich die höchste Form der spannenden Unterhaltung. Warum das so ist, interessiert uns an dieser Stelle nicht – es ist so.

Die Regeln, nach denen diese Spiele organisiert werden, ähneln, wie gesagt, den Regeln des Schachspiels. Zug um Zug, gleichsam mechanisch, erfolgen die Aktionen und Reaktionen dieses Zweikampfes mit den festgeschriebenen Mitteln und Waffen, Gegenmitteln und Gegenwaffen und mit einer nur diesem Spiel immanenten Logik. Kein äußerer Eingriff ist erlaubt, die beiden Gegner sind völlig auf sich allein gestellt. Das Spiel lebt von der Ungewißheit des Ausgangs für die Spielenden wie für den in Gedanken und Gefühlen strapazierten Zuschauer. Selbst im scheinbar so rational und affektfreien Schachspiel ist der Tod symbolisch anwesend: Der Verlierer kippt die Figur des entmachteten Königs um, ein Zeichen der Unterwerfung und des symbolischen Todes eines Herrschers. Der regelkundige Zuschauer kann über die Entwicklung und den Ausgang des Kampfes genüßlich spekulieren. Er verfolgt die innere Logik und Konstruktion des Spieles/Kampfes, der alle Eigenschaften eines Duells hat. Der regelunkundige Zuschauer kann nur an den Reaktionen der Spieler den Stand der Dinge ablesen – ansonsten wird er einem der beiden seine Sympathie, seine Teilnahme schenken. Aber diese Zuschauerhaltung ist wenig geeignet, längere Zeit dem Ereignis Aufmerksamkeit zu widmen. Deshalb bedarf jeder Film dieses Genres einer frühzeitigen und hinreichenden Bestimmung der in ihm herrschenden Kampfregeln und Kampfbedingungen. Werden dem Zuschauer diese Kenntnisse vorenthalten, wird der Film für den Zuschauer zu einem unlösbaren Rätsel und sein Interesse sinkt rapide.

Hier liegt ein wesentlicher Unterschied zwischen filmischem und erzähltem Horror vor. Dem Leser stehen ganz andere Möglichkeiten zur Enträtselung eines Textes zur Verfügung als dem Filmzuschauer. Die substantielle Ungewißheit, war's Traum, war's Realität, was hat eigentlich was bedeutet – all diese epischen Autorenspiele sollten Drehbücher nicht mitspielen. Der Film ist für dieses narrative Verfahren kaum geeignet, da die fortlaufende Verfolgung des Handlungsablaufs nur wenig Zeit läßt für das freie Spiel der Gedanken. Beim Lesen stellt sich dies ganz selbstverständlich ein, ohne die Lektüre zu gefährden. Der Drehbuchautor hat in diesen Filmgenres ein klar geregeltes Spiel zu konstruieren. Diese Regeln müssen in sich logisch und unumstößlich sein. Je überraschender und ausgefallener sie sind, um so spannender und reicher an verblüffenden Konstellationen wird das Spiel verlaufen.

Und noch eine weitere strukturelle Besonderheit des erzählten Grauens ist für uns interessant. Viele dieser Geschichten sind expressis verbis für den mündlichen Vortrag, fürs Vorlesen in einer größeren Gesellschaft gedacht. Zudem werden in den Geschichten selbst sehr oft Rahmenhandlungen erfunden, in denen sich die Figuren Gespenstergeschichten oder ähnliche Geschichten wechselseitig erzählen. Wir haben es hier schon allein strukturell mit einem Genre der puren spielerischen Unterhaltung zu tun, und wie üblich lebt eine gute Unterhaltung vom Ungewöhnlichen, Außeralltäglichen. Nicht der Wahrheitsgehalt, vielmehr die mitgeteilte Sensation und die Art des Vortrags machen den Effekt aus. Dieses Genre braucht heutzutage auf jeden Fall einen aberwitzig-abgebrühten Dialog. Ein witzloser Horrorfilm ist nun wahrlich der blanke Horror. Gleich dem komischen Film verlangt der Horrorfilm nach dem Kino, dem gemeinschaftlichen Erlebnis, um seine ganze Wirkung ausspielen zu können. So ist das Genre sowohl außerordentlich modern, was seine comicverpflichtete Erzähltechnik anlangt, wie auch sehr alt, was seine Distributionsform und die ihm eingeschriebene Kommunikationsweise, die der geselligen Unterhaltung, anlangt. Aber nicht nur deshalb ist das Genre sehr ambivalent. Seine einmalige Besonderheit liegt darin begründet, daß das Genre sich nicht nur stofflich-thematisch mit dem Wirken des Bösen in der Welt auseinandersetzt, sondern daß diese Auseinandersetzung weitgehend auf der Basis eines mythologisch-magischen Weltverständnisses stattfindet.

Dies wird verständlich, wenn wir uns daran erinnern, welche ambivalente Bedeutung die vier Naturelemente Feuer, Wasser, Luft und Erde für die menschliche Existenz haben und wie die Menschen damit umgehen. Ohne diese vier Elemente ist das menschliche Leben undenkbar, und zugleich bedrohen diese Elemente, sei es durch ihre Entfesselung oder ihr Ausbleiben, die menschliche Existenz aufs äußerste. Das Böse und das Gute ist gleichgewichtig diesen Elementen eingeschrieben. Der Menschen Aufgabe besteht nun darin – und das ist ihr Lebenskampf –, das Böse zu bannen und das Gute zu beschwören. Eines ist ihnen verwehrt, sich außerhalb und unabhängig von diesen Elementen ihr Leben einzurichten. Sie müssen Herren ihrer Ängste werden – im Kampf mit dem Bösen. Hiervon sprechen die alten Mythen: »Alles, was wird, kann nur in Unmuth werden, und wie Angst die Grundempfindung jedes lebenden Geschöpfes, so ist alles, was lebt, nur im heftigen Streit empfangen und geboren.«[2]

13

Die Erscheinungen des Bösen

Im europäischen Mittelalter und in der Neuzeit spielt das Böse ideell verschiedenartige Rollen, und all diese Rollen und Funktionen sind heute noch virulent und bestimmen deshalb die meisten Filme des Genres.

Einige historisch aufschlußreiche Figurationen des Gut-Böse-Schemas wollen wir hier kurz skizzieren.

a) Das Prinzip »Welt« – »Gegenwelt« im christlichen Mittelalter:
»Das Böse in seiner Häßlichkeit macht durch den Kontrast das Gute noch heller. Zu den Freuden des Paradieses muß man auch das Vergnügen zählen, die Qualen der Verdammten anzuschauen.«[3]
Auf diesem einfachen Kontrastpaar »böse und häßlich« versus »gut und schön« basieren zwecks Erbauung des Zuschauers, der sich in der besten aller Welten wohlbehütet fühlen soll und der sich selbstverständlich zu den Guten rechnen darf, solche Filme wie »Star Wars«.

b) Das Prinzip »Die Sensation des Fremden« in der Renaissance und Aufklärung:
»Nach der Erfindung der Druckkunst griff man zu dieser Methode [zu der des mechanischen Druckens; d.V.], um Monstrositäten weit und breit bekanntzumachen. Die Gründe dafür waren vielfältig: Prophezeiungen, Satire, politische und religiöse Propaganda und vor allem das Geschäft, das sich stets mit der Faszination des Grauenhaften

machen ließ. Das zu diesen Flugschriften benutzte Material wurde oft anspruchsvolleren Werken der Literatur entnommen und dem gewünschten Sensationscharakter angepaßt.«[4]

Durch die Mischung von vorgängigen künstlerischen Erfindungen, z. B. den bildnerischen Phantasmagorien eines Hieronymus Bosch mit den Beschreibungen fremder Tiere und Menschen und deren Ausschmückung nach dem Modell der erdachten künstlichen Figurationen, entsteht ein Kosmos von Abstrusitäten und Absonderlichkeiten, dessen Vertrieb auf den Jahrmärkten glänzend funktionierte. Diese sogenannten Mischwesen blieben für den Jahrmarktsgänger in der Schwebe zwischen real und fiktional. Das machte einerseits ihren Reiz aus, und andererseits waren sie multifunktional einsetzbar. Mit ihnen konnten die verschiedenartigsten Spiele und Spielereien veranstaltet werden. Sie waren herrliche Spielobjekte für die unterschiedlichsten Phantasien – und sind es heute als Pokémons erfolgreicher denn je.

c) Das Prinzip »Entzweiung von Mensch und Natur« in der Romantik:

»Die Welt ist von Gott abgefallen. In der Schreckenswelt ist auch die Natur verdorben. Unter Galgen kriecht der Alraun aus der Erde, halb Pflanze, halb Tier, eine Mißgeburt, die die Seelen der Menschen verführt und ihnen zum Verhängnis wird. Der Alraun ist eine häßliche Parodie auf die Beseeltheit, auf die Verbindung von Mensch und Natur.«[5]

Jetzt beginnt die erste Ahnung davon, daß die menschliche Entwicklung auch als eine Untergangsgeschichte gelesen werden kann: »Wir rücken Schritt für Schritt dem Tollhause näher, so wie wir auf dem Wege unserer sinnlichen und intellectuellen Cultur fortschreiten.«[6]

In der Romantik werden die ursprünglich lustbesetzten und spielerischen Gruselbilder umgeformt zu Ab- und Vorbildern möglicher und zu fürchtender Entwicklungen der Menschheit. Die Literatur bemächtigt sich der Jahrmarktsschreckgespenster, die sogenannte »Schwarze Romantik« beginnt ihren Siegeszug, bis ihre Produkte wieder

auf dem Jahrmarkt in Form des Comic landen! Aber – und das ist für die Analyse der Genres von ausschlaggebender Bedeutung – das ist nur einer der Wege, der besonders das jugendliche Publikum im Auge hat.
Parallel dazu entwickelten sich die Genres, nahe bei den romantischen Prämissen verbleibend und bestimmte Erkenntnisse der Humanwissenschaften aufgreifend, zu philosophisch-anthropologisch unterfütterten Erzählungen, die die tödlichen Gefährdungen für die Menschheit in Gegenwart und Zukunft heraufbeschwören. Im Schatten beider Entwicklungen wuchs eine dritte Genre-Blüte: die obskuranten Filme à la »*Exorzist*«.
Diesen dreisträngigen Entwicklungsweg wollen wir schlaglichtartig beleuchten.

14

Das Grauen im wissenschaftlichen Zeitalter

Ethnographie und Mythologie haben in den letzten hundert Jahren das alte magische Denken wissenschaftlich neu erschlossen. Fast zeitgleich hat die Psychoanalyse die Spuren dieses Denkens in den Krankengeschichten des modernen Menschen gefunden: »Das Lebendige empfindet in schweren Träumen und wütenden Phantasiegebilden die Schrecknisse seines eigenen Wesens – die entsprechende Empfindung ist die Angst.«[7]

Der Surrealismus hat, in den zwanziger Jahren des 20. Jahrhunderts, über diese ethnographische und psychoanalytische Brücke laufend unmittelbar an die Populärgenres des vorhergehenden Jahrhunderts angeknüpft und deren Funktion übernehmen wollen:

»Ausgehend von der Erfahrung, daß eine zweckrational geordnete Gesellschaft die Möglichkeiten der Entfaltung des einzelnen immer mehr beschränkt, suchen die Surrealisten Momente des Unvorhersehbaren im alltäglichen Leben zu entdecken. Ihre Aufmerksamkeit richtet sich daher auf diejenigen Phänomene, die in der zweckrational geordneten Welt keine Stelle haben.«[8] Peter Bürger nennt das »die Entdeckung des Wunderbaren im Alltäglichen«.

An der Existenz von Alp- und Tagträumen, von Phantasien – besonders Macht- und Sexualphantasien –, von sadistischen und masochistischen Neigungen, von verdrängten Rache-, Neid- und anderen Begehrlichkeitsgefühlen kann kein Zweifel sein. Und eine Spezies der Kunst und Literatur veröffentlicht und vergegenständlicht diese intimen und verborgenen Strebungen im Kunstwerk: das Genre des FurchtAngstGrauen-Erregens. Dies geschah besonders, nachdem diese Erscheinungen aus dem öffentlichen Leben ausgesondert und zur Privatsache wurden, nicht mehr im Rahmen zum Beispiel religiöser Bußübungen ausgelebt werden konnten. Genau an diesem Punkt setzte die Psychoanalyse an. Freuds Lehre geht unter anderem davon aus, daß mehr oder weniger deutlich in jedem psychischen Prozeß, in jeder Biographie sich en miniature und im Schnelldurchlauf die Stammesgeschichte der Menschheit reproduziert, daß Rudimente magischen Weltverstehens und totemistischer Handlungen im modernen Menschen überleben:

»Das Unheimliche des Erlebens kommt zustande, wenn verdrängte infantile Komplexe durch einen Eindruck wieder belebt werden oder wenn überwundene primitive Überzeugungen wieder bestätigt scheinen.«[9]

Hier entstand ein reiches, ästhetisch nutzbares Potential: Neurosen, Psychosen, Phobien, Traumdeutungen, Eros vs. Thanatos, Aggressions- und Destruktionstrieb. Die dunkle magische Welt lebte plötzlich im zivilisierten Kulturmenschen wieder auf. »Die Operationen des Unbewußten lassen sich weder in die Grammatik noch in die Logik unseres Bewußten übersetzen oder transportieren. Das Unbewußte ist ein anderes System, ohne Kausalität und Widerspruch, radikal verschieden von dem, was wir mit unserem bewußten Denken fabrizieren, ein anderer Ort, eine andere Szene, ungeordnet von Raum und Zeit.«[10]

Auf diesem Themenfeld trafen sich Surrealismus und Spannungsliteratur. Doch die herrschende rationalistische öffentliche Meinung drängte das Wiederaufkommen bzw. Weiterwuchern vorwissenschaftlich-mythologischen, phantastisch-magischen Denkens, das »wilde Denken« (Levy-Strauss), umgehend ins Abseits. Der Surrealismus verlief sich und die Spannungsliteratur wurde eindeutig von der Kriminalgeschichte bestimmt.

Zum Schaden des Genres kam es nicht wieder zu einer Annäherung und gegenseitigen Durchdringung von experimentell-avantgardistischer Literatur und den populären Genres. Die Mehrzahl der gegenwärtigen Filme des Genres sind wahrscheinlich aus diesem Grunde zu oft nur Remakes einiger weniger Grundplots des Horrors aus dem 19. Jahrhundert. Zu einer ernsthaften Gestaltung des magischen Denkens dringen sie genauso selten vor wie zu den psychoanalytisch fundierten Psychogrammen des Grauens und Schreckens. Die zeitgenössischen Horror- Mystery- und Fantasyfilme knüpfen viel stärker an den kruden Gedankensurrogaten eines antiwissenschaftlichen Weltdenkens, an Obskurantismus und Okkultismus an.

Gleichzeitig werden in den Genres die alltäglichen Bedrohungs- und Zukunftsängste zu Horrorszenarien ausgemalt. Solche Filme, oftmals als Negativ-Utopien angelegt, bedienen alle Arten von Verschwörungstheorien, deren Scheinbegründung zu Zeiten des kalten Kriegs wenig problematisch war und heute ein paar Mühen mehr macht.

In welche Untiefen solches Erzählen geraten kann, soll folgendes Beispiel verdeutlichen: Die epische Anti-Utopie von Gregorovius (1892) beschwört die Schreckensherrschaft der deutschen Sozialdemokratie herauf. Ein evangelischer Pfarrer gerät in die Hände des proletarischen Mobs, der durch die sozialistische Mißwirtschaft im tiefsten Hunger leben muß:

»Wir sind weder Räuber noch Mörder, sagte ein großer Mann, der auf ihn zutrat, aber wir haben Hunger! Viel Hunger, fuhr er fort, indem seine Augen unheimlich leuchteten. Nicht wahr, wandte er sich an die Anwesenden; elend und blaß aussehendes Volk mit fieberglühenden Augen, haben wir nicht viel Hunger?

Ja, ja, wir haben viel Hunger! schrie die Menge.

Der Priester hatte diese Worte nicht mehr gehört, denn er sah etwas, was ihm das Blut in den Adern erstarren ließ. Aus einem Topfe heraus ragte eine Menschenhand, halb abgenagt, aber doch deutlich als eine Hand erkennbar. Er wußte jetzt, wo er war und was seiner wartete:

Von wem ist dieses Fleisch? fragte der Priester, während seine Zähne laut vor Entsetzen aufeinanderschlugen, woher habt ihr es? Dann fuhr er mit einem wilden Schrei zurück und starrte in die Ecke, wo am Boden das abgeschlagene Haupt eines Weibes lag, eingehüllt in lange, blonde, mit blutigem Schleim verklebte Haare.

Mein Weib! schrie der Priester so wild und weh, daß selbst die gegen menschliches Leid und Elend abgestumpften Scheusale des Kellers etwas wie Mitleid empfanden.«[11]

Daß in kürzester Frist auch der Priester in den Suppentopf wandert, ist logisch.

Das Beispiel zeigt drastisch, wie hier Ekel erzeugt und Abscheu geschürt wird zwecks billiger politischer Verteufelungen. Der Text markiert die wirkungsästhetische Grenze des Genres. Das Genre soll, sofern es ästhetisch orientiert ist, nicht Angst erzeugen und aufbauen, es soll mit der Angst spielen, sie darstellen und im besten Falle vielleicht sogar handhabbar machen, sind doch »die Mythologien aller Völker ... voll von angsterzeugenden, furchterregenden, grausigen Begebenheiten. In säkularisierter Form lebt dieser mythologische, mit Lust gemischte, spannungsvolle Schauder fort im modernen Thriller, in Horrorfilmen, Kriminalromanen und dergleichen.«[12]

Entgegen allen Vermutungen ist im »wissenschaftlichen Zeitalter« Aberglaube, gleich, ob ernsthaft oder amüsiert praktiziert, im Alltagsleben präsent, und der Glaube an das Übersinnliche wird nicht als Widerspruch zur Wertschätzung des wissenschaftlich-technischen Fortschritts erlebt.

Zeichen und Wunder sind zwar selten, aber immer noch heiß begehrt. Die apokalyptischen Drohungen und Verheißungen sind nach wie vor im allgemeinen Bewußtsein vorhanden.

»Unsere Zeit ist unleugbar eine Zeit der Extreme. Wir leben in ständiger Bedrohung durch zwei gleichermaßen furchtbare, wenngleich augenscheinlich gegensätzliche Schicksale: durch unendliche Banalität und unvorstellbaren Schrecken. Es ist die von den volkstümlichen Kunstgattungen reichlich genährte Phantasie, die es der Mehrzahl der Menschen ermöglicht, mit diesen beiden Schreckgespenstern fertig zu werden. Denn die Phantasie kann zweierlei tun: Sie kann uns vor der unerträglichen Langeweile retten und uns von den – realen oder vorausgeahnten – Schrecken ablenken, indem sie uns die Flucht in exotische, gefährliche Situationen ermöglicht, die sich im letzten Augenblick zum Guten wenden, und sie kann das seelisch Unerträgliche auf ein normales Maß reduzieren und uns so dagegen abhärten. Im ersten Falle verschönert die Phantasie die Welt, im zweiten Fall neutralisiert sie die Welt.«[13]

Das Genre hat eine klare Funktion, die auf eine weitverbreitete Aufnahmebereitschaft trifft, wenn es sich auf sein grundsätzliches Schema, Spiel mit der Angst, konzentriert und dadurch das ideologisch absichtsvolle Verbreiten von Angst konterkariert.

Die Genre-Wirkungen sind ein Wechselspiel zwischen Angst, Sichfürchten, Erschrecken, Entsetzen und Erleichterung, Sichberuhigen und Selbstvergewisserung. Die Grundplots, die diese Wirkungen in je unterschiedlicher Dosierung hervorrufen, sind in vier Genres versammelt und definiert:

- Der Horrorfilm erzählt vom gewalttätigen Hereinragen einer fremden, vergangenen oder zukünftigen Macht-Welt in unsere Welt;
- der Mysteryfilm behauptet die ständige Möglichkeit des Unmöglichen und Unheimlichen in und »unter« unserer Welt;
- der Fantasyfilm beschreibt den Austritt des Helden aus unserer und seinen Eintritt und sein Zurechtfinden in einer anderen Welt;
- der Thriller konfrontiert den Helden im mörderischen Spiel mit den Agenten des modernen Bösen in unserer gegenwärtigen Welt.

15

Der Horrorfilm und seine Verbrüderung mit der Mystery

Der Tod ist gewiß, die Stunde ungewiß.

Im Horrorfilm heißt es für den Helden, heil davonzukommen. Die notvolle Flucht, das qualvolle Entkommen, im besten Falle das endgültige, aber oftmals nur zeitweilige Bannen der Gefahr für sich und andere, das ist die Aufgabe des vom Horror geplagten und terroristisch gebeutelten Helden.

Im Psalm 22 wird die Situation des vom Horror bedrohten Menschen eindrücklich beschrieben:

»Gott, mein Gott, warum hast Du mich verlassen?

Ich bin ausgeschüttet wie Wasser, alle meine Gebeine haben sich zertrennt; mein Herz ist in meinem Leibe wie zerschmolzen Wachs.

Meine Kräfte sind vertrocknet wie eine Scherbe, und meine Zunge klebt an meinem Gaumen, und Du legst mich in des Todes Staub.

Denn Hunde haben mich umgeben, und der Bösen Rotte hat mich umringt: Sie haben meine Hände und Füße durchgraben.

Ich kann alle meine Gebeine zählen; sie aber schauen und sehen ihre Lust an mir.

Sie teilen meine Kleider unter sich und werfen das Los um mein Gewand.

Aber du, Herr, sei nicht ferne; meine Stärke, eile, mir zu helfen!«[14]

Das von Grauen und Entsetzen heimgesuchte Opfer weiß nicht, warum es getroffen wurde. Mit wachem Entsetzen, den Tod vor Augen, ist es schlimmsten körperlichen Qualen ausgesetzt. Die Rotte der Bösen umlauert es und zieht ihren Lustgewinn aus seiner Verzweiflung. Rettung ist fern und kann nur durch ein Wunder geschehen. Eigene Fähigkeiten sind vergebliche Liebesmüh.

Horror hat also einen spezifischen Suspense – gelingt die Flucht? Das Fluchtmotiv verbindet den Horrorfilm mit dem Katastrophenfilm. Ob ein Luxusschiff untergeht oder ein selbständig handelndes Haus alles Lebendige mit und unter sich begräbt, das ist erst einmal egal. Aber natürlich gibt es einen fundamentalen Unterschied. Die Katastrophe ist absehbar und kenntlich. Der Horror dagegen schlägt aus dem Dunklen zu, bleibt unkenntlich und ist völlig unabsehbar. Der Horrorfilm spielt prinzipiell – metaphorisch gesprochen – in den dunklen Kellern der Kindheit, dessen Geister zu bannen das dünne Pfeifen helfen sollte.

Horrorfilme müssen, wollen sie nur ein bißchen wirken, ständig Schrecksekunden und lähmende Furchtsequenzen, Szenen des totalen Ausgeliefertseins, der erbarmungswürdigen Hilflosigkeit zeigen. Hoffnungslosigkeit muß sich breitmachen, und dann, aber erst dann, darf der Überlebenstrieb triumphieren. Doch bevor es soweit ist, muß es Opfer geben, wäre doch sonst das Böse nicht glaubwürdig.

Genau diese Wirkungsformel beschreibt die ganz natürliche Nähe des Horrorfilms zu seiner komischen Negation, der Parodie. Eines der probatesten Mittel, dem Grauen zu entkommen, ist das Verlachen des Grauenerregenden. Diese Technik wendet der Held in Grimms »Märchen von einem, der auszog, das Fürchten zu lernen« an. Er glaubt einfach nicht ans Böse und kann deshalb auch nicht sein Opfer werden. Da können die Bösen »tanzen«, wie sie wollen.

Doch gegen die parodistische Verkehrung hat der Horrorfilm ein wirkungsvolles Mittel ersonnen: den Mysteryfilm.

Aber auch dieses Genre ist, wie fast alles in diesen Genres, die späte Aufnahme eines literarisch schon längst vorgeprägten Musters in den filmischen Genrekanon. Philosophie- und literaturgeschichtlich war der Umgang mit dem Unerkennbaren, dem Mysteriösen ein beliebtes Gedankenspiel Ende des 19. und zu Beginn des 20. Jahrhunderts. Die Eigenart der«mystery stories« wird von Richard Alewyn so beschrieben: »Immer handelt es sich dabei um Geheimnisse, die sich lange Zeit, ja bis zum Ende, jeder anderen als einer übernatürlichen Erklärung hartnäckig widersetzen, stets sind sie verbunden mit tatsächlichen oder vermuteten oder befürchteten Verbrechen, die die geistige Ungewißheit um die physische Unsicherheit vermehren und das Geheimnisvolle um die Dimension des Unheimlichen erweitern.«[15]

Die erzählerische Technik des unentschiedenen Schwebens zwischen Wirklichem und Eingebildetem ist das Spezifikum des Mysterygenres. Das langsame Verrücktwerden, das Herannahen des Wahnsinns, das Zerfließen und Aufspalten der Persönlichkeit, all diese Erscheinungen psychischer Erkrankungen sind hier die zentralen Stützpfeiler der Plots. Gute Mysterystorys sollten sich wie die Anamnese einer Schizophrenie oder einer anderen schweren Psychose lesen lassen. Das Unheimliche geschieht, und keine rationale Erklärung kann es aus der Welt schaffen. Es ist da, ohne daß wir wissen, wann und wo es auftauchen wird. Das ist die Botschaft des Mysteryfilms.

Das narrative Supermodell für den Zusammenschluß von Mystery und Horror hat Stephen King mit seinem Roman *Shining* geschrieben. In diesem Buch kreuzen sich die beiden Genres auf unnachahmliche Weise. King führt unzählige Grundelemente des Horrors und des Mystery in seiner Geschichte zusammen: die Hellsichtigkeit des Jungen DANNY, die schizoide Selbstauflösung des Vaters JACK, das seinem Fluch gehorchende Hotel »Overlook« und die vergleichsweise harmlos nur mit einem leichten Mutterkomplex behaftete WENDY. Manche Elemente der Handlung sind rational erklärbar, andere wiederum entziehen sich jedem rationalistischen Erklärungsversuch. King spielt auf dieser unterschiedlichen Klaviatur ziemlich virtuos. Das Hotel war Schauplatz und Tatort mafioser Verbrechen. Das ist eine unbezweifelbare und einleuchtende Tatsache. Ganz und gar nicht mehr einleuchtend und nachvollziehbar aber ist, daß die Opfer und Täter dieser Umtriebe Jahrzehnte später als Untote durch das Hotel toben und personellen Nachschub unter den jetzt Lebenden suchen. Aber – und das ist ein nahezu genialer Trick Kings – möglicherweise spielt sich diese Menschenjagd nur in den überspannten kranken oder überwachen Hirnen von Vater und Sohn ab. Doch King dreht die Schraube weiter. Durch das Zeugnis der relativ »normalen« Mutter WENDY werden die irrealen Ereignisse als tatsächlich stattfindende bestätigt. Der Leser bleibt in einem vom Autor absichtsvoll angerichteten, unauflösbaren und unaufgelösten Wirrwarr zurück. Unmöglich und möglich, wahrscheinlich und unwahrscheinlich, eingebildet und halluziniert – alle Erscheinungen sind doppeldeutig und unzugänglich für eine rationale Erklärung. Waren die populären Horrortexte des 19. Jahrhunderts mehrheitlich darauf orientiert, eine plausible Erklärung für die übernatürlich scheinenden Ereignisse zu finden, so will das Genre im 20. Jahrhundert genau das nicht. Die fiktionalen Horrorszenarien der Gegenwart laufen darauf hinaus, die real-alltägliche Welt zur unheimlichen Welt zu erklären und zu behaupten, eine rational erklärbare Welt sei Irrglaube. Hier verabschiedet sich das Genre zum zweiten Mal aus einer ästhetischen Funktion und wird zur mystischen Weltanschauung, über die man sich amüsieren oder ärgern, der man aber auch zustimmen kann. Die mystischen Falten verdunkeln aber auf jeden Fall das Erscheinungsbild des Genres.

Eine kleine Galerie des zeitgenössischen Bösen

I.

Die stehenden Genrefiguren: Frankenstein, Frankensteins Monster, Godzilla, Golem, die Mumie, Werwolf, Dracula und andere sind bestens reanimiert in verschiedenen Kinderbüchern, am witzigsten wohl in den Seriengeschichten »Alle meine Monster« von Thomas Brezina. Dieses Figurenarsenal ist ernsthaft nur noch für parodistisch-komische Effekte nutzbar. Auch in der unüberschaubaren und sehr erfindungsreichen Comic-Literatur geistern diese Figuren noch herum. Auch das ist ein Anzeichen dafür, daß die Galerie der stehenden Figuren des Bösen begrenzt ist. Deshalb finden oftmals die waghalsigsten Figurenkombinationen statt. Das Schema dieser Begegnungen ist simpel: Frankenstein lädt Dracula zu einem Abendspaziergang mit der Mumie ein – und mal sehen, was dabei rauskommt.

II.

Trotz des relativen Mangels an Figurationen des Bösen sind im 20. Jahrhundert nur zwei mythenbildende Monsterwesen erfunden worden: King Kong und Dr. Hannibal Lecter, der Gourmet-Kannibale. King Kong ist nach Geist und Erscheinung ein Wesen des 19. Jahrhunderts. Hannibal Lecter entspricht entschieden mehr der unmittelbaren Gegenwart. Die Kombination von höchster analytischer Geisteskraft und totemistischen Praktiken in der Figur des Lecter ist ein intellektuell anspruchsvolles Projekt der Gruselliteratur.

»Mir ist nichts zugestoßen. Ich bin geschehen. Sie können mich nicht auf eine Reihe von Einflüssen reduzieren. Sie haben Gut und Böse für den Behaviorismus aufgegeben.«[16] Damit knüpft Harris an das altbekannte Grundprinzip des Aufeinanderprallens ganz unterschiedlicher Denk- und Kultursysteme an, ohne – und das ist der Witz – diesen Zusammenprall logisch-historisch zu begründen. Das verlangt das Genre auch nicht. Dieses Genre lebt von Setzungen. Diese Setzungen müssen, und das aber ist die entscheidende Genreregel, ungeahnte, völlig überraschende, hinreißende Irrsinnskonstellationen und -situationen nach sich ziehen und ermöglichen. Sonst nützt der beste Einfall nichts.

Ein ähnliches, gleichfalls sehr effektives Mittel des Genres ist ein Rückgriff auf ein zentrales magisches Gedankenkonstrukt, die Wiedergänger.

III.

»Wiedergänger sind Mörder und deren Opfer, nicht nach Gebühr Bestattete, ruhelose Kämpfer. Sie kehren aus ihrem

Grabe wieder, als Schattengespenst und Hauchseele, aber häufiger in Lebensgestalt bzw. in der Verwundung und Verstümmelung ihres Todes (kopflos). Um Schuld zu rächen oder um Schuld zu sühnen, kommen sie zurück.«[17]

Die Gemeinschaft der Lebenden wird von einem nicht erklärbaren, weil irgendwann in der Vergangenheit ausgesprochenen Fluch – und der vorhergehenden Untat – betroffen. Ein Geheimnis muß gelüftet werden, eine alte Schuld will beglichen werden. Es muß etwas zurückgenommen, vielleicht gar ein Opfer gebracht werden. Der Alp der toten Geschlechter wird hier lebendig, und der Fluch der bösen Tat wird eingelöst.

IV.

Dennoch: Die Zukunft des Horror-Genres liegt unserer Meinung nach nicht im Film, sondern in den interaktiven Formen der Videospiele. Der Filmzuschauer wird zum Mitspieler im tödlichen Geschäft. Er kann das Böse viel unmittelbarer erleben. Der Genuß wird entschieden stärker als beim bloßen Zuschauen: Der Zuschauer selbst ist das Böse und dessen Opfer zugleich.

»Die Szenerie und Dramaturgie des Spiels fahren in Sekundenschnelle alle Zutaten eines gelungenen Horrorfilms auf. Daß sich die Identifikation mit dem Helden in unvergleichbarer Schnelligkeit und Intensität herstellt, liegt am Zwang zur eigenen Aktivität. Egoshooter sind begehbare Actionfilme. Ist man einmal drin, bleibt nur die Flucht – auch die Aggression ist reine Vorwärtsverteidigung. Die Spielhandlung bleibt auf die Variation der simplen Urszene »Angriff und Verteidigung« beschränkt; deren Potentiale werden allerdings so raffiniert ausgekostet, daß man binnen kurzem mit Herzrasen und jagendem Puls vor der Tastatur sitzt«[18].

16

In anderen Welten – Die doppelte Bedeutung von Fantasy

Fantasy ist eigentlich kein Genre. Fantasy ist ein technologisches Verfahren. Dieses Verfahren sorgt dafür, daß der Zeittransfer einer oder mehrerer Figuren von einer historischen Epoche in die andere gelingt. Oftmals wird dieses dramaturgisch-technologische Verfahren benutzt, um, ähnlich wie im Comic, bereits bestens eingeführte Helden und Heroen aus der Geschichte der Abenteuerliteratur zusammenzuführen. Dieses Mittel ist eine beliebte Technik, die heroischen Helden aus sagenhaften Urzeiten filmisch zu reanimieren, fehlt es doch der Jetztzeit an unbezweifelbaren Helden.

Fantasy erzählt vom Verhalten einer zeitgenössischen Figur in ihr zeitlich unbekannten Räumen und unter unbekannten Wesen. Der alte Traum, daß Raum und Zeit transzendieren, daß die unterschiedlichsten Kulturen sich mischen, erfüllt sich in den Fantasystorys. Fantasy ist eine Fahrt durch die kollektiven Traumbilder von einer Anderwelt. In dieser Phantasiewelt sind das Wunderbare und das Unheimliche beheimatet. Verbleibt die in diesen Welten spielende Geschichte im Bereich des Wunderbaren, dann ist – so unsere Behauptung – nicht die Rede von einem selbständigen Genre. Fantasy lebt vom Risiko des Helden, den Übergang zu wagen, den Übergang aus der ihm wohlbekannten Welt in eine ihm unbekannte. Das ist typisch für den Abenteuerhelden. Beginnt sich aber das Unheimliche und das Unerklärliche in die Geschichte einzumischen, ohne sie, wie in den

Mysterystorys, zu beherrschen, dann kann schon von einem Genre des Grauens gesprochen werden.

Das Märchen von »Frau Holle« ist im deutschen Sprachraum das beste Beispiel für »Fantasy«. Anhand dieses Märchens wollen wir kurz die Doppelbedeutung von Fantasy erklären. Fantasy im technologischen Sinne des Wortes ist der Sprung der Goldmarie in den Brunnen, der sie direkt in den Himmel der Frau Holle bringt. Die Heldin wagt den Übergang von der ihr wohlbekannten Welt in eine ihr unbekannte. Das ist die klassische Abenteuersituation, auch weil der Leser mit der Heldin »mitgeht«, erzählungstechnisch an ihre Einsichten und Erfahrungen gebunden ist. Doch die Geschichte ist auch anders zu erzählen. Eine Fantasy-Genre-Geschichte würde etwa so aussehen:

Frau Holle ist nicht die gütige Hausmutter, sondern die in magischen Zeiten lebende Führerin einer Dämonenschar, die ihre wilde Horde auch aus selbstmörderischen Jungfrauen rekrutiert. Käme nun – aus welchen Gründen auch immer – die Pechmarie in den Machtzirkel der Frau Holle, könnte unter diesen zugespitzt unheimlichen Umständen ein wüster Schwesternkampf entbrennen. Diese Story erzählt sich nicht über die Heldin, die Goldmarie, sondern über die Darstellung des Machtzirkels und der in ihm herrschenden Spielregeln, unter denen der Kampf zwischen den Schwestern und der Frau Holle stattfindet. Mit dieser Technik des Erzählens bewegen wir uns ganz klar in einem Genre des Grauens.

17

Thriller

Die Stunde des Todes ist bekannt, aber ob sie eintritt, das ist ungewiß.

Der Thriller läßt sich kaum besser als durch die ziemlich freie Adaption des berühmten deutschen Kinderliedes »Auf der schwäbschen Eisenbahne« charakterisieren. Woher die Gefahr kommt und wann die Bedrohung zuschlägt, das ist ungewiß, gewiß ist allein ihre Existenz.

Als der Western die großen Städte erreichte, mutierte er, kurzzeitig als Gangsterfilm figurierend, zum Thriller. In jedem Thriller geht es um das gute alte Duell, um das Wer-gegen-Wen, um David gegen Goliath, um den guten Einzelnen gegen die vielen Bösen, um Macht und Besitz. Alle Mythen des kapitalistischen Konkurrenzkampfs werden hier, entweder kritisch oder affirmativ, in Bewegung gesetzt. Das Grundschema basiert auf der Isolation des Opfers, das handlungsmäßig zum Täter wird, sein fremdbestimmtes Schicksal in die eigenen Hände nimmt und sich erstaunlicherweise zum Helden mausert. Das unterscheidet den Thriller vom alten Western, steht dort doch schon der Held fix und fertig vor uns. Daraus folgt: Der Held des Thrillers ist fast immer ein zufälliger Störenfried: Er ist nur zufällig jemandem in die Quere gekommen, er hat nur aus Versehen den falschen Koffer auf dem Flugplatz an sich genommen … und schon gerät er in eine tödliche Maschinerie. Das zentrale Wirkungsprinzip des Thrillers heißt: Angst um das Leben des Helden und gleichzeitige Bewunderung für die Tötungsstrategien des Gegners. Der Zuschauer sieht einerseits das ihm fremde und faszinierende, kalte mechanische Funktionieren des maschinell organisierten Systems. Und er sieht die ihm nahen und verständlichen Reaktionen und Emotionen des Gejagten zwischen Angst, Hoffnung, Furcht, Verzweiflung pendeln und endlich in eine wilde Entschlossenheit umschlagen, um der Mord-Mechanik zu trotzen.

Der Thrillerheld ist in ständiger Gefahr, sein Leben zu verlieren – nicht, es zu riskieren: Das ist seinem älteren Bruder, dem Abenteuerhelden, vorbehalten. Der Thrillerheld will seine Ruhe, der Abenteurer den Thrill, Gefahr ist das Leben des Abenteurers. Das Publikum des Thrillers will an den fiktiven Gefahren partizipieren und sich ihnen, emotional an den Gefährdeten gebunden, erfolgreich stellen. Das Publikum will *siegen*. Das ist das Zentrum des Thrillers: *in der Gefahr wachsen*. Der Anlaß der Gefährdung ist im Thriller weitgehend nebensächlich. Dagegen ist aber die Isolation des Helden die wichtigste dramaturgische Vorleistung für das Gelingen des Thrillers. »Das erste, was man machen muß, ist, die Menschen von aller Hilfe abschneiden.«[19]

Der Thriller zeigt reale *Gefahren*. Am Thriller ist der Zuschauer auch deshalb interessiert, weil er die ihn umgebenden Machenschaften des Real-Bösen wirklichkeitsnah und zugleich sensationalisiert dargestellt und besiegt sieht.

Der Thriller behauptet, das real-praktisch wirkende Böse träte verschwörerisch auf. Diese verschwörungstheoretische Grundierung bestimmt die Handlungen: Fremde Mächte, Geheimdienste, internationale Verbrecherkartelle aller Coleur, putschistische Vereinigungen, obskure machtbesessene Geheimbünde greifen ins Alltagsleben ein und reißen einen gänzlich unbeteiligten Menschen in ihr Spiel hinein. Diesen Typus Thriller zeichnet eine relative Nähe zu den wirklichen Bedrohungspotentialen und -ängsten moderner Gesellschaften aus. Hier liegt auch seine sympathische Nähe zu einer Form der Märchen, den sogenannten Warnmärchen.

Natürlich gibt es noch einen anderen Typus Thriller. Mit *Rebecca* und *Psycho*, den klassischen Filmen Hitchcocks, ist dieser Typus hinreichend gekennzeichnet – der Psychothriller. In diesem Typus Thriller wird das narrative Gerüst des Melodramas um eine tödlich-zerstörerische Komponente verlängert. Der Psychothriller zeigt das Herauswachsen des mörderischen Wahnsinns aus der familiären Krisensituation oder das Eindringen des wahnhaften Zerstörungstriebs in eine Familie. Beide Grundformen des Thrillers, die gesellschaftlich orientierte wie die privat gerichtete Form, sind sich in einem entscheidenden Punkt einig: Das ursprünglich erwählte Opfer überlebt, und seiner künftigen unbedrohten und friedlichen Existenz steht nichts mehr im Wege. Und genauso einig sind sich die guten Filme beider Typen darin, daß der Sieg des Guten nur ein zeitweiliger Gewinn und keine endgültige Lösung ist: Diesmal ging es noch gut aus, wer weiß, wie es das nächste Mal aussieht …

Dieses offene Ende des Thrillers hat einen erstaunlich aufklärerischen Impetus des »Hüte Dich vor …« und des »Wehret den Anfängen …«. Der Thriller ist deshalb einerseits schnell und leicht für jedweden politischen Zweck zu instrumentalisieren, andererseits aber auch dafür prädestiniert, den Mut zum individuellen Widerstehen, zur Zivilcourage beim Zuschauer zu aktivieren.

Gute Thriller sind dennoch, obwohl alles so einfach klingt, viel seltener als gemeinhin angenommen, muß sich doch ein Thriller-Autor ganz und radikal auf die Seite des Täters – und keineswegs auf die Seite des Opfers – stellen. Der Anschlag muß minutiös geplant und dargestellt werden und von verblüffender Originalität und fast hundertprozentiger Garantie sein. Das ist Autorenaufgabe Nr. 1: Alle Intelligenz des Autors muß sich auf die Täterseite konzentrieren. Seine gesamte moralische Empfindsamkeit kann er dem Opfer zukommen lassen. Forsyth löst in *Der Schakal* dieses Dilemma – und es ist ein solches – brillant, indem er das potentielle Opfer in den Rang der Unberührbarkeit hebt und außerdem dem Leser von vornherein die Gewißheit gibt, daß das Unheil, das dem Opfer zugedacht ist, verhindert wird. So können die Leser den Wettlauf um den und gegen den Tod genüßich intellektuell verfolgen, ist doch die Spielregel dieses Duells festgelegt und bekannt.

18

Das plausible Grauen

Anders als beim traditionellen Märchenerzähler, der mit der Erzählformel »Es war einmal« deutlich signalisiert, worum es sich im folgenden handelt, liegt das zentrale Schreibproblem des AngstFurchtGrauen-Autors zweifellos darin, einen schnellen, überzeugenden und unbezweifelbaren Einstieg in die Anderwelt zu finden bzw. den Einbruch des Unheimlichen ins Alltägliche zu exponieren. Plessner schreibt: »Der Mensch will sicher sein, daß es mit den Dingen eine Bewandtnis hat, auch wenn er nicht weiß (und vielleicht nie wissen kann), welche. (...) Bewandtnis haben heißt für den Menschen, sich an etwas halten können, weil es das ist und nicht jenes. (...) Mit dieser Gliederbarkeit, Stabilität und Beweglichkeit, einem Minimum von Eindeutigkeit und Elastizität, Ordnung und Bildsamkeit, Geschlossenheit und Offenheit rechnet das Leben.«[20]

Diesen Erwartungen narrativ zu entsprechen, möchten wir die Plausibilisierung des Erzählten nennen. Plausibel ist für uns ein Text, in dem das Erzählte genrespezifisch gekennzeichnet ist und andererseits die fiktionalen Geschehnisse als durchaus möglich, fast wahrscheinlich erscheinen. Auf die einfachste und eleganteste Weise löste das Problem Lewis Carroll in »Alice im Wunderland«. Die Heldin sitzt in der prallen Sonne, langweilt sich ein bißchen, döst vor sich hin, sieht ein weißes Kaninchen und hört, wie es mit sich ein Selbstgespräch führt. Alice verwundert sich darüber keineswegs, und der Leser wundert sich folglich auch nicht. Als dann aber das Kaninchen noch eine Taschenuhr aus der Westentasche zieht, ist Alice hellwach und springt dem Kaninchen hinterher – hinein ins Wunderland. Angesichts dieser Wunderlichkeit bleibt ihr nichts anderes übrig, als der Sache auf den Grund gehen zu wollen. Neugier hat sie übermannt.

Die Neugier auf das Grauenmachende ist es, was die Genres des Grauens erzeugen und befriedigen wollen und können.

19

Fürchten lehren

Unter den drei Verwandten Thriller, Horrorfilm und Fantasy ist der Thriller das in der deutschen Kino- und Fernsehlandschaft wohl populärste Genre. Der Thriller kostet weniger als der Fantasyfilm und ist in den meisten Fällen, im Gegensatz zum Horrorfilm, keiner Altersbeschränkung unterworfen. Er erreicht damit eine größere Zuschauerzahl und spielt so seine Kosten schneller wieder ein.

Wenn es auch RTL in letzter Zeit immer wieder gelungen ist, mit aufwendigen Fantasyproduktionen (z. B. *Merlin,* 1998) hohe Einschaltquoten (mit circa acht Millionen Zuschauern etwa 25 Prozent des Gesamtpublikums) zu erzielen – letztlich rechnet sich das Verhältnis von Mehraufwand und dem Mehr an Zuschauern selten. Deshalb werden solche Projekte Ausnahmen bleiben. Ihr Zweck dürfte wohl eher in der Etablierung eines Senderimages als im direkten wirtschaftlichen Erfolg liegen.[21]

Aus denselben Gründen der Praxisnähe werden wir an dieser Stelle auch den Horrorfilm etwas vernachlässigen. Denn diesem Genre wird in der aktuellen Fernsehproduktion – wegen der Freiwilligen Selbstkontrolle und der damit verbundenen reichweitenarmen späten Sendezeiten – kaum Aufmerksamkeit geschenkt. Alle Mittel, mit denen der Horrorfilm die stärksten Wirkungen erziehlt, sind nicht »jugendfrei«.

Wenn wir uns im folgenden also auf den Thriller konzentrieren werden, so bleiben doch Fantasy- und Horrorfilm nicht ganz außen vor. Wo es der Differenzierung, der Darstellung von Gemeinsamkeiten und Unterschieden der Genres Thriller, Fantasy- und Horrorfilm dient, werden wir auf sie eingehen.

Gleichzeitig werden wir den Begriff Horror in seiner Dualität kenntlich machen. Bezeichnet er einerseits ein Genre mit einer bestimmten Dramaturgie und Wirkungsweise, so steht er andererseits, wie der Begriff *Thrill*, für eine Technik, bestimmte Effekte beim Zuschauer zu erzielen. So ist Horror ein unverzichtbares Element eines guten Thrillers, etwas, was über den Protagonisten hereinbricht. Gleichzeitig ist er eine Technik, dem Zuschauer die Distanz zu rauben, um Schreck und Schrecken unmittelbar auf ihn wirken zu lassen.

Auf den ersten Blick wird der Thriller von weniger komplizierten Regeln und Gesetzen beherrscht als beispielsweise Komödie und Melodrama. Das macht die Sache einerseits einfach – man muß eben »nur« ein gutes Buch schreiben (und die meisten Autoren, Produzenten und Redakteure werden die Erfahrung gemacht haben, daß ein Thriller wesentlich schneller entwickelt werden kann als ein Melodrama) – und andererseits so schwierig: Welche Bestandteile sind es, die einen Retortenthriller à la »Psychopath jagt attraktive Frau wegen krankhaft übersteigerter Liebe« von einem wirklich guten und einmaligen Werk unterscheiden?

Nachdem Ende der neunziger Jahre ein wahrer Thrillerboom durch die deutschen Fernsehsender lief, flaute die Mode sehr schnell wieder ab. Alle Konstellationen von »Woman in Jeopardy« und abgründiger Liebe schienen in den Eigenproduktionen durchgespielt, immer wieder derselbe Film in wechselnden Settings schien präsentiert zu werden. Dem Zuschauer war alles sattsam bekannt.

Hier nun ist der Punkt, an dem die folgenden Abschnitte ansetzen. Wenn man die Figuren, ihre Berufe, ihr Umfeld, ja sogar ihre Motive wegnimmt – was bleibt als Essenz des Thrillers? Das Genre definiert sich über seine Wirkungen, die oftmals sehr punktuell und aus einer Situation heraus entstehen. Der szenische Effekt steht über dem langen erzählerischen Bogen. Die Wurzeln dieser Wirkungen nähren sich aus Begriffen wie Angst, Haß, Horror, Tabu und anderen, die wir deshalb im folgenden für filmische Zwecke aufbereiten wollen. Denn solange Autor und Produzent nur an der Oberfläche variieren, statt in die Abgründe zu steigen, werden sie immer wieder nur Werke hervorbringen, von denen Stephen King im Vergleich zu Harris' Hannibal-Lecter-Romanen schreibt:

»In einer literarischen Landschaft am Ende des Jahrhunderts, in der die meisten Psychobösewichte kleine Kerle mit Gummimasken sind, mit Messern bewaffnet und mit schwerfälligen, abartigen sexuellen Veranlagungen belastet, wirft Dr. Lecter in der Tat einen sehr langen Schatten. (...) Wenn Hannibal Lecter nicht der Graf Dracula der Computer- und Handyära ist, dann haben wir gar keinen.«[22]

Der verfilmte Alptraum

Vom Protagonisten aus gesehen, ist die Handlung des Thrillers wie die des Horrorfilms der Eintritt des Alptraums in die Realität. Wenn wir uns vergegenwärtigen, wie der Alptraum auf den Schlafenden als »Rezipienten« des Werkes *Alptraum* wirkt, nämlich indem er »quälende Empfindungen in ebenso quälende Bilder«[23] umwandelt, dann sollten wir damit auch die tiefere emotionale Wirkungsstruktur von Thriller- und Horrorwerken beschreiben können.

Als Zuschauer sind wir enttäuscht, wenn der Horrorfilm uns nicht in Furcht und Schrecken versetzt, wenn der »Gruselschocker« alles tut – nur uns keinen Schock versetzt. Und wir sind ebenso enttäuscht, wenn der Thriller zum Krimi mutiert, wenn Ermittlung und Recherche plötzlich mehr im Mittelpunkt stehen als das Unternehmen, uns Zuschauer in Situationen zu bringen, in denen wir uns identifizierend bedroht und ausgeliefert fühlen.

Wir wollen in dem, was alptraumhaft auf den Protagonisten einwirkt, zwischen den äußeren und den psychischen

Wirkungen unterscheiden. Die Umwelt wirkt auf den Protagonisten ein – sie verändert durch das Alptraumhafte der Einwirkung die Psyche des Protagonisten so, daß die veränderte Psyche ihrerseits die Umwelt wiederum anders wahrnimmt. Dieser Kreislauf kann sich so lange fortsetzen, bis die Psyche an den immer neuen Wirkungen zerbricht. Wir wollen in einem ersten Schritt Wirkungen auf den und Reaktionen im Protagonisten aufspüren, um dann ihre Wechselwirkung im Sinne des »Der veränderte Blick auf die Umwelt verändert deren Wirkung auf den Protagonisten« aufzuspüren.

Die Zerstörung des Vertrauten ist der Grundzug eines jeden Alptraums. Der Film kann dies in viele Varianten übersetzen. Da ist zunächst der Ortswechsel. Die Hauptfigur muß sich in einer ihm fremden Umgebung behaupten, ist aus dem Kreis der Freunde herausgerissen worden, das bisherige soziale Geflecht, das ihm eine Grundsicherheit gab, existiert nicht mehr. Statt dessen zeigt sich die neue Welt in aller Fremdheit und Feindseligkeit. Der Verlust des Alltags (als Ausdruck von Vertrauen und Sicherheit) ist ein solcher Schock im Leben einer Figur, daß sich für die Psyche des Protagonisten und damit für die Gestaltung der Figur nun ein ganzer Kosmos an Emotionen auftut – freilich machen sich die wenigsten der aktuellen Produktionen die Mühe, diese auch zu ergründen. Das Selbstverständnis vom Menschen als souveränem Wesen bricht in dem Moment zusammen, da er aus Ursachen, die er nicht entdecken kann, Vorgängen ausgeliefert ist, in die er nicht eingreifen kann.

Im Alptraum ist der Schlafende dem ihn Bedrängenden ausgeliefert, die Handlung ist für ihn nicht unter Kontrolle zu bringen. Diese Ohnmacht den unheimlichen und beängstigenden Vorgängen gegenüber versucht mancher Schlafende dadurch zu überwinden, indem er sich selbst aufweckt. Der im Film Handelnde versucht der Ohnmacht erst durch Flucht zu entkommen, dann durch Gegenwehr. Dem luzid Träumenden wie dem in einer realen alptraumhaften Situation Befindlichen ist die Haltung des Unglaubens gemeinsam: Das kann doch nur ein Traum sein. Auch der Zuschauer des Films hat diesen Traum als luziden oder Klartraum – so ihn denn Drehbuch und Regie dazu bringen. Er weiß, daß die Vorgänge, in denen er sich befindet, keine Realität sind, erlebt sie aber als Quasi-Realität und ist in ihnen gefangen. Nicht jedem Träumenden, der sich im luziden Traum des Träumens bewußt ist, ist es auch vergönnt, diesen Alptraum willentlich beenden zu können. Und das wirklich Unheimliche im Traum wie auch im Film ist die Unmöglichkeit der Flucht, ist die Allgegenwärtigkeit der Bedrohung und ihr Wuchern aus der Quasi-Realität in die Realität hinein.

Die Wirkungen des Alptraums beschreibt der Begriff selbst: »Die wenigen ahd.[althochdeutschen] Belege verstehen unter *alb* bereits ein gespenstisches, heimtückisches Wesen, einen Nachtmahr, der später als Druckgeist aufgefaßt wird und durch seine drückende Last auf der Brust des Schlafenden Atembeklemmungen verursacht ...«[24] Das Opfer des Traums oder der alptraumhaften Vorgänge ist zunächst paralysiert, ohnmächtig und hilflos.

Diese Phase der Exposition, in der die Figur paralysiert ist, stimmt den Zuschauer auf den Film ein, lassen seine eigenen Emotionen allmählich im Gleichklang mit denen der Figur schwingen. Obwohl sie die Handlung nicht unbedingt vorantreiben, brauchen Thriller und Horrorfilme Szenen der Ohnmacht, Szenen, in denen der Protagonist realisiert, daß er allein und ohne Bündnispartner ist. Noch ist nichts erkennbar: weder das Motiv des Täters noch der Anlaß für die bedrohliche Situation. Einzig eine äußere Unregelmäßigkeit wirkt erschreckend auf den Protagonisten. Ohne Wissen um Anlaß und Motiv zeichnet sich kein Ausweg ab – die Bedrohung bleibt unberechenbar. Das macht die Situation auch für den Zuschauer beklemmend.

Der Protagonist erfährt durch die über ihn hereinbrechende Feindseligkeit eine tiefe Demütigung. Alles, worauf er bisher sein Lebensgefühl gestellt hat, was seine Erfahrungen ausmachte, ist von einem Augenblick auf den anderen nichts mehr wert. Ein erfolgreicher Anwalt wird buchstäblich entblößt *(Staatsfeind Nr. 1)*, eine berühmte Psychologin wird ihrer Bewegungsfreiheit beraubt und leidet an Agoraphobie

(Copykill) – Bildung, Vermögen, Charakter, all das, wovon der Protagonist meinte, daß es ihn ausmache, daß es ihm Sicherheit gebe, gilt scheinbar nichts mehr. Schlimmer noch, er ist der Zukunft beraubt. Sein Tod ist beschlossene Sache. Nur das Wie und Wann ist noch nicht entschieden. Der kümmerliche Rest an physischer Existenz – das ist alles, was von einem Lebensentwurf übriggeblieben ist. Nun werden diese extremen Gefährdungen des Protagonisten durch den Zuschauer nicht so hautnah und direkt erlebt wie ein Traum. Beunruhigend aber bleiben sie um so mehr, denn immer »erinnern die Alptraumbilder wie Menetekel an die Präsenz des Bösen und Unerklärlichen«[25].

Furcht, Angst und Terror

Zur Beschreibung des im Zuschauer vorliegenden Erwartungsmusters wollen wir uns der drei Begriffe *Furcht, Angst* und *Terror* bedienen. Diese Begriffe sind wiederum auf drei verschiedenen ästhetischen Ebenen anzusiedeln:

- als Disposition des Zuschauers,
- als die Wirkung auf ihn und
- als Wirkung auf die Filmfigur.

Beginnen wir mit den Ebenen, die auf den Zuschauer wirken. Seine Disposition ist zum einen bereits vorhanden und rekrutiert sich aus seinen vorhandenen Ängsten, Erwartungen und Erfahrungen. Darauf werden wir zurückkommen, wenn wir uns mit der die Disposition berücksichtigenden Stoffwahl beschäftigen. Zum anderen wird die Disposition in den ersten Minuten des Films hergestellt. Dies geschieht zum Teil durch szenische, musikalische und visuelle Effekte, hauptsächlich aber durch etwas, das wir als *multiperspektivische Zuschauerposition* beschreiben können.

Wir identifizieren uns im Horrorfilm nicht mit den Helden, sondern mit der Vorstellung, uns in seiner Situation zu befinden. Der Protagonist mag in unseren Augen ein Dummkopf, ein Schwätzer, ein Tunichtgut sein – aber im Augenblick des Schreckens stehen wir neben oder bei dem Helden und sehen mit der subjektiven Kamera die furchteinflößende Situation. Wir wollen diese Rezeptionshaltung *situative Identifikation* nennen. In seinem auch sonst beachtenswerten Buch über den Horrorfilm kommt Hans D. Baumann zu einer ähnlichen Bewertung der Rezeptionshaltung, wenn er erklärt: »Wir können in fast dokumentarischer Sachlichkeit als kühle Beobachter danebenstehen und schauen – wir können aber auch, je nachdem und gegebenenfalls von einem Moment zum nächsten diese Rolle wechselnd, das Monster mit den Augen des Opfers und das Opfer mit den Augen des Monsters sehen. Wir werden, gerade bei einem solchen Wechsel, zu einer Totalität des Erlebens gezwungen, die in der Realität nie möglich wäre.«[26] Dies ist es, was wir zuvor als *multiperspektivische Zuschauerposition* bezeichneten: Der Rezipient ist von einem Augenblick zum anderen erst Betroffener, dann Beobachter und umgekehrt. Er sieht von außen die Szenerie, er ist lustvoll-gespannt, ob das Attentat des Antagonisten gelingen wird, und er ist völlig unästhetisch erschrocken, wenn das Unerwartet-Schreckliche passiert. Der Protagonist gerät dabei manchmal zur bloßen Spielfigur zwischen dem Produzenten und dem Rezipienten eines Horrorschockers, bei dem der dementsprechend konditionierte Zuschauer die Beantwortung der als latente Rezeptionshaltung immer vorhandenen Frage: »Was können sich Leute ausdenken, um anderen Furcht einzuflößen?« lustvoll genießt.

Spätestens hier ist die ästhetische Grenze zwischen Horrorfilm und Computerspiel erreicht. Horrorschocker sind ebenso wie PC-Actionspiele auf ein begrenztes Publikum zugeschnitten und erfüllen genau dessen Erwartungen, nämlich im Rahmen einer bestimmten Film-/Spiel-Konvention überraschende neue Variationen zu finden. Denn gerade weil der Zuschauer des Horrorfilms meist ein erfahrener Kenner des Genres ist, erwartet und braucht er Überraschungen, mit deren Hilfe es gelingt, ihn aus der Distanz des Experten hineinzukatapultieren in die Schrecken der situativen Identifikation. Denn der Zuschauer zieht aus, das Fürchten zu lernen, wenn er sich einen Horrorfilm anschaut. Der Zuschauer mißt die Qualität eines Horrorfilms einzig daran, inwieweit er es schafft, ihn in Furcht zu versetzen. Ihn, den Zuschauer – nicht etwa die Figur. Eine vor Grauen wahnsinnig werdende Figur nutzt gar nichts, wenn es bis dahin nicht gelungen ist, Situationen zu schaffen, die auch für den Zuschauer eine furchtgeladene Spannung erzeugen.

Natürlich gibt es auch im Thriller Szenen, die gleichfalls durch ihre situative Identifikation wirken. Im Vordergrund steht aber die emotionale und personenbezogene Identifikation. Wir haben mit dem Protagonisten Angst vor etwas, um etwas. Durch dieses ganz andere Interesse an der Hauptfigur braucht der Thriller auch eine stärkere Entwicklung, Veränderung und Tiefe der Hauptfigur.

Doch kommen wir zunächst von der Disposition des Zuschauers zu den Wirkungen auf ihn. Diese sind eng verknüpft mit denen auf die Filmfigur. Viele Emotionen, die sich in der Filmfigur aufbauen, entwickeln sich parallel im Zuschauer. Wir wollen die Entwicklung bis hin zum Schrecken in dieser Doppelperspektive aufzeigen. Wenn wir dazu im folgenden eine nähere Bestimmung der drei Begriffe *Furcht, Angst* und *Terror* vornehmen, dann nicht, um möglichst viele Definitionen vorweisen zu können, sondern weil diese drei Termini auch drei Etappen im Leben der Filmfigur wie auch drei Stufen der Wirkung auf den Zuschauer bezeichnen.

Furcht

Furcht ist unbestimmt und nebulös, sie ist ein allgemeineres Gefühl als die Angst. Der Gegenstand, von dem sich der Fürchtende bedrängt fühlt, ist nicht konkret faßbar. Bei der Wanderung durch einen dunklen Wald empfindet ein Hasenfuß Furcht, nicht Angst. Alles *könnte* zu einer Bedrohung werden, doch die Bedrohung zeigt sich nicht offen, ist nicht faßbar. Damit wird es dem sich Fürchtenden auch unmöglich gemacht, Widerstand zu organisieren. In diesem Sinne können wir den Horrorfilm als ein »furchteinflößendes Geschehnis« bezeichnen – und wenn wir uns Eröffnungsszenen von Horrorfilmen anschauen, dann wird gerade diese Wirkung für den Zuschauer organisiert. Wir sehen eine Figur in einer Situation, die »nichts Gutes verheißt«. Durch Musik und Kameraführung wird nun suggeriert, daß aus jedem Winkel, aus jeder Tür, durch jedes Fenster der Tod kommen kann. Doch woher kommt was genau? Dieses unsichere Bangen ist es, was wir als Furcht bezeichnen. Und nichts ist harmloser, ja von Lächerlichkeit bedroht, als das Monster, das wir in Gänze betrachten und dabei Überlegungen über die Arbeit der Maske etc. anstellen können. Die Macher der *Alien*-Filme haben viel Mühe darauf verwendet, die Gestalt des Bösen nie komplett sichtbar zu machen, und wenn KATHY im Opener von *Scream* dem Mörder die Maske vom Gesicht reißt, dann sehen wir dahinter – nichts.

Die furchteinflößende Frage, die sich Zuschauer und Protagonist stellen und die Horrorfilm und Thriller eint, ist also: Wer ist warum gegen den Helden in Bewegung gesetzt?

Angst

»Das Horror-Werk geht mit der Angst auf zweifache Weise um: Es *beschreibt* in der Fiktion ihre Ursachen und Wirkungen, und es *erzeugt* sie im Vorgang der Rezeption.«[27]

Ist die Frage beantwortet, wer dem Helden, wer mir ans Leben will, dann kann endlich aus Furcht Angst werden. Im Gegensatz zur diffusen Furcht ist Angst etwas sehr Konkretes, eine präzise bestimmbare Beziehung: Ich habe *vor* etwas Angst, ich habe *um* etwas Angst. Furcht verdichtet sich zur Angst, wenn man den Gegner kennt, aus der lähmenden Furcht wird gerichtete Angst, die zu Gegenreaktionen führt.

Sobald die Filmfigur erkannt hat, wer ihm ans Leben will, kann sie auf Gegenmaßnahmen sinnen.

Die Hauptangst im Thriller ist die Angst um das Leben in all der Vielfalt, den der Begriff »Leben« umfaßt. Das kann heißen: »bisheriger sozialer Status«, »Bewegungsfreiheit« oder »geistige Unversehrtheit« – für die dritte Variante steht ein Film wie *Einer flog über das Kuckucksnest.* Der Kampf um die geistige Autonomie ist die Auseinandersetzung, deren Auf und Ab wir als Thrill empfinden. JACKIE BROWN in Quentin Tarantinos gleichnamigem Film will vor allem ihren Job als Stewardeß behalten, was zum Ausgangspunkt für ein gewagtes Spiel zwischen Polizei und Waffenhändler wird.

Die Hauptangst des Horrorfilms ist die Angst vor dem Tod. Nicht vor dem Zustand des Totseins als vielmehr vor der langen Qual des Getötetwerdens. Den Figuren des Horrorfilms wird die Gnade des schnellen Todes verwehrt. Das Geschäft des Antagonisten ist nicht so sehr das Töten, sondern in erster Linie das Verbreiten von Todesangst. Natürlich muß er dazu töten. Zunächst, um von den Figuren und vom Zuschauer ernst genommen zu werden. Andererseits, um – wieder sowohl den Zuschauern als auch den Figuren – eine Vorstellung davon zu geben, welcher

Terror

sie vor dem Tod erwartet. Denn nicht das Sterben an sich ist das Furchteinflößende, sondern die Vorstellung der Qualen, die man zuvor erleiden könnte. Nicht die Sekunde, in der die Gehirnfunktionen aussetzen, ist schrecklich, sondern die Zeit zwischen dem Todesurteil, das über einen Menschen gesprochen wurde, und dem Punkt des dann nur noch als Erlösung begriffenen Sterbens. Innerhalb dieser Zeitspanne kommt mit der pausenlosen Häufung des Schreckens der Terror – die höchste Form von Gewalt, die auf jeden Versuch der Gegenwehr mit härteren Schlägen antwortet.

Für den Protagonisten bedeutet das die massive Wirkung von

- Demütigung und Schmerzen,
- Verzweiflung und Hilflosigkeit,
- der Angst vor dem Unbeschreiblichen, dem, was noch kommen könnte.

Während in der Phase der Angst noch physische Gegenwehr erfolgversprechend sein kann, wird in der Phase des Terrors die Psyche des Protagonisten auf ihre Belastbarkeit geprüft: Sie soll am Terror zerbrechen. Der Protagonist weiß, daß gegen ihn Schicksalsschläge vorbereitet werden, die aus dem Dunkel kommen. Und er weiß, daß sie ihn treffen werden. Resigniert er oder kämpft er weiter? Und wenn er kämpft – dann wie?

In der Art der Bewältigung des Terrors unterscheidet sich der Held des Thrillers von dem des Horrorfilms. Während der Thrillerheld als neue Qualität das Geschehen überschauen und durchschauen muß, um zum Ziel beziehungsweise zu seiner Rettung zu kommen, reichen dem Horrorhelden meist die physischen Qualitäten. Schafft es der Protagonist, seine Furcht zu verifizieren und sich in ihr zu bewähren, dann ist er der Held eines Thrillers. Gelingt es der Figur nicht, aus dem Stadium der Furcht in eine neue Qualität zu kommen, bleibt sie dem Schrecken, dem Terror ausgeliefert, ist sie in einem Werk des Horrors angesiedelt.

Nachdem wir nun die Parallelität der Wirkungen auf Zuschauer und Filmfigur betrachtet haben, ist es an der Zeit, einen Blick auf die Wirkungen zu werfen, die weniger durch situative und personelle Identifikation als durch kognitive Rezeptionselemente hervorgerufen werden.

Suspense, Überraschung und Neugier

Eine Filmszene in drei Variationen soll uns verdeutlichen, wann Suspense und wann die Überraschung am stärksten auf die Nerven des Zuschauers wirkt.

I.

Ein Mann geht eine belebte Einkaufsstraße entlang. Plötzlich peitschen Schüsse – Menschen schreien in Panik auf und laufen auseinander. Durch einen Streifschuß am Arm verletzt, flüchtet sich der Mann in eine U-Bahn-Station.

II.

Ein Mann geht durch die Nacht. Als er zu einer schmalen Gasse kommt, zögert er kurz, weiterzugehen. Die Gegend sieht heruntergekommen aus. Plötzlich ein Geräusch – nur eine Katze. Der Mann geht weiter, in die Gasse hinein. Da – wieder ein Geräusch. Der Mann dreht sich um, scheint etwas Erschreckendes zu sehen, denn nun läuft er schneller. Vom Gehen fällt er ins Rennen, an einer Häuserecke bleibt er dann stehen und schaut sich nach etwaigen Verfolgern um. Nichts. Er schaut wieder nach vorn – und direkt auf eine gräßliche Maske, ein Schrei, ein Messer sticht zu – der Mann sinkt zu Boden.

III.

Ein Mann geht eine belebte Einkaufsstraße entlang. Die Kamera fährt die Fassaden der Kaufhäuser ab, bleibt plötzlich bei einem Detail stehen: das Zielfernrohr eines Präzisionsgewehrs. Schnitt zum Schützen am Präzisionsgewehr. Er bekommt per Funk gerade eine Nachricht: »Zielperson hat Korridor erreicht!« Blick durch das Zielfernrohr des Schützen: Wir erkennen den Mann, der die Einkaufsstraße entlanggeht. Schnitt zurück zu »unserem« Mann. Er bleibt an einem Eisstand stehen und läßt sich zwei Kugeln Vanilleeiscreme geben.

Szene I. hat die eindeutigste Wirkung – sie wirkt gar nicht. Ohne jede Vorbereitung wird hier auf den Überraschungseffekt gesetzt. In den wenigen Sekunden vom ersten Schuß bis zur erfolgreichen Flucht des Helden dieser Szene sollen hier eine ganze Reihe an Emotionen mobilisiert werden – von Null auf Hundert in zehn Sekunden. Dieses Unternehmen dürfte kaum von Erfolg gekrönt sein; Filme die vorrangig dieser Variante von Thrill vertrauen, bleiben den meisten Zuschauern als »sinnlose Ballerei« im Gedächtnis.

Auch Szene II. vertraut auf den überraschenden Augenblick, da der Mann seinem Gegner ausgeliefert ist. Mit einem Unterschied – die Gefahr wird angekündigt. Durch die in der Szene skizzierten »Warnhinweise« – der Mann hat selbst Angst, der Schauplatz wirkt unheilverkündend – erhält der Zuschauer recht eindeutig die Information, daß seinem Helden hier etwas widerfahren wird. Der Zuschauer ist also schon sensibilisiert für das Kommende, gespannt in einer Weise, die ihn sensibel genug macht, ihm einen Schreck versetzen zu können.

Szene III. arbeitet hingegen mit Suspense. Der Zuschauer hat seinem Helden eine Information voraus. Der Held läuft ahnungslos in sein Verderben, der Zuschauer kann ihn nicht aufhalten – was also dann? Über die Beantwortung der Frage »Wie kann das Unvermeidliche doch noch aufgehalten werden?« läuft die Spannung von Suspenseszenen. Der Horrorfilm arbeitet überwiegend mit Überraschungen. Schon von der ersten Filmminute an weiß der Zuschauer, daß in jedem Augenblick Furchtbares geschehen kann, und ist entsprechend sensibilisiert. Dagegen kann man sich Horrorfilme mit Suspenseszenen nur schwer vorstellen, müßte dabei doch die Antagonistensicht miterzählt werden. Trotzdem gibt es auch hier Möglichkeiten, dem Zuschauer mehr Informationen als der Figur zu geben – beispielsweise: »Noch niemand, der dieses Haus betreten hat, ist lebend wieder herausgekommen.«

Auch wenn der Thriller durch die große Bedeutung des Antagonisten (auf die wir später in diesem Kapitel noch zu sprechen kommen werden) mehr mit Suspense arbeiten kann, gehört auch das überraschende Einbrechen des Schrecklichen zu seinem Repertoire. Diese Szenen befinden sich dann freilich in einem Kontext, der aus dem Horror stammt: »Hier irgendwo lauert das Böse, jeder Schritt weiter bringt dich tiefer in die Gefahr.«

Wendepunkte, Wendepunkte, Wendepunkte. Das dürfte wohl eine technische Grundregel für Horror und Thriller sein. Der Plot braucht nicht mehr als vielleicht drei Wendepunkte. Die Szenen brauchen um so mehr. Da kann und sollte in einer Szene von drei Seiten ein mehrfacher Wechsel von Spannung und Entspannung, von neuer Hoffnung, einer neuen Chance und deren neuerlicher Zerstörung stattfinden.

Weiterhin empfiehlt es sich, die Aufmerksamkeit des Zuschauers zu erregen, indem man ihm gezielt Informationen zuspielt, die er eben (noch) nicht deuten kann. Da kaufen die Gangster zweitausend Kerzen. Warum das? Rätselhaft. Dieses Rätsel muß man natürlich auflösen, kann aber diesen Prozeß gern durch den ganzen Film ziehen: Die Kerzen werden geschmolzen – aha, die Gangster brauchen das Wachs. Was die Gangster im weiteren mit dem Wachs vorhaben, sei der Phantasie des Lesers überlassen – wir wollen nur auf die emotionalen Effekte schauen, die hierbei erzielt werden. Zum einen natürlich Neugier, zum anderen aber auch eine Beunruhigung. Was immer die Antagonisten damit vorhaben – es ist gegen den Protagonisten gerichtet.

Die Beunruhigung des Zuschauers ist immer wieder Aufgabe des Films – ob nun Horror oder Thriller: Gesetze (ob nun soziale oder physische) gelten nicht mehr, man kann nicht mehr zwischen Gut und Böse unterscheiden, der Verbündete scheint zum Gegner überzulaufen, das Kräftegleichgewicht zwischen Gut und Böse ist massiv zuungunsten des Protagonisten gestört, Objekte, die ein merkwürdiges Eigenleben entwickeln. All das sind Beispiele dafür, wie Dinge sich so entwickeln, daß sie die besorgte Aufmerksamkeit des Zuschauers auf sich ziehen – ihn beunruhigen.

Die Welt funktioniert nicht wie erwartet. Im Politthriller äußert sich dies in einem ungläubigen: »Wir haben doch eine Polizei!«, »Wir haben doch eine Demokratie!«, »Es kann doch nicht sein, was hier passiert!« Der horrorgeprägte Thriller animiert zu einem: »Ich bin Bankkaufmann! Warum sollte gerade hinter mir ein irrer Serienmörder her sein! Dafür gibt es doch keinen Grund!« Im Horrorfilm selbst wird die Filmfigur auf Erkundung in einem verlassenen Schloß eher vermuten, daß die Instandhaltung zu teuer war, nicht aber, gleich von einer wandelnden Leiche angegriffen zu werden.

Diese Beunruhigungen, die der Zuschauer mit seiner Filmfigur erfährt, manifestieren sich als Störung des Vertrauens in die Gesetzmäßigkeiten der Welt. Der Protagonist ist gehalten, die Ursache dieser Störung zu ergründen und die Störung selbst zu beseitigen – auf daß sich der Zuschauer wieder zurücklehnen kann, voller Vertrauen in die Welt: Die Störung ist beseitigt, die Welt funktioniert wieder. Nach alldem, was der Protagonist in *Staatsfeind Nr. 1* durchlebt hat, nach der Ausschaltung sämtlicher demokratischer Regeln, stellt sich letztlich heraus, daß die Störung nur in einem stellvertretenden Direktor bestand – nach dessen Ausschaltung sich das Staatswesen wieder als funktionierend bestätigt.

Was geschieht mit dem Protagonisten während dieser Zeit? Ist er dramaturgisch für seine Aufgabe in irgendeiner Weise prädestiniert? Diese beiden Fragen wollen wir im folgenden Abschnitt untersuchen.

Das Opfer

»Wir Menschen schreiten im Leben voran, indem wir uns unseren Ängsten stellen. Sei es Höhenangst oder die Angst vor dem Fliegen. Jegliche Überwindung bringt einen ein großes Stück weiter in der eigenen Entwicklung. Horrorfilme sind eine Art Grundausbildung für die Psyche.«[28]

Cravens Aussage über den Protagonisten des Horrorfilms gilt uneingeschränkt auch für den Helden des Thrillers. Und bei aller Unterschiedlichkeit finden sich in den Protagonisten der Furcht-und-Angst-Genres weitere Gemeinsamkeiten, auf die wir hier eingehen wollen.

Wie im Melodrama, so hat auch der Protagonist des Thrillers eine Prädisposition für seine Rolle. Anders als im Melodrama hat der Schicksalsschlag, der ihn erwartet – nämlich als Opfer auserkoren zu werden –, nicht unbedingt etwas mit seinen Defekten zu tun. Jedoch werden die extremen Erfahrungen, die er machen wird, die Konfrontation mit dem eigenen Tod, ihn in die Lage versetzen, die ursprünglichen Schwächen in Stärken zu verwandeln.

Gerade an dieser Stelle wird das Schreiben eines aktuellen Thrillers gleichzeitig schwierig und interessant. Noch vor wenigen Jahren, als der Bedarf an TV-Thrillern größer als die Anzahl drehfertiger Bücher war, nahmen Produzenten und Sender dem Autor gern einen Thriller ab, wenn er denn vernünftig konstruiert war und wenigstens durch das Prinzip »Woman in Jeopardy« ein Mindestmaß an emotionaler Beteiligung versprach. Schwächen, die durch die meist weibliche Hauptfigur überwunden werden mußten, kamen aus dem Handbuch der Psychologie (Stichwort Phobien: Agoraphobie, Klaustrophobie etc.) oder waren von einer belehrenden Haltung des Autors gegenüber seiner Hauptfigur geprägt: Du sollst nicht übermäßig ehrgeizig sein. Du sollst nicht dein Privatleben vernachlässigen usw.

Heute ist es wesentlich schwieriger geworden, solche Stoffe zu verkaufen. Alles war schon mal da, jedes neue Buch hat etwas von einer Konfektionsware an sich: Der Thriller von der Stange. Neben der Problematik des Antagonisten, auf die wir im nächsten Abschnitt ausführlich eingehen werden, hat dies auch viel mit der Gestaltung des Protagonisten zu tun.

Ein Leben ist heute auf Bildschirm und Leinwand nicht mehr viel wert. Darum ist es für keinen Zuschauer eine Sensation, wenn ihm nahegebracht wird, daß »sein« Protagonist das Leben verlieren soll. Tod und Leben sind für den Zuschauer zunächst sehr abstrakte Begriffe. Das gegen den Antagonisten zu verteidigende Leben des Helden muß dem Zuschauer erst als bewahrenswert nahegebracht werden, bevor dieser überhaupt Emotionen wie Angst um den Helden entwickeln kann. Es geht also nicht nur darum, eine Konstruktion aus Bedroher und Bedrohtem herzustellen, sondern herauszuarbeiten, was den Bedrohten als einzigartigen Menschen ausmacht. Wie faßt sich das an, das Leben, das er verlieren soll? Ist er glücklich damit oder nicht? War er gerade unglücklich – und nun, wo er auf dem Weg der Besserung ist, soll er sein Leben verlieren? Ohne solche Fragen an seinen Helden wird der Autor des Thrillers immer Gefahr laufen, nur einen neuen Aufguß einer alten Geschichte zu konstruieren.

Der Held muß über sich hinauswachsen, wenn er den Antagonisten besiegen will. Hier kommen wir noch einmal auf die Parallele zum Melodrama zurück: Der »Schicksalsschlag«, der den Protagonisten ereilt, bewirkt eine Veränderung im Leben und im Wesen des Helden. Um mit dieser Bedrohung zurechtzukommen, muß er neue Fähigkeiten erwerben. Im Thriller tut er das im Schnelldurchlauf. Um überhaupt gegen seinen Feind antreten zu können, braucht der Held

- das Erkennen des Gegners:
  - dies ist die Phase, in der aus seiner Furcht Angst wird;
- Wissen um die Möglichkeiten, ihn zu besiegen:
  - das erarbeitet er sich, indem er psychisch nicht am Terror zerbricht, sondern dieser seinen Widerstand erst vollends mobilisiert;
- die Fähigkeit, dies auch zu tun:
  - was sowohl die äußeren Mittel umschreibt wie auch das »Über-sich-Hinauswachsen« des Helden.

Dies ist natürlich um so spannender, je stärker das Kräftegleichgewicht gestört ist. Die Konstellation Polizistin gegen Frauenmörder wird in der schnell gestrickten Massenware immer wieder gern benutzt, hat jedoch schon eine Schwäche in sich: Der Mörder ist eine einzelne Person und hat gegen sich einen ganzen Polizeiapparat. Es ist nicht sonderlich schwer abzuschätzen, wer diesen Kampf gewinnt. Spannender (wenn auch natürlich schwerer herzustellen) ist die Konstellation des einsamen Helden gegen die Übermacht; alle wirkungsvollen Thriller nutzen diesen Ausdruck der anfänglichen Ohnmacht des Helden. In Filmen wie *Auf der Flucht* oder *Staatsfeind Nr. 1*, in denen der Protagonist mit Justiz und Geheimdienst de facto den gesamten Staat gegen sich hat, kennt der Zuschauer beide Seiten des Konflikts und weiß darum: Diese Aufgabe ist für den Helden eigentlich nicht zu bewältigen. Diesen Gedanken denkt der Zuschauer doppelt:

- heldenbezogen, indem er aus der Sicht des Protagonisten die Aufgabe als unlösbar empfindet, und
- dramaturgisch, als Betrachter eines Films, dessen gespannte Erwartung darauf gerichtet ist, was wohl dem Drehbuchautor einfallen wird, um plausibel zu erklären, wie der Held das Unmögliche doch schafft.

Deshalb ist der Autor eines Thrillers immer gut beraten, wenn er alles tut, um seinen Helden von Anfang an in eine unterlegene Situation zu bringen und ihn zu isolieren. »Nicht anders als im wachen Leben steht dem Schläfer auch im Alptraum kein Bündnispartner zur Seite.«[29]

Hat der Autor die drei wichtigsten Aufgaben zur Gestaltung des Protagonisten bewältigt, nämlich

- die sinnliche Darstellung des zu Verteidigenden,
- die Entwicklung des Helden hin zu jemandem, der über sich hinauswächst, und
- die Konstruktion eines möglichst großen Kräfteungleichgewichts zuungunsten des Protagonisten,

ist schon einiges für ein gutes Drehbuch getan. Die wirklich reizvolle Aufgabe aber ist noch nicht begonnen.

Patricia Highsmith formuliert das vielleicht wichtigste Geheimnis beim Schreiben von wirkungsvollen Thrillern und auch Horrorfilmen:

»... ich mag Verbrecher und finde sie außerordentlich interessant, wenn es sich nicht gerade um banale und dummbrutale Täter handelt.«[30]

Viele Thriller werden nach folgendem Rezept entworfen: Erst erfindet man eine Serie von grauenhaften Taten, begangen von einem mehr oder minder gesichtslosen Monster. Dann folgt die Hauptfigur und im nächsten Schritt die Konstruktion, wie denn die Hauptfigur in das Zentrum der Täter-Aufmerksamkeit gerückt werden könnte. Letzter Schritt ist dann die Auflösung – wie wird der Täter zur Strecke gebracht? Und am Ende fällt uns ein: Ja, ein Motiv braucht der

Killer ja auch noch ... Schlimme Kindheit, überdominante Mutter ... Und am Ende sehen alle Thriller gleich aus. Dies kommt dabei heraus, wenn sich der Autor mit dem Antagonisten zuletzt beschäftigt, ihm sein Motiv und seine Psyche im nachhinein »aufklebt«. Damit kann der Antagonist nur schwer ein glaubwürdiges und überzeugendes Bedrohungspotential entwickeln.

Der Antagonist

Der Antagonist ist im Horrorfilm wie im Thriller der Täter, dessen Ziel die Zerstörung von einem, auch mehreren Menschenleben ist. Manchmal kann es auch ein ganzer Erdteil sein. Während es andere Genres zulassen, die Motivation des Antagonisten mit einem Satz abzuhandeln (»Er will seine Tochter nicht an X verheiraten, weil ihm Y die bessere Partie zu sein scheint.«), bedarf es in den hier behandelten Genres tieferer Begründungen für sein Tun.

Was ist die Triebkraft oder Motivation des Antagonisten? Was ist sein Ziel, und wie will er es erreichen? Nicht nur, daß in der Beantwortung dieser Fragen für den Protagonisten der Schlüssel zur Überwindung seines Gegners liegt. Diese Informationen sind auch dringend nötiges Basiswissen für den Zuschauer. Im Sinne der Suspense sollte der Zuschauer über diese Fragen besser informiert sein als der Protagonist. Nur dann hat er Vorstellungen über die Folgen der Handlungen des Protagonisten oder eines anderen potentiellen Opfers. Nur dann kann er sich überhaupt Gedanken über das mögliche nächste Opfer machen und entsprechende Emotionen in sich wachrufen.

Der als Thriller verpackte Kriminalfilm *Copykill* löst diese Aufgabe in denkbar einfacher Weise: Der Killer fängt sein nächstes Opfer zuvor mit der Videokamera ein. Weder die ihn suchende Polizei noch das Opfer – wohl aber der Zuschauer können nun das weitere Geschehen vorausahnen.

Die Motivationen der Antagonisten lassen sich grob unterteilen in ideelle und materielle. Die Triebkraft aber ist immer dieselbe: die Erfüllung eines Auftrags. Diesen Auftrag kann ihm ein anderer gegeben haben, er kann ihn sich aber auch selbst erteilt haben. Ein Auftrag weckt ungeheure Fähigkeiten im Antagonisten, während diffuser, wirrer Haß den Täter schwach und anfällig für Fehler macht. Täter, die wirr im Sinne von unvernünftig und planlos handeln, beschädigen den Film gleich in zweierlei Hinsicht: Sie stellen zum einen keinen ebenbürtigen Gegner des Protagonisten mehr dar, und sie schließen den Zuschauer vom Verstehen seiner Handlungen aus. Nur der mitwissende Zuschauer kommt aber in den Genuß von Suspense. »Er oder ich!« – so heißt es bei Killer und Opfer. Im Spannungsfeld dazwischen bewegt sich der Zuschauer.

Zwangsläufig kommen wir hier zum Problem des offen und verdeckt erzählten Thrillers. Die Verwechslung von Krimi und Thriller in den aktuellen Produktionen bezieht sich nicht nur darauf, daß Autoren oft meinen, es reiche, den Helden des Geschehens im Showdown einmal kräftig in Lebensgefahr geraten zu lassen. Die andere Frage an das Genre muß lauten: Wie viel *Whodunit* darf es sein?

Eine Möglichkeit, sowohl *Whodunit* als auch Suspense in einem Thriller zu vereinen, ist es, eine Ersatzfigur des Gegners zu etablieren, die dann nicht der eigentliche Antagonist ist, sondern nur als sein Werkzeug fungiert. Nur in dieser Erzählweise erlaubt es der Thriller, den Antagonisten verdeckt zu halten. Viele James-Bond-Filme lassen den Agenten Ihrer Majestät lange mit subalternen Schurken und Killern kämpfen, bevor er endlich in die Höhle des Löwen kommt.

Im Thriller ist das Verhältnis des Antagonisten zum Töten unbedingt zu klären. Seine Motive reichen von Vernunft über Lust bis hin zur Verzweiflung.

Das Töten aus Vernunft, aus Interessen, die politisch und materiell bedingt sein können – die entsprechenden Subgenres heißen dann auch eben Polit- oder Wirtschaftsthriller – schafft einen sehr eigenen, fast faszinierenden Tätertypus. Intelligent, berechnend und kühl. Keine Emotionen können die Effizienz seines Tötungsplans negativ beeinflussen. Oft stehen ihm Mittel zur Verfügung (Polizeiapparat, Bestechungsgelder, mächtige Verbündete), die die Lage des Helden von vornherein als aussichtslos erscheinen lassen. Niemand mordet gern, das Töten ist eher ein unangenehmer, aber eben unvermeidlicher Akt. Höchstens subalterne Figuren sind es, die als Handlanger des Antagonisten manchmal eine sadistische Lust an der auftragsgemäßen Beseitigung eines Menschen verspüren – womit Horror (als Wirkung!) feindosiert in die antagonistischen Kräfte implantiert wird.

Die ideellen Gründe zu töten reichen von Lust über Verzweiflung bis zur übersteigerten Rache. Aus dieser weiten Palette von Motivationen kristallisiert sich aber immer wieder ein Ergebnis heraus: der Auftrag. Dieser kann ein fremder Auftrag oder ein selbstgestellter Auftrag sein. Die Anlässe für den Mordauftrag können politischer, wirtschaftlicher oder anderer Natur sein. Die Motive jedoch unterscheiden sich deutlich. Beim Fremdauftrag wird ein Job erfüllt – mehr nicht. Aber der Selbstauftrag bedarf eines besonderen Motivs, einer besonderen emotionalen Triebfeder. Der Täter muß sein Opfer hassen.

Eines ist all diesen Gründen gemeinsam. Sie basieren auf einer Wahrnehmungsverschiebung des Täters, die ihn zu der Auffassung bringt, das Töten von Menschen sei für ihn die adäquate Problemlösung. So weit, so gut. Problematisch werden die geistig gestörten Täter, wenn auf die Frage »Warum macht der das alles?« die saloppe Antwort folgt: »Das ist eben ein Psychopath!« Abgesehen davon, daß Psychiater nur ungläubig den Kopf darüber schütteln, was der Film alles mit dem Begriff »Psychopath« abdeckt – eine solche Antwort nimmt dem Film das, was ihm Klasse gibt: die Faszination des Bösen. Wir wollen nur kurz an *Das Schweigen der Lämmer* erinnern. Der Film blieb nicht deshalb im Gedächtnis, weil ein Serienmörder Frauen die Haut abzog. Er wirkt durch die Figur des Hannibal Lecter, durch die eisig-faszinierende Logik des Bösen, grandios dargestellt durch Anthony Hopkins.

Um überhaupt beim Zuschauer zu einer beängstigend faszinierenden Eindringlichkeit zu kommen, muß das Drehbuch dem Bösen eine Chance geben. Der Antagonist muß beim Zuschauer um Verständnis werben können. Denn auch für ihn geht es um Sein oder Nichtsein. Er will schließlich auch nicht sterben. In seiner Logik ist die geplante Tat begründet und nachvollziehbar, ja berechtigt im Sinne von: Er nimmt sich das Recht, das ihm die Gesellschaft nicht zugesteht. Je mehr der Antagonist versucht, den Zuschauer wenigstens streckenweise zu seinem Verbündeten zu machen, desto mehr wird der Zuschauer auch zu jener »Totalität des Erlebens« kommen, die ihm das bietet, was er erwartet hat:

»Wenn man einen Horrorroman zur Hand nimmt oder in Erwartung eines entsprechenden Films in den Kinosessel sinkt, ähnelt man damit in vielem dem Besucher einer Geisterbahn: Man sucht aktiv eine Situation auf, die dadurch gekennzeichnet ist, daß sie erschreckt; man bezahlt sogar dafür, daß man die Lust dieses Schreckens genießen darf; man weiß ungefähr, was einem bevorsteht, aber es bleibt genug Unbekanntes, das Überraschungen birgt; man ist sicher, daß die Bedrohungen, die einen erwarten, nicht wirklich gefährlich sein werden; man darf davon ausgehen, daß diese Folge von Schrecken ein absehbares Ende haben wird, und man tritt danach in die gewohnte Welt hinaus und blickt auf eine andere mit überwiegend positiven Gefühlen zurück.«[31]

Und ein letzter Nachsatz: Das alles funktioniert nicht, wenn man seinen Antagonisten bis zum Schluß versteckt, um dem Zuschauer am Ende mit einer grandiosen Ermittlung und einem überraschenden Täter zu verblüffen. Der Zuschauer will nicht verblüfft werden, er will sich ängstigen. Macht man einen Thriller zum *Whodunit*, hat man dem Zuschauer im besten Falle ein Kunstwerk der Kriminalistik geliefert – ihm aber den erwarteten Genuß vorenthalten.

20

Dramaturgie der Angst

Wenn wir in der Einleitung mit Edgar Allan Poe festgestellt haben, daß die Aufgabe des Autors darin besteht, zunächst an den beabsichtigten Effekt – in unserem Falle also »Fürchten machen« – zu denken und dann im zweiten Schritt Geschichten zu erfinden, »die der Erzielung des ihm vorschwebenden Effectes am besten dienlich sein mögen«, dann müssen auch hier vor der Story Überlegungen zu den Ursachen von Angst stehen.

Die Stoffwahl

Die Stoffe, mit denen Furcht verbreitet werden kann, finden sich in den Ängsten, die die Zuschauer auch ohne den Film bereits in sich tragen. Grob unterteilt – und für die filmischen Zwecke vereinfacht – gibt es verschiedene Grundängste, aus denen Thriller, Horror und Fantasy ihre Stoffe gewinnen können. Das sind

- die Angst um das Leben,
- die Angst vor dem Tod,
- die Angst vor einer entfremdeten Welt,
- die Angst vor anderen und
- die Existenzangst.

Die Angst um das Leben ist die vor Verlust. Hier findet vor allem der Thriller seine Stoffe. Die Freiheit, die Familie, seinen Besitz – all das kann man verlieren, weil eine unbekannte Kraft danach verlangt.

Die Angst vor dem Tod ist einerseits die vor dem Prozeß des Sterbens (schier unendlich verlängert durch den Terror im Horrorfilm) und die vor dem, was uns nach dem Tod erwartet. Hieraus bezieht die Mystery ihre Stoffe.

Die Angst vor der entfremdeten Welt beruht auf der Entfremdung des Menschen von der Natur und der des Menschen von der nicht mehr kontrollier- und überschaubaren Technik. Im Spannungsfeld zwischen Mensch und Natur findet sich Horror mit mutierten Ameisen, Vögeln u. a., in jenem zwischen Mensch und Technik treiben Computer, Flugzeuge, Strahlen und Elektrosmog ihr Unwesen.

Das Unbekannte macht den Menschen fürchten, nicht das Verständliche und Begreifbare. So sind es die unbekannten Sünden der Vergangenheit sowie die gegenwärtigen Sünden, in die Zukunft verlängert, die wieder auf den Menschen zurückfallen, und deren Sühne das schreckliche Geschehen bildet.

Diese Ängste bieten sich als Themenlieferant an, hier gibt es die Möglichkeit, den Zuschauer von Anfang an in eine Grundstimmung zu versetzen, die ihn aufnahmebereit für das nun folgende Spiel mit seinen Emotionen macht.

Die Ängste, aus denen Horror und Fantasy ihre Stoffe gewinnen, stammen aus den schnell übersprungenen Morasten des Zivilisationsprozesses, sind verdrängt, aber immer präsent. Daher geben sie auch dem Thriller, der sich weniger der Deduktion als der Angst-Lust verschrieben hat, die Nahrung für seine Geschichten. Die folgende Einschätzung zur aktuellen Horrorgeschichte bezieht sich deshalb auch auf die anderen Genres, die wir in diesem Kapitel untersuchen:

»Die Aufgabe des Autors von modernen Horrorgeschichten ist folgende: die Risse in der scheinbar so festen und glatten Fassade unserer Wirklichkeit aufzuzeigen, wobei eine zeitkritische Einstellung des Autors durchaus zum Vorschein kommen könnte, wenn auch nicht so stark, daß das Erzählerische darunter leidet. Die Doppelbödigkeit und Sinnlosigkeit unseres manipulierten Daseins, die Entfremdung von der Natur, die Dämonie der Großstadt, die Gefährdung durch die Drogen, die wachsende Aggressivität und Brutalität usw. sind Schlagwörter der heutigen Zeit, die sich zur Darstellung moderner Gruselgeschichten eignen.«[32]

Auch in der folgenden Darstellung der signifikantesten Eckpunkte einer Angst-Dramaturgie wollen wir das Hauptaugenmerk weniger auf den »großen Bogen« einer Filmerzählung als vielmehr auf die Hervorrufung von Wirkungen wie Grusel, Schauder und Beunruhigung lenken.

Die Exposition

Der Zuschauer hat – und dies ganz explizit beim Horrorfilm – eine bestimmte Erwartungshaltung bezüglich des auf ihn zukommenden ästhetischen Ereignisses. Beginnend mit den ersten Bildern, erwartet er, in eine unruhig-gespannte Stimmung versetzt zu werden, die ihn »anfällig« macht für die Schrecken, die ihm bevorstehen.

Eine solche Szene eröffnet den Horrorfilm *Scream*: KATHY, allein im einsam gelegenen Haus der Eltern, wird von einem Unbekannten angerufen. Zwei Anrufe sind noch amüsant. Der dritte wirkt schon bedrohlich. »Weil ich wissen will, wem ich da zuschaue«, antwortet der Unbekannte auf eine Frage KATHYS. Aber es gibt kein Entrinnen. Draußen nur Dunkelheit und Nebel. Der vierte Anruf wird aggressiv. Der fünfte Anruf ist Drohung: »Ich will sehen, wie du von innen aussiehst.« Die einzige Hoffnung, KATHYS Freund STEVE, ist bereits gefesselt und stirbt vor ihren Augen.

Auch wenn es hier den ersten Toten geben mag – die Exposition schildert zunächst die *Vorbereitung* eines furchteinflößenden Geschehnisses. Die erste grauenvolle Tat ist nur der Anfang, nur der erste Schritt für den wirklichen »Hammer«, der sich hier noch undeutlich, aber doch in seiner Gefährlichkeit abzeichnet. Der Antagonist holt zum Schlag aus.

Der Zuschauer sieht das Opfer und kann abschätzen, welche Wirkung der Schlag auf das Opfer haben wird. Beunruhigend, diese Vorstellung.

In einer offenen Erzählweise ist es wichtig, frühzeitig die Verhaltensmuster des Antagonisten einzuführen. Wird schon in der Eröffnung gezeigt, daß der geistesgestörte Serienmörder immer dann den Mordauftrag von einer inneren Stimme erhält, wenn er ein rotes Kleid sieht, ist damit ein Suspensefaktor geschaffen, der sich durch den ganzen Film zieht. Und natürlich wird einige Bilder später auch die Protagonistin ein rotes Kleid anziehen ...

Wir haben erwähnt, wie unabdingbar es ist, mit dem Protagonisten das zu verteidigende emotionale Gut zu etablieren. In *Staatsfeind Nr. 1* geschieht dies zum Beispiel in einer komisch-rührenden Szene: Der Protagonist hat sich dafür entschieden, seiner Frau Dessous zu schenken. Beim Kauf der Wäsche stellt er sich ungeschickt an und ist verlegen. Das Sympathische daran ist der Umstand, daß er bereit ist, sich in eine ihm peinliche Situation zu begeben, um seiner Frau zu Weihnachten eine Freude zu machen. In dieser Szene nun bekommt er das verhängnisvolle Videomaterial zugesteckt, dessen Besitz sein gesamtes Leben verändern wird.

Das Alltägliche und das Außergewöhnliche prallen in der Exposition aufeinander. Der Anstoß des Thrillers, des Horror- wie auch des Fantasyfilms ist der Punkt, an dem das Unkontrollierbare, das Bösartige über die Alltäglichkeit hereinbricht und die Betroffenen in Unruhe versetzt.

- Der Held sieht nach Jahren einen guten Freund wieder und will ihn zu sich nach Hause einladen. Der erzählt aber nicht von Frau und Kindern, sondern kann nur noch panisch »Ich bin in ein ganz böses Ding reingeraten ...« sagen, bevor er vor den Augen des Helden erschossen wird.
- Während der Cateringservice noch für den großen Festsaal eindeckt, sehen wir, daß sich die ersten der plötzlich massenhaften Skorpione schon im Menü verkrochen haben und der Koch an den ersten Stichen verstirbt.

- Aladin reibt an der Lampe, um sie blankzuputzen – und ein Geist erscheint.

Eine Gegenkraft wurde – meist unbewußt – herausgefordert, der Zuschauer fragt sich, was die Konsequenz dessen ist.

Eine andere Ahnung von kommendem Unheil, das den Zuschauer in Aufregung versetzt, vermittelt

Der Tabubruch

in der Exposition. Der sieht natürlich in allen hier behandelten Gruselgenres verschieden aus. Einen buchstäblichen Tabubruch können wir im Horror- und Fantasyfilm finden: »Man spottet nicht über diesen Mann!« »Man geht nicht allein über diesen Friedhof!« In dem Moment, da eine Figur mehr oder minder offen dieses Tabu ausspricht, kann sich der Zuschauer sicher sein, daß eine andere Figur das Tabu bricht und damit Unheil auf sich zieht. Das Verbotene zu tun reizt die Figur – und eben auch den Zuschauer, der ja gern sehen möchte, wie die Strafe für die Respektlosigkeit aussieht. Ein vergleichbarer Suspenseaufbau findet sich im Thriller, in dem die Funktion des Tabus durch Gesetze und Regeln des modernen Lebens ersetzt wird: Man soll sich davor hüten, diesen politischen oder wirtschaftlichen Interessen in die Quere zu kommen. Man soll nicht aus einer Gemeinschaft aussteigen – sei es nun die Mafia oder der Geheimdienst. Der Antagonist stellt seine eigenen Regeln auf. Den Verstoß gegen sie bestraft er mit dem Tode.

Fantasy- und Horrorfilm bedienen sich dabei gern aus dem kulturellen Fundus der tabuisierten Gegenstände. Natürlich kann man einen Nagel in ein Stück Holz schlagen. Aber in ein Heiligenbild? Das geht nicht gut. Zeitungspapier und alte Zigarettenschachteln kann man in ein offenes Feuer werfen. Aber ein Kruzifix? Und wenn der Held eines Fantasyfilms, weil er seinen Freunden beweisen will, daß diese Rezeptur aus dem alten Buch reiner Aberglaube ist, Blut auf eine Bibel tropft, dann kann das nicht gut enden.

Allen drei Genres – Fantasy, Horror und Thriller – ist bei aller Unterschiedlichkeit eines gemeinsam. Die Helden des Films brechen in der Exposition ein Tabu mit der Folge, daß ein Bann über sie gelegt wird. Hauptziel des Protagonisten ist es damit, den Bann zu brechen. Die Tatsache, daß ein Bann über sie gelegt wurde, erzeugt zunächst Furcht. Die Furcht verdichtet sich zu Angst, wenn der Held seinen Gegner erkennt. Zu bewältigen ist die Angst nur, wenn man den Bann löst. Während die Fantasystory dabei noch mit einem Gegenbann, mit einer Lösungsformel operieren kann, braucht es im Thriller dazu die Bewährung des Helden; der Horrorfilm bedient sich bei beiden Lösungsmöglichkeiten.

Exposition heißt in allen diesen Filmen: Wer wird warum gegen den Helden im Bewegung gesetzt? Diese Frage muß nicht unbedingt in der Exposition beantwortet werden. Aber ab hier muß die Geschichte dem Zuschauer immer wieder neue Spuren legen, ihm immer wieder neue Ansätze geben, mit dem Erkennen dessen, »was da läuft«, den Bann über dem Protagonisten lösen zu können.

Verschiedene Welten

treffen in den hier betrachteten Filmen aufeinander. Die Vergangenheit holt die Gegenwart ein, der Held tritt von der realen in die phantastische Welt ein. Gerade der phantastische Film, seit *Akte X* meist auf Mystery reduziert, behauptet, die phantastische Welt sei nicht von unserer Realwelt abgegrenzt, sondern Teil von ihr, in ihr verborgen. Der Zuschauer habe nur noch nicht wahrgenommen, die Realität sei nur eine dünne Schicht über der phantastischen Welt. Man braucht nur ein wenig daran zu kratzen, und die Welt der Mystery tut sich auf. Und entgegen dem Thriller und vielen Horrorfilmen läßt die Mystery den Zuschauer in der unwirklichen Welt zurück – die Legende von der rational faßbaren Realität ist unwiederbringlich vorbei.

Alle Typen des Gruselfilms spielen auf der Ebene der Furcht vor fremden, unbekannten Welten, deren Gesetze man nicht kennt und erst mühsam begreifen muß. Warum will dieser Mann mich töten? Wie können Menschen durch Nebelschwaden sterben? Warum kann ein Mann ohne Kopf reiten?

Im Fantasy- / Mysteryfilm kann man diese Fragen nicht bis ins letzte beantworten. Der Held kann nur versuchen, sich bestmöglichst den Gegebenheiten anzupassen, um verschont zu werden, um zu entkommen. Die Vergangenheit durchbricht die Gegenwart, das Furchterregende drängt von außen in die rationale Welt des Helden. Anders im Horrorfilm. Hier geht der Held zum Furchterregenden hin und betritt die Welt des Irrationalen. Während es in den beiden Fällen Fantasy und Horror um den Kampf zweier Welten – der irrationalen und der rationalen – auf Leben und Tod geht, bleibt der Thriller im Hier und Jetzt, in der Realität. Das Irreale spielt sich im Kopf des Antagonisten ab, und der Held ist gut beraten, die Gesetzmäßigkeiten dieser Irrationalität zu erkennen. Dieses Bemühen prägt den gesamten

Mittelteil

des Films und berührt einen neuralgischen Punkt, der vor allem für den scheinbar so einfach zu konstruierenden Thriller problematisch ist.

In der Exposition des Thrillers muß der Protagonist etwas tun, wodurch er in eine tödliche Gefahr gerät. Tut er dies bewußt, kommt er in die Nähe des tragischen Helden. Dem Genre gemäßer ist ganz sicherlich das unbewußte Auf-sich-Ziehen der Gefahr. Für den Zuschauer ist ein so gebauter Film spannender, sichert er doch von Anfang an einen Suspenseeffekt.

Die Problematik beginnt in dem Moment, da der Antagonist den Protagonisten als seinen Gegner respektive sein notwendiges Opfer erkennt. Wenn dem Killer klar wird, wen er letztlich töten will – und das ist bereits in der Exposition! –, dann muß er es ja nur noch tun. Aber der Film soll noch mindestens eine Stunde dauern. Was folgt nun also? Flucht, Entdeckung, neue Flucht? Dies ist das Prinzip des Horrorfilms, hier ist es auch berechtigt, geht es ja tatsächlich weniger um die Geschichte als um die emotionalen Schockeffekte. Und da ist jede Entdeckung nach einer Flucht eine neue Gelegenheit für Terror. Aber der Thriller gerät an dieser Stelle in die Gefahr, langweilig und konstruiert zu werden. Irgendwann ist der Zuschauer enttäuscht vom Antagonisten: Das verkörperte Böse muß sich schon sehr ungeschickt anstellen, wenn es ihm immer wieder mißlingt, das potentielle Opfer zu erledigen.

Doch in der Mitte der Geschichte geschieht eine große Wendung. Der Gejagte wird selbst zum Jäger. Wem gelingt es nun, seinen Gegner die passive Rolle aufzudrängen? Der Protagonist hat hier unter ständiger Bedrohung wichtige Aufgaben zu meistern. Er muß die Wege, den Gegner zu besiegen, erkennen, und er muß sich die dementsprechenden Fähigkeiten aneignen.

Eine alternative oder verstärkende Möglichkeit ist es, den Zugriff des Gegners auf den Protagonisten unter einen Vorbehalt zu setzen. Der Politthriller *Staatsfeind Nr. 1* tut dies auf eher weniger plausible Art, die aber verallgemeinert einen Lösungsansatz bietet. Der Antagonist ist sich nicht sicher, ob es denn wirklich der Held des Films ist, der sein Gegner ist. Hat er das belastende Material oder nicht? Daraus ergibt sich für den Zuschauer als Suspense: Wer gelangt als erster an das Wissen, daß der jeweils andere der Gegner ist?

Abstrahiert heißt dies: Die Möglichkeit für den Antagonisten, sich des Filmhelden für immer zu entledigen, muß an eine zweite Bedingung geknüpft sein. Erst wenn die Person das Material hat, kann sie beseitigt werden. Erst wenn sicher ist, wem die Information weitergegeben wurde, kann der Mitwisser aus dem Weg geräumt werden. Der Varianten gibt es viele; als konkreteres Beispiel wollen wir hier eine entwickeln:

Ein Privatdetektiv wird von einer geheimen Behörde beauftragt, eine im Ausland abgetauchte Journalistin zu finden. Der Zuschauer hat an dieser Stelle schon erfahren, daß die Journalistin über Wissen verfügt, das einen Politskandal hervorrufen und die Leiter der Behörde wahrscheinlich ins Gefängnis bringen würde.

Durch einige spezielle Erfahrungen und Fähigkeiten, die wir hier der Phantasie des Lesers überlassen wollen, ist der Protagonist für diese Aufgabe besonders geeignet. Der Detektiv hatte bei seinem letzten Auftrag einigen Ärger mit der Organisierten Kriminalität – und jene Behörde sorgte dafür, daß die Mafia eine gefährliche Bedrohung für ihn wurde, indem sie die Beteiligung des Detektivs an der letzten erfolgreichen Aktion gegen die Mafia offenbarte. Der Privatermittler ist nun also zu gern bereit, für eine Weile im Ausland zu arbeiten. Was er nicht weiß: Mafia und Behörde haben ein Komplott geschmiedet: Sobald der Detektiv die Journalistin gefunden hat, gibt die Behörde der Mafia ihren Aufenthaltsort preis. Die kann sich am Detektiv rächen und wird als Gegenleistung die Journalistin umbringen, so daß sich die Behörde nicht die Finger schmutzig machen muß.

Neben der Duplizität der Gegner – hier kann man variieren, indem man die Behörde als Drahtzieher tatsächlich erst im 3. Akt entlarvt und die Mafia als physischen Antagonisten aufbaut, hat diese Konstruktion den Vorteil, daß erst eine Bedingung erfüllt sein muß, bevor der Protagonist buchstäblich zum Abschuß freigegeben ist. Hier hat der Held mehrere Teilaufgaben zu lösen, bis er unbewußt jenen Punkt überschreitet, an dem er vom Werkzeug zum unbequemen Mitwisser und zu einer zu opfernden Spielfigur wird. Jetzt wird für ihn die Zeit knapp. So schnell wie möglich muß er – um bei unserem Bild vom zu brechenden Bann zu bleiben – herausfinden, daß er mit einem Bann belegt ist, wer dies tat und wie er zu brechen ist. Jede einzelne dieser Erkenntnis-Etappen bildet eine ganze Szenenfolge, die in unserem Beispiel die zweite Hälfte des Mittelteils füllt.

Das Ende

Im Wendepunkt vom zweiten zum dritten Akt findet der Protagonist das Mittel, den über ihn verhängten Bann zu brechen, im dritten Akt kann er dieses Mittel benutzen. Nun läuft das Ende in Gefahr, zu einem bloßen Showdown zu verkommen und mithin vorhersehbar zu sein. Hier helfen meist auch keine kleinen Überraschungen mehr. Was den Zuschauer jetzt noch an Unerwartetem in Atem halten kann, sind keine technischen Spielereien und keine Stunts, sondern hat seine Wurzeln in der Persönlichkeit des Protagonisten. Ist die in der Anlage zu flach geraten, ist hier freilich kaum noch etwas zu holen. Hier einige Beispiele für Situationen, die die Lage des Protagonisten am Ende noch einmal entscheidend verändern können:

- Der Protagonist sieht sich plötzlich vor die Entscheidung gestellt, womöglich das eigene Leben opfern zu müssen, um das Leben anderer zu erhalten.
- Eben noch mit anderen verbündet, ist der Protagonist plötzlich allein und sieht sich so seinem wieder übermächtigen Gegner ausgeliefert.
- Der Protagonist steht seinem Gegner womöglich erstmals von Angesicht zu Angesicht gegenüber. Ein Augenblick der Faszination, der sich gegen den Helden wenden kann.
- Die Schlußszenen sind für den Helden der Augenblick der endgültigen Bewährung. Nun muß er sich entscheiden, die letzte Tür zu öffnen, die ihn womöglich zu einem anderen Menschen machen wird – zu einem Menschen, den er selbst noch nicht kennt und nicht einschätzen kann.
- Die wohl schwierigste Variante ist, den Druck auf den Helden so zu erhöhen, daß sein psychisches Zerbrechen wahrscheinlicher wird als der Erfolg.

Letztlich haben alle diese Mittel nur ein Ziel: den Streß, dem sich der Zuschauer beim Betrachten eines schrecklich-spannenden Films aussetzt, bis zur letzten Sekunde aufrechtzuerhalten. Der tiefere Rezeptionsaspekt neben dem Spaß ist dabei das Bedürfnis, seine emotionalen (Horror und Thriller) wie auch intellektuellen (Fantasy und Horror) Grundfesten erschüttern zu lassen, um sie danach wiederherstellen zu können. Die Filme stellen glaubhaft dar, daß alles, woran der Zuschauer glaubt, sich jederzeit nach Gesetzen, die für ihn nicht mehr nachvollziehbar sind, auflösen kann. Er sehnt sich dem Ende entgegen – jenem Augenblick, da die Gesetzmäßigkeiten wieder stimmen.

Beim Betrachten der Gruselfilme macht der Zuschauer eine Probe auf seine emotionale und rationale Widerstandsfähigkeit, prüft spielerisch sein Verhalten in Extremsituationen – eine Art ästhetischer Selbsterfahrungstrip.

21

Scream

Die »Reinheit des Genres« ist kein absoluter Wert. Natürlich sind Genres dazu da, mit ihnen zu spielen. Daß man sich dabei auch *ver*spielen kann, zeigt der als Horrorfilm avisierte Spielfilm *Scream*.

Mittlerweile ist *Scream* zu einer »Trilogie« angewachsen, was nicht geschehen wäre, wenn der erste Teil bei seinem Publikum keinen Erfolg gehabt hätte. Erfolgreich war das Werk, aber nicht als Horrorfilm – so unsere Behauptung.

Der Inhalt läßt sich in wenigen Sätzen wiedergeben:

In einer amerikanischen Kleinstadt sucht ein Killer seine Opfer im Umkreis der örtlichen High School. Vor allem Mädchen verängstigt er erst, um sie dann auf brutale Weise umzubringen. Sein Interesse scheint sich auf die Halbwaise SIDNEY zu konzentrieren, deren Mutter vor einem Jahr ermordet wurde. Die Polizei verhängt eine Ausgangssperre. Die Schüler der High School wollen die freie Zeit, die sich ihnen mit der Schließung der Schule bietet, für eine große Party nutzen. Auf dieser Party kommt es zum finalen Gemetzel. SIDNEYS Freund stellt sich als einer der beiden Täter und als Mörder ihrer Mutter heraus.

Ist dieser Film gruselig? Ist er spannend? Intelligent oder witzig? Von allem ein wenig, aber eben nichts wirklich. Durch dieses Dahintreiben zwischen Krimi, Horror und Parodie kann *Scream* in keinem der drei Genres seine volle Wirkung entfalten. Entweder man gruselt sich, oder man lacht. Entweder man geht als Zuschauer im Kopf die möglichen Verdächtigen durch, oder man sitzt gebannt, ja paralysiert vor den erschreckenden Bildern. Die Notwendigkeit der Horroreffekte reibt sich an dem Primat der Logik im Kriminalfilm.

Scream *als Parodie*

Die Handlung von *Scream* ist so, wie im Drehbuch beschrieben, nicht möglich ohne die Existenz anderer Horrorfilme, was eine recht einzigartige Prämisse eines Plots darstellt. Der Film zitiert andere Originale so direkt, so wenig versteckt, daß durch die große Quantität der Zitate der Film eine eigene Qualität bekommt, die ihn wiederum von den Originalen unterscheidet. Die parodistischen Wirkungen von *Scream* setzen eine breite Genrekenntnis des Zuschauers voraus.

Scream *als Horrorfilm*

Der Opener ist so, wie es sich für einen Horrorfilm gehört. Das Mädchen KATHY bekommt mehrere Anrufe nacheinander, die sich in ihrer Bedrohlichkeit steigern und mit der Botschaft »Ich will sehen, wie du von innen aussiehst« ihren schrecklichen Höhepunkt finden. KATHY gerät in Panik.

Realistisch gesehen, ist die Todesangst des Mädchens in dieser Situation stark übertrieben. Die Beunruhigung des Zuschauers soll ständig neu angeregt werden – dies ist eine Grundessenz des Horrorfilms. Alle Figuren reagieren etwas schreckhafter als normale Menschen. SIDNEY erfährt einen furchtbaren Schreck, der sich dann als Scherz ihres Freundes herausstellt. Seinen Zweck hat diese Minisequenz damit erfüllt – der Zuschauer ist mit erschrocken.

Richtig ernst mit der Bedrohung macht der Film aber erst mit Beginn der Party, während die Szenen in der Stadt eher spielerisch zwischen Krimi und Parodie pendeln. Während der Party wird dem Zuschauer, sukzessive auch den Anwesenden, klar, daß der Killer sich offenbar vorgenommen hat, die ganze Partygesellschaft abzuschlachten. Aus der individuellen Bedrohung, die einzelne Figuren als Opfer ausschloß, wird eine kollektive. Die Spannung steigt naturgemäß, wenn jeder das Opfer sein kann.

Für die Betrachtung des Horrorfilms sind die letzten Minuten noch einmal sehr aufschlußreich. BILLY und sein Freund haben sich als Täter geoutet. Sie sind – von der um ihr Leben kämpfenden SIDNEY genauso wie vom Zuschauer – erkannt und damit bannbar. Gruselig kann das nicht mehr sein. Und dies sehen wir auch an SIDNEY. Das Mädchen, das bisher dem Entsetzen ausgeliefert war, wird nun ganz ruhig und findet damit Gelegenheit, über Gegenwehr nachzusinnen. Spätestens jetzt hat sich der Horrorfilm verabschiedet.

Scream *als Kriminalfilm*

Seine stärksten Qualitäten hat Scream als manchmal verblüffend angelegter *Whodunit*. Geschickt wird der Verdacht des Zuschauers über visuelle, dialogische und deduktive Mittel mal hierhin, mal dahin gelenkt.

Das beginnt mit dem Gespräch der Schüler untereinander. Jeder der Beteiligten spricht so, daß möglichst stark der Verdacht der Täterschaft auf ihn fällt. Gerade bei den männlichen Figuren findet sich keine, der der Zuschauer auch nur das geringste Vertrauen entgegenbringt.

Nachdem die Hauptfigur SIDNEY gerade einen beängstigenden Anruf des Killers erhielt, in dem er angab, sie zu beobachten, klettert ihr Freund BILLY durch das Fenster. Und ihm fällt auch noch ein Mobiltelefon aus der Tasche. Für den krimierfahrenen Zuschauer ist das ein deutlicher Hinweis darauf, daß BILLY nicht der Täter sein kann. *Scream* dreht die Spirale des kognitiven Kampfes zwischen Autor und Zuschauer eines Krimis noch einmal höher. Wenn der Zuschauer ausschließt, daß jemand der Täter ist, weil allzu viele Hinweise auf ihn deuten – dann ist gerade dieser der Täter!

Viele weitere Beispiele ließen sich hier noch aufzählen. Wie der Schuldirektor auf einmal suspekt wird, wenn er vor zwei Schülern merkwürdig mit der Schere herumfuchtelt. Und wie sich der Verdacht wieder erledigt, wenn auch er abgestochen wird. Und auch der Agatha-Christie-Trick des Mörders, der seine Schein-Ermordung inszeniert und so von jeder Schuld frei scheint, feiert hier eine gelungene Auferstehung.

Nur ist aber das, was wir anfangs für den Horror als wirkungsvoll befanden, für den Krimi unbefriedigend. Der Opener – die Ermordung KATHYS – hat zwar im Horrorfilm seine Notwendigkeit, ist aber im Sinne des Krimis unlogisch, wenn der Täter später angibt, SIDNEY ermorden zu wollen, weil ihre Mutter ein Verhältnis mit seinem Vater hatte. Der Satz des Killers BILLY klingt wie eine Entschuldigung des Drehbuchs: Es sei eben »viel gruseliger, wenn kein Motiv da ist«. Diese, für den Horrorfilm akzeptable Motivlage ist natürlich ein Schlag ins Gesicht eines jeden Krimienthusiasten.

Scream *als Konglomerat*

Spätestens beim zweiten Anschauen wird der Zuschauer, der den Film nicht nur aus nostalgischen Gründen sieht, feststellen, daß der Plot inhaltlich sehr dürftig ist. Das ist für einen Horrorfilm durchaus kein Problem. Bei *Scream* wird es zum Problem, weil der Film sich der Aufgabe des Genres nur unzureichend stellt: gruseln machen. Statt dessen wildert er in anderen Genres bis hin zum Melodrama und scheitert in ihnen. Für den Krimi ist er zu unlogisch, für seine melodramatischen Ausflüge zu flach, für die Parodie nicht witzig genug.

Zur Deutschlandpremiere von *Sream* hörte und las man oft, der Film sei »äußerlich«, ja »flach«. Kein Zuschauer hätte sich an dem Fehlen von »Tiefe« gestört – wenn er denn das geboten bekommen hätte, was er vom Genre erwartet hatte: Furcht und Schrecken. Erst, wenn man meint, seine Currywurst mit Pfifferlingen anrichten zu müssen, wird sich der Gast an der Plastikgabel stören.

22

Staatsfeind Nr. 1

Kaum hat der Zuschauer ausreichend Gelegenheit, sich auf die Rezeption eines Films einzustellen – zwei Männer gehen gemeinsam an einem See spazieren –, da werden ihm schon Genre und Thematik des Films angedeutet. So beginnt der US-amerikanische Politthriller *Staatsfeind Nr. 1*.

Ein Direktor der National Security Agency (NSA) versucht, einen Kongreßabgeordneten davon zu überzeugen, den Widerstand gegen ein Gesetz aufzugeben, das die totale innere Überwachung der Bürger der USA bedeuten würde. Der Abgeordnete weigert sich – und wird daraufhin ermordet.

Dieser Opener bleibt zunächst ohne Verbindung zum Protagonisten des Films, der uns in einem völlig anderen Kontext vorgeführt wird. Natürlich ist der Filmzuschauer nicht naiv – er weiß, daß sich die beiden Handlungsstränge irgendwann verbinden werden. Eine latente Grundspannung ergibt sich damit durch die Fragen, wie und wann dies wohl geschehen mag.

Exposition

Held des Films ist der Rechtsanwalt ROBERT CLAYTON DEAN, der gerade einen Fall bearbeitet, in dem sich eine Gewerkschaft gegen die Einflußnahme der Mafia zur Wehr setzen will. Eine komplizierte Angelegenheit, die er nicht ohne Hilfe bewältigen kann. Er trifft sich mit seiner früheren Freundin RACHEL, die als Kontaktfrau zu einem großen Unbekannten (BRILL) agiert und DEAN auf diesem Wege eine Videokassette zukommen lassen kann. Mit diesem Video setzt DEAN den Boß der Mafia unter Druck. Wie die Aufnahmen beweisen, hatte der Mafiaboß Kontakt zu einem Gewerkschaftsmann, was ihm laut Bewährungsauflagen verboten ist. Dieses Video kann für den Mafioso ergo zehn bis zwanzig Jahre Gefängnis bedeuten. DEANS Angebot: Die Gewerkschaft kann ihre Tarifverhandlungen ohne Druck von außen führen – und dafür bleibt das Video unter Verschluß. Der Mafioso zeigt sich von DEANS Cleverness äußerlich wenig beeindruckt. Im Gegenteil, der vermeintliche Trumpf wird zur Gefahr. Wenn DEAN nicht innerhalb einer Woche verrät, wer dieses Video gemacht hat, ist er tot. Etwas konsterniert verläßt DEAN die Mafiazentrale (die sich klischeegerecht in einem Restaurant befindet) und wird dabei auch vom FBI registriert, das dieses Restaurant observiert.

Ziehen wir an dieser Stelle eine Bilanz der Exposition. Noch ist nicht klar, welcher Gefahr der Protagonist ausgesetzt, welches Ziel er zu erreichen hat. Dafür gibt es zahlreiche Andeutungen über labile Zustände oder latente Bedrohungen. Die äußeren Gefährdungen betreffen in erster Linie nicht den Protagonisten, sondern die amerikanische Demokratie im allgemeinen. Da gibt es versuchte Einflußnahme auf Abstimmungsergebnisse im Kongreß. Abgeordnete können ermordet werden, wenn sie nicht willfährig sind. Die Mafia nimmt Einfluß auf die Gewerkschaft und damit die Löhne der Arbeiter. Der Orwell-Staat ist nicht nur Thema des neuen Gesetzes, er scheint bereits zu existieren. Auch der Unbekannte, der brisante Informationen liefern kann, scheint sich dieser Mittel zu bedienen. Aus diesem Gemisch werden sich die Befürchtungen des Zuschauers zu Bedrohungen des Protagonisten konkretisieren. (An dieser Stelle ist die Figur sogar in der Gefahr, von zwei Seiten zerrieben zu werden. DEAN ist im Visier von FBI *und* Mafia. Eine leere Spur, wie sich später herausstellen wird.) Auch in den Gefühlen ist eine Labilität angelegt. Da gab es mal etwas zwischen dem verheirateten Anwalt DEAN und der im verborgenen arbeitenden RACHEL. Die beiden waren ein Paar. Werden sie es wieder?

Zwei Handlungsstränge müssen in der letzten Phase der Exposition zusammengeführt werden:

- Strang A: Das NSA will einen Überwachungsstaat errichten.
- Strang B: Ein Anwalt soll seinen Informanten preisgeben.

Wie geht das in der kurzen verbleibenden Zeit? Mit einem weiteren Erzählstrang:

Ein Naturforscher hat an eben jenem See, an dessen Ufer der Kongreßabgeordnete ermordet wurde, eine stationäre Videokamera installiert, um Tiere beobachten zu können. Dabei hat er den Mord – der wie ein Unfall mit vorausgehendem Herzversagen inszeniert wurde – gefilmt. Als er die Aufnahmen zu Hause auswertet, wird ihm die Bedeutung dieses Beweisstücks bewußt. Er telefoniert mit dem Herausgeber einer linken Gazette. Dieses Gespräch wird vom NSA abgehört, ein Einsatzkommando wird ausgeschickt, den Forscher zu fassen. Der schafft es gerade noch, die Aufnahmen auf einen Datenträger zu überspielen, und muß dann vor den Agenten fliehen. Auf dieser Flucht stößt er zufällig auf den Anwalt DEAN, den er von der Schule her kennt. Dem steckt er den Datenträger, in einer Spielkonsole versteckt, in die Einkaufstasche und wird kurz darauf von einem Feuerwehrwagen erfaßt und getötet.

Nun sehen wir, wie die beiden Handlungsstränge verknüpft werden: gar nicht. Zwar ist mit dem Datenträger Handlungsstrang A zu unserem Protagonisten gekommen. Der kann ihn aber nur bewältigen, indem er seinen in der Exposition eingeführten Handlungsstrang B bis zum Showdown ad acta legt. Aber der Protagonist ist im Sinne eines Thrillers funktionierend in Strang A eingesetzt. Er muß sterben. Dem Zuschauer wurde bereits während des abgehörten Telefonats zwischen Naturforscher und Journalist klar, daß beide mit diesem Wissen nicht überleben können.

Opfer und Suspense

Dieses Wissen, verbunden mit der visuellen Erfahrung, daß der Naturforscher tatsächlich starb, und der Off-Information, daß auch der Journalist ermordet wurde, erzeugt im Zuschauer den Suspense. Er weiß mehr als sein Held – nämlich daß er in Lebensgefahr schwebt. Die ersten drei Todesopfer des Films sind nur für diesen Suspense da.

Die Exposition läßt sich unter dem Gesichtspunkt der Opfer folgendermaßen gliedern:

- Ein Mord, in dessen Motiv der Zuschauer eingeweiht wird, geschieht.
- Vermittels eines medialen Beweisstückes werden auch andere als die Zuschauer zum potentiellen Zeugen des Mords.
- Eine Nebenfigur kann das Beweisstück sehen (entschlüsseln) und wird deshalb zum Zwischen-, zum stellvertretenden Opfer.
- Das eigentliche Opfer (Anwalt DEAN) ist in den Besitz des Mediums gekommen, entschlüsselt es aber noch nicht.

Und damit entläßt uns die Exposition mit einer Frage, die die Spannung über den gesamten zweiten Akt aufrechterhalten soll: Wird es dem Protagonisten gelingen, das Medium zu entschlüsseln, *bevor* es dem Antagonisten gelingt, ihn für immer daran zu hindern?

Zunahme der Bedrohungen – aus Furcht wird Angst

Bei aller Sympathie für die schauspielerischen und technischen Leistungen dieses Films – nun kommt das große Loch im Plot. Anhand der Zwischenopfer wird dem Zuschauer suggeriert, daß das nächste tödlich bedrohte Opfer sein Protagonist ist. Effektvoll wurde vorgeführt, über welche Mittel zur Erreichung eines solchen Ziels der Antagonist verfügt und wie skrupellos er sie einzusetzen gedenkt. Anwalt DEAN müßte also zusammen mit Haus, Einkaufstasche und Familie in die Luft gesprengt oder Opfer eines ähnlich rabiaten Anschlags werden. Dann allerdings wäre der Film zu Ende.

Wir akzeptieren also die Erklärung der NSA, man müsse sich erst sicher sein, ob DEAN auch wirklich im Besitz der Daten sei, und sehen uns die Phase der zunehmenden Bedrohungen an.

Es ist Vorweihnachtszeit, wir sehen DEAN zu Hause mit seiner Frau, ebenfalls Anwältin, und mit seinem Sohn. Das ist das privat und emotional zu verteidigende Gut. Während Ehefrau CARLA sehr sensibel auf die fortschreitende datentechnische Durchschaubarkeit des Menschen reagiert, ist DEAN der Meinung, daß dem, der nichts Unrechtes tue, in der Hinsicht auch nichts geschehe, allein Verbrecher müßten sich vor dem Orwell-Staat fürchten. Wir sehen: Das Opfer ist die personifizierte Unschuld.

Und schon beginnen DEANS Probleme. Er wird der Geldwäsche und der Tätigkeit als Mafiainformant beschuldigt und deshalb von seinen Kanzleichefs in den Urlaub geschickt, was einer Entlassung gleichkommt. Seine Frau CARLA erfährt aus anonymer Quelle, daß er eine Affäre mit RACHEL hatte – sie wirft ihn aus dem Haus. Als er in einem Hotel einziehen will, muß er erfahren, daß seine Kreditkarte gesperrt worden ist. Noch vermutet er, daß die Mafia hinter diesen Attacken steht, und trifft sich mit RACHELS Kontaktmann BRILL, weil er hofft, von diesem eine Aufklärung zu bekommen. Nach dem Treffen mit BRILL – der ihn von einigen Peilsendern, mit denen DEAN ohne sein Wissen verwanzt war, befreit hat – schaffen es die NSA-Männer fast doch noch, DEAN zu ergreifen. Irgendwo muß sich ein weiterer Peilsender befinden. Und so zieht sich DEAN auch noch die Hosen aus.

Der nackte Mensch in der Großstadt ist ein archetypischer Alptraum – der Träumende ist selbst ohne Schutz und ist gezeichnet. Er ist ausgeschlossen aus der Gemeinschaft der »normalen« Städter.

Als DEAN RACHEL nochmals aufsucht, ist sie tot. Der Mord wurde so inszeniert, daß der Tatverdacht auf ihn fällt. Aber immerhin hat er inzwischen den Datenträger gefunden und will nun zusammen mit BRILL herausfinden, worin die Brisanz des Materials besteht. Das NSA kommt den beiden auf die Spur und identifiziert BRILL als ehemaligen Abhörspezialisten des NSA. Während DEAN und BRILL zusammen das Video ansehen und ihnen nun klar wird, wer die Bedrohungen gegen sie in Bewegungen gesetzt hat, brechen draußen schon NSA-Agenten in BRILLS verstecktes High-Tech-«Hauptquartier« ein. Auf der Flucht verbrennen DEAN und BRILL beinahe in ihrem Auto, können sich jedoch retten. Der Datenträger ist verschmort. Wieder stehen beide mit leeren Händen da. BRILL empfiehlt an dieser Stelle die Flucht als einzigen Ausweg. Aber DEAN will bleiben und die Reste seiner Existenz verteidigen.

Der ahnungslose DEAN, bisher unschuldig-naiv, ohne Verständnis für das, was um ihn und gegen ihn geschieht, und bisher immer auf der Flucht, stellt sich nun seiner Aufgabe. Er ist bereit, sich mit den Fäusten zu verteidigen, wo die Paragraphen versagen. Damit ist er initiiert und zum Mann geworden. Mit BRILL holt der initiierte jüngere Mann nun den Älteren, der sich bereits von der Welt verabschiedet hatte, zurück ins Leben. Beide treffen sich – der eine *erstmals*, der andere *wieder* kampfbereit. Und mit dieser Verbrüderung beginnt der Abenteuerfilm.

Der Genrewechsel

Aus den Gejagten werden nun selbst Jäger. Mit Hilfe von BRILLS High-Tech-Equipment wird der Gegenangriff gestartet. Hier finden sich viele Andeutungen und Zutaten des Abenteuerfilms.

- Mit BRILL hat DEAN den Verbündeten gefunden, der seinen Gegenspielern technisch ebenbürtig ist.
- Während DEAN um seine physische Existenz kämpft, vertritt der Exabhörspezialist ein ideelles Ziel.
- Die beiden Helden reagieren nicht mehr, sondern agieren für ein selbstgestecktes Ziel.
- Zwischenziele werden in einzelnen Episoden erreicht. So bucht BRILL der Frau des Gegners 140 000 US-Dollar zuviel auf ihr Konto. Dessen Haus wird ständig überwacht – und zwar so, daß er es bemerkt. Dem Gegner wird mit seinen eigenen Waffen Furcht eingejagt. (Um so bedauerlicher, daß gerade diese Episoden so völlig ohne Bedeutung für den Mainplot und damit inhaltslose Spielerei bleiben.)

BRILL schlägt dem NSA-Direktor ein Treffen vor. Er behauptet, noch immer in Besitz der Videoaufzeichnung zu sein. Der

Plan der beiden Helden: Sie wollen das Gespräch elektronisch aufzeichnen und so zu einem verwertbaren Geständnis kommen.

Doch ihr Plan wird durchschaut, aus den eben etablierten Jägern werden wieder Gejagte – ein schöner und wirkungsvoller Wendepunkt. BRILL und DEAN werden gefaßt. DEAN bringt die NSA-Agenten, die sich jetzt das (nicht mehr existente) Video mit allen Mitteln holen wollen, in das vom FBI observierte Mafialokal, womit sich die Klammer zu seinem Handlungsstrang wieder schließt. Der Film endet – dem Abenteuer gemäß – mit einem komischen Mißverständnis um das Video.

Als die NSA-Männer vom Mafiaboß das Video verlangen, meint der natürlich, es ginge um das Gewerkschaftsvideo. Der NSA-Mann dagegen meint das nicht mehr existente Mordvideo. In Folge dieses Mißverständnisses schießen sich alle über den Haufen. Die Polizei, vom FBI alarmiert, trifft ein. Die Handlanger des Bösen sind tot – der Drahtzieher wird nicht belangt. Im Ergebnis wird das zu Beginn erwähnte Gesetz nicht verabschiedet. BRILL geht wieder in den Untergrund.

Initiation und die wahren Gegner

Vom Protagonisten aus erzählt ist seine Geschichte ein Initiationsritus. Wann begreift DEAN, wodurch er gefährdet ist? Wann begreift er, daß er nicht immer nur davonlaufen, sondern sich stellen muß? Wann begreift er, daß es nicht möglich ist, sein privates Heil wiederzuerlangen, ohne gleichzeitig das große zu retten? Wann nimmt er sich als Held an? Diese Fragen kann dann nur ein Mann lösen. DEAN muß zum Mann, zum Kämpfer werden, wie es BRILL schon lange einer ist. (Angesichts dieser sehr männlichen Aufgabenstellungen verwundert es nicht, daß die Frauenfiguren in *Staatsfeind Nr. 1* relativ schwach beleuchtet sind.) DEAN und BRILL sind zwei Möglichkeiten des Protagonisten im Politthriller. Der eine ist der Macht in die Quere gekommen, der andere ist aus dem System der Macht ausgestiegen. Damit ist BRILL im Vergleich zu DEAN natürlich der ebenbürtigere Gegner für den

NSA-Direktor; diese beiden Figuren haben auch einen Konflikt auszutragen. Hier böte sich eine Thrillerkonstruktion an, in der der »kleine Held« DEAN in Gefahr kommt, zwischen den beiden großen Gegnern BRILL und NSA zerrieben zu werden. Durch den späten Einstieg BRILLS als zweite Hauptfigur wirkt er wie ein schreibtechnischer Rettungsanker. Allein kommt der Held nicht zum Ziel. Es braucht eine bessere Figur, um dies doch noch zu erreichen. BRILL hat als struktureller Gegner des NSA die ganze Zeit im Hintergrund gewartet. Als er auftaucht, übernimmt er den Film.

»... da muß der gewiefte Ex-NSA-Agent Brill (ein Genuß: Gene Hackman) Dean kräftig unter die hilflos rudernden Arme greifen«, schrieb ein Rezensent.[33] Wir hoffen, hier beleuchtet zu haben, warum dies so ist. Brillant wäre womöglich ein Film geworden, der sich die Mühe gemacht hätte, vollständig ohne die Figur des BRILL auszukommen – oder der sie gleich zum Protagonisten gemacht hätte.

23

14 Tage lebenslänglich

14 Tage lebenslänglich ist ein typischer Gefängnisthriller, der einige Grundbestandteile amerikanischer Vorbilder aufnimmt und auf deutsche Verhältnisse umzusetzen versucht. Diese

Bestandteile

verschaffen dem Film eine ganz besondere Aufmerksamkeit des Zuschauers: Jedes Zitat eines amerikanischen Vorbilds verweist natürlich auf den Fortgang der zitierten Geschichte, so daß weitgehend unbewußte Erwartungen über die weitere Entwicklung des zitierenden Films erzeugt werden.

Dies sind zunächst

- genre- und sujetspezifische Bestandteile:
  Die Flucht aus dem Gefängnis als einzige Möglichkeit, die eigene Unschuld zu beweisen, ist ein beliebtes und auch funktionierendes Thrillermotiv. Die Bedrohung ist übermächtig durch die Polizei und Justizorgane gesetzt, das Aufspüren des Antagonisten erfolgt unter erschwerten Bedingungen. Für einen deutschen Kinofilm überrascht *14 Tage lebenslänglich* durch einen gewissen Abstand von der Realität.[34] In diesem Film gibt es keine Polizei, unbequeme Menschen werden de facto auf offener Straße erschossen, hinter den Fassaden des Luxus herrscht ein gesetzloser Zustand, und im Gefängnis sind die Aufseher kleine Könige.

Parallel dazu laufen die Motive eines Justizthrillers, in dem es darum geht, gefälschte Beweise vor Gericht zu entlarven.

Hinzu kommen

- figurenspezifische Bestandteile: Der wegen Raubmord einsitzende CZERNETZKY ist dem Wesen nach ein weiser, zum Mentor befähigter Edelverbrecher, der den unreifen, für das harte Leben kaum tauglichen Mann KONRAD VON SEIDLITZ erzieht;
- visuelle Zitate: Zwei ehemalige Gegner müssen nun zusammenhalten. Äußerlich sichtbar wird diese ambivalente Beziehung dadurch, daß beide mit Handschellen aneinandergefesselt sind.

So vermischen sich Figuren und Verhältnisse des amerikanischen Gefängnisfilms mit ästhetisierten Bildern zu einem eigenartigen Gemisch, das den Zuschauer animiert, von diesem Film etwas Besonderes zu erwarten. Ungewöhnlich, ja provozierend ist bereits die

Exposition des Protagonisten.

Wir erleben in der Eröffnungssequenz einen Mann und eine Frau beim Koksen. Die beiden schweigen. Auch dann noch, wenn sie nach der Stimulans des Rauschgifts zu schnellem, unzärtlichem Sex übergehen. Bald stellen wir fest: Dieser Mann ist wahrscheinlich Protagonist des Films – und er glänzt nicht gerade durch einen sympathischen Charakter. Im Gegenteil: Er ist herrisch und oberflächlich, arrogant und gefühlskalt. Lange Zeit wird sich an diesem Eindruck vom Protagonisten kaum etwas ändern.

Die Handlung

Der Anwalt KONRAD VON SEIDLITZ hat zwei Jahre keine Strafzettel für Falschparken gezahlt und wurde deshalb zu 14 Tagen Gefängnis verurteilt. Angeblich will er damit auf die Parkplatznot in der City aufmerksam machen, andere wittern dahinter eher eine Publicityaktion für seine Kanzlei.

In dem Bewußtsein, hier nur zwei Wochen verbringen zu müssen, ändert VON SEIDLITZ auch im Gefängnis seine Lebensführung kaum, sein Geld macht es möglich. Am Tag der Entlassung wird die Zelle des Anwalts noch einmal durchsucht. In der Toilettenschüssel versteckt findet sich ein beträchtlicher Vorrat an Kokain. Mitgefangene sagen aus, er habe mit dem Stoff gedealt. VON SEIDLITZ kommt nochmals vor Gericht und wird diesmal zu zwei Jahren Haft ohne Bewährung verurteilt. Während er sich nun im Gefängnis seiner Haut wehren muß – die Arroganz der ersten Tage schlägt nun als Haß der Mitgefangenen auf ihn zurück –, bricht ihm in der Freiheit die Existenz weg. Die Freundin liiert sich mit seinem Kompagnon, der wiederum drängt VON SEIDLITZ aus der Kanzlei. Noch in den ersten Tagen der Haft stieß VON SEIDLITZ mit dem »Knast-König« CZERNETZKY zusammen. Dessen ehemalige Komplizen wollen wissen, wo CZERNETZKY die Beute aus dem letzten Raubzug gelassen hat, und wollen ihn deshalb befreien. VON SEIDLITZ soll ihn zur Flucht überreden und dafür selbst freikommen. Die Flucht erweist sich als Falle. CZERNETZKY und VON SEIDLITZ können gemeinsam fliehen. Der Anwalt soll dem Verbrecher helfen, die letzte Beute, die er in eine unseriöse Finanzanlage gesteckt hatte, zurückzubekommen. Dafür ziehen die Häftlinge auf Anweisung CZERNETZKYS ihre Falschaussagen zurück. VON SEIDLITZ ist rehabilitiert, und sein Anwalts-Partner als Drahtzieher der Intrige gegen ihn wird zu einer fünfjährigen Haftstrafe verurteilt.

Zwei Thriller und die Funktion des Protagonisten

Das Drehbuch hat zwei Filme parallel in einem Buch verschränkt. Der eine erzählt, wie der Kompagnon des Protagonisten versucht, VON SEIDLITZ die Freundin und die Kanzlei abzunehmen. Der Protagonist fordert durch seine Arroganz das Schicksal bzw. die ihm übelwollenden Kräfte heraus. Er muß zunächst die Aufgabe lösen, seinen Gegner zu erkennen, um dann vom Opfer zum Jäger zu werden.

Der zweite Film erzählt die Geschichte CZERNETZKYS, der vor Jahren einen Raubüberfall beging, die Beute versteckte und nun die Rache seiner Komplizen befürchten muß. Nur das Gefängnis bietet ihm Sicherheit. Kommt er in die Freiheit, werden die Mittäter von damals die Beute aus ihm herauspressen, um ihn dann zu töten. Während CZERNETZKY auch im ersten Film eine Funktion hat – nämlich der sichtbare Antagonist, hinter dem VON SEIDLITZ erst den wirklichen Drahtzieher finden muß –, ist der Anwalt im zweiten Film völlig funktionslos. Eine Möglichkeit – der Anwalt soll dem Verbrecher helfen, seine Millionen aus einem Immobiliengeschäft herauszulösen – wird im Dialog angeschnitten, aber nicht weiter verfolgt.

Äußerer und innerer Eindruck

Schauen wir uns die emotionalen Beziehungen an, die der Zuschauer im Verlaufe des Films zu seinem Helden aufbauen kann. Die erste lautet wahrscheinlich in etwa so:

- »VON SEIDLITZ ist wirklich widerlich. Ganz recht, daß ihm so was mal geschieht.«

Und die zweite:

- »So eine harte Strafe für seinen Charakter hat er aber auch nicht verdient.«

Zwischen beiden Aussagen liegt in etwa eine Stunde Film. Wenn mit der zweiten Aussage die Emotionen des Zuschauers endlich auf seiten seines Helden sind, ist der Film beinahe zu Ende. Welche Emotionen im Zuschauer wollten die Produzenten dieses Films hervorrufen? Welche Wirkungen sollte der Film auslösen? Der Verdacht ist nicht ganz von der Hand zu weisen, daß »die Macher« *ganz allgemein beeindrucken* wollten. Durch die Macht der Bilder, durch die Darstellung einer äußerlich harten Realität. Warum aber sollte sich der Zuschauer für das Schicksal des Protagonisten interessieren? Natürlich kann man versuchen, einen unsympathischen Menschen zum Helden eines Thrillers zu machen. Dies wird aber nur funktionieren, wenn man das gegen ihn laufende

Komplott von Anfang an offen zeigt. Nur dadurch kann der Zuschauer zu einer emotionalen Beteiligung verführt werden, die in etwa lauten könnte: »Natürlich, der Mann ist etwas großschnäuzig und etwas arrogant. Das ist nicht schön. Aber kein Vergleich dazu, was ihm hier angetan werden soll. Diese gefährliche Intrige raubt ihm die Frau, die Existenz und vielleicht das Leben. Das ist wesentlich schlimmer.« So stellt der Zuschauer ein Verhältnis her und positioniert sich auf eine Seite. Führt man die Intrige verdeckt, betrachtet der Zuschauer ein Puzzle und versucht, einen Sinn hineinzubringen. Das aber ist ein kognitiver, kein emotionaler Vorgang.

Mit dieser rabiaten Trennung des Zuschauers von seinem Protagonisten werden keine Hoffnungen möglich, wird sich der Zuschauer nie gespannt fragen, ob denn nicht eine Wendung in diese oder jene Richtung möglich sei.

So kann (emotional, nicht etwa ästhetisch) der Film für den Zuschauer erstmals nach etwa einer Stunde interessant werden. VON SEIDLITZ wird brutal zusammengeschlagen, ohne daß er den Anlaß dafür geliefert hätte. Aus einer verdienten Strafe wird hier eine unverdiente Härte, erstmals wirklich anteilnehmend fragt man sich, ob wohl der Protagonist die ungerechtfertigte bzw. viel zu harte Strafe abwenden kann.

Intendiert war sicherlich, daß mit dem zweiten Einzug des Protagonisten in die Justizvollzugsanstalt (nach dem Kokainfund und der Verurteilung) die Spannung aus der Frage »Wird das Komplott aufgedeckt?« gespeist wird. Um die Aufdeckung zu erhoffen, ja überhaupt für wünschenswert zu halten, muß der Zuschauer aber an seinem Protagonisten interessiert sein. Und es ist ein Irrtum zu glauben, dies würde sich einfach dadurch einstellen, daß er nun mal die Hauptfigur ist.

Motto:
Stanley Cohen/Laurie Taylor, *Ausbruchsversuche. Identität und Widerstand in der modernen Lebenswelt*, Frankfurt/Main 1977, S. 77.

[1] Ambrose Bierce, »Moxons Herr«, in: *Horrorgeschichten*, Zürich 1997, S. 187.
[2] Friedrich W. J. Schelling, Weltalter, zit. n.: Walter von Bayer / Wanda von Bayer-Katte, *Angst*, Frankfurt/Main 1973.
[3] Rosario Assunto, *Die Theorie des Schönen im Mittelalter*, Köln 1996, S. 155.

[4] Rudolf Wittkower, *Allegorie und der Wandel der Symbole in Antike und Renaissance*, Köln 1996, S. 141.
[5] N. J. Berkowski, *Die Romantik in Deutschland*, Leipzig 1979, S. 186.
[6] Johann Christian Reil, zit. n.: Theodore Ziolkowski, *Das Amt der Poeten*, München 1994, S. 233.
[7] Walter von Bayer / Wanda von Bayer-Katte, *Angst*, a. a. O., S. 28.
[8] Peter Bürger, *Theorie der Avantgarde*, Frankfurt/Main 1974, S. 89.
[9] Sigmund Freud, »Das Unheimliche«, in: *Studienausgabe Bd. 4*, hg. von A. Mitscherlich u. a., Frankfurt/Main 1979, S. 271.
[10] S. Leclaire, zit. n.: *Geschichte des privaten Lebens*, Band 5, hg. von Antoine Prost und Gerard Vincent, Augsburg 1999, S. 188.
[11] Emil Gregorovius, *Der Himmel auf Erden*, Leipzig 1892, S. 144.
[12] Walter von Bayer/Wanda von Bayer-Katte, a. a. O., S. 36.
[13] Susan Sontag, »Die Katastrophenphantasie«, in: *Geist als Leidenschaft*, Leipzig und Weimar 1989, S. 173.
[14] Altes Testament, *Psalm 22, in der Übersetzung von Martin Luther*.
[15] Richard Alewyn, *Nachwort zu: Gaston Leroux, Das Phantom der Oper*, München 1990, S. 276.
[16] Thomas Harris, *Das Schweigen der Lämmer*, zit. n.: *Das große Heyne Jubiläums-Buch*, München 1998, S. 413.
[17] *Wörterbuch der deutschen Volkskunde*, Leipzig 1936, hg. von Oswald A. Erich und Richard Beitl, S. 836 (Stichwort Wiedergänger).
[18] Harald Jähner, in: *Berliner Zeitung, 3. März 2000*, S. 13.
[19] Richard Sturges, zit. n.: Michael Hanisch, *Western*, Berlin 1984, S. 320.
[20] Helmuth Plessner, *Lachen und Weinen*, a. a. O., S. 187.
[21] Wobei das Ergebnis bei den werbewirtschaftlich interessanten Zuschauern beeindruckend ist: Fast 40 Prozent aller Fernsehzuschauer zwischen 14 und 49 Jahren sahen die Erstausstrahlung.
[22] zit. n.: *Spiegel*, Nr. 25/1999.
[23] Hanna Rheinz, »Dunkle Wasser, lästige Chimären«, in: *Kursbuch 138*, Berlin 1999, S. 22.
[24] *Etymologisches Wörterbuch des Deutschen*, München1999.
[25] Hanna Rheinz, a. a. O., S. 23.
[26] Hans D. Baumann, *Horror – Die Lust am Grauen*, Weinheim und Basel 1989, S. 95.
[27] Hans D. Baumann, a. a. O., S. 119.
[28] zitiert aus *Focus*, Nr. 25/2000.
[29] Hanna Rheinz, a. a. O., S. 24.
[30] Patricia Highsmith, *Suspense oder Wie man einen Thriller schreibt*, Zürich 1990, S. 55.
[31] Hans D. Baumann, a. a. O., S. 32.
[32] Kalju Kirde, »Nachwort«, in: *Das unsichtbare Auge*, Frankfurt/Main 1979, S. 249.
[33] W. O. P. Kistner, in: *AZ* vom 17. Dezember 1998.
[34] Eine solche »Amerikanisierung« hatte nach *14 Tage lebenslänglich* drei Jahre später *Straight Shooter* versucht. Auf etwa 400 000 Zuschauer bei ersterem folgten trotz prominenterer Besetzung katastrophale 110 000 bei *Straight Shooter*.

III

Lachen und Lästern – Die Komödie und ihre Schwestern

»Was eine Gesellschaft komisch findet, worüber sie lacht, das wechselt im Lauf der Geschichte, weil es zum Wechsel des Normbewußtseins gehört.«

Helmuth Plessner

Einleitung

Im Gegensatz zu allen anderen Genres ist das Genre des komischen Films Teil eines historisch-ästhetischen Prozesses, der schon über zweitausend Jahre andauert. Im Genre »komischer Film« sind auf erstaunliche Weise alle Erscheinungsformen des Komischen aufgenommen und verarbeitet worden: von Aristophanes über die Commedia dell' arte, die klassische Charakterkomödie, die Lust- und Singspielformen des 19. Jahrhunderts bis hin zu den schwärzesten romantischen Grotesken und dem wahnwitzigsten Blödsinn der Slapsticknummern der Music Hall.

Der komische Film ist eine Erzählweise des Komischen, die dem Genre vergleichsweise wenig Neues eingebracht hat, vielmehr partizipiert der Film in diesem Falle stark an der sonstigen Geschichte des komischen Genres. Ganz praktisch bedeutet das für den Drehbuchschreiber: Ohne Wissen um die Geschichte des Komischen läßt sich nur schwerlich auf diesem Feld wirklich reüssieren. Das Schreiben komischer Geschichten verlangt hohes handwerkliches Können – sind doch zweitausend Jahre keine Kleinigkeit hinsichtlich des angehäuften Wissens über die Regeln, Mechanismen und Kunstgriffe bei der Hervorbringung des Komischen. So sehr das eine Last ist, so sehr ist das aber auch ein unendliches Reservoir an strukturellen Mustern und an funktionalen Beispielen.

Die Geschichte des Komischen ist eine Fundgrube, aber fündig wird in ihr nur der, der in der Lage ist, die Strukturen und Funktionen des komischen Konstrukts und Effekts herauszufinden und sie auf gegenwärtige Konflikte und Lebens-Tatsachen anzuwenden – die einfache Repetition scheinbar zeitloser technischer Verfahren reicht hier nicht aus. Schon deshalb nicht, weil sich in diesen zweitausend und mehr Jahren ein sehr fein gesponnenes Bezugsgeflecht von Stoff und Haupt- wie Subgenres entwickelt hat. Wir können von mehr als einem Dutzend Subgenres im Reich des Komischen ausgehen. Eine solch streng geordnete Vielfalt will gehandhabt sein.

Eine erste rohe historische Gliederung ergibt sich durch die Zuordnung der Haupt- und Subgenres zu den kulturgeschichtlichen Hauptepochen, in denen sie erstmals erscheinen:

- griechisch-römische Antike: alte Chorkomödie, neue Komödie, Satyrspiel, Mimos;
- europäisches Mittelalter: Fastnachtsspiel, Diablerie, Farce, mittelalterliche Groteske, Harlekinade, Burleske;
- bürgerlich-feudale Übergangszeit: gelehrte Komödie, Commedia dell' arte, Charakterkomödie, Schelmenkomödie;
- bürgerliche Aufklärung: bürgerliche Komödie, bürgerliches Lustspiel, romantische Komödie;
- bürgerlich-kapitalistisches 19. Jahrhundert: Posse, Schwank, Vaudeville, Operette, Boulevardkomödie, Travestie, Satire, Clown- und Slapsticknummern;
- Moderne: Tragikomödie, moderne Groteske, absurde Komödie.

Auf einen Blick wird erkenntlich, daß einmal erprobte und bewährte Formen des Komischen kaum im historischen Verlauf verschwinden, es vielmehr immer mehr werden. Je komplizierter und strukturierter eine Gesellschaft wird, um so mehr komische Gegenstände sind auffindbar und um so mehr Gestaltungsweisen sind möglich. Auch die archaischen Formen bleiben, wenn auch transformiert, bestehen. Selbst die aristophanischen Chorkomödien wurden und werden immer wieder adaptiert, obgleich die theatralischen Bedingungen, Maskenspiel und schauspielerischer Chorgesang, völlig unüblich für das moderne Theater geworden sind.

Auf den zweiten Blick wird erkenntlich, daß das komische Genre ein paar Grundformen kennt: Komödie, Groteske, Satire, Lustspiel. Diese werden aber im geschichtlichen Verlauf extrem variiert und auf ein jeweiliges Publikumsbedürfnis hin »umgebaut«.

Das Komische ist Massenware und Leckerbissen zugleich. Komische Filme sind auf allen Ebenen des Filmschaffens anzutreffen, und wir gehen davon aus, daß irgendwelche Bewertungen auf einer imaginären Skala von hoher bis niedriger Komik völliger Unfug sind. Es kann nur ein sinnvolles Urteil geben: »komisch« oder »nicht komisch«.

Diese grundsätzliche Spezifik des Komischen, seine erstaunliche Vielfalt im historischen Verlauf, resultiert daraus, daß alles Komische weit vor seiner ästhetisch-künstlerischen Gestaltung ganz lebenspraktisch existiert. Was also ist das Komische? Es ist das, was dem Lachen vorausgeht, das Lachen auslöst. So allgemein sich diese vorläufige Bestimmung auch liest, so weiterführend ist sie doch, denn eines wird damit erst einmal klar: Komisch kann alles werden, ist doch ein Lachen über alles durchaus denkbar. Kurz gesagt: Dem Komischen darf nichts heilig sein, dem Komischen ist nichts Menschliches fremd, das Komische liebt jede Peinlichkeit und schämt sich vor nichts, badet sich in jeder Scham. Das Komische sucht und findet allemal ein geeignetes Fettnäpfchen.

Das Komische eines lebensalltäglichen Vorgangs, eines realen Geschehens, einer beliebigen Lebenserscheinung muß *entdeckt* werden, es kann nicht *erfunden* werden. Die Fähigkeit, die Komik eines Vorgangs, einer Handlung zu erkennen, wird schlichtweg Humor genannt. Das Komische ist also etwas zu Entdeckendes, aber zugleich auch ein bestimmter Blick auf etwas. Diese Doppelexistenz des Komischen ist genau das, was alle Theorien des Komischen und der Komödie so schrecklich verkompliziert und was zudem dazu führt, daß filmpraktisch orientierte Darstellungen des komischen Films sich allzuschnell in historische Rückblicke flüchten. Es kommt ein zweiter Gesichtspunkt erschwerend hinzu: Ohne die Anstrengung dialektischen Denkens ist Komik nicht zu haben, weder im analytischen Verstehen noch gar im Produzieren komisch wirksamer Texte. Der komische Aspekt einer Erscheinung enthüllt sich nur einem bestimmten Blick darauf – und das unmittelbare Entdecken des komischen Aspekts äußert sich im Lachen.

Wir wollen darauf verweisen, daß die Übersetzung des lebensalltäglich Komischen ins künstlerisch-künstliche Geschehen ein Vorgang des Vergröberns, Überspitzens und Überdrehens, kurz des Übertreibens ist. Die letztmöglich denkbare Zuspitzung des Verhaltens der Figuren und die ganz unglaublich scheinende, aber doch gerade noch denkbare Zuspitzung und Verschärfung aller Komponenten einer komischen Situation sind kalkulierter Wahnsinn und organisiertes Chaos. Sie rufen das Lachen in der Komödie hervor. Komödie ist höchste Künstlichkeit, angestrebte Natürlichkeit verdirbt alles.

Dies ist wahrscheinlich die schlichte Faustregel fürs Schreiben komischer Filme.

Wollten wir alle Möglichkeiten und Wirkweisen des Komischen hier ausbreiten und diskutieren, würden wir den Rahmen des Buches sprengen. Deshalb beschränken wir uns darauf, einige Schneisen ins Dickicht zu schlagen und einige Wege hin zur Komödie zu markieren. Unserer Überzeugung entsprechend, daß der erwählte Effekt, in diesem Falle das Lachen, erst einmal genauer bestimmt werden muß, werden wir das Lachen in seiner Alltagsstruktur und in seiner geschichtlich veränderlichen Funktion und Existenz betrachten müssen.

Wir müssen uns dem alltägliche Leben zuwenden, wollen dieses aber nur in seinen abstrakten, sehr äußerlichen und schematischen Formen skizzieren und nicht in seiner ganzen bunten Vielfalt abmalen, um dort das außerästhetische Lachen und das vorkünstlerische Komische zu finden.

24

Das alltägliche Lachen in seiner Vielgestaltigkeit

Lachen ist nicht gleich Lachen. Es gibt die unterschiedlichsten Formen:

Das befreiende Lachen

Wer diesem Lachen frönt, scheint auf dem ersten Blick in keiner ernsten, bedrohlichen Situation zu stecken. Wer lachen kann, der kennt eine einfache Lösung, die da heißt: Man muß nicht alles ernst nehmen, was die Umwelt an Hindernissen bereithält, um einem das Leben zu vergällen. Ein solches Lachen ist nicht gern gesehen, gefährdet es doch oftmals die grundsätzliche gesellschaftliche Übereinkunft, das Leben als ständige Bedrohung zu empfinden. Der Lachende akzeptiert das nicht, er amüsiert sich über die anderen, die sich abstrampeln im Getriebe der Welt und sich der darin herrschenden Ordnung bedingungslos anpassen. Der Lachende ist ein gesellschaftlicher Störenfried, er belacht alle weltliche Vergeblichkeit, und er bedauert die anderen ob ihrer Befangenheit in der Alltagsmühle.

Dieses befreiende Lachen ist sicherlich die »höchste« Form des Lachens, ist es doch zur Lebensstrategie geworden und eine prinzipielle Antwort auf die fortwährende Gefährdung des Ichs durch die Umwelt. Diese Art des »Lebens im Lachen« erfordert alle Verstandeskräfte und Überlebensinstinkte, um dem Ernst des Lebens ständig ein Schnippchen schlagen zu können.

Doch das Lachen ist auch eine scharfe Waffe im täglichen Lebenskampf derer, die an den Ernst des Lebens gefesselt sind und in der Erfüllung der gesellschaftlichen Zwangsverpflichtungen ihren zentralen Lebenszweck sehen. Sie nutzen

Das vernichtende Lachen

Dieses Lachen ist für den Lachenden ein Schutzschild vor dem Fremden. Sein Lebensplan ist streng rationalisiert, und er befürchtet ständig den Zusammenbruch seines geordneten Weltbilds. Mit seinem Lachen wehrt er sich gegen alles, was ihm nicht geheuer ist und was nicht exakt und rational durchorganisiert werden kann. Kommt ihm jemand in die Quere, der seine ausgezirkelte Welt durcheinanderbringt, dann wird er den Störenfried auslachen und damit dem allgemein-öffentlichen Gelächter preisgeben. So will er ihn gesellschaftlich unmöglich machen, ihn aus der Gemeinschaft vertreiben und schließlich vernichten.

Dem vernichtenden Lachen steht

Das bannende Lachen

entgegen. Wer lacht, hofft noch! Der Bedrohte versucht, Mut zu schöpfen, indem er über das ihm drohende oder schon über ihn niederfahrende Mißgeschick lacht. Lachen vertreibt Furcht, Gelächter bannt Gespenster, Lachen ermöglicht Weiterleben. Sein Lachen ist Widerstand – zwar auf voraussehbar verlorenem Posten, aber trotzig der Resignation widerstehend.

Mit diesen drei Ausformungen des Lachens ist keineswegs die gesamte Lachskala abgearbeitet. Aber anhand dieser Beispiele können wir einige grundsätzliche Aussagen über das Lachen treffen und danach weitere Funktionen des Lachens und Erscheinungsformen des Lachenden betrachten.

Vorerst halten wir mal folgendes fest:

- Lachen ist ein kommunikatives Handeln, es ist eine Antwort auf eine bestimmte gesellschaftliche Situation.
- Mit seinem Lachen gibt der Antwortende über sich selbst eine Auskunft.
- Gleichzeitig fordert er mit seinem Lachen ein bestimmtes Verhalten der anderen heraus, die ihm in der Situation eine Antwort abverlangen.

Da das Lachen eine sehr extreme Aktion und Reaktion ist – »entzieht es sich doch eindeutiger Bestimmung gerade als ein zugleich intellektueller und physischer Vorgang«[1] –, sind die Situationen, in denen es als sinnvolles kommunikatives Verhalten denkbar ist, gleichfalls extreme, zugespitzte Situationen.

Lachsituationen und die in ihnen vorherrschenden Arten des Lachens

Versuchen wir diese Lachsituationen ebenfalls in einem funktionalen Grundschema zu erfassen:

a) Die lustige Situation

Sie wird bestimmt durch das reflektionsfreie Lachen, in der sich alle Beteiligten durch das gemeinsame Lachen einander zugehörig fühlen. Diese Situation ist von vornherein als unernst gekennzeichnet, und das Lachen gehört konventionell dazu, ja, es ist der Grund, sich in diese Situation zu begeben. Das kann die Stammtischrunde sein oder auch

der »Kaffeeklatsch«. Fast keine deutsche Filmkomödie kommt ohne solche Runden aus. Entweder sind sie Teil der Filmhandlung (z. B. die lustige Runde in der *Feuerzangenbowle*), oder die Dramaturgie der Filme wird nach dem Prinzip solcher Runden strukturiert, was dann gemeinhin als kalauernde Klamotte bezeichnet wird.
Spontan und zufällig können sich solche Situationen auch ergeben. Diese Form findet ihre Verwendung am häufigsten als Happy-End eines komischen Films – als Fest oder als Feier der ausgestandenen komischen Katastrophen und Konflikte.

b) Die lächerliche Situation

Entweder

wird sie bestimmt durch das spöttisch bis höhnisch-verächtliche Verlachen mit dem Ziel, eine Person, die nicht der Norm entspricht, auszugrenzen. Hier wird jemand öffentlich lächerlich gemacht, ohne daß das Opfer selbst weiß, daß allein sein Anderssein sein Verlachen provoziert. Es wird mittels und unter Gelächter verstoßen;

oder

die Situation wird bestimmt durch das Lachen über das Fehlverhalten einer Person, die im festen Glauben handelt, die Situation zu beherrschen und die in ihr herrschenden Verhaltensweisen bestimmen zu können. Erst durch ein Lachen der anderen kann die im unerschütterlichen Bewußtsein ihrer unwandelbaren Einzigartigkeit befangene Person ihr Fehlverhalten erkennen und sich von der falschen Einschätzung ihrer selbst befreien.

c) Die sich verkehrende Situation

Sie wird bestimmt durch ein nahezu entgeistertes und verschrecktes Lachen, da der Lachende entdecken muß, daß er in einer anderen als der von ihm gedachten Situation zu agieren gezwungen ist. Dieses Lachen soll die Differenz zwischen Wollen und Können, zwischen Anspruch und Genügen überbrücken. Die Situation soll um ihren bedrohlichen Ernst gebracht werden, sie soll sich in eine Richtung wenden, in der der Lachende wieder Bescheid weiß.

d) *Die komische Situation*

Sie wird bestimmt durch den lachenden Störenfried, der jede ernste Situation in eine lustige Situation verkehren, der dem Leben den Ernst austreiben will. Sein Ziel ist es, die anderen zu solchen mutwilligen Normverletzungen anzuspornen, aus denen solidarisches, von den Zwängen des Lebens befreiendes Lachen erwächst.

In dieser Situation ist bereits die Möglichkeit einer tragischen Situation eingeschrieben, die dann eintritt, wenn der Ernst zurückschlägt und der Störenfried scheitert. Jetzt wird er zum Sündenbock, und auf seinem Rücken entladen sich die angestauten Aggressionen derer, die in der ernsten Situation verharren wollen.

Neben diesen eindeutig durch Lachen bestimmten und sich im Lachen auflösenden Situationen gibt es die sogenannten peinlichen Situationen, in denen das Lachen nur eine kleine Rolle spielt. Diese Situationen werden entweder zielbewußt organisiert, oder sie geschehen ganz zufällig mit um so größerer Wirkung.

e) *Die peinliche Situation*

Die erste Variante dieser Situation wird vom Handeln eines Täters, vom Reagieren eines Opfers und vom Verhalten eines Zeugen bestimmt.

Die peinliche Situation wird vom Täter bewußt herbeigeführt, er bringt sein Opfer vor Zeugen in eine Situation, in der das Opfer enthüllt und bloßgestellt wird. Der Täter lacht, das Opfer weint, und der Zeuge ist vergnügt.

In der zweiten Variante unterläuft einer Person ein gesellschaftlicher Fauxpas. Die Etikette wird verletzt, eine Zeremonie gestört, eine Tabugrenze überschritten – vom Messer ablecken bis zum übelriechenden Furz. Der unfreiwillige Täter ist das Opfer pikierter und indignierter

Blicke und Gesten, und im Bestreben, schnellstmöglichst der Opferrolle zu entkommen, wird er die nächste Ungeschicklichkeit begehen. Je eisiger es um ihn herum wird, desto verzweifelter wird er versuchen, lustig zu sein. Oder einer erzählt einen Witz, schüttet sich aus vor Lachen, und keiner lacht mit ihm. Peinlich, peinlich.
In einer dritten Variante stolpert ein harmloser Zeitgenosse in eine ihm in ihrer Bedeutung unklare Situation und will sich – gut erzogen wie er ist – dieser in aller Höflichkeit entziehen. Er versucht dies mit einem Scherz, der, da er mißglückt, die Situation nur noch verschärft. Aber noch immer will der Unglücksrabe alles zum harmonischen Guten wenden. Mißverständnisse, Verwechslungen, Irrtümer, Fehlleistungen feiern im rasanten Wechsel ihre komische Orgie. Der ahnungslose Zeuge wird zum Opfer und muß sich zum mutwilligen Täter mausern, will er der komischen Falle entgehen. Das ist der Held wider Willen: die Rollen Heinz Rühmanns.
Hier ist auch das Feld der Komiker, der komischen Figuren, die ungerührt durch eine Flut von Peinlichkeiten waten, ununterbrochen Regelverstöße begehen, den guten Geschmack permanent verletzen, aber ihr sonniges Gemüt nicht trüben lassen von den Katastrophen, die sie auslösen und hinter sich zurücklassen auf ihrem Weg ins nächste Fettnäpfchen. Ein besonders prägnantes Beispiel für diese komische Technik sind die Katastrophen-Karikaturen von Albert Dubout. »Fast immer steuert Dubout die Katastrophe an – falls sie nicht bereits im vollen Gange ist. Ist sie es, so löst sie Kettenreaktionen aus: Das Unheil, nach allen Seiten hin verflochten, verfilzt, wird unabsehbar – es bildet einen mörderischen Strudel. Besonders unheimlich wirken jene vereinzelten Figuren, die sich inmitten des wirbelnden Tohuwabohu völlig teilnahmslos verhalten, als gehe sie das alles nichts an. Sie erinnern an Buster Keatons Pokergesicht – Träumer in Trümmerhaufen, wobei allerdings nie auszumachen ist, ob sie wirklich träumen oder nur schwer angeschlagen sind.«[2]

Die vorgestellten Situationen beinhalten jeweils ein Lachen der in der Situation befindlichen Personen. Das Lachen ist in diesen Fällen ein situationsbedingtes und in die Situation hineinwirkendes Handeln.

Das kathartische Lachen

Dem gegenüber steht nun ein Lachverhalten, das aus dem Betrachten einer solchen Lachsituation entspringt. Der Betrachtende ist zwar in keiner Weise an der Situation beteiligt, und sie betrifft ihn in ihrem Verlauf und Ergebnis keineswegs, aber sie wird von ihm lachend quittiert. Das ist der »lachende Dritte«. Sein Lachen möchten wir als das kathartische Lachen bezeichnen. Das Lachen ist für ihn eine befreiende Affektentladung. Er genießt sich im Lachen.

Dieses Lachen ist aber auch ein extrem intellektuelles Vergnügen, ein schönes Überlegenheitsgefühl kann sich hier manifestieren und selbst feiern. Natürlich sind die Anlässe zum Lachen und die Inhalte und Funktionen des Lachens von einer ungeheueren Bandbreite. Sie ist das Spezifikum aller lebensalltäglich-realen Erscheinungen wie ästhetisch-fiktionalen Hervorbringungen des Komischen. Im Lachen kann sich die ganze Widersprüchlichkeit und Vielgestaltigkeit der menschlichen Existenz ausleben. Das Lachen kann sich fast jeder Erscheinung der menschlichen Gesellschaft »annehmen« und sie dabei ihrer Unabänderlichkeit und Bedrohlichkeit entkleiden. Wir erinnern nur an die Lachorgie, mit der in dem Märchen »Des Kaisers neue Kleider« der Kaiser in seiner Nacktheit bloßgestellt wird! Da das Lachen oftmals den Alltag seines *normalen*, also genormten Ernstes beraubt, werden das Lachen und das Komische herrschaftlich und öffentlich besonders scharf sanktioniert. Gegen diese Ausgrenzungen und Verbote geht das Lachen und das Komische in seinem geschichtlichen Wandel an. Das Komische gründet zutiefst in der menschlichen Natur und ist zugleich eminent gesellschaftlich-historisch bestimmt.

Der Zuschauer eines komischen Films sollte einen doppelten Gewinn einheimsen können. Er soll eine belachenswerte Geschichte erlebt haben, und es soll ihm durch die Art des Erzählens ermöglicht werden, die Welt mit anderen Augen zu sehen, nämlich mit Humor.

Den grundsätzlichen Charakter des Genres beschreibt Fellini anhand des Widerspiels zwischen Weißclown und dummem August und der kindlichen Zuschauerhaltung angesichts dieses circensisch-komischen Kampfes:

»Der weiße Clown und der August – sie sind Lehrer und Kind, Mutter und Gassenbub, man kann auch sagen der Engel mit dem feurigen Schwert und der Sünder. Es sind die beiden Haltungen der Menschen, der Drang nach oben und der Drang nach unten, getrennt, separiert (…) Je mehr du den August nötigen willst, die Geige zu spielen, desto schrillere Trompetentöne läßt er hören: Der weiße Clown verlangt, daß der August elegant sei, der aber wird um so verlumpter und unbeholfener. Der weiße Clown erschreckt die Kinder, weil er die Pflicht oder (mit einem Modewort) die Repression verkörpert. Das Kind hingegen identifiziert sich sogleich mit dem August, der mißhandelt wird, der das Geschirr zerschlägt, der einem die Wasserkübel ins Gesicht leert. Alles, was die Kinder machen wollen und was die verschiedenen weißen Clowns, die Mutter, die Tante, verhindern – im Circus kann das Kind sich vorstellen, daß es alles Verbotene tut: sich als Frau anziehen, Grimassen schneiden, auf der Straße brüllen, laut sagen, was man denkt …«[3]

Und Fellini nennt den Streit zwischen dem Weißclown und dem dummen August den »Kampf zwischen dem herrlichen Kult der Vernunft« und »der Freiheit des Triebes«, womit er das Komische und das Lachen auch in seiner geschichtlichen Entwicklung als soziales Geschehnis deutet.

25

Das Lachen als soziales Geschehnis

Wir müssen davon ausgehen, daß es geschichtlich geprägte, kulturell verfestigte Lachweisen, daß es ein traditionelles Lachen in den verschiedenen Gesellschaften und Gesellschaftsschichten gab und durchaus auch noch gibt. Genauso gab und gibt es traditionelle Lachverbote. Beides gilt weitgehend für das Verhalten und Auftreten der Menschen in der Öffentlichkeit und in Institutionen wie Schule, Kirche, Behörde, Gericht, Verein usw., ein wesentlicher Fingerzeig für die geeigneten Handlungsorte komischer Filme. Komödien zersetzen öffentliche Räume mittels Lachen.

Dieser Komponente des Lachens wollen wir uns anhand dreier Beispiele nähern. Sie entsprechen dem durchschnittlich verbreiteten Komikverständnis und haben zu einem Gutteil den Erwartungshorizont und das Rezeptionsverhalten des deutschen Filmpublikums geprägt.

Der mittelalterliche Karneval als das europäische Lach- und Komikmodell

Gleichgültig, wie sich die karnevalistischen Feste im Mittelalter abgespielt haben mögen – wirklich verlässliche Quellen gibt es nicht –, so sind doch deren Grundkonstellationen des Komischen in sozialer wie auch in ästhetischer Hinsicht deutlich erkennbar. Ihre Kenntnis ist deshalb auch ein paar hundert Jahre später von Belang, weil diese mittelalterlichen Feste erstmals die Mechanismen und Grundtechniken des öffentlich-komischen Handelns ausgebildet und das heute noch gültige Bild des Komischen mitbegründet haben.

Dieser Karneval war ursprünglich eine interne Angelegenheit der Kirche. Der niedere Klerus tobte sich in Erwartung der Fastenzeit aus. Unter den Argusaugen der hohen Geistlichkeit verkehrten und parodierten die Feiernden die Strukturen und Verkehrsformen, denen sie sonst streng unterworfen waren.

»Der Narrenbischof hielt alsdann einen feierlichen Gottesdienst und sprach den Segen. Die vermummten Geistlichen betraten den Chor mit Tanzen und Springen und sangen Zotenlieder. Die Diakonen und Subdiakonen aßen auf dem Altar vor der Nase des messelesenden Priesters Würste, spielten vor seinen Augen Karten und Würfel, thaten ins Rauchfass statt des Weihrauchs Stücke von alten Schuhsohlen und Exkremente, damit ihm der häßliche Gestank in die Nase führe. Nach der Messe lief, tanzte und sprang Jedermann nach seinen Gefallen in der Kirche herum und erlaubte sich die größten Ausschweifungen, ja einige entkleideten sich vollständig. Hierauf setzten sie sich auf Karren mit Koth beladen, ließen sich durch die Stadt fahren und warfen den sie begleitenden Pöbel mit Unrat. Oft ließen sie anhalten, um mit ihrem Körper die geilsten Gebärden zu zeigen, die sie mit den unverschämtesten Reden begleiteten.«[4]

Hier geht es gnadenlos zur Sache, statt Hostie und Weihrauch Exkremente und Kot, statt Enthaltsamkeit und Askese wüste Libertinage und Völlerei. Das Fleisch und der Sexus genieren sich nicht, sich in aller Öffentlichkeit gegen die Geist-Kirche zu stellen. Praktiziert wurde dies aber von den Befugten – den niederen Klerikern, die ihre eigene Institution im wahrsten Sinne des Wortes durch den Dreck zogen.

Auch das sogenannte Eselsfest verkehrte eine Situation aus der Heilsgeschichte:

»Zum Gedächtnis der Flucht der Jungfrau Maria nach Ägypten suchte man ein junges Mädchen, das schönste in der Stadt aus, putzte es so prächtig als möglich, gab ihr ein niedliches Knäbchen in die Arme und setzte sie so auf einen kostbar angeschirrten Esel. In diesem Aufzuge unter Begleitung der ganzen Klerisei und des Volkes führte man den Esel mit der Jungfrau in die Hauptkirche und stellte ihn neben den hohen Altar. Mit großem Pomp ward die Messe gelesen. Jedes Stück derselben, nämlich der Eingang, das Kyrie, Gloria und Credo wurde mit dem lächerlichen Refrain: Hinham! Hinham! geendigt.«[5]

Der Esel, das schlichte Transportmittel der heiligen Familie, wird zum Herren stilisiert. Gutmütiger Spott und Selbstironie bestimmen scheinbar das Eselsfest. Das Sakrileg scheint gering; aber nur, wenn man nicht weiß, daß der Esel Sinnbild sexueller Omnipotenz ist und nicht der Esel schlechthin, sondern eben diese seine Bedeutung hier gepriesen wird.

Drei Besonderheiten der mittelalterlichen Narrenfeste sind für die weitere Geschichte des Lachens von Bedeutung:

a) Der zentrale Bezugspunkt des närrischen Treibens sind zwei praktische und gedankliche Grundpfeiler der katholischen Wertehierarchie – die Liturgie und die Prozession. Diese beiden Höhepunkte christlichen Lebens werden durch das Narrenhandeln zwar profan beschmutzt und in ihrer Funktion radikal verkehrt – aber nicht in ihrer Struktur zerstört.
   »Die betrunkene Dirne, die als Jungfrau Maria auftrat, der Narr auf dem Sitz des Bischofs, der Verbrecher auf dem Kaiserthron, der Esel im Dom, die Gotteslästerung, das in der Betrunkenheit geübte Kirchenamt: All diese Umkehrungen des *ernsten* Gottesdienstes und Brauches mißachten die herrschende Kultur und Frömmigkeit nicht nur nicht und verwerfen sie erst recht nicht, sondern beruhen vielmehr auf ihr und empfangen von ihr ihre Regeln, so daß sie sie letzten Endes auf ihre Weise bestätigen.«[6]
b) Der Karneval ist männerbündisch dominiert, ganz der mönchischen Tradition der katholischen Kirche verhaftet. Aber er feiert dennoch einen Tabubruch: den straffreien Genuß des weiblichen Körpers. »Als steuerloses Schiff, als

irrer Vogel, so treibe ich dahin, / als ein Geselle der Verworfenen. / Ernsthaftigkeit des Herzens dünkt mir eine Last. / Doch liebenswert und süßer selbst als Speise ist das Lachen. / Ich wandle auf der breiten Straße in dem Mut der Jugend, / tugendvergessen als Schalksknecht des Lasters. / Mehr strebe ich nach Lust als nach dem Heil der Seele. / Dem Geist erstorben, diene ich dem Fleisch.«[7]

c) Die Narrenfeste sind künstlich geschaffene Situationen, Unterbrechungen der sakral dominierten und bestimmten Zeit, und in dieser künstlichen Situation werden die einfachsten menschlichen Bedürfnisse entfesselt und – was noch wichtiger scheint – öffentlich und schamlos ausgelebt und vorgespielt. Die Zeit des Komischen ist ein Anhalten der Ernst-Zeit. In dem dadurch entstehenden Stillstand, nennen wir ihn Lust-Zeit, entfaltet sich mit rasender Geschwindigkeit ein Kosmos der Begierden. Damit das Ganze aber nicht in ein reales Chaos abgleitet (dafür gibt es historische Belege), kann es nur in einer eingeräumten Zeit, in einem strukturell eindeutig bestimmten Rahmen und von einer gesellschaftlich auserwählten und schnell wieder zu disziplinierenden Gruppe ausgeführt werden.

Es gibt einige grundlegende Widersprüche, die im Karneval entgegen dem Alltagsbewußtsein bewertet und ausgestellt werden. Diese Widersprüche dominieren auch die moderne Lachkultur und das gegenwärtige Komödienschreiben. Es sind:

- Profanes versus Sakrales,
- Öffentlichkeit versus Intimität,
- Körperlichkeit versus Geistigkeit,
- Muße versus Arbeit,
- Lust versus Buße,
- Chaos versus Ordnung,
- Spiel versus Ernst,
- Maske versus Charakter,
- Verändern versus Beharren.

Die Begriffe auf der linken Seite bieten eine ziemlich genaue Beschreibung der idealen komischen Welt. In den Begriffen auf der rechten Seite begegnet uns der bürgerlich-christliche Wertekanon des 19. Jahrhunderts, wie er uns im melodramatischen Genre wiederbegegnet.

Die deutsche Domestizierung des Lachens

Es ist deshalb kein Wunder, wenn das karnevaleske Lachen bald aus dem öffentlichen Raum vertrieben und künstlich eingehegt wurde.

Das hemmungslose und schamlose öffentliche Lachen schrumpfte zum behaglichen Schmunzeln. Die häusliche Heiterkeit verdrängte das alles in Aufruhr versetzende öffentliche Lachen. Einerseits gehörte es sich nicht, irgend etwas oder irgend jemanden auszulachen, andererseits sollte sich der bürgerliche Sinn nicht in affektiven Entladungen, sondern in der selbstbeherrschten Haltung darstellen. Die absolute Selbstbeherrschung war das prägende Verhaltensideal. Einzig und allein das einsame Weinen im stillen Kämmerlein war ausdrücklich gestattet und wurde auch zunehmend öffentlich kultiviert. Alle Benimmbücher in der Nachfolge Knigges warnen eindringlich vor dem Hervorrufen einer peinlichen Situation. Öffentliches Lachen ist verdächtig.

Wer lacht, verrät etwas von sich in der Öffentlichkeit. Die das Lachen Betrachtenden können schlußfolgern, welch Geistes Kind der Lachende ist. Das Lachen wird in die Kunsttempel – die Theater – verbannt, wird lizenziert und zensiert. Friedrich Schiller begriff zwar durchaus, daß der Bürger nach Zerstreuung, Ablenkung und Unterhaltung dürstete, aber der humorlose Schwabe verwies all das der Straße und sperrte es ins Theater ein. Hier wurde ein für höhere Zwecke angerichtetes homöopathisches Komikpflästerchen dem zum Zuschauen verurteilten Bürger verabreicht.

»Der Mensch, überladen von tierischen Genuß, der langen Anstrengung müde, vom ewigen Triebe nach Tätigkeit gequält, dürstet nach bessern, auserlesenern Vergnügungen oder stürzt zügellos in wilde Zerstreuungen, die seinen Hinfall beschleunigen und die Ruhe der Gesellschaft zerstören. Bacchantische Freuden, verderbliches Spiel, tausend Rasereien, die der Müßiggang ausheckt, sind unvermeidlich, wenn der Gesetzgeber diesen Hang des Volks nicht zu lenken weiß.«[8]

Diese Erklärung Schillers passte in die deutschen Zustände und bestimmte programmatisch die Geschichte des Lachens in deutschen Landen bis heute. Die deutsche Lachgeschichte ist eher eine Geschichte der Lachverbote, sie wirkt als ein unbewußter innerer Zensor. In Deutschland schämt man sich eines Lachens unter Niveau. Die verblüffende Hilflosigkeit allzu vieler deutscher Komödien erklärt sich daraus.

Der deutsche Kleinbürger, der keine verwurzelte traditionelle Lachkultur kannte, dem das Lachen ausgetrieben wurde, lachte in die vorgehaltene Hand und lästerte hinter dem Rücken. Erst Karl Rosenkranz durchbrach 1853 mit seiner *Ästhetik des Häßlichen* diese Reputierlichkeit, diese Scham vor dem Komischen und dem Lachen. Sein Diktum war kurz und knapp: »Der Künstler vollends, der das Komische produziert, kann dem Häßlichen gar nicht ausweichen.«[9] Das Real-Komische haust in den unbeleuchteten Dreckecken eines jeden Milieus. Die Komödie ist das freudvolle Entdecken dieser Drecknester, die mittels bestimmter Techniken, allesamt dem Repertoire dialektischen Denkens entliehen, nun lustvoll dem öffentlichen Lachen und bestenfalls Reinigen preisgegeben werden.

Rosenkranz widersprach der in Deutschland damals und in weiten Kreisen bis in die Gegenwart hinein gültigen Überzeugung, das Komische und das Lachen habe sich mit den freundlichen Harmlosigkeiten des Lebens zu beschäftigen und lediglich die Satire dürfe etwas im Gesellschaftsschlamm herumwühlen. Müßig darauf hinzuweisen, daß das Buch von Rosenkranz in Deutschland gänzlich unbekannt und wirkungslos blieb. Die theoretische Beschäftigung mit dem Lachen und dem Komischen trennte sich mehr und mehr von der künstlerischen Praxis und versagte völlig angesichts der wachsenden und neu erwachenden Lust des breiten Publikums auf komische Unterhaltung. Erst Volker Klotz begann diese Schere mit seinem *Bürgerlichen Lachtheater* (1980) zu schließen, aber auch seine Untersuchung kaprizierte sich fast ausschließlich auf das 19. Jahrhundert und die deutschsprachigen Texte.

Worüber lacht heute nun der durchschnittliche deutsche Filmkonsument? Und was wird ihm durchschnittlich an filmischer Lachkost gereicht?

Die früher bei vielen Zuschauern sehr beliebte Rezeptionserwartung, mit einem komischen Helden ins komische Gefecht gegen Gott, die Welt und den Teufel zu ziehen, wird zur Zeit nicht bedient. Kein neuer Heinz Rühmann, kein neuer Jacques Tati, kein neuer Pierre Richard oder Louis de Funès ist sichtbar. Auch die Satire scheint gegenwärtig gar nicht in das Schema produktionswürdiger deutscher Filmdrehbücher zu passen, *Schtonk* war die große Ausnahme. Gegenwärtig werden drei andere Rezeptionserwartungen bedient:

1. Der heitere oder ironische Abschied von der jüngsten deutsch-deutschen Vergangenheit *(Helden wie wir; Sonnenallee; Go Trabi, go).*
2. Die pure Lust, sich von Witzen, Sketchen und Blödeleien, die durch einen kaum strukturierten Plot zusammengehalten werden, unterhalten zu lassen. *(Otto-Filme, Ballermann 6).*
3. Das helle Vergnügen an den angloamerikanischen schwarzen Komödien, blutrünstigen Parodien und schrillen Travestien, den radikalen Verkehrungen aller Mitleidstorys. Das Häßliche ist das Komische und der Gegenstand des Lachens.

Die letztbenannte Rezeptionshaltung ist ein Teil des großen Paradigmenwechsels in vielen Bereichen der deutschen Kultur. Erstmals wird – zumindest im Rezeptionsverhalten – vorbehaltlos fremden Mustern des Komischen der Vorzug vor den eigenen traditionellen Modellen gegeben. Mit dieser Tatsache müssen nun aber auch die Produzenten rechnen und nicht mehr der fragwürdigen Konstruktion einer deutschen Filmkomödie nachhängen. Deshalb wollen wir zumindest ein Spezifikum der angloamerikanischen Lachtradition etwas genauer betrachten.

Der komische Tod

Am Anfang steht wahrscheinlich Mark Twain mit seiner köstlichen Geschichte *Journalismus in Tennessee*. In seiner drastisch-übertreibenden Manier erzählt er, wie damals in den rauhen Pionierzeiten der Konkurrenzkampf zwischen zwei Zeitungsverlegern noch Mann gegen Mann mit der Waffe in der Faust ausgetragen wurde und wie dem dabei eigentlich unbeteiligten Hilfsredakteur »ins Bein geschossen« wird.

»Während sie [die beiden Verleger] ihre Waffen wieder luden, unterhielten sie sich eine Weile über die Wahlen und die Ernte, und ich [der Hilfsredakteur] ging ans Verbinden meiner Wunden. Aber bald wurde das Feuer mit großer Lebhaftigkeit von neuem eröffnet, und jeder Schuß traf – doch muß ich dazu bemerken, daß fünf von den sechs Schüssen auf mein Teil fielen. Durch den sechsten wurde der Colonel tödlich verwundet; mit feinem Humor äußerte er, daß er sich jetzt leider empfehlen müsse, da er in der Stadt noch etwas zu erledigen hätte. Dann erkundigte er sich nach der Adresse des Leichenbestatters und verabschiedete sich.«[10]

Etwa zur Entstehenszeit dieses Textes unterhielt die Pantomimengruppe Brüder Hanlon-Lees in Paris ihr begeistertes Publikum mit einer wüsten Mixtur von Mord, Totschlag, Folter. Sie zeigten, wie

- ein Barbier seine Kunden rasiert, ihnen dabei auf die Nerven geht, ihnen dann die Köpfe absäbelt und sie schließlich wieder anklebt;
- ein Zahnarzt sich vergeblich bemüht, mit einem Kran einem Patienten den Zahn zu ziehen, und es ihm erst mit Hilfe eines Schrapnells gelingt;

- ein Bäcker einen Jungen in den Ofen schiebt, weil er dessen Fragerei nach frischem Brot satt hat;
- ein Jäger einer trächtigen Katze in den Bauch schießt und es darauf kleine Katzen regnet;
- ein junger Diplomat während eines Galaempfangs, erzürnt über die Dame, mit der er tanzt, dieselbe zu Boden wirft, dabei jedoch die gute Laune nicht verliert und seinen freundlichen Gesichtsausdruck beibehält, sie wieder aufhebt und die Dame, als ob nichts geschehen sei, das Gespräch lächelnd fortsetzt;
- ein Schlafwagen brennt und explodiert und als sich der Rauch verzieht, die Schaffner still und hungrig auf einem Baum über der Brandstätte hängen.[11]

Rosenkranz hat recht: »Der Mord endlich kann komisch nur als Parodie erscheinen.«[12] Die komische Wirkung dieser Situationen ist nicht nur durch die hervorgerufene Schadenfreude zu erklären, sondern auch ihrer schnellen und kalten, weil stummen, letztlich mechanischen Unaufhaltsamkeit zuzuschreiben. Die dargestellten Morde sind geplante Kunststückchen oder extrem zufällige Ergebnisse unglückseliger Ursachenverknüpfungen. Selbst der Tod einer Person oder ganzer Kohorten fiktiver Figuren kann Anlaß reinster Zuschauerfreude sein, wenn die Opfer dem Zuschauer völlig fremd sind, sich hinter ihren Körpern keine Gesichter und Schicksale verbergen und ihre Exekution raffiniert vorausbedacht oder ganz aberwitzig nebenher geschieht.

In diesem Bezugssystem zwischen nonchalanter Ironie und teuflischen Greueltaten mit entsprechenden Bestrafungsorgien nach dem Prinzip »Zahn um Zahn« operiert das komische Subgenre der schwarzen Komödie, deren letzter großer Erfolg *Pulp Fiction* war.

Dieser Film vereint in sich fast alle Bestandteile und dramaturgischen Kunstgriffe dieses Genres: eine völlig autarke künstliche Welt, einen omnipotenten ironischen Erzähler (die Verschiebung der einzelnen Episoden in-, über- und nacheinander ist klar erkenntlich das Werk des Autors und ergibt sich keineswegs aus einer nachprüfbaren Handlungslogik in einem realen Raum-Zeit-Kontinuum) und einige halbseidene Typen, die durch ihr Schwanken zwischen »hemingwayschem« Tratschen und professioneller Killermentalität samt ihren weiblichen Trabanten schnell als komische Kunstfiguren erkannt werden. Tarantino parodiert und zitiert die »hard-boiled«-Krimis, die Boxer-Melodramen und die amerikanische Heldengeschichte vom einsamen guten Gangster unter den vielen bösen Gangstern.

Plessner weist noch auf eine andere Art des komischen Todes hin: »Es gibt entsetzliche Katastrophen, die höchst komisch wirken.« Diese Behauptung veranschaulicht Plessner mit einem köstlichen Beispiel: »Dem kühnen Flugzeugkonstrukteur, der in geschlossener Halle vor Tausenden gespannter Zuschauer seine Maschine besteigt, das Zeichen zum Start gibt und im nächsten Augenblick an der gegenüberliegenden Wand klebt, folgt donnerndes Lachen der Verblüffung als letzte Salve über das Grab seines zu jäh geendeten Heldenlebens. Hier tritt der Tod nicht als Ende eines Konflikts, sondern als Fiasko einer Provokation ein und wird durch den mechanischen Effekt zugleich karikiert.«[13] Plessner charakterisiert treffend ein ganzes Subgenre des komischen Spiels mit dem Tod, den komischen Abenteuerfilm und seine Abart, die Agentenkomödie.

Dagegen liest sich das angeblich klassische Komikrezept eines Charles Chaplin schon sehr altväterlich und betulich: »... meine Filme sind alle um die Idee herumgebaut, daß ich in Schwierigkeiten gerate und damit die Chance bekomme, mich verzweifelt ernsthaft darum zu bemühen, als normaler kleiner Herr zu erscheinen. Ich bin mir in dem Punkt so sicher, daß ich nicht nur versuche, mich in peinliche Situationen zu bringen, sondern auch bestrebt bin, die anderen Figuren des Films mit hineinzuziehen. In *The Adventurer* erreiche ich dies, indem ich mich erstmal auf einen Balkon setze und mit einem Mädchen Eis esse. Direkt unter dem Balkon plazierte ich eine untersetzte, würdevolle, gutangezogene Dame an einen Tisch. Beim Eisessen fällt mir dann ein Stück Eis von meinem Löffel, rutscht durch meine weite Hose und fällt vom Balkon hinab in den Nacken dieser Frau. So einfach dieser

Kunstgriff auch erscheinen mag, so macht er sich doch Grundzüge der menschlichen Natur zunutze. Zum einen bereitet es dem Durchschnittsmenschen stets Vergnügen, wenn Wohlstand und Luxus in Schwierigkeiten geraten. Wenn das Eis zum Beispiel einer Putzfrau in den Nacken gefallen wäre, dann hätte das keinen Lacher ergeben, sondern Mitleid mit der Frau hervorgerufen. Und weil eine Putzfrau keine Würde zu verlieren hat, wäre diese Pointe auch nicht witzig gewesen. Wenn reichen Frauen Eis in den Nacken fällt, bedeutet das dagegen für das Publikum, daß die Reichen nur das bekommen, was sie verdienen.«

Und nun zieht Chaplin bezeichnenderweise einen »melodramatischen« Schluß: »Wenn ich sage, daß die Menschen nachempfinden, was den Leuten auf der Leinwand widerfährt, meine ich – wenn wir einmal bei dem Beispiel mit dem Eis bleiben –, wenn die reiche Frau sich schüttelt, schüttelt sich auch das Publikum. Dem Publikum muß der Umstand, der einen Menschen in eine mißliche Lage bringt, immer vollkommen vertraut sein, sonst verstehen die Leute überhaupt nicht, worum es geht.«[14]

Die schwarze Komödie ist das glatte Gegenteil dieser melancholisch-melodramatisch eingefärbten, philanthropisch bewegten, scheinbar sozialkritisch ausgerichteten Komik. Sie verhandelt in der grotesken Verzerrung die realen Mechanismen der modernen Konkurrenzgesellschaft und begnügt sich nicht mehr mit den kleinen Triumphen der eigentlichen Verlierer dieses Systems. Die Groteske rechnet mit einem Zuschauer, der bereit ist, sich dem gesamten Weltgetriebe kritisch-verlachend zu stellen, die immanente Komik aller Erscheinungen zu genießen, ihn interessiert das Gesellschaftlich-Komische in seiner irritierenden Gänze.

26

Das Lachen-Machende – Das Komische

Jede Theorie des Komischen und alle normativen Komödiendramaturgien müssen scheitern, wollen sie Endgültiges über ihre beiden Gegenstände formulieren. Denn wo und wie »läßt sich angesichts der Erscheinungsformen des Lächerlichen und des Komischen eine Grenze zwischen Leben und Kunst, pragmatischem Verhalten und ästhetischer Einstellung ziehen? Wo beginnt hier die spezifisch ästhetische Erfahrung? Wie weit reicht im Akt des Lachens das Ästhetische vorgängig oder auch rückwirkend in die Pragmatik lebensweltlicher Erfahrung hinein?«[15]

Wir gehen davon aus, das Komische nicht aus dem Fundus der vorhandenen Komödien, Lustspiele etc. erklären zu können. Wir bemühen uns vielmehr, ein voraästhetisches Wissen zu skizzieren, ist doch das blinde Repetieren der als komisch geltenden Verfahren, wie sie sich eben in diesem Fundus niedergeschlagen haben, zwar unumgänglich, schärft aber keineswegs den Blick dafür, was Komik ist.

Im alltäglichen Sprachgebrauch dienen die beiden Begriffe »komisch« und »tragisch« zur Beschreibung von inneren Zuständen. Mit ihnen wird aber auch das Verhalten und das Schicksal anderer Personen bewertet. Daraus sind Sprachstereotype geworden, die ganz eindeutig den ästhetischen Inhalten der Begriffe vorgeordnet sind und ein nicht zu unterschätzendes ästhetisches Vorverständnis formulieren. Dieses Vorverständnis wird dann als Zuschauererwartung gegenüber den üblichen Genrebegriffen artikuliert.

Die Begriffe »komisch«/Komödie und »tragisch/Tragödie« sind durch ihren altgriechischen Ursprung fest mit normierten ästhetischen Sachverhalten verbunden. Doch der deutsche Sprachgebrauch hat sich die beiden Wertbegriffe »tragisch« und »komisch« ganz anders zurechtgelegt.

Der Begriff »tragisch« wurde in seiner alltäglichen Benutzung zum Synonym für den unausweichlichen, gleichsam blinden Schicksalsschlag, der den Unschuldigen jählings trifft: »Auf tragische Weise endete das junge Glück der Ramona Schulze, überfuhr sie doch der neue Wagen ihres Verlobten, hatte doch dieser die Handbremse nicht eingelegt.«

In der ursprünglichen ästhetischen Verwendung des Begriffs »Tragik« ist jedoch das von Tragik heimgesuchte Subjekt eines, das die Tragik, sprich seinen Untergang, durch sein aktives Handeln selbst hervorruft und verantwortet. Die arme Ramona Schulze hatte schlicht Pech, was durchaus traurig ist. Der umgangssprachliche, alltägliche Gebrauch des Begriffs hat also nichts mit dessen ursprünglicher Bedeutung im antiken Theater zu tun. Statt den Täter und sein Handeln mit dem Urteil »tragisch« zu versehen, wird das tatenlose Opfer zur »tragischen« Person.[16] Im Umgangsdeutsch heißt »tragisch« schon längst: »Das ist aber traurig!«, was jedoch seine ästhetische Entsprechung im Begriff des »Melodramatischen« hat. »Tragisch« ist nur noch ein *Terminus technicus* innerhalb des engen Expertenzirkels der Ästhetiker.

Wie nun aber wird der Begriff »komisch« und zu welchem Zweck, mit welcher Absicht im alltäglichen Sprechen benutzt?

Hier einige typische Beispiele, die die Bandbreite der Wortbedeutung zeigen:

I.

Mit dem Begriff »komisch« bewerte ich ein internes Gefühl, ein körperliches und seelisches Mißbefinden, dessen Ursache ich nicht präzise bestimmen kann, von dem ich aber weiß, daß es nicht üblich und nicht normal ist:

- »Ich fühle mich irgendwie komisch …«
- »Mir ist so komisch zumute!«

- »Ich weiß ja nicht einmal, wo das komische Gefühl herkommt!«

II.

Mit dem Begriff »komisch« registriere ich ein mich nicht unmittelbar tangierendes Geschehnis, das von einer unerklärlichen Merkwürdigkeit geprägt ist, die sich mir in ihrem Sinn nicht erschließt:

Ein Sonntagnachmittag. Eine Straßenkreuzung und ein Café. Plötzlich schiebt sich ein junges Pärchen in das Blickfeld der das Straßentreiben beobachtenden Cafégäste. Das Pärchen steht mitten auf der Kreuzung, sie drängt sich eng an ihn, ihre Hände klammern sich in die Revers seines Jacketts, er löst brüsk ihren Griff und geht schnell einige Schritte von ihr weg. Sie schlägt die Hände vors Gesicht. Er kehrt zurück, kommt auf sie zu, sie reden. Er geht wieder. Sie steht, schwankt, geht jetzt auf den Bürgersteig, und er kommt wieder auf sie zu. Er steht vor ihr – sie sinkt vor ihm in die Knie. Er kauert jetzt vor ihr. Die Sonntagsspaziergänger gehen mit ihren Kindern und Hunden im leichten Bogen, mit einem verstohlenen Blick an den Kauernden vorbei. Im Café lachen die Männer über das Mädchen. Die weiblichen Gäste versuchen verschämt die Situation und das männliche Lachen zu ignorieren. Es ist ihnen peinlich, was sich da abspielt, und wie die Männer es bewerten. Die weibliche Bedienung spricht mit einem einzelnen Mann. Sie findet es komisch, was da vor ihren Augen geschieht, es kommt ihr merkwürdig vor, lachen kann sie nicht, sie ist eher beunruhigt, und sie fragt sich, ob sich das gehört, so mitten auf der Straße, das sei nun noch besonders komisch.

III.

Mit den Begriffen »komisch / Komiker« weise ich einen anderen scharf zurück.

- »Benimm dich nicht so komisch, sei doch mal vernünftig!«, bis hin zu:
- »Sie Komiker, Sie!«

Mit dem Begriff »komisch/Komik(er)« verbinden sich also sehr unterschiedliche Bedeutungen. Er findet in den verschiedensten Sprachspielen seine Anwendung und ist nicht auf einen Begriff zu bringen. Dennoch lassen sich einige Bedeutungen benennen, die für seine Nutzung im ästhetischen Sprachspiel von grundsätzlicherem Belang sind.

Bevor wir jedoch erörtern wollen, welche Geschichten wie erfunden werden müssen, daß sie als komisch von den Zuschauern mit einem »Lachen« quittiert werden, müssen wir uns in dem Übergangsfeld von lebensalltäglich-realer und ästhetisch-fiktionaler Komik noch genauer umsehen. Dafür soll uns das Stenogramm eines frühmorgendlichen Familiengeschehnisses dienen. Es hat keinerlei ästhetische Absichten, es ist einzig und allein die Nachzeichnung eines Sprechakts, in der die begriffliche Vielfalt von Komik/komisch und die situativen Möglichkeiten des Lachens aus der Optik des Protagonisten (Mutter), des Antagonisten (Sohn) und des »lachenden Dritten« (Vater) idealtypisch zusammengefaßt wird.

Die verschwundene Frühstücksmilch

Die Mutter öffnet frühmorgens den Kühlschrank, greift routiniert hinein und verharrt inmitten der Bewegung, denn: Die Hand hat ins Leere gegriffen! Die Milch, diese unverzichtbare Grundlage für das Frühstück des Sohnes, befindet sich nicht am gewohnten Platz. »*Komisch,* das kann doch nicht sein, die Milch muß doch da sein!« Die Mutter arbeitet sich in die Tiefen des Kühlschranks vor, sie verschwindet bis zum Oberkörper in ihm, da betritt der Sohn die Küche und lacht auf: »Was machst denn du da *Komisches*?« Die Mutter windet sich aus dem Kühlschrank heraus: »Das ist gar nicht zum *Lachen* und schon gar nicht *komisch,* das ist *ernst,* ich suche deine Milch.« Darauf verschwindet sie wieder im Kühlschrank, um ihn jetzt grundsätzlich auszuräumen, denn die Milch muß ja da sein. Der Sohn sieht stirnrunzelnd zu: »Mutter, Du machst dich *lächerlich*!« Mutter: »So, dann kann ich ja gehen, hackt nur alle auf mir rum.« Um die Mutter zu beruhigen, beginnt der Sohn ebenfalls nach der Milch zu suchen: »Es wäre doch *ge-*

lacht, wenn wir die Milch nicht finden würden!« Mit großer Gründlichkeit beginnt er den Kühlschrank auszuräumen. Die Mutter sieht verwundert ihrem Sohn zu. »Was machst du da eigentlich? Du bringst doch alles durcheinander, meine schöne Ordnung ...« Der Sohn traut seinen Ohren nicht: »Jetzt wird's *irre*, ich suche deine *blöde* Milch, und du fragst mich, was ich mache! Irgend jemand *spinnt* hier.« Die beiden stehen sich hochgradig erregt gegenüber. Da betritt der Vater die Küche: »Seid ihr verrückt geworden, spielt ihr hier *Theater*, oder was soll das *Chaos* hier?« Mutter und Sohn: »Wir suchen die verschwundene Milch.« Der Vater starrt beide an, öffnet den Mülleimer, zieht ein leeres Tetrapack Milch heraus: »Das ist aber *peinlich*, die habe ich heute nacht getrunken.« Sohn: »Das ist echt *witzig*.« Die Mutter: »Du bist wohl *wahnsinnig* geworden!« Sohn: »Sei nicht *albern*!« Vater: »Mit euch ist kein *vernünftiges* Wort zu sprechen, ihr *Komiker*, ihr seid ja beide total *verdreht*.« Mutter: »*Unsinn*, du störst, aber dir ist das nicht einmal *peinlich*.« Vater: »Sieh es doch mal von der *lustigen* Seite, du suchst was, was gar nicht mehr da ist, das ist doch *komisch*!« Sohn: »... oder *absurd*.«

Mutter: »*Veralbern* kann ich mich selbst, jetzt reicht es ... Schluß mit *lustig*!«

Mit der letzten Replik der Mutter kündigt sich eine Katastrophe an. Hier begänne entweder eine Familientragödie oder -komödie.

Die beschriebene Familiensituation kreist letztlich um den Begriff »Unsinn«. Mit »Unsinn«/»unsinnig« wird allgemein eine Handlung beschrieben, die wider alle menschliche Erfahrung unternommen wird und deshalb wahrscheinlich höchst uneffektiv, gänzlich wirkungslos, ja gar schädlich für den Handelnden selbst auszugehen hat.

Genau hier setzt aber der ästhetische Zugriff an: »Unsinn machen heißt Unsinn (nonsense) erfinden, heißt heraustreten aus dem gewöhnlichen Sinngefüge und seiner Ordnung. Die Freude am Unsinn schiebt nur für eine Weile das beiseite, was sonst gilt, ohne es zu beseitigen, und es fordert vom Lachenden und Mitlachenden die Loslösung von dem, was er sonst ist, ohne die Normen seiner Existenz aufzuheben.«[17]

Den Zuschauerbezug dieser Art Komik beschreibt Chico Marx so: »Die Ursache dafür, weshalb es den Leuten gefällt, daß wir irgendwas Verrücktes machen, etwas, das uns gerade in den Kopf kommt, ist ganz einfach zu erklären. Weil nämlich jeder, selbst der normalste Mensch, wenigstens von Zeit zu Zeit einmal ebenso handeln möchte. Und deshalb können wir uns irgendwelche Hemmungen nicht leisten.«[18]

Im außerästhetischen Bereich werden diese scheinbaren Unsinnigkeiten schnell und deutlichst mit Attributen wie albern, dumm, blöd, schwachsinnig, dämlich, einfältig, irre, närrisch oder wahnsinnig diffamiert. Diese Begriffe spielen den »gesunden Menschenverstand« gegen ein Verhalten aus, das sich außerhalb der Normen und Normalitäten bewegt.

»Es scheint mir, jedes Übermaß an Leidenschaft, Vorurteil und Appetit, an Liebe, Angst, Neid, Eifersucht, Rache, Habsucht und Ehrgeiz, an Träumereien und Kaprizen der Phantasie, ebenso die Märchen von arabischen Nächten, kurz, praktisch alle Poesie und die Eloquenz, jede Abweichung vom puren logisch-mathematischen Denken, all das kann man in irgendeiner Form als Geisteskrankheit bezeichnen.«[19]

Zweifellos verhält sich der Wahnsinnige in einer anderen, in seiner Welt, einer Welt, die nach anderen Regeln und Gesetzen strukturiert ist als die Welt, in der sich die anderen bewegen. Der krankhaft Wahnsinnige ist heute kein Gegenstand der allgemeinen Belustigung mehr, was er bis ins 17./18. Jahrhundert in Europa auf Marktplätzen und an Fürstenhöfen war und bis in die Gegenwart hinein noch als Dorftrottel für eine bornierte Minderheit sein mag. Aber die bewußte ästhetische Außerkraftsetzung aller Regularien, die scheinhafte Überlistung selbst von physikalischen Gesetzen (die Filmspezifik schlechthin), ist eine gezielte Annäherung an die Empfindungs- und Vorstellungswelt des Wahnsinns, einer Welt, die einerseits bedrohlich furchteinflößend und angstmachend als schwarze Romantik auftritt und andererseits als aberwitzige schwarze Komödie blankes Vergnügen bereitet. Henri Bergson beschreibt diesen ästhetischen Transformationsvorgang unübertrefflich: »Gibt es also einen lächerlichen Wahnsinn, so kann es nur ein solcher sein, der bei geistiger Gesundheit bestehen kann, ein normaler Wahnsinn, könnte man sagen. Nun gibt es einen normalen Geisteszustand, der Punkt für Punkt dem Wahnsinn ähnlich ist, wo man dieselben Ideenassoziationen wie bei Geistesabwesenden und dieselbe sonderbare Logik wie bei Leuten mit fixen Ideen wiederfindet. Das ist der Traum. ... Die komische Absurdität ist von derselben Natur wie die des Traumes. Nicht selten kann man im Traume ein ganz eigentümliches Crescendo beobachten, eine Verrücktheit, die immer verrückter wird.«[20]

Mit diesem Gedanken Bergsons verlassen wir die bisher weitgehend lebenspraktisch orientierte Diskussion der Begriffe »Lachen« und »Komisch« und begeben uns nun in die ästhetische Debatte, dessen Gegenstand die Produktion und Rezeption eines komischen Werkes ist.

Ein Vergleich von Ferenc Molnárs Schauspiel *Eins, zwei, drei* mit Billy Wilders filmischer Adaption und Fortentwicklung verdeutlicht sehr gut, was Bergson mit dem komischen Crescendo meint, und zugleich wird anhand des Vergleichs auch die Spanne kenntlich, die zwischen einer komischen Grundidee – Molnárs Stück – und einer durchgeführten komischen Geschichte – Wilders Film – liegt.

Molnárs Schauspiel hat folgende Grundidee:

Ein europäischer Bankpräsident hat die Tochter des größten amerikanischen Automobilproduzenten seit sechs Monaten zu Gast. Jetzt ist das halbe Jahr europäischen Bildungsurlaubs um. Da, in buchstäblich letzter Sekunde, offenbart sich das Mädchen dem Bankpräsidenten: Sie ist seit Monaten heimlich verliebt, verheiratet und schon schwanger, und ihr Mann ist ein mittelloser Taxifahrer. Der Bankpräsident ist natürlich entsetzt, hat er doch die Tugend des ihm und seiner Familie anvertrauten Mädchens nicht genügend bewacht und beschützt und wird deshalb vielleicht die profitable Geschäftsbeziehung mit dem amerikanischen Autogiganten verlieren. Doch der Präsident weiß die Rettung: Der junge Mann muß in einen respektablen Schwiegersohn verwandelt werden. Dafür stehen exakt sechzig Minuten zur Verfügung, da sich des Mädchens Eltern in einer Stunde angesagt haben.

Diese Ausgangssituation wird von Molnár a tempo in 15 Minuten etabliert, und im langen »Rest« – der etwa eine Stunde dauert – läuft nichts weiter ab als die perfekt funktionierende Verwandlung des einverständigen Chauffeurs unter Mithilfe seiner Frau und des gesamten Personals der Bank. Das läuft wie geschmiert, es gibt kein einziges Hindernis für den Bankpräsidenten.

Doch dadurch wird die Handlung immer einfacher, das Geschehen immer vorhersehbarer, alles verläuft für den Zuschauer erwartungsgemäß. Die komische Wirkung verpufft, was bleibt, ist nur noch das beifällige Lächeln für die Managementqualitäten des allgewaltigen Bankpräsidenten und das freundliche Belächeln der Technik des Autors, wie er sich an der selbstgestellten Aufgabe, der absoluten Unwahrscheinlichkeit des Vorgangs den Schein des Glaubwürdigen zu verleihen, abarbeitet, was ihr jedoch die Komik austreibt.

Molnár serviert zwar eine glänzende komische Grundsituation, entwickelt daraus aber nur einen linearen und konfliktschwachen Vorgang und präsentiert diesen zudem noch in zahlreichen, nahezu unterschiedslosen Varianten. Molnár verzichtet auf das, was Bergson *Crescendo* nennt – mit dem Ergebnis, daß sich die Idee im Stück selbst totläuft.

Was aber macht nun Billy Wilder aus der komischen Grundidee, damit aus ihr eine Komödie wird?

Er türmt eine Unzahl immer komplizierterer und immer unlösbar erscheinender Hindernisse zwischen die rettende Idee »Umbau des Underdogs in einen Herren« und die endliche Realisation derselben. Erst kurz vor Schluß des Films kann die Verwandlung stattfinden. Sie ist im Handumdrehen erledigt. Die Komik des Films resultiert aus den ungeheuren Anstrengungen, die es kostet, allen Schicksalsschlägen – und sie hageln knüppeldick – zu entkommen und dem Ernst des Lebens ein Schnippchen zu schlagen.

Der komische Autor Wilder kostet die Widersprüche der Welt aus, um daraus sein wagemutiges Lachkonstrukt zu basteln. Immer wieder schiebt Wilder in dem Augenblick, in dem sich alles zum Guten zu wenden scheint, dem Helden ein neues und zunehmend komplizierteres Hindernis in den

Weg, und der Zuschauer freut sich schon diebisch auf das nächste, von dem er inständig hofft, es sei immer noch nicht das letzte. Dabei läßt Wilder so gut wie keine der von uns beschriebenen Lachsituationen aus. Er räumt dem Zuschauer die Position des lachenden Dritten ein und ermöglicht ihm gleichzeitig die verschiedensten anderen Formen des Lachens. Das ist mehr als ein komischer Geniestreich Wilders, darin manifestiert sich eine grundsätzliche Regel für eine gelungene Filmkomödie. Wie das im einzelnen dramaturgisch bewerkstelligt wird, beschreiben wir zum Abschluß in unserer Filmanalyse.

In den folgenden Kapiteln stellen wir dar, wie das vorgängige Wissen um das Alltäglich-Komische und um die kommunikativen Aspekte des Komischen in der normalen Lebenspraxis lustvoll und mutwillig ins Ästhetisch-Fiktive transformiert werden kann und welche ästhetischen Gestaltungsmittel, welche dramaturgischen Techniken und traditionellen Gestaltungsformen dafür nutzbar gemacht werden können. Deshalb soll die Herstellung komischer Texte in folgenden Schritten erörtert werden:

1. die komische Situation / der komische Konflikt,
2. der komische Held,
3. die Techniken des komischen Gestaltens,
4. die dramatischen Darstellungsformen des Ästhetisch-Komischen.

27

Lachen machen

Die komische Situation

Die Polizei hält einen Traktorfahrer an, der – anscheinend betrunken – mit seinem Fahrzeug bedenkliche Schlangenlinien fährt.

Polizist: Können wir bitte Ihren Führerschein haben?

Traktorfahrer: Ja, hamm S' denn den nicht mehr??

Der Witz komprimiert erzählerisch und spitzt inhaltlich lebensalltägliche komische Situationen so zu, daß die verschiedenen Witz-Strukturen gleichsam einen Musterkatalog der ästhetisch komischen Situationen bilden. Um diesen Strukturen auf die Schliche zu kommen, schauen wir uns zuerst an, welche Informationen diesem Vier-Zeilen-Witz immanent sind:

Offensichtlich gibt es eine Vorgeschichte: Man ist bereits aufeinandergetroffen, der Traktorfahrer hat bei der letzten Begegnung seinen Führerschein schon abgeben müssen. Aber er hat (anders als der Leser/Hörer dieses Witzes) offenbar die Ursache (wie etwa Trunkenheit am Steuer) in keinen Zusammenhang zur Wirkung (Verlust des Führerscheins) gebracht. Diese Entkopplung von Ursache und Wirkung ist ein vielfältig benutztes Komikwerkzeug, auf das wir später noch eingehen werden.

Weiter im Witz: Wie uns der Dialog verrät, haben beide Parteien ein unterschiedliches Verhältnis zum Führerschein.

Für den Traktorfahrer ist der Führerschein ein bloßes Stück Papier, das nichts mit dem technischen Vorgang des Fahren*könnens* zu tun hat. Für die Polizisten ist er *die* Voraussetzung dafür, ein Fahrzeug führen zu *dürfen*. Der Witz etabliert somit einen Grundwiderspruch und weist uns damit auf die erste und wohl wichtigste Voraussetzung von Komik hin: die Behauptung zweier unterschiedlicher Wertesysteme, die einander ausschließen. Beide Seiten dieses kleinen Konflikts haben keine Idee von der Vorstellungswelt der Gegenseite, halten die ihre für die einzig mögliche. Weder kann der Polizist in seiner Vorstellungskraft das Verhältnis des Traktorfahrers zu seinem Führerschein nachvollziehen, noch kann der Traktorfahrer begreifen, daß ein Stückchen Papier – Führerschein genannt – notwendige Voraussetzung dafür sein soll, sich hinter das Steuer setzen zu können.

Aber auch eine zweite Verfahrensweise zur Produktion von Komik wird an diesem Beispiel sichtbar. Auf die Frage nach dem Führerschein erwartet der »gesunde Menschenverstand« entweder das Vorzeigen des Dokuments oder auch Ausflüchte – auf jeden Fall eine bekannte Reaktion auf die Aufforderung der Polizisten. Diese Erwartung wird nicht erfüllt, sondern in einen unvorhersehbaren Ausgang verkehrt.

Entkopplung von Ursache und Wirkung und die Nichterfüllung von Erwartungen – beide Techniken haben eines gemeinsam: Sie stehen in Opposition zur Vernunft. Wenn ein Slapstick-Gag dadurch vorbereitet wird, daß der Komiker sich angesichts einer Pyramide von Konservendosen ausgerechnet für eine aus der untersten Reihe interessiert, dann mag das für sein Denken ein völlig natürlicher Vorgang sein. Für den Zuschauer ist dies nicht vernünftig. Wenn der Komiker dann die Dose aus der untersten Reihe herauszieht und die Pyramide kippt nicht, wird an dieser Stelle unsere Erwartung nicht erfüllt. Ein anderer Kunde nimmt sich vernünftigerweise seine Dose von ganz oben – und erst jetzt fällt die Pyramide in sich zusammen. Das ist ein komischer, weil unerwarteter Ausgang.

Wir behaupten also, daß Komik in strenger Opposition zur Vernunft steht. »Vernunft« bedeutet dabei nicht »Logik«, sondern die Anerkennung der Verhältnisse, »so wie sie sind«. Komische Gestaltung opponiert gegen die normative Kraft des »Üblichen«. Die Vernunft verbietet die komische Tat. Wenn diese Vernunft zur Disposition steht, muß sie ja wohl durch etwas anderes ersetzt werden. Was könnte dies sein?

Das Lachen über eine komische Situation ist in diesem Falle die Freude darüber, daß etwas nicht so geschieht, wie es erwartet, gewohnt, befürchtet und eben (leider) vernünftig ist. Unser Lachen über die Gegenfrage in unserem Beispielwitz ist die Freude darüber, daß das Ordnungssystem »Fahren bedarf eines amtlichen Führerscheins« auf eine unvorhergesehene Weise, aus einem anarchischen Blickwinkel heraus, in Frage gestellt wird. Der Traktorist *kann* fahren. Das Thema, ob er es denn auch *darf*, steht für ihn nicht an. Warum sollte er jemanden fragen, ob er fahren *darf*? Für ihn eine absurde Vorstellung.

Es könnte auch eine Welt ohne Führerschein und polizeiliche Kontrolle solcher und ähnlicher Dokumente geben – das ist die subversive Botschaft dieses Witzes. Eine Utopie – so unerfüllbar wie alle Utopien – scheint im Hintergrund kurz auf. Nicht als Problemlösung, sondern als Inspiration, weiter durch destruktives, also komisches Verhalten das Starre, unveränderlich Vernünftige zu bewegen.

Im Ergebnis eines solchen Konflikts wird jedes Wertesystem durch das jeweils andere in seiner Einseitigkeit, in seiner Beschränktheit kenntlich gemacht, was zu einer der kommunikativen Hauptleistungen des ästhetisch gestalteten Komischen gehört. Im Gegenzug zur anarchischen Veränderung versucht das Bestehende, den »komischen Verfehler« zu integrieren und zu domestizieren oder auszugrenzen, indem er interniert wird. RENATE, die Ehefrau von HEINRICH LOHSE aus Vicco von Bülows *Pappa ante portas*, steht nach der Pensionierung ihres Gatten vor einer solchen Aufgabe. Gelingt es ihr nicht, HEINRICH entweder in den bisher funktionierenden Haushalt einzubinden oder zumindest seine »Hilfe« zu unterbinden, droht der Kollaps ihres häuslichen Lebens.

Wenn der Zuhörer eines Witzes oder der Zuschauer einer komischen Situation in die Lage versetzt werden soll, für sich den Unterschied zwischen Vernünftigem und Destruktivem, zwischen Erwartetem und Unerwartetem zu realisieren, braucht er ein gewisses Maß an Distanz zum Geschehen. Die völlige und einseitige Identifikation mit dem Geschehen ist komikuntauglich.

Erst schafft die komische Situation den Abstand zu den handelnden Figuren, indem sie für sie einen Verhaltenskontext findet, der von dem des Rezipienten verschieden ist, um dann durch gerade diese Distanz zu wirken. Die Figuren sind hoffnungslos im Konflikt verstrickt, Autor und Zuschauer behalten den Überblick. Ohne diese Distanz gäbe es kein Urteil über Vernünftig/Unvernünftig. Ohne den Überblick wäre der Prozeß des Zuhörens/Zusehens gleichzeitig einer der Identifikation. Steht der Zuschauer bei einem Konflikt auf einer Seite der Auseinandersetzung, kann er den Konflikt als Ganzes nicht mehr komisch finden.

Distanzierung vom Betroffenen ist also genauso notwendig wie die Kenntnis der Konfliktparteien: Der Zuschauer muß beide am Konflikt beteiligten Wertesysteme kennen, um mit dem Autor die Lust am spielerischen Umgang mit den Widersprüchen und Antagonismen der wirklichen Welt im komischen Vexierspiegel teilen zu können. Dazu ein Beispiel aus dem jüdischen Witzgut:

Der alte Lindenzweig läßt sich vom Arzt untersuchen.

»Gehen Sie nach Hause, und nehmen Sie sofort ein Bad!« befiehlt der Arzt angeekelt.

»Ojweh!« seufzt Lindenzweig, »so ernst ist die Sache?«[21]

Mag man hier durch den Ekel des Arztes seine Position noch verstehen – der Patient stinkt und soll sich vor einer weiteren Untersuchung erst einmal waschen –, so bedarf es zum Verständnis des komischen Mißverständnisses zwischen Arzt und Patienten einer weiteren Information. Da den Juden allgemein (ein dauerhaftes Vorurteil, welches damit zum »Allgemeinwissen« wurde) mangelnde Hygiene und sogar Furcht vor dem Wasser zugeschrieben wurde, ergibt sich für den Patient Lindenzweig eine völlig andere Aussage: Sein Zustand ist so ernst, daß nur noch eine grausame »Radikalkur« wie ein Wannenbad helfen kann. Diese auch hier wieder für die Komik sorgende Diskrepanz zweier Wertesysteme wird erst dann verständlich und entfaltet erst dann ihren völligen komischen Reiz, wenn beide aufeinanderprallenden Systeme dem Zuhörer bzw. Leser bekannt sind.

Der Zuhörer produziert die Komik mit, indem er seine eigene Anschauung in einen Bezug zu der der beteiligten Protagonisten setzt. Komik ist immer ein gemeinschaftliches Erlebnis, das meist dadurch noch verstärkt wird, daß das eigene befreiende, auflösende Lachen zu einem gemeinschaftlichen Erleben wird. Der Lachende wird in seiner inneren Korrektur des komischen Konfliktes durch den Mit-Lachenden bestärkt und ermutigt. Lachen steckt an. Damit ist eine Situation, eine Pointe kollektiv als komisch anerkannt. (Die Sitcom berücksichtigt dies konsequent, indem Lacher eingespielt werden.) Der Spielfilm gibt diese »Lizenz zum Lachen« oft dadurch, daß eine handelnde Person mimisch und gestisch den komischen Konflikt oder die gerade gesetzte Pointe als komisch bewertet.

Dieses pointierte Aufeinandertreffen zweier sich radikal wesensfremder Positionen ist natürlich nicht möglich durch das abbildhafte Darstellen des Bestehenden, es erfordert die Manipulation der Realität durch das gezielte Aufeinanderhetzen zweier *für sich* vernünftiger, aber durch ihre Konfrontation aberwitzig wirkender Geisteshaltungen. Ohne diese Verschärfung – die bei vielen komischen Formen auch Übertreibung heißen kann – wird das Mißverhältnis zwischen den beiden Wertesystemen weniger deutlich, die Abweichung der Lösung von der Norm nicht kenntlich.

Die Gestaltung einer komischen Situation erfordert folglich eine gezielte Manipulation der Realität, die erst das komische Potential eines Konflikts zutage fördert. Der Autor, der komische Wirkungen erzielen will, braucht den »komischen Blick«, der eine Begabung ist: In Gedanken wird jede »vernünftige« Konstellation verändert und durchgespielt, um ihr komisches Potential zu finden. Lust am Widerspruch ist eine unabdingbare Voraussetzung sowohl dieses Blickes als auch seiner ästhetisch gestalteten (also zur Verschärfung hin manipulierten) Resultate.

Eine andere Möglichkeit der Erzeugung von Komik – das Mißverständnis – beruht auf eben dieser Art der Manipulation. Ob es der übelriechende Patient oder der einfältige Traktorfahrer ist, in beiden zitierten Witzen ist das Mißverständnis Grundlage der komischen Situation. Das Erkennen eines Mißverständnisses wird ja auch in der Realität meist komisch aufgelöst. »Und ich dachte, Sie seien der Gerichtsvollzieher!« lacht der hochverschuldete Ehemann befreit auf, wenn die Gattin den fremden Mann in der Wohnstube als alten Schulfreund vorstellt, nachdem er dem Fremden lange Zeit klarmachen wollte, daß er die nächste Rate pünktlich zahlen werde. Noch komischer ist es für den Zuschauer, wenn er vorher »Schulfreund« und Gattin gemeinsam im Bett sah. Die Aufklärung eines Mißverständnisses entpuppt sich wiederum als Mißverständnis.

Ästhetisch gesehen wirken in diesem Moment auf den Ehemann verschiedene Faktoren. Liebhaber und Ehefrau sind sowohl von seinem Erscheinen als auch von der Gesamtsituation peinlich berührt. Der Ehemann selbst unterliegt einem Mißverständnis. Wir lachen über die Naivität des Ehemanns. Drei Figuren wirken aufeinander in jeweils verschiedenen Rollen. Schauen wir auf die handelnden Figuren, interessiert uns für die beabsichtigte Wirkung zuerst

Der komische Held

Was zeichnet einen komischen Helden aus, und welche komischen Heldentypen gibt es? Hegel definiert zwei Heldentypen aus ihrem Charakter heraus. Er kennt erstens den Protagonisten, der ein wirklich unerhebliches, nichtiges Ziel mit großem Ernst und Besessenheit angeht. Sobald Zuschauer (und Held) erkannt haben, um welch lächerliches Mißverhältnis es sich handelt, geht der Held im Lachen unter. Ein Sauberkeitsfanatiker, der die Tauben von seinem Dach verjagen will und dazu technische Anlagen installiert, die ihn finanziell ruinieren, ist ein solcher Held.

Und Hegel kennt einen zweiten Helden, der an grenzenloser Selbstüberschätzung leidet. Er setzt sich Ziele, für deren Erreichung jeder andere – nur nicht sein – Charakter der richtige ist. Ja mehr noch, das, was der Held ist und kann, steht der Erreichung des Zieles diametral entgegen. »In diesem Falle ist das Substantielle zur bloßen Einbildung und für sich oder andere zu einem Schein geworden, der sich zwar das Ansehen und den Wert des Wesentlichen selbst gibt, doch ebendadurch Zweck und Individuum, Handlung und Charakter in einen Widerspruch verwickelt, durch welchen sich die Erreichung des eingebildeten Zwecks und Charakters selbst zerstört.«[22]

Der unsystematisch denkende und chaotisch arbeitende Staatsmann, der aus einem funktionstüchtigen Agrarstaat unsinnigerweise die größte Industriemacht bauen will, wäre ein solcher Held.

Wir haben schon mehrfach den durch seinen Konflikt entstehenden komischen Helden erwähnt. Dieser Held geht ein ernsthaftes, subjektiv wichtiges Ziel an, das den Interessen des Antagonisten widerspricht. Der Antagonist geht in Heiterkeit unter, weil die anarchische Durchsetzung individuell wichtiger Ziele die komische Katastrophe auslöst.

Der Kleinunternehmer, der nicht vom großen Konkurrenten geschluckt werden will und deshalb listenreich die Schmiergelder seines Kontrahenten für die eigenen Zwecke nutzen kann, ist ein solcher Held.

Der komische Held wird zum komischen Helden durch den Konflikt, in den er gerät und der ihn aus seiner üblichen Lebensbahn herausschleudert. Das Interesse seines Schöpfers und des Zuschauers richtet sich darauf, wie er diesen Konflikt besteht.

In einem dramatischen Konflikt können wir verschiedene Typen dieses komischen Helden finden:

Der erste Typ verhält sich nicht so, wie es die gesellschaftlichen Konventionen verlangen; er soll seiner Umwelt wieder angepaßt werden. Die ihm antagonistisch gegenüberstehenden Figuren haben das Ziel, den Helden in die Verhaltensnorm der Allgemeinheit zu zwingen – und meist sind sie damit erfolgreich. Der Held ist in mehr oder minder extremer Weise verrückt und soll wieder »geheilt« werden. Auf daß er nicht mehr extrem sei, sondern normal werde.

Bei Molière findet sich ein großer Fundus für Helden dieser Art. Ob es *Der eingebildete Kranke* oder *Der Menschenfeind* ist: Die komischen Helden haben eine Charaktereigenschaft so weit ins Extrem getrieben, daß sie für ihre Umgebung unerträglich geworden sind. Nun müssen Freunde und Familie reagieren, um den Normalzustand wiederherzustellen.

Ihr filmisches Pendant finden die Molièrschen Komödien in den französischen Louis-de-Funès-Filmen der siebziger und achtziger Jahre. Auch hier verraten schon die Titel, was die dramatische Aufgabe des Films sein wird: *Der Querkopf* legt die Erziehung zu mehr Toleranz nahe, und was sich bei *Balduin, der Heiratsmuffel* positiv ändern sollte, liegt auf der Hand. Konsequenterweise wird mit *Louis, der Geizkragen,* dann *Der Geizige* von Molière adaptiert.

Aber auch die neuere deutsche Komödie nimmt sich noch dieses Helden an: In *Allein unter Frauen* spielt Thomas Heinze einen Macho, der umständehalber ausgerechnet in eine Frauen-WG zieht. Die Frauen haben bald genug von seinem Verhalten und starten eine »Umerziehung«.

Der zweite Typ des komischen Helden soll nicht geändert werden, sondern will *selbst* die Welt (und sei es nur zu einem winzigen Teil) verändern. Ob Charlie Chaplin im *Goldrausch* oder die zwei Brüder in *Wir können auch anders* – immer geht es darum, seinen subjektiven Glücksanspruch gegen die Widerstände der Umwelt durchzusetzen.

Meist steht ihr Glücksanspruch anderen, »höheren« und scheinbar vernünftigeren Interessen im Weg. Hier wurzelt der Konflikt, der den Komödienplot für den komischen Helden einer weiteren Art konstituiert. Wir meinen den komischen Helden wider Willen. Der berühmteste Vertreter dieser Spezies im deutschen Film ist Heinz Rühmann in den Rollen, in denen er in eine ihm unheimliche, völlig unbekannte, nach fremden Regeln organisierte und funktionierende Welt hineinstolpert, -fällt oder gestoßen wird. Der komische Konflikt entfaltet sich nun im Bemühen des kleinen Mannes, seine neue Lage zu verstehen und sich aus ihr, ohne allzuviel Schaden zu nehmen, herauszuwinden – oder sich aber in dieser einzurichten, ohne indes befugt dazu zu sein. Ist die erste Möglichkeit die kleinbürgerlich rührselige Illustration des »Schuster-bleib-bei-deinem-Leisten«-Ideologems, so reicht die zweite Möglichkeit in die Hochstaplerkomödie hinein. Im ersten Fall handelt es sich um den Typus der Verwechslungskomödie, die durchaus auf Identifikation aus ist: Der Zuschauer wird angehalten, mit dem kleinen Mann mitzuleiden und sich zugleich über seine Vergeblichkeiten zu amüsieren. Im zweiten Fall ist der Zuschauer angehalten, die Kühnheit und Verwegenheit des Hochstaplers zu bewundern und zugleich über die vom Hochstapler aufs Glatteis Geführten schadenfroh zu lachen. Und so geschieht, was nicht geschehen darf, will man nicht die Regeln der Gesellschaft in Frage stellen. Wenn ein Schuster die Stadtkasse beschlagnahmen kann, nur weil er eine Uniform trägt, dann werden damit normative soziale Verhaltensweisen ad absurdum geführt. Ein harter Angriff auf die Gesellschaft.

Vielleicht ist es kein Zufall, daß sich unter den Beispielen zum zuletzt beschriebenen Typus des komischen Helden eher Filme finden, die uns im Gedächtnis bleiben. Die Konflikte, die lediglich dem Charakter des Helden entspringen, »verschwinden« nach seiner »Bekehrung« und sind restlos erledigt. Ein sozialer »Übeltäter« hat aufgehört zu existieren – und der Film weist nicht über sich hinaus.

Die Umstände jedoch, gleich ob sozialer, politischer oder allgemein menschlicher Natur, die den zweiten Helden auf seinen Weg gebracht haben, bleiben erhalten. Er hat uns seine Art des Widerstands gezeigt. Nicht als unbedingt erfolgreiche, aber als eine von vielen möglichen.

Der komische Held – gleich welcher Art – hat besondere Charaktereigenschaften. Dabei ist es zunächst egal, welche Eigenschaften dies sind – Hauptsache, es sind *extreme*: extrem naiv, extrem jähzornig, extrem sparsam, extrem engagiert. Die Charakterkomödie nutzt konsequent und fast ausschließlich die Reibungspunkte, die eine ins Extrem getriebene Eigenschaft ihrer Umwelt bietet. Molière bedient sich einer ganzen Palette solcher Typen.

Die moderneren komischen (Film-)Helden spielen oft mit der Nichterfüllung von Erwartungen des Zuschauers an ihren Charakter. Dies trifft auf den Mafiaboß zu, der sich bei der Rezitation von sentimentalen Gedichten in Tränen auflöst, und auf den Industriebaron, der vor seiner gestrengen Mutter kuscht.

Ein anderer Ansatz zur Gestaltung eines komischen Helden ist der, ihn in eine Situation geraten zu lassen, die Menschenmögliches übersteigt. Dann ist nicht er extrem, sondern seine Umgebung. Jeder wird sich an die brillante Loriot-Szene mit dem schiefen Bild erinnern. Eine ganze Wohnungseinrichtung scheint sich hier gegen den Helden verbündet zu haben; was mit dem Geraderücken eines Bildes beginnt, endet im völligen Chaos. Und – nicht etwa das Szenenbild macht hier die Komik aus, sondern die verzweifelten Bemühungen des Helden, die ihn gnadenlos überfordernde Situation zu meistern. Ein umkippendes Regal ist nur dann komisch, wenn es mit dem Scheitern des Helden, der gerade dies zu verhindern suchte, einhergeht.

Eine ähnliche Technik katapultiert den Helden in eine exponierte Stellung, in der seine bisherigen Erfahrungen nichts taugen. Die Grundlage für den komischen Konflikt »bildet der Gebrauch der äußeren Zufälle, durch deren mannigfache und sonderbare Verwicklung Situationen hervorkommen, in welchen die Zwecke und deren Ausführung, der innere Charakter und dessen äußere Zustände in komische Kontraste gestellt sind und zu einer ebenso komischen Auflösung führen«[23]. Ob sich ein Mann nun plötzlich als Frau beweisen *(Manche mögen's heiß, Charley's Tante)* oder ein italienischer Modedesigner sich mit dem Leben auf einer einsamen Insel auseinandersetzen muß *(Robinson jr.)*: In allen diesen Konstellationen gibt es ein komisches Mißverhältnis zwischen den Ansprüchen, Gewohnheiten und Kenntnissen der Figur und deren Unbrauchbarkeit in der jetzigen Situation. Dies ermöglicht es, alltägliche Verhaltensweisen in einen ungewöhnlichen Kontext zu setzen und damit komisch zu beleuchten.

Wem weder die Schiffskatastrophe für die neue Robinsonade noch die Mafia und eine Damenkapelle wie in *Manche mögen's heiß* zur Verfügung stehen, findet auch wesentlich einfachere Möglichkeiten, seinen Helden in ihn überfordernde Mißverhältnisse zu stellen: der Kleinstädter in der Großstadt / der Großstädter auf dem Dorf / der Technikfreak auf dem Bauernhof. All diese Konstellationen haben eines gemeinsam: Das, was der Held an eigenen Fähigkeiten hat, paßt nicht zu den Lebensumständen und Situationen, die er zu bewältigen hat.

Der so geforderte Held paßt entweder die Umgebung seiner Sicht der Dinge an (indem er zum Beispiel daran geht, den Bauernhof vollständig zu technisieren), oder er muß sich mühevoll durchschlagen und lernen. Das eine ist für die anderen bedrängend, das andere für ihn. Einmal lachen wir mit dem Helden, das andere Mal über ihn.

Wir haben jetzt den »gewöhnlichen« Helden in extremen Verhältnissen und den extremen Helden in gewöhnlichen Verhältnissen untersucht. Nun bietet sich theoretisch ebenso an, auch eine extreme Figur in extremen Verhältnissen agieren zu lassen. Das Ergebnis stellt sich aber meist entweder als langweilig oder als »Klamotte« heraus – es fehlt der Kontrast und damit die eigentliche dramatisch-ästhetische Aufgabe für den Helden. Die Situation muß nicht mehr ins Extrem verkehrt werden, die Welt bleibt in sich ruhen.

Wie er auch immer geartet sein mag, welche Aufgabe er sich auch stellt und in welche Wirrungen ihn die Geschichte auch führt: Der komische Held darf sein Ziel nicht aus dem Auge verlieren, auch wenn er noch so oft davon abgelenkt wird. (Die Ablenkungen des Helden und sein heroisches »Immer-wieder-Zurückfinden« sind eine wichtige Quelle komischer Wirkungen.) Ziel des Helden ist und bleibt die Wiederherstellung einer Harmonie, deren Zerstörung wir in der Exposition mitverfolgen konnten. Beim Schreiben einer komischen Geschichte ist die Versuchung oft groß, auf einen Nebenpfad zu gehen, der sich mit einer komischen Situation öffnete und der noch weiteres komisches Potential zu bieten hat. Doch die Gefahr ist groß, für ein paar mitgenommene

Pointen den Helden und seine Geschichte in Beliebigkeit versinken zu sehen.

Abschließend noch eine Unterscheidung. Nicht jeder komischer Held ist auch eine komische Figur. Der komische Held steht immer in einem Mißverhältnis – entweder zu den Wünschen der anderen oder zu seinen eigenen. Die komische Figur existiert auch außerhalb einer solchen Relation, ist statisch, ist »lustig«. Komische Figuren (oder »komische Typen«) praktizieren die niederste Form der Komik, wie sie ihre höchste Ausprägung wohl bei den großen Clowns findet. Wenn Klavier und Klavierhocker weit voneinander getrennt stehen, wird der Clown das Klavier zum Klavierhocker ziehen, nicht anders herum. Sein Handeln ist falsch, es ist widersinnig – und es funktioniert ohne Interaktion mit den Menschen um ihn herum. Die komische Figur ist eine kulturell-traditionell gewachsene Charaktermaske, eine ästhetisch ge- und verformte Sozialrolle, die von einer spielenden und/oder schreibenden Person benutzt wird, um kraft ihres widerständigen, normverletzenden Handelns die Unsinnigkeit und Vergeblichkeit, die Vergänglichkeit und Kleinlichkeit der jeweils herrschenden Normen, Sitten und Gebräuche oder des gesamten Weltzustands zu brandmarken.

Wichtiger als die Unterscheidung selbst scheint allerdings der Umkehrschluß: Nicht jede komische Figur ist ein komischer Held.

Techniken der Komik

Erinnern wir uns an die Komödie *Männer* von Dories Dörrie: Der Werbemanager JULIUS muß entdecken, daß seine Frau PAULA ihn mit dem von Gelegenheitsjobs lebenden STEFAN betrügt. Er trennt sich von PAULA und will nun seinen Rivalen kennenlernen. Dazu nistet er sich in dessen Wohngemeinschaft ein. STEFAN verdient sein Geld mit Werbezeichnungen, hat aber keinen Ehrgeiz. Den weckt nun JULIUS in ihm, läßt zudem seine Beziehungen spielen – und nach einem Schnellkurs in Sachen Erfolgstyp, der auch mit einer äußerlichen Veränderung STEFANS einhergeht, hat dieser seine erste Festanstellung. Nun verliert PAULA ihr Interesse an STEFAN, denn der ist jetzt wie JULIUS geworden – das aber kann JULIUS viel besser.

Beinahe die gesamte Komik dieses Films funktioniert über ein Schema – das Mißverständnis: JULIUS und STEFAN – beide reden über das gleiche Thema (Mann – Frau, STEFANS Freundin, JULIUS' Ehe ...), meinen aber Verschiedenes. Der eine glaubt zu verstehen, was der andere sagt, der andere fühlt sich verstanden. Nur der Zuschauer weiß, daß es sich hier um totales Mißverstehen handelt, und dieses nur ihm vorbehaltene Wissen weckt sein Vergnügen. Der Zuschauer bleibt konsequent Beobachter, jeder Satz, den JULIUS äußert, wird von ihm anders gedeutet als von STEFAN.

Im Gespräch mit ANGELIKA versucht JULIUS, von einer »unabhängigen Beobachterin« herauszubekommen, wie er auf Frauen wirkt. Dies wäre mit einer gezielten Frage zu erledigen, nicht aber bei der Charakterstruktur von JULIUS. Das führt zu einer Verkomplizierung. Seinen Wissensdurst zu befriedigen gelingt ihm nur über eine endlose Reihe verschachtelter, komplizierter Sätze.

Sabotage: PAULA kommt zum Frühstück, JULIUS spielt mit STEFANS Gummimaske den Gorilla und zerstört die beabsichtigte Idylle. Gleichzeitig finden wir hier eine komische Verkehrung der Situation: Der sonst so lockere STEFAN wirkt angesichts dieser Peinlichkeit eher spießig, JULIUS und PAULA albern miteinander herum, wie es sonst eher den Bewohnern der WG vorbehalten bleibt.

Die peinliche Situation ist dann komisch, wenn sie dem Helden, nicht aber dem Zuschauer peinlich wird. Der Zuschauer ist nur dann schadenfroh, wenn er denjenigen, dem das Peinliche passiert, als – mindestens zeitweiligen – Gegner sieht. Eine peinliche Situation verstärkt sich durch den Versuch des Zudeckens und Vertuschens. Das Zudecken deckt auf. (Ein *buchstäblich* zutreffendes Beispiel: Ein Mann liegt im Bett, aufgedeckt. Jemand anderes kommt herein, der Mann versucht, seine Blöße zu bedecken, dadurch deckt er die Frau neben sich auf, die bis dahin noch niemand gesehen hat.)

Am selben Tag, da er das Verhältnis PAULAS entdeckt, hat JULIUS vor den Kunden der Werbeagentur eine neue Erdnußpackung zu präsentieren. Er scheitert an der Tücke des Objekts – natürlich geht die Packung nicht auf, JULIUS zersticht sie schließlich wild mit der Schere. Der Zuschauer sieht diese Situation anders als die Kunden der Agentur. Für ihn spiegelt sich hier die Verzweiflung des gehörnten Ehemanns wider, dadurch wird die Situationskomik filmrelevant, erzählt mehr als nur einen Gag.

Die Tücke des Objekts ist oft verbunden mit dem komischen Helden vom Typus Tolpatsch: Er ist dafür prädestiniert, die geheimen Fallen, die jedes Objekt beinhaltet, aufzudecken. Nur ihm gelingt es, aus einer harmlosen Flasche ein Marterinstrument zu machen, weil er, von einer ominösen Kraft angetrieben, es nicht unterlassen kann, den Finger in den Flaschenhals zu stecken. Und ihn natürlich nicht mehr herausziehen kann – und das in dem Moment, da er gleich das Podium besteigen soll, um einen Vortrag zu halten.

Wie befreit sich ein komischer Held aus einer solchen Situation? Nein, nicht, indem er die Flasche zerschlägt, dazu fürchtet er viel zu sehr, die Aufmerksamkeit des Auditoriums zu erregen. Man sieht an dieser hier beispielhaft ausgeführten Kombination von Schüchternheit und Tolpatschigkeit im Extrem, wie sehr die Disposition einer Figur die ihr angemessenen komischen Techniken hervorbringt.

Unangemessenheit ist eine komische Zuspitzung dieser Situation. Was wäre hier ein unangemessenes Verhalten? Möglicherweise zieht unser Held ein Taschenmesser aus der Hose und versucht, den Finger abzutrennen. (Es ist also ratsam, möglichst Szenen zu finden, in denen der Held in eine Situation gerät, die seiner Disposition entgegensteht: Der Schüchterne bekommt alle Aufmerksamkeit, der Pedant gerät ins Chaos …) Wahrscheinlich wird der Redner sich den Finger nicht abschneiden. Er resigniert und beginnt seinen Weg zum Podium. Die englische Königsfamilie sitzt neben dem Bundeskanzler, alle benehmen sich sehr würdevoll und begegnen nun gemeinsam mit dem Zuschauer der Provokation des Ungeheuren: Die Flasche möglichst so mit seinem Finger schlendernd, als sei dies ganz normal (wieder verstärkt sich die peinliche Situation durch den Versuch des Vertuschens), betritt der Redner die Bühne.

Oder nehmen wir an, der komische Held soll so exponiert werden, daß er aus verschiedenen charakterlich bedingten Gründen immer wieder seinen Job verliert. Auch hier bietet sich zunächst die Provokation des Ungeheuren an. Angenommen, er arbeitet derzeit als Protokollchef in einem Ministerium. Nun gilt es, eine Situation zu schaffen, in der der komische Held seinen Job möglichst schnell wieder verliert. Was also ist so *ungeheuerlich*, daß es zu seiner sofortigen Entlassung führt? Was paßt am wenigsten zusammen, was ist unerhört genug? Ein Kondom in der Unterschriftenmappe zum multilateralen Staatsvertrag zum Beispiel. Wie es dazu kommt, daß der Held in der Eile und Aufregung das Kondom, das er unbedingt loswerden muß, kurzfristig in der Unterschriftenmappe deponiert und dann dort vergißt, soll an dieser Stelle der Phantasie des Lesers überlassen bleiben. Das Ergebnis ist komisch, denn wenn nach mehreren feierlichen Reden über die Bedeutung des Vertrages die Unterschriftenmappen aufgeschlagen werden, wird das Ungeheure vom Zuschauer als grotesk unpassend und damit komisch wahrgenommen. Vorausgesetzt, die Anstrengungen des Helden zur Verhinderung der Katastrophe sind enorm. Aber gut – er hat eine neue Arbeit gefunden, vielleicht einen untergeordneten Bürojob. Der Chef ist bei den Kollegen nicht sonderlich beliebt, maßregelt alle ohne Grund und hat dabei noch einen Sprachfehler. Diesen Sprachfehler parodiert unser Held vor den Kollegen, als er von der letzten Zurechtweisung durch den Chef erzählt. Die Kollegen lachen – aber die Szene ist dadurch noch nicht komisch. Komisch wird sie erst durch die Veränderung der Prämissen: Von unserem Helden unbemerkt, hat der Chef zwischenzeitlich den Raum betreten. Die Kollegen versuchen dem noch immer parodierenden Helden Warnungen zukommen zu lassen, die er als weitere Aufmunterung versteht – bis er selbst dem Chef in das zornentstellte

Gesicht schaut. Die Ausgangssituation ist also noch überhaupt nicht komisch, sondern eher eine alltägliche Begebenheit. In Abwesenheit eines Dritten wird über diesen hergezogen. Komisch wird dies erst, wenn die Prämisse »Abwesenheit« verändert wird. Nun ist der Vorgang kein alltäglicher, sondern einer, für den wir uns nur eine Auflösung in Peinlichkeit vorstellen können. In Vorfreude auf diese Peinlichkeit beginnen wir schon vorher zu lachen.

Die Interaktion zwischen Chef und Angestellten besteht in diesem Falle aus einem Nichtakzeptieren der sozialen Verhaltensnormen. Einen Mann, der einen Kopf größer, mit Muskeln bepackt und jähzornig ist, wird man kaum – auch wenn es der Wahrheit entspricht – mit dem Satz konfrontieren: »Du stinkst aus dem Maul.« Dies nicht zu tun, entspricht den von uns eingeübten sozialen Verhaltensweisen. Dies dann doch zu sagen, konstituiert einen komischen Widerspruch zwischen der eigentlich vernünftigen und der tatsächlich begangenen Tat. Und wieder ist der Zuschauer gespannt darauf, wie dieser Widerspruch gelöst wird. Das eben angeführte Beispiel war ein bewußter Akt. Das gleiche Prinzip, das seinem Protagonisten unbewußt unterläuft, kennen wir als »ins Fettnäpfchen treten«. »Mein Gott, Sie haben ja eine bezaubernde Tochter!« äußert der Gast über die Gattin des Gastgebers. Ein Tabu wird gebrochen, es war scheinbar im Mikrokosmos dieser Gesellschaft nicht üblich, über den Altersunterschied der beiden zu sprechen. Der Kitzel der komischen Entladung wird natürlich noch spannender, wenn man die Auflösung, die Entladung so lange wie möglich herauszögert. Diese Verzögerung der Auflösung ist vergleichbar mit dem Laufen auf dünnem Eis. Es knirscht ständig, der Held muß eigentlich jeden Moment einbrechen, aber überraschenderweise gibt es immer wieder eine neue Wendung, die die Entladung der aufgestauten Spannung weiter verzögert.

In einer verrauchten Kölner Bierkneipe wird unser Held von einem furchterregenden Hooligan angesprochen, für welche Mannschaft er sei: Köln oder Düsseldorf? Die falsche Antwort kann einige Zähne kosten (Spannung). Aber glücklicherweise gelingt es dem Helden, den Hooligan auf ein Bier einzuladen und dabei das Thema auf Autos zu lenken (Entspannung). Man beginnt sich sogar angeregt zu unterhalten, wobei es unserem Helden natürlich nur darum geht, möglichst ungeschoren davonzukommen. Unser Held erzählt gerade eine Anekdote, als die überraschende Wendung eintritt:

HELD: Jedenfalls war es total neblig und ich irgendwo zwischen Dortmund und Düsseldorf. Da seh' ich auf einmal ...

HOOLIGAN (packt HELD am Kragen): Richtig ... Du hast mir meine Frage noch nicht beantwortet: Köln oder Düsseldorf?

Hier schlägt die Handlung wieder in die Spannung um. Diese Szene läßt sich weiter steigern, indem der Held versucht herauszufinden, welches wohl die richtige Antwort sei. Er wird einige rhetorische »Testballons« steigen lassen – auch eine Art des Laufens auf dünnem Eis. Der Zuschauer fiebert mit; auch für ihn ist der Ausgang der Szene ungewiß. Das Vergnügen entsteht aus der Vielfalt der Variationen, die die Auflösung der Szene (Zähne verlieren oder unbeschadet davonkommen) verhindern und hinauszögern.

Vor einigen Jahren gab es einen Werbespot, der dafür warb, sich für bestimmte Arbeiten einen Fachmann zu suchen. Der komische Held dieses Spots installierte auf seinem Balkon eine Partybeleuchtung, schaltete sie an – und in der ganzen Stadt fiel der Strom aus. Deutlich ist bei diesem Vorgang: Das Ergebnis entspricht nicht der Absicht. Nicht nur, daß die eigene Beleuchtung nicht funktioniert, nun ist auch in der ganzen Stadt das Licht ausgefallen.

Diese Technik läßt sich vielfältig vom kleinen Gag (Ein Staubkorn von der weißen Tischdecke wischen und dabei das volle Rotweinglas umwerfen.) bis zum ganzen Plot verwenden (Einer, der ins Kloster gehen will, um als Einsiedler zu leben, wird zum Medienereignis.).

Die allgemeine »Formel«, aus Handlungen komische Wirkungen erwachsen zu lassen, ist die Entkoppelung von Ursache und Wirkung. Fast umgangssprachlich ist das Prinzip »Kleine Ursache, große Wirkung«: Da schlägt ein Mann sein Wasser an einem großen Baum ab, schließt den Hosenlatz wieder und geht. Hinter sich hört er erst ein Knarren, dann ein lautes Krachen – er dreht sich um und sieht: Der Baum fällt um. In diesem Beispiel sind Ursache und Wirkung kaum noch durch einen logischen Zusammenhang verbunden. Es wird zwar ein Zusammenhang behauptet, dieser ist aber derart absurd, daß allein die aufgestellte Behauptung, es gäbe einen Zusammenhang zwischen dem Tun des Mannes und dem Fallen des Baums, zum Auslöser des Lachens wird. Gleichzeitig findet hier eine Übereinkunft zwischen dem Rezipienten und dem Produzenten der komischen Szene statt: Hier wird eine Übertreibung praktiziert, die nur für ihre komische Wirkung – und für nichts anderes – steht und deshalb nicht hinterfragt werden darf.

Aus dem Spiel mit Ursache und Wirkung ergeben sich zwei weitere Varianten. Die erste:

Aus gezieltem Handeln folgt ein unerwünschtes Ergebnis.

Nehmen wir einen Gartenbesitzer als Helden. Die Wurzeln eines großen Baumes drohen seine schöne Terrasse zu zerstören. Er bestellt einen Bagger, der den Baum mitsamt Wurzeln aus der Erde hebt. Zufrieden blickt er auf den durch die Luft schwebenden Baumriesen – bis sein Blick auf die Terrasse fällt, die durch die Ketten des Baggers in eine Baustelle verwandelt worden ist.

Die zweite: Aus falschem Handeln erwächst das erwünschte Ergebnis.

Der Gartenbesitzer versucht vergeblich, mit einer stumpfen Axt den Baum zu fällen. Entnervt von der Ergebnislosigkeit seines Tuns tritt er nun gegen den Baumstamm – und der Baum fällt um.

Dies sind Formen des Spiels mit Absicht und Ergebnis. In all diesen Varianten wird ein komischer Widerspruch zwischen Ziel und Resultat aufgebaut. Hier sind die Konflikte am größten, die aus ihnen erwachsende Komik am kräftigsten. Wenn der Held dagegen sein nächstes Handlungsziel unter dem Lachen des Publikums erreichen soll, müssen ihm komische Widerstände in den Weg gestellt werden. Widerstände, wie zum Beispiel der, daß auf dem Fußweg ein Haufen Hundekot liegt, und unser Protagonist tritt hinein.

Stellen wir uns diesen kleinen Zwischenfall in drei Varianten vor:

Erste Variante: Ein Mann läuft die Straße entlang, tritt in den Hundehaufen, ärgert sich und versucht, den Kot an einem Grasbüschel abzuwischen. Außer einem kleinen Lächeln der Schadenfreude wird dies dem Zuschauer keine Reaktion entlocken.

Zweite Variante: Ein Liebender wartet auf seine Geliebte. Als sie kommt, geht er auf sie zu, will sie gerade umarmen, dann schaut er – und, seinem Blick folgend, auch sie – auf seine Schuhe. Er ist in den Haufen getreten, die romantische Situation ist ruiniert. Schon komischer.

Dritte Variante: Ein Mann bewirbt sich um einen hohen Posten bei einer Bank. Sein Bewerbungsgespräch steht an. Und gerade am Morgen dieses Gesprächs scheint sich die ganze Welt gegen ihn verschworen zu haben. Alles geht schief, so gerät er schließlich in Zeitnot, scheint es dann doch noch zu schaffen, als er wenige Sekunden vor dem Termin in diesen Haufen tritt, sich daraufhin in das widrige Schicksal fügt und nun auf Socken weiterläuft. Von allen Varianten dürfte diese die wirksamste sein. Denn nicht der Umstand, daß jemand in einen Haufen Hundekot tritt, ist komisch, sondern der Fakt, daß ihm damit etwas passiert, was er jetzt am wenigsten gebrauchen kann.

Ein äußerer Widerstand, ein Mißgeschick ist um so wirksamer, je mehr Informationen über den Kontext, in dem dieses Mißgeschick steht, wir haben.

Äußere Widerstände sind es auch, die dem Running Gag seine Existenzgrundlage liefern. Auch er arbeitet mit dem *Unerwarteten*. Der Zuschauer lacht immer wieder über dieselbe Begebenheit. Zum Beispiel, wie der Diener JAMES im *Diner for One* immer über den Kopf des Tigerfells stolpert – oder eben auch nicht. Der Zuschauer lacht nur deshalb mehrmals über dasselbe, weil es partout immer dann nicht kommt, wenn er es erwartet, oder aber eben dann kommt, wenn er es nicht erwartet. Eine Erwartung wird aufgebaut und der Zuschauer damit »gekitzelt«, ob sich denn die Erwartung erfüllt oder nicht.

Mit diesem Instrument der Herstellung von Komik schließend, will diese Sammlung komischer Techniken nicht den Anspruch von Vollständigkeit erheben. Und es wurde sicherlich deutlich, daß sich diese Prinzipien im Aufbau überlappen, daß sie variiert und kombiniert werden können. Gemeinsam ist ihnen aber eine wichtige Grundlage: der Widerspruch. Ob es der zwischen Erwartung und Ergebnis oder zwischen Wollen und Tun ist – immer wird der Fokus einer Situation oder Begebenheit auf die Reibungspunkte gelenkt, diese vergrößernd, auch vergröbernd, auf jeden Fall nach einer Auflösung verlangend. Mit diesem Grundmuster, komische Widersprüche aus alltäglichen Situationen heraus zu entwickeln, sollte es möglich sein, immer neue Varianten den hier beschriebenen hinzuzufügen.

28

Dramaturgie des Komischen

In der Komödie wird ein Konflikt mit der Realität im Extrem durchgespielt. Grundlage ist der Gedanke: Wie wäre es, wenn es anders wäre? Die Komödie arbeitet die innere Widersprüchlichkeit der Welt heraus, indem sie die Widersprüche verstärkt, bis sie eine kritische, explosive Masse erreichen. Im Widerschein der Explosion wird eine neue Welt sichtbar. Damit stellt sie sich zwar in den Gegensatz zum Ernst der Realität, braucht aber gleichzeitig das Wechselspiel mit dem Ernst. Das ist es, was uns die eine Komödie als provokant, komisch und einprägsam empfinden läßt und die andere als platt und albern. In der Komödie ist der ernste Hintergrund, die Möglichkeit eines tragischen, fatalen Ausgangs immer präsent. Das Unternehmen, das der Held angeht, ist ein riskantes. Ohne diese Drohung mit den fatalen Folgen eines Fehlschlags sind wir bei einer beliebigen Heiterkeit – beim folgenlosen Spaß.

Die Aufgabe eines Komödienplots ist es, die Unzufriedenheit mit der Welt – ob im Großen oder im Kleinen – bewußt zu machen, indem der Druck, mit dem »die Welt« auf dem Individuum lastet, vergrößert wird. Der Held braucht also ein wirkliches Problem – und das Problem seinen Helden.

Die Ordnung der Welt um ihn herum weist ihm einen bestimmten Platz, eine festgelegte Rolle zu. Er ist aber – und dies müßte in der Exposition geschehen – durch eine weitere Verschärfung seiner Situation nicht mehr willens und auch faktisch nicht mehr in der Lage, diese Rolle auszufüllen. Die komische Komponente der weiteren Entwicklung des Plots besteht nun darin, daß die Mittel, die er zu seiner Selbstbefreiung wählt, »unvernünftig«, unerwartet und anarchisch sind. Aber gerade diese Mittel sind es, die ihn in die Lage versetzen, sein Ziel zu erreichen. Denn mit ihnen können seine Gegner nicht umgehen – dafür gibt es keine Regeln. Der Regelverstoß ist die Geburtsstunde, der Kraftquell des komischen Helden, seine Waffe und sein Schutz.

Es geht also nicht darum, eine halbwegs logische Geschichte zu finden, die komische Situationen auffädelt und mit Slapstick behängt. Es geht auch nicht darum, leicht entwirrbare Widersprüche darzustellen, aufzulösen und zu einem Happy-End zu bringen. (Der Grundwiderspruch der Komödie ist in dieser Welt nicht lösbar. *Deshalb* entwirft sie die Utopie.) Der komische Held hat existentiell wichtige Konflikte, hat die ganze Welt als Hindernis.

Durch diese feindliche Welt des Negativen bohrt sich das Subversiv-Komische, um am Ende seines Weges eine veränderte Welt zurückzulassen. Das Theater versöhnt diesen utopischen Ausgang mit der Realität oft dadurch, daß es das positive Ende fast märchenhaft überhöht und damit wiederum der Kritik aussetzt. Der Film kann das nicht, wenn er sich vom Zuschauer nicht den Vorwurf gefallen lassen will, mit gezinkten Karten zu spielen. Die Manipulation der Handlung ist im Theater Verabredung: »Belachte Komik entsteht durch die Entstellung gewohnter Abläufe und Verhaltensweisen. Das Medium Theater, das besonders strikt Wirklichkeit nachahmt durch Darstellung, ist auch besonders strikt zu nachahmender Entstellung begabt. Daher findet Komik einen besonders günstigen ästhetischen Umschlagsort im Theater.«[24]

Der Schluß einer Filmkomödie eröffnet neue Möglichkeiten, stellt ein labiles Gleichgewicht zwischen Überwinder und dem Überwundenen her. Das erreichte Ziel läßt verschiedene Bewertungen zu. Die Lage des Protagonisten hat sich entschieden verbessert, aber ist er nicht vom Regen in die Traufe geraten? Oder er endet wieder an dem Punkt, an dem er begonnen hat. Aber sein Tun hat etwas in ihm, in der Welt und vor allem natürlich im Zuschauer geändert. In der Art sind Komödienschlüsse zwischen Fatalismus und Sinnesrausch angesiedelt.

Das Ziel der Komödie ist nicht die Harmonie – hier liegt ihr hauptsächlicher Unterschied zu anderen Genres. Das damit einhergehende Akzeptieren eines unvollkommenden, weil unharmonischen Endes durch das Publikum ist deshalb möglich, weil die Komödie (und auch hier unterscheidet sie sich von anderen Genres) nicht auf Nachahmung positiven Tuns zielt. Das Identifikationspotential bezieht sich nicht auf die gesamte Figur des Helden, sondern ist situativ. Nehmen wir eine Szene aus der bereits mehrfach zitierten Filmkomödie *Männer*: JULIUS ist zu Hause ausgezogen. Er leidet unter der Trennung von seiner Frau, er ist eifersüchtig, er ist verletzt. Als seine Frau zusammen mit ihrem Liebhaber STEFAN das Haus verläßt, dringt er in sein eigenes Haus ein, betrachtet das Doppelbett, in dem die beiden wahrscheinlich miteinander geschlafen haben. Ein Punkt, der stark auf Identifikation angelegt ist. Wie von einem Wahn gepackt, durchwühlt er daraufhin das Bett, um nach Spuren des nächtlichen Treibens zu suchen. Durch diese leichte szenische Übertreibung löst sich der Zuschauer lachend wieder von seinem Helden.

Hier wäre ein Wort zur Romantic Comedy zu sagen. Sie ist ihrem Wesen nach keine Komödie, sondern ein Melodrama, das sich komisch negiert. Das Unglück, das hier dem Helden geschieht, ist die Liebe. In diesem Sinne könnte auch die Grundkonstellation von *Casablanca* noch eine Romantic Comedy bedienen. Es ist noch eine innere Entwicklung des Paares nötig, das zueinander kommen soll. Und wie in jeder guten Romantic Comedy müssen auch RICK und ILSA innerlich ein großes Stück weiterkommen, bis sie füreinander bereit sind. Freilich – das Ende des Melodramas heißt Verzicht.

Die Romantic Comedy ist ihrem Wesen nach also keine Komödie, vielmehr benutzt sie deren technischen Mittel. Angefangen vom komischen Helden über die szenische Gestaltung bis hin zum eben erwähnten Wechsel zwischen Identifikation mit dem und lachender Distanzierung vom Helden.

Auf welchem der möglichen Genres eine Geschichte basiert, ist nicht nur eine Frage der Konfliktstruktur, sondern auch die nach dem *komischen Blick*. Prinzipiell sind zwei Haltungen des Komikautoren zur Wirklichkeit denkbar:

- die eine versucht, in der abbildhaft dargestellten Realität Komisches zu entdecken;
- die andere unternimmt es, die Realität so zu verfremden oder zu verkehren, daß ihr komisches Potential erst an die Oberfläche gebracht wird.

Die Wahl des komischen Blickes konstituiert auch das Komik-Format. Zwischen diesen beiden Möglichkeiten, die Wirklichkeit als Autor schöpferisch zu betrachten, liegen alle anderen komischen Formen wie Schwank, Farce, Lustspiel und Groteske. Aus der Wahl des Blickes resultiert auch die Einstellung des Zuschauers zum Helden.

Die Komödie sympathisiert mit ihrem Helden, lacht *mit* ihm. Darin besteht ihr grundlegender Unterschied zur Satire. Diese greift die dargestellten Protagonisten an, lacht über – was auch heißt: gegen – die Figuren. Satire ist Kritik am Statischen, während Komödie Bewegung, anarchisch durchgespielte Veränderung, also das Nicht-Statische ist. (Wohl kaum eine filmische Satire aus Deutschland geht böser mit ihren Figuren um als Gerhard Polts *Man spricht Deutsh*, was diesen Film zur beispielhaften deutschen Satire macht.) Satire und Farce sind eng miteinander verwandt. Beide machen die reale Welt lächerlich, ohne auf ihre Veränderung zu zielen. Die Satire nimmt reale Sachverhalte aufs Korn (Mediensatire, skandalabhängige Satire wie *Die Bank zahlt alles*), die Farce fictionale.

Der Satire als Kritik fehlt natürlich die Utopie. Einen Schritt weiter geht die Groteske, die im Fernsehen ihre mehr oder minder zahnlose Variante in der Comedy gefunden hat. Nicht nur, daß sie die Komödie um ihre Utopie verkürzt – sie empfindet auch die Kritik als sinnlos. Der Widerspruch gerät in der Groteske zum Aberwitz. Die Groteske zielt grundsätzlich auf die Vernichtung aller der in der grotesken Situation agierenden Personen.

Der Schwank entzieht sich dieser Konsequenz: Das Publikum fühlt sich in den Helden ein, weil dieser stellvertretend die eigenen Lüste und Ängste auslebt. Aber die Darstellung ist wiederum so verzerrt, daß man sich lachend lösen kann. Der Schwank bietet seinem Publikum vor allem Genuß. Die größte

Katastrophe im Schwank ist der Skandal. Und hiermit trifft er den Mittelstand ins Herz: Der Held ist ein Schwerenöter und liefert sich (und das sich mit ihm identifizierende Publikum) der Gefahr des Skandals aus, der wiederum gesellschaftlichen Mißkredit und wirtschaftlichen wie sozialen Abstieg mit sich bringen würde. Die Sexualität als Triebkraft ist hier dargestellt als etwas, was den gesellschaftlichen Frieden stört. Der Schwankheld ist eine Marionette seiner Triebe, das Publikum genießt das stellvertretende Ausleben, weil es im Gegensatz zum Schwankhelden die Bestrafung nicht wirklich fürchten muß. (Und es aber doch tut, weil der Schwank, wie kaum ein anderes komisches Genre, zur Identifikation einlädt.)

Während Komödie, Satire und Parodie im Kino noch relativ häufig vertreten sind, kommen die meisten komisch angehauchten TV-Filme inhaltlich im Gewand des bürgerlichen Lustspiels daher.

Das Lustspiel ist »Komödie light«, ist Komödie, der die Zähne gezogen wurden. Nicht mehr der Ausbruch aus dem Ernst steht im Mittelpunkt des Lustspiels, sondern das Gegenteil. Ein Abtrünniger wird in die bürgerliche Gesellschaft zurückgeführt. Die Rebellion wird befriedet. So wie Molières Lustspiele vor allem dazu dienten, dem Hofstaat Ludwig XIV. die Bestätigung der eigenen Moralvorstellungen zu liefern, indem man beispielhaft einen Protagonisten aus ihnen ausbrechen und seine Umgebung zu seiner Belehrung antreten ließ, genauso gehen moderne TV-Lustspiele mit ihrem Publikum um. »Du sollst nicht ehebrechen!« / »Du sollst nicht lügen!« / »Du sollst nicht faul sein!« – diese und ähnliche Wertvorstellungen kann sich das Publikum bequem und ohne größere geistige Anstrengung bestätigen lassen. Im linken Vokabular der sechziger Jahre wäre das Lustspiel zu Recht als »reaktionär« und die Komödie als »revolutionär« bezeichnet worden. Die Komödie endet in einer Welt, die von der anfänglich dargestellten verschieden ist. Das bürgerliche Lustspiel entläßt den Zuschauer belehrt in die unveränderte Welt. Wo die Komödie beißt, lispelt das Lustspiel.

Die Filmkomödie kommt nicht an der sozialen Wirklichkeit vorbei, wenn sie denn den Nerv (und den Humor) des Rezipienten treffen will. Sie muß damit arbeiten, um die für Komik notwendigen Normverfehlungen darstellen zu können. Mag dies das Problem der Arbeitslosigkeit *(Tootsie)* oder auch der Ost-West-Konflikt (Billy Wilders *Eins, Zwei, Drei*) sein.

Beziehungskomödien entpuppen sich beim genaueren Hinsehen meist als Lustspiel. Das ist auch nicht verwunderlich. Familiäre und intime Beziehungen sind ein denkbar ungeeigneter Raum für Komödien. Die Komödie faßt das Nichtfunktionieren eines sozialen Systems, indem sie die Figuren in der Öffentlichkeit agieren läßt. Damit ist die Familie – weil keine öffentliche Sphäre – kein funktionierender Raum für Komödie. Denn erst durch den Widerspruch von *privat* und *öffentlich* erschließt sich das komische Potential für das Agieren von Figuren. Aus *komisch* wird *lustig*, aus Komödie wird Lustspiel, wenn die Welt als statisch begriffen wird. Nur der Einzelne ist veränderbar, deshalb braucht es hier den Typus des komischen Charakterhelden oder die komische Intrige, unter der wir die Maßnahmen, die die Gemeinschaft zur Wiedereingliederung des ausgebrochenen Helden ergreift, verstehen.

Eine gewisse Ausnahme – aber eben auch Bestätigung – bildet dabei Doris Dörries bereits erwähnter Film *Männer*. Hier treten nicht nur zwei Männer um eine Frau an, sondern zwei unterschiedliche Wertesysteme kämpfen um ihre Existenzberechtigung. JULIUS kann seine Frau nur dann zurückgewinnen, wenn er über die von STEFAN vertretenen Werte obsiegt. Gleichzeitig haben wir mit JULIUS durchaus einen komischen Helden, der nach Normverfehlung (Ehebruch mit Sekretärin) wieder in die Norm gebracht werden muß. Und das Einschleichen in die Wohngemeinschaft STEFANS, seine Umerziehung in einen Karrieretyp, erfüllen alle Kriterien einer komischen Intrige.

Nun könnte man zumindest in Bezug auf das Fernsehen entgegnen, daß ja dessen Publikum auch vorwiegend bürgerlich ist – wo also ist das Problem bei der Bestätigung bürgerlicher Moralvorstellungen?

Dazu wollen wir uns (ohne Anspruch auf Vollständigkeit) kurz vergegenwärtigen, warum dieses Publikum überhaupt vor dem Fernsehen sitzt. Da gerade die Rezeption von Fernsehfilmen – mehr noch, als dies beim Kino der Fall ist – durch Identifikation geschieht, ist der Film eine Möglichkeit, Wünsche, Taten, Entscheidungen gefahrlos auszuprobieren, den gegebenen Verhältnissen durch Teilhabe am Schicksal des Protagonisten zu entkommen. Deshalb wird eine anarchische Hochstaplerkomödie (*Schtonk*, obwohl im Grunde genommen eine Satire, trägt viele Züge dieses Sujets) tendenziell mehr Gelächter auslösen als die Bekehrung eines Griesgrams à la Molière. Und dies, weil in der wahren Komödie mehr Zündstoff, mehr Reibungsfläche an der bekannten Realität, ergo mehr »Lachanlaß« zu finden ist. Und da es beim Erfolg eines komischen Films durchaus auch um die »Lachfrequenz« geht, müssen alle diese Reibungsflächen, diese wirklichen Konflikte auch genutzt werden.

Der Kleinmut des Lustspiels läßt sich nur noch durch dessen lustvoll-mißratenen Nachkommen, die Sitcom, überbieten. Diese Reduktion des Komischen auf den Augenblick ist gar nicht so neu, wurde auf der Varietébühne als Sketch, im Stummfilm als Slapstick und in der Commedia dell' arte als *lazzi* mit großem Erfolg betrieben.

In der Sitcom führt nicht die Haupthandlung zu komischen Situationen, sondern die Situationen selbst werden zum Selbstzweck. Eine durchgehende Handlung ist nur noch in dem Maße nötig wie im klischierten pornographischen Film, als Faden, der die einzelnen Situationen in eine gerade noch logische Abfolge bringt. Nur der Zweck ist eben ein anderer. Wegen dieser Reduktion auf den pointierten Augenblick muß die Sitcom mit ständigen Themenwechseln arbeiten, bedarf es der seriellen Produktion, da Figurenexpositionen in der Lachökonomie negativ zu Buche schlagen.

In der Wahrnehmung des Zuschauers stellen sich die drei beschriebenen Formen entsprechend unterschiedlich dar.

Im Mittelpunkt der Komödie steht der Konflikt. Der Zuschauer erlebt eine Form des Scheiterns und eine Katharsis mit. Die Wirkung richtet sich auf das Langzeitgedächtnis.

Im Mittelpunkt des bürgerlichen Lustspiels steht die Konstellation. Der Zuschauer erlebt die Bestätigung der eigenen

Norm. Die Wirkung richtet sich auf ein momentanes Wohlgefühl.

Die Sitcom erhebt die Situation zum Medium ihrer Wirkung. Die Wirkung zielt auf die kurzfristige Befriedigung der Lachlust. Wie dieses Bedürfnis befriedigt wird – das unterscheidet eine schlechte von einer guten Sitcom.

So ist es nicht weiter verwunderlich, daß man sowohl bei einer Sitcom als auch einem Lustspiel den Anfang getrost verpassen kann. Die nächste Pointe der Sitcom kann isoliert von der vorhergehenden goutiert werden, und daß ein Mann seine Gattin betrügt und dies nicht so weitergehen kann, registriert der Zuschauer auch noch 20 Minuten nach dem Vorspann. In der Komödie hingegen wird in der Exposition der Druck auf den Helden und seine Aufgabe etabliert. Seinen Weg durch die feindliche Welt können wir weit weniger mit Lachen begleiten, wenn uns die Voraussetzungen zum Vergleich *Erwartetes Normverhalten – Verhalten des Helden* fehlen.

Beim Schreiben oder Produzieren einer Komödie sollte man sich immer wieder in Erinnerung rufen, was der künftige Zuschauer sich zuallererst von diesem Genre erwartet: Er will lachen. Dieses Bedürfnis wird entweder schon im Drehbuch erfüllt oder nie. Keine witzige Inszenierung kann ein schlechtes Buch retten. Und auch die Mittel, mit denen das Publikum zum Lachen gebracht werden soll, sollten bereits im Buch enthalten sein.

Ein Beispiel:

Ein Privatdetektiv kommt an Bord einer Yacht, schließt sich versehentlich selbst in der Kabine ein und versucht, sich zu befreien.

Dies ist an sich noch keine komische Situation. Diese Szene hat keinen Dialog, keine Konfrontation, ist aber für den Fortgang der Handlung notwendig. Statt sie nun mit Slapstick »aufzulockern«, gilt es die Szene zu verschärfen: Der Detektiv wird entweder entdeckt oder hört, daß die Yacht auf offener See versenkt werden soll. Die Möglichkeit eines unheilvollen Ausgangs ist hinzugekommen. Verzweifelt versucht nun der Detektiv mit einer Eisenstange, die Tür aufzubrechen. Er rutscht mit der Stange ab, durchbohrt die Bordwand, Wasser dringt ein (Überraschung und Zuspitzung der Situation). Zu solchen, im Drehbuch bereits beschriebenen Mitteln kommen dann selbstverständlich die inszenatorischen Techniken zur Erhöhung der »Lachfrequenz«.

Konklusion

Was ist also die »klassische Komödien-Grundsituation«?

»Klassisch« bedeutet im Sinne des bisher Ausgeführten also nicht, daß man eine Situation nimmt, die in der Filmgeschichte schon des öfteren benutzt wurde, um daran komische Handlungen zu knüpfen (wie es leider oft getan wird), sondern es beinhaltet die provokative Verletzung des Bestehenden durch den Protagonisten und (wir sagen es nochmals) das Aufeinanderprallen zweier sich ausschließender Wertesysteme.

Die Komödie kann also nie harmlos sein!

Und auch im Sinne der eindeutigen Adressierung an den Zuschauer – und damit auch im Sinne eines kommerziellen Erfolgs – schneidet die wirkliche Komödie besser ab als das harmlose Lustspiel. Das komische Potential einer Entwicklung wie »Arbeitsloser Bauarbeiter muß als Wirtschaftsboß aushelfen, um seine Schulden loszuwerden« ist dem potentiellen Publikum wirksamer zu vermitteln als »Nach der Scheidung von seiner Frau verliebt sich ein Mann erneut in seine Jugendfreundin, die allerdings inzwischen die beste Freundin seiner Exfrau geworden ist«.

Wie schreibt man also eine Komödie?

Der Dramatiker Peter Hacks benennt eine Grundvoraussetzung des Komödienschreibens als »... das Vermögen, den eigenen Weltzustand als fremden zu begreifen und mithin die Tatsachen, die von der Menge als allgemeingültig hingenommen werden, als Stelle innerhalb eines Feldes von Möglichkeiten zu orten«[25].

Es bedarf des Mutes, beim Erfinden einer Geschichte nicht eher stehenzubleiben, als man schreibend alles allgemein Akzeptierte, alles bisher Hingenommene dramatisch auf den Kopf gestellt und zerstört hat. Dies kann man nur lustvoll tun, und deshalb können nur Unzufriedene Komödien schreiben – der Satte will nicht verändern.

- Es braucht also den komischen Helden in einer unerträglichen Situation.
- Er steht, nachdem sich seine Lage im ersten Akt verändert hat, im Widerspruch zum Etablierten.
- Sein subjektiver Glücksanspruch steht gegen die scheinbar rationale Vernunft.
- Der Held und sein Antagonist verkörpern den Widerspruch zweier Wertesysteme.

Dieser Konflikt ist der Inhalt der Komödie, die komischen Techniken sind ihre notwendige Ausstattung.

Das Schreiben einer Komödie erfordert ein subtiles Spiel mit Distanz und Identifikation: In jedem Augenblick muß der Autor die Emotionen des Zuschauers von Mitleiden im ernstem Ausblick zum Lachen im Moment der Verfehlung leiten und dirigieren. Allein auf Identifikation als Allroundrezept zu bauen ist falsch. Gerade in den komischen Genres sind die Rezeptionsmuster vielfältiger, und der Glaube an das Allheilmittel Identifikation beraubt viele deutsche Komödien schon während der Drehbuchentwicklung ihres anarchischen und damit komischen Potentials.

29

Eins, Zwei, Drei

Diese »rasanteste Filmkomödie des Kalten Krieges« (Hellmuth Karasek) rezensiert das rororo-Filmlexikon so: »Eine grelle und makabre Komödie, die mit beißendem Spott nationale Vorurteile und Stereotypen attackiert, sich mit Klamauk und dem Verzicht auf Zwischentöne jedoch um ihre volle satirische Wirkung bringt.«[26]

Ist es vielleicht diese Forderung nach »Zwischentönen«, die deutsche Komödien um ihre volle Wirkung bringt? Sind nicht gerade diese »Zwischentöne« die Feinde des kräftigen Kontrastes, des komischen, überzeichneten Widerspruchs, den wir zuvor als unbedingten Grundpfeiler der komischen Gestaltung dargestellt hatten?

Ganz anders der Anspruch von Billy Wilder und I. A. L. Diamond, den sie am Beginn des Drehbuchs *Eins, Zwei, Drei* formulierten:

»Das Stück muß molto furioso gespielt werden – auf heißer Flamme, in halsbrecherischem Tempo. Empfohlene Geschwindigkeit: 100 Meilen pro Stunde in den Kurven, 140 auf gerader Strecke.«[27]

Dieses Tempo, kombiniert mit einem der wohl größten Widersprüche zwischen zwei Wertesystemen (Kapitalismus und Kommunismus), wollen wir uns in seinem Aufbau näher ansehen. Zunächst kurz die Fabel des Films:

C.R. MacNamara lebt mit seiner Frau Phyllis und den Kindern im Westteil der Stadt Berlin. Er leitet die dortige Coca-Cola-Repräsentanz. Doch damit ist er nicht zufrieden.

er will Europa-Chef mit Hauptquartier in London werden. Der erste Schritt dazu ist die Belieferung des Ostblocks mit Coca-Cola, erste Verhandlungen mit den Russen finden bereits statt.

Schon fünf Jahre zuvor sollte MACNAMARA den Job in London bekommen – doch damals wurde ihm alles von Benny Goodman vermasselt. MACNAMARA war damals Coca-Cola-Vertreter für den gesamten Nahen Osten. Als Benny Goodman nicht rechtzeitig zu einer Betriebseröffnung kam, brannten die wütenden Massen die gesamte Coca-Cola-Fabrik ab. MACNAMARA wurde nach Südamerika »verbannt«, kam von dort nach Berlin: »Ich hatte neun schöne Länder. Und jetzt habe ich eine halbe Stadt.«

SCARLETT HAZELTINE, die Tochter des Coca-Cola-Chefs, wird von ihrem Vater auf eine Europa-Reise geschickt. Sie hatte sich in einen Rock-'n'-Roll-Sänger verliebt und soll nun auf andere Gedanken kommen. Als SCARLETT in Berlin ankommt, begreift MACNAMARA dies als große Chance seiner Rehabilitierung. Wenn HAZELTINE mit der Betreuung seiner Tochter zufrieden ist, steigen die Chancen auf den Job in London.

Kurz bevor HAZELTINE aus Atlanta nach Berlin kommen will, ist SCARLETT verschwunden. Und auch, als sie wieder auftaucht, gibt es für MACNAMARA keinen Grund zur Freude: SCARLETT hat den Ostberliner Kommunisten OTTO geheiratet. Eine Katastrophe! Wie soll MACNAMARA seinem Chef beibringen, daß seine Tochter einen Kommunisten geheiratet hat? Mit einer gerissenen Intrige schafft er es, OTTO in Ostberlin als amerikanischen Spion verhaften zu lassen. Das Problem scheint gelöst. Doch nur so lange, bis SCARLETT kundtut, daß sie von OTTO schwanger ist. Nun muß MACNAMARA seinen russischen Verhandlungspartnern die geliebte Sekretärin INGEBORG zum Tausch gegen OTTO anbieten.

Unter der Folter durch westlich-dekadente Musik hat OTTO schriftlich gestanden, ein amerikanischer Spion zu sein – er kann also nicht mehr zurück in die DDR. Ihm bleibt folglich kaum etwas anderes übrig, als sich auf MACNAMARAS Spiel einzulassen und sich in den etwa drei Stunden, die bis zur Ankunft HAZELTINES in Berlin bleiben, zu einem respektablen

»kapitalistischen« Schwiegersohn umformen zu lassen. Und tatsächlich geht MACNAMARAS Plan auf, HAZELTINE ist von seinem Schwiegersohn begeistert und hat nun auch einen neuen Chef für Europa: seinen Schwiegersohn OTTO.

MACNAMARA wird Vizepräsident für den Einkauf in Atlanta. Und das in dem Augenblick, da seine Frau PHYLLIS ihn gerade verlassen und allein mit den Kindern in die USA zurückkehren wollte.

Wenn es zunächst auch so aussieht, daß die Problemfelder MACNAMARAS irgendwo zwischen INGEBORG, mit der er seine Frau betrügt, und der Coca-Cola-Ostexpansion liegen, so ist sein wahres Ziel doch größer und im Inneren brennender: Nach seiner »Strafversetzung«, die er seiner Meinung nach schuldlos erlitten hat, geht es MACNAMARA nicht einfach um einen Aufstieg in der Coca-Cola-Hierarchie, sondern um eine Rehabilitierung.

Den eigentlichen Anstoß findet die Geschichte mit der Ankunft SCARLETTS in Berlin. In ihr sieht der Held eine Möglichkeit, aus seiner widrigen Situation herauszukommen.

Von nun an spitzen sich die Konflikte zu: Die Konzernleitung erlaubt ihm nicht, das Geschäft mit den Russen zu machen, mit dem er sich für den Job in London empfehlen wollte. Und INGEBORG ist beleidigt, weil MACNAMARA durch SCARLETTS Anwesenheit keine Zeit mehr hat, mit ihr den »Umlaut zu üben«. Eine hoffnungslose Situation für MACNAMARA. Seine einzige Chance sieht er nun darin, daß SCARLETT Positives über die Betreuung durch MACNAMARA an ihren Vater meldet.

Und dieser Plan scheint aufzugehen. Der Coca-Cola-Chef macht Andeutungen, daß ein neuer Direktor für Europa gesucht werde. Doch nun kommt der Wendepunkt, der den Helden erstmals aus der Zielgeraden wirft: SCARLETT ist verschwunden, und HAZELTINE will aus Atlanta nach Berlin kommen. Eine Katastrophe droht, und erstmals kommt hier der Faktor Zeit ins Spiel.

Interessant ist nun, wie das Team Wilder/Diamond die folgenden, die Situation verschärfenden Informationen »tröpfchenweise« einfließen lassen, um mit immer neuen Überraschungen und Zuspitzungen aufwarten zu können:

Die erste Information: SCARLETT läßt sich jede Nacht vom Chauffeur am Brandenburger Tor absetzen. Sie passiert die Sektorengrenze nach Ost-Berlin. Sehr beunruhigend, diese Nachricht. MACNAMARA: »Ich habe soeben den Todesstoß bekommen.«

Die zweite Information: Zwar ist SCARLETT wieder da, aber Schlimmes kündigt sich an: Sie hat sich in einen Ost-Berliner verliebt.

Die dritte Hiobsbotschaft: Der Mann ist Kommunist.

Und der endgültige Todesstoß: Sie ist mit ihm verheiratet.

Und in zwei Tagen kommt MR. HAZELTINE.

Aus seiner Sicht also durchaus richtig, wenn MACNAMARA gegenüber SCARLETT behauptet: »Du hast mich ruiniert.« Nie war der Held von seinem Ziel, Generaldirektor für Europa zu werden, weiter entfernt.

Aber MACNAMARA wäre nicht Held der Komödie, wenn er nicht Maßnahmen ergreifen würde, die Lage zu seinen Gunsten zu verändern. Und es scheint zu funktionieren. Mit den Mitteln der komischen Intrige schafft er es, OTTO ins Ost-Berliner Gefängnis zu bringen.

An dieser Stelle kommt die Komödie an einen kritischen Punkt. Ist von diesem für OTTO ja lebensbedrohlichen Ereignis die Rückkehr in die Komödie noch möglich, oder wird das Genre verlassen? (Mit der Verhaftung und ihren schlimmen Folgen wäre Mitleid mit OTTO organisiert, was für die Komödie äußerst gefährlich wäre.) Die Antwort wird aufgeschoben, denn jetzt kommt eine äußerlich unauffällige Schlüsselszene des Films, die sich in ihrer Bedeutung für die Wirkungsstruktur wohl erst in nachträglicher Betrachtung erschließt.

Gemeint ist die Szene zwischen MACNAMARA und seiner Frau. PHYLLIS will zurück in die USA. Sie weiß, daß ihr Mann in jedem Land eine Sekretärin findet, die ihm »Sprachunterricht« gibt. Sie will nach Hause, und sie will, daß MACNAMARA seine ständigen Liebschaften aufgibt – hier liegt das eigentliche Problem für den Protagonisten, das zu lösen ist.

Wenn wir zwischen *Ziel* und *Bedürfnis* des Protagonisten

unterscheiden wollen, dann haben wir hier ein signifikantes Beispiel dafür, wie weit beide auseinanderfallen können: Ziel des Protagonisten ist der Posten des Europa-Chefs von Coca-Cola. Sein Bedürfnis aber ist der innere Frieden. Frieden mit seinem Ehrgeiz – und damit letztlich Frieden mit seiner Frau. Man beachte, daß PHYLLIS auch als erstrebenswertes Ziel dargestellt ist. Sie ist die einzige Figur im Film, die nicht deformiert und überspitzt dargestellt wird. Sie verkörpert das Maß, mit dem der Zuschauer die Geschichte betrachtet. Mit ihr finden wir die Dinge komisch. Sie ist in jeder Situation überlegen. Man denke an ihren ironischen Umgang mit dem Filmhelden: »Ja, mein Führer!« Dagegen setze man die Darstellung der SCARLETT in ihrer gnadenlosen Naivität, die allein schon als Komikgenerator funktioniert: »UdSSR ist die Abkürzung für Rußland.«

Zurück zu der Frage, wie nach dem dramatischen Ende der Figur OTTO die Rückkehr der Komödie bewerkstelligt wird: Mit einem Satz. Mit einem Satz, der einen der größten Wendepunkte des Drehbuchs bildet. SCARLETT ist schwanger. MACNAMARA ist nicht gerettet. Ganz im Gegenteil. Statt sein Ziel zu erreichen, ist er nun im Gegenteil so weit entfernt wie nie. Wie bekommt man jetzt den Kindsvater aus dem DDR-Gefängnis heraus? »Es war schwer genug, den Jungen ins Gefängnis zu bringen. Es wird zehnmal schwerer, ihn wieder rauszuholen.« Nachdem die erste Teilaufgabe des Helden darin lag, den mißliebigen OTTO loszuwerden, muß er nun das Steuer um 180° herumreißen und genau das gegensätzliche Ziel ansteuern.

Mit der Idee, OTTO bei den Russen gegen Fräulein INGEBORG einzutauschen (was für INGEBORG ja eigentlich auch eine tragische Komponente hat) nimmt der Held die Initiative wieder in die Hand. Dieser temporeiche Wechsel zwischen scheinbarer Souveränität und dem Versinken im Chaos und in der Katastrophe zeichnet den Komödienhelden aus.

Doch ein wirklicher katastrophaler Ausgang ist im III. Akt nicht mehr möglich. Es gibt für den Helden keine Gefährdung mehr durch seinen dramatischen Widersacher OTTO. Was nun passiert, sind kleine Wendepunkte, die das Tempo erhalten sollen, aber die Handlung freilich in keine neue Richtung mehr lenken können:

- MacNamaras Anwalt hat die Heiratsurkunde aus Ost-Berlin herausgeholt. Somit gibt es die Ehe nicht mehr. Eine zu diesem Zeitpunkt bereits unwillkommene Hilfestellung. Die Absicht des Anwalts war eine gute, und er erzielt das richtige Ergebnis zur falschen Zeit.
- Ein Journalist bekommt heraus, daß Scarlett einen Kommunisten geheiratet hat. MacNamaras Assistent Schlemmer erkennt den Journalisten als ehemaligen Obersturmbannführer der SS wieder, womit dieser zum Schweigen gebracht ist.

So besteht der III. Akt nur noch aus dem Umbau Ottos in einen vorzeigbaren Kapitalisten. Ein Akt, in dem sich die Widersprüche aufgelöst haben, was sich auch in der plötzlichen Stiländerung zeigt. Kleine Ereignisse ersetzen große Wendepunkte.

Woran liegt das? Otto (der ja leider auch permanent als geistig unterbelichtet dargestellt wird) müßte, in den Westteil der Stadt gekommen, die Handlung nochmals wenden und das von MacNamara etablierte System ins Chaos stürzen. Damit wäre er als Gegenspieler des Helden weiterhin potent. Aber nein, Otto ist nicht mehr aktiv, als Gegenspieler fällt er aus. Dabei könnte er seine Erfahrung als »Klassenkämpfer« leicht dazu nutzen, um MacNamara in eine neuerliche Katastrophe zu treiben. (Hier steht die übermäßig karikierende Darstellung der kommunistischen Ideologie der Dramaturgie im Wege.)

Otto wird vom Gegenspieler zum Objekt. MacNamara darf ihn nun als willenloses Objekt behandeln, Ottos Rolle gibt nicht mehr her als die eines Kleiderständers.

Es fehlt eine gegenläufige Handlung für Otto, ob er nun einen Streik organisiert oder das Coca-Cola-Rezept in seinen Besitz bringt, um sich bei den Kommunisten wieder einzuschmeicheln. Dazu hätte Wilder freilich der Figur des Otto Qualitäten zuerkennen müssen. Doch Otto ist keine Figur und hat keine sozialen Hintergründe. (Das manchmal sehr hölzerne Spiel von Horst Buchholz ist Ergebnis dieser Rollenanlage!) Während alle im Westteil der Stadt sehr schön, sehr differenziert beleuchtet werden (SCARLETT hatte sich in einen Rocksänger verliebt, SCHLEMMER hat eine zweifelhafte Nazi-Vergangenheit), ist das zweite Wertesystem des komischen Konflikts, »Der Osten« / »Der Kommunismus« de facto gar nicht vorhanden. Und wenn es dargestellt wird, dann nur in seiner *zahnlosen* Karikatur. Bei der Darstellung der Russen hat das kaum negative Auswirkungen. Hier steht die historische, militärische Macht für den Zuschauer im Kontext der Figuren. Bei OTTO ist das anders. Er als Gegenspieler wird kastriert; sobald er freigekauft wird, stellt er seinen Widerstand ein, und er hat auch gar keine Chance mehr, dem Helden zu schaden. Der Konflikt stirbt ab, der Komödie geht die Luft aus, sie wird im Sinne eines Lustspiels zu Ende gebracht.

Was wünscht der Zuschauer am Ende dem Helden? Nicht, daß er den Job in London bekommt, sondern daß er diese wunderbare und intelligente Ehefrau nicht verliert. Und so wird MACNAMARA zum Vizepräsidenten für den Einkauf in Atlanta bestimmt. Damit hat er sein Ziel zwar verfehlt, aber das bekommen, was wir ihm wünschen – den Frieden mit seiner Frau.

Das Happy-End geht einher mit einem merkwürdigen, aber konsequenten Stilwechsel: Die Musik wird »idyllisch«, die Dialoge werden »poetisch«. Das ist ein Komödienende à la Molière – wunderbar und märchenhaft. Wir müssen nicht wissen, warum PHYLLIS, die wir als intelligent-ironische Kommentatorin kennengelernt haben, ihrem Gatten alles verzeiht. Wir müssen nicht wissen, ob MACNAMARA seine Frau auch in Atlanta betrügen wird. Denn wie der königliche Bote im *Tartuffe* bringt hier MR. HAZELTINE die Nachricht, die das Stück beendet: Alles wird gut. Der glückliche Ausgang wird nicht durch den Helden erarbeitet, sondern »von oben« befohlen.

30

Pappa ante portas

Wie immer verläßt Heinrich Lohse (Vicco von Bülow), Manager in einer mittelständischen Firma, morgens sein Heim. Wie immer sind Ehefrau Renate (Evelyn Hamann) und Sohn Dieter froh, wenn der hektische Heinrich das Haus endlich verlassen hat.

Schon im Sekretariat sieht man, daß kaufmännische Effizienz für Lohse kein Fremdwort ist. Soeben ist eine Lieferung Schreibmaschinenpapier gekommen, die für die nächsten 40 Jahre reicht und der Firma einen schönen Mengenrabatt beschert. Das ist auch der Grund, warum Lohse zum Generaldirektor gerufen wird – eine Unterredung, die damit endet, daß Lohse in den vorzeitigen Ruhestand versetzt wird.

Frau und Sohn sind davon nur mäßig begeistert. Renates Vorahnungen bestätigen sich schnell. Am nächsten Morgen möchte sie, wie immer, einen Telefonschwatz mit ihrer Freundin halten – in Heinrichs Gegenwart ist dies nicht möglich. Dieser will sich nun verstärkt um die Haushaltsführung kümmern, und eine seiner ersten Taten ist der Einkauf. Auch hier kann er durch den Kauf mehrerer Kartons Senf einen schönen Rabatt aushandeln. Auch die Putzhilfe, Frau Kleinert, bekommt nun erstmals genaue Instruktionen und kann unter der fachmännischen Leitung von Heinrich Lohse das Haus planvoll säubern. Als ein Vertreter-Pärchen klingelt, das Renate barsch abweisen will, übernimmt Heinrich auch hier. Mit dem Erfolg, daß die Lohses nun regelmäßig mit Wurzelbürsten und Badezusatz beliefert werden, um dem bevorstehenden Weltuntergang sauber gegenüberzutreten.

RENATE ist bald mit den Nerven am Ende. Siebzehn Jahre lang war sie mit ihrem Mann »gemütlich verheiratet«, HEINRICH hatte »nie gestört« – und nun das.

Zum ersten schweren Streit zwischen RENATE und HEINRICH kommt es, als er quer durch das Wohnzimmer gerade die Tageszeitungen nach Datum sortiert, während sie ihre Frauenrunde eingeladen hat. Zwar will man sich danach beim Essengehen wieder versöhnen, aber auch der Restaurantbesuch endet vorzeitig mit einem Eklat. RENATE weiß, daß es so nicht weitergehen kann. Der Gatte braucht Betätigung; RENATE will ihn in den Keller verfrachten: »Du könntest dein eigenes Reich haben.«

HEINRICH begegnet der Gefahr drohender Abschiebung, indem er von nun an bewußt und überdeutlich inaktiv und still bleibt. Aber er kann eben nicht über seinen Schatten springen, und obwohl es abgesprochen war, daß er zu Hause bleibt, kommt er mit zur Dichterlesung, um diese für RENATE zu einer bleibenden peinlichen Erinnerung zu machen.

Nachdem HEINRICH von RENATE entmachtet wurde, darf er auch FRAU KLEINERT keine Anweisungen mehr geben. Dabei war sie mit seinem Management gut zurechtgekommen. HEINRICH sucht bei ihr Trost, und es kommt zu einer »Verbrüderung der Subalternen«. Am Ende haben sich beide ausgesprochen und sind betrunken. RENATE kommt nach Hause und ist wenig begeistert. Was HEINRICH auch macht – es führt zu einer Störung des häuslichen Friedens.

RENATE versucht nun die Flucht nach vorn und will wieder arbeiten, um ihrem Gatten zu entfliehen. Der Ausflug zu einem Schokoriegel-Hersteller endet mit einer gewaltigen Magenverstimmung. Auch HEINRICH ist verzweifelt und sucht Trost bei seinem Freund KURT. Vielleicht hat der ja eine Idee, wie er RENATE wieder zurückgewinnen kann.

Und KURT hat eine Idee. Frauen wollen beeindruckt werden. Da KURT gute Kontakte zum Produzenten einer Fernsehserie hat, könnte man RENATE damit beeindrucken, daß HEINRICH in dieser Serie mitspielt – und gedreht wird alles im

Haus der LOHSES. Dieser Plan mündet schnell in ein Chaos. Das Haus wird nicht, wie mit der Filmcrew abgesprochen, bis zu RENATES Ankunft wieder geräumt. RENATE kommt nach Hause und sieht die Verwüstung – das Maß ist voll. In dieser Nacht schläft man getrennt, die Tür zu RENATE ist verschlossen.

Am nächsten Tag fährt die Familie zum 80. Geburtstag von RENATES Mutter. Da die Eltern nicht mehr miteinander sprechen, muß Sohn DIETER zwischen den beiden »dolmetschen«. Auf der Zugfahrt zum Geburtstag sitzen die LOHSES RENATES Schwester und deren Mann gegenüber. Die beiden scheinen das komplette Gegenteil der LOHSES zu sein: immer harmonisch, immer derselben Meinung. RENATES Schwager hält auch die Geburtstagsrede, die weniger den Geburtstag der 80jährigen thematisiert als vielmehr HEINRICH und RENATE ihrer mißratenen Beziehung wegen an den Pranger stellt. Diese Verurteilung schweißt das Ehepaar wieder zusammen. Die beiden nehmen sich vor, in Zukunft alles besser zu machen. Sie werden sich eine sinnvolle gemeinsame Beschäftigung suchen, und sie finden tatsächlich eine. Mit den schiefen Flötentönen der gemeinsamen Hausmusik endet der Film.

Schon in den ersten Minuten verrät der Film, woher er das Konfliktpotential der Komödie schöpfen wird. Der Charakter des HEINRICH LOHSE wird mit wenigen markanten Zügen gezeichnet. Zwei Eigenschaften vereinigen sich in ihm, die scheinbar überhaupt nicht zusammenpassen. HEINRICH ist sowohl hektisch als auch pedantisch. Der morgendliche Aufbruch zur Arbeit hat etwas von Aufbruch eines Generals in die Schlacht. Zackiges Auftreten wird untermalt durch einen Militärmarsch. Die gut sortierten Zeitungsstapel im Haus verraten schon viel über LOHSES Pedanterie. Ehefrau und Sohn sind sichtbar erleichtert, wenn HEINRICH das Haus verlassen hat. Deutlich ist ein Pfeiler des Konflikts bereits gesetzt. Der Haushalt der LOHSES funktioniert nur unter der Bedingung von HEINRICHS *Abwesenheit*.

Im wesentlichen ist der Film eine Charakterkomödie. Die charakterlichen Eigenschaften des Helden sind es, die den

Hauptkonflikt herbeiführen. Dies bekommen wir anhand der ersten Szene in HEINRICHS Firma demonstriert.

HEINRICH LOHSE im Gespräch mit einer Mitarbeiterin: Die hat einen ungeheuren Aktenstapel in den Armen, gekrönt von einer Kaffeetasse. Visuell deutlich etabliert ist: Die Dame muß ihre Last dringend irgendwo ablegen. Um einen komischen Effekt zu erzielen, wird natürlich genau das Vernünftige und Notwendige verhindert. LOHSE verwickelt sie in einen langen Dialog. Hier haben wir einen Widerspruch zwischen Absicht und Wirkung, der aus der Szene mehr als nur einen Gag macht. Während LOHSE gute Personalführung demonstrieren will, indem er Interesse für die Mitarbeiter zeigt, bewirkt er genau das Gegenteil. Die Frau leidet (in diesem Fall sogar physisch) unter diesem Interesse. LOHSE versucht alles, das Gespräch nicht abreißen zu lassen, während sein Opfer darum bemüht ist, die Akten samt Kaffeetasse nicht fallenzulassen.

Was erzählt dies über die Figur des HEINRICH LOHSE? Er ist zwar aufmerksam, aber diese Aufmerksamkeit ist fehlgeleitet. Inszenatorisch wird dies brillant unterstützt durch ein kleines Detail: Der Mitarbeiterin rutscht schließlich eine Akte doch durch die Finger. HEINRICH nimmt sie ihr ab – um sie der armen Frau »hilfreich« zwischen die Finger zu klemmen. Er nimmt zwar Dinge ab, löst aber nicht das Problem. LOHSE fehlt die Übersicht (was im komischen Gegensatz zu seiner Etablierung als »General« steht), er kann Wichtiges nicht von Unwichtigem unterscheiden. Er handelt übertrieben planmäßig, wo situationsbedingtes Handeln notwendig wäre. Und dies wird bald auch die Ursache seines Eheproblems werden.

Nach der Szene um das Schreibmaschinenpapier wissen wir alles, was wir für eine Exposition brauchen. LOHSES Sekretärin hat – weil er günstig einkaufen wollte – nun Papier für 40 Jahre. Kaufmännische Effizienz hat sich verselbständigt, hat den Kontakt zur Realität verloren. In diesem Sinne ist die Anlage der Figur durchaus auch als parodistische Kritik zu sehen. Wirtschaftlichkeit in übertriebener Konsequenz macht aus einem vernünftigen Menschen eine lebensuntüchtige Witzfigur.

Noch sind kaum fünf Minuten des Films vergangen, da wird LOHSE schon zum Generaldirektor gerufen. Eine Störung des gewohnten Ablaufs. Zwar sieht alles noch sehr positiv aus – LOHSE bekommt eine Zigarre angeboten –, aber die Zigarre zerkrümelt im folgenden Gespräch, und LOHSES Abschied vom Berufsleben wird deutlich eingeleitet mit einer wunderschönen Verkehrung im Dialog: »Bitte behalten Sie Platz, Herr Generaldirektor!«

Mit LOHSES vorzeitiger Pensionierung haben wir die Wurzel eines Konflikts (LOHSES Charakter) und ein verschärfendes Problem (Pensionierung) gesehen. Der Ausbruch des Konflikts aber steht noch aus – er wird eng mit einer Birne verbunden sein.

Der Zuschauer bekommt jetzt aber erst einmal eine wichtige Komponente der Komödie grazil und fast unauffällig serviert: die Vorstellung des katastrophalen Ausgangs der Handlung. Auf dem Weg nach Hause sieht LOHSE den vermutlich obdachlosen Geiger. Nicht zufällig wird diese Rolle von Vicco von Bülow selbst gespielt: So sieht LOHSE in diesem düsteren Augenblick seine Zukunft.

Als LOHSE nach Hause kommt, merkt man sofort: Er gehört eigentlich nicht in den Haushalt, in den normalen Tagesablauf. RENATE und DIETER erstarren, als sie die Nachricht von der vorzeitigen Pensionierung hören. Sie ahnen, welche furchtbaren Konsequenzen dies haben wird. Und auch der Zuschauer weiß bereits beim Nachtisch, daß die Zukunft der Familie keine leichte wird. Anhand HEINRICHS Diskussion darüber, daß ein Apfel mit Sauce niemals eine *Birne Helene* sein kann, weil es ja sonst eher *Apfel Helene* heißen müßte, wird klar: Alles, was bisher unkomplizierter Alltag war, wird durch HEINRICHS Eingreifen zu höchsten Komplikationen führen.

Der nächste Tag ist HEINRICHS erster Tag als Pensionär. Und hier wird der Konflikt vollständig etabliert. RENATE möchte mit ihrer Freundin telefonieren, kann es aber nicht, weil HEINRICH durch das Wohnzimmer schleicht. »Laß dich nicht stören. Du kannst in Ruhe telefonieren«, sagt HEINRICH und bewirkt damit natürlich das genaue Gegenteil. RENATE wird ihrer eigenen Wohnung entfremdet. Das Haus kann nur einem gehören. Das ist der Konflikt.

Es geht um die Herrschaft im Haus. Als HEINRICH noch arbeiten ging, war RENATE unangefochtene Herrscherin, nun gibt es Konkurrenz. Und tatsächlich versucht HEINRICH, die Tätigkeiten seiner Frau nunmehr selbst zu übernehmen. Das geht von der Anleitung der Putzhilfe über das Einkaufen bis hin zum Kaffeeklatsch. Dabei wird ein ganzes Repertoire von komischen Techniken angewandt, von denen wir hier nur einige herausgreifen wollen:

LOHSE kommt nach Hause. Die Musik ist die eines Thrillers. Die Dielen knacken, RENATE steht ahnungslos mit dem Rücken zum Eindringling, dreht sich um und erschrickt. *Parodistisch übertrieben* wird hier das Ereignis der Pensionierung als tödliche Gefahr dargestellt.

Gleichfalls das kriminalistische Sujet zitiert LOHSES erste Begegnung mit der Putzhilfe FRAU KLEINERT. Der *komische Kontrast* rührt daher, daß dem Zuschauer die Situation sofort einsichtig ist (eine Putzfrau bei der Arbeit), vom komischen Helden aber völlig anders bewertet wird: LOHSE meint, eine Einbrecherin ertappt zu haben.

HEINRICH hat die Putzhilfe noch nie gesehen. Er ist schon lange nicht mehr Teil des Haushalts. Folglich hält die nunmehr beginnende Beschäftigung mit dem unbekannten Metier »Haushalt« so manche *Tücke des Objekts* für ihn bereit. Da sehen wir seinen heroischen Kampf gegen das Spannbettlaken. Oder – nachdem bereits RENATE die Tücken der hüpfenden Küchenmaschine zu spüren bekam – seine explosive Erfahrung mit diesem Gerät.

Was wir *Verzögerung der Auflösung* genannt haben, präsentiert Loriot verbunden mit der Tücke des Objekts: HEINRICH und RENATE sind zusammen im Restaurant. Wir wissen, die Situation zwischen beiden ist gespannt, es sollte heute abend möglichst nichts schiefgehen. Aber schon der Kellner agiert entgegen unseren Erwartungen, die man von einer solchen Figur hat – er macht alle Angebote der Speisekarte schlecht. Und nun bekommt RENATE ihren »Jägerspieß«. Sie versucht, ein Stück Fleisch vom Holzspieß zu bekommen und kämpft und kämpft – bis schließlich alle Fleischstücke über den Tisch fliegen. Daß beide die *Peinlichkeit* dieser Situation ignorieren, verstärkt die Komik.

Auch die Szene zwischen HEINRICH und seinem Sohn DIETER ist von Peinlichkeit geprägt. HEINRICH redet mit dem 16jährigen über das Thema Sexualität wie mit einem Sechsjährigen. So unterdrückt er die Peinlichkeit der Situation für sich selbst – nur ist dieses Mißverhältnis zwischen Ansprache und Angesprochenem so absurd, daß die Situation nun wieder dem Sohn peinlich wird. Die Wirkung entsprach nicht der Absicht. Von diesem komischen Problem ist die gesamte Figur HEINRICHS bestimmt. (HEINRICH beim Einkaufen mit RENATE: »Ich dräng' dich gar nicht.«) In dem Augenblick, da er die größte Anstrengung unternimmt, um RENATES Zuneigung wiederzugewinnen (die Filmaufnahmen), löst er den vorerst endgültigen Bruch zwischen ihnen aus. Sie schlafen getrennt. Und das in dem Augenblick, da sich RENATE vom Schokoriegelhersteller verabschiedet hatte: »Ich brauche mein Zuhause, mein Nest.« Was sie dann zu sehen bekommt, ist das genaue Gegenteil eines Nestes.

Wie in den Szenen um die Filmaufnahmen (sogar die Wände des Hauses werden, ohne die Besitzer zu fragen, umgestrichen) arbeitet Loriot in *Pappa ante portas* hauptsächlich mit Übertreibungen. Das zerstrittene Ehepaar fährt zum Geburtstag, Sohn DIETER sitzt zwischen den Eltern, die kein Wort mehr miteinander reden. DIETER spielt den sprachlichen Vermittler. Was RENATE ihrem Mann zu sagen hat, übermittelt er genauso wie die Antwort. Die Szene ist absurd übertrieben, denn jeder hört ja die Antwort des Partners.

Auch verschiedender Running Gags bedient sich der Film. HEINRICHS Kampf mit der Zeitung, Sohn DIETER, der immer wieder eine neue Freundin vorstellt, und schließlich der Hund, von dem nur der wackelnde Schwanz zu sehen ist und der mit Loriots unnachahmlichen Wortwitz eingeführt wird: »Der Hund liegt ja wirklich *ungünstig*.«

Auch das mehr oder minder glückliche Ende der Komödie ist durch den Film hindurch mehrfach vorbereitet worden:

Heinrich akzeptiert kommentarlos einen Apfel als »Birne Helene«! Die Utopie scheint möglich.

Mit diesem Ende der Versöhnung hätte Vicco von Bülows Film sein »wirkliches« Komödienende gefunden. Zwar gibt es eine Lösung, diese wird aber als utopisch kenntlich gemacht. Das zweite Ende, das uns das Paar bei der Hausmusik zeigt, ist nicht nur akustisch ein Mißklang. Die angebotene Utopie wird erbarmungslos zerstört und verworfen.

Eine Lösung gibt es nicht. *Pappa ante portas* behandelt zwei gegensätzliche Thesen:

- Mann und Frau sind prinzipiell Gegner;
- Mann und Frau sind prinzipiell sich ergänzende Wesen.

Beide Thesen stimmen nicht. Zwischen beiden Polen – und dies ist der resignative Punkt dieser Komödie – muß man sich abarbeiten. Ein Ausweg, eine Lösung ist nicht möglich, deshalb wird dem Zuschauer bewußt eine Scheinlösung angeboten.

Interessanterweise paßt die Hausmusikszene weder vom Stil noch von der Aussage her zum Film, sie bleibt ein Fremdkörper, ein völlig unerwarteter Anhang. Nach Jahren vergißt man die Szene, ist beim wiederholten Ansehen überrascht, daß es sie gibt. Das mag daran liegen, daß die Versöhnung zwischen Heinrich und Renate das »wirkliche« Ende ist. Ende in dem Sinne, daß die Utopie erreicht ist, am Horizont dämmert. Diese Ahnung einer Utopie wird mit der Hausmusikszene wieder zerstört. Die Utopie wird zur Überprüfung dargeboten. Und das hält natürlich keine Utopie aus.

»Sinnvoll muß sie sein«, die gemeinsame Beschäftigung, sagt Heinrich. Und er hat nun am Ende wirklich verloren, denn sinnvoll ist das, was sie dort mit ihrer dilettantischen Hausmusik treiben, in keiner Weise. Es entspricht eher Renates Geschmack.

Dabei ging es in dieser Komödie nicht darum, den charakterlich fehlgeleiteten Helden zu erziehen. Und wenn wir anfangs behauptet haben, *Pappa ante portas* sei eine Charakterkomödie, dann stimmt das nicht ganz. Es geht nicht um die

»Umerziehung« des Protagonisten. *Pappa ante portas* ist kein Lustspiel. Beide Konfliktparteien stehen unvereinbar gegenüber, keine von beiden ist im Sinne des anderen »erziehbar«. Weder wird RENATE glücklich werden können, indem sie effizient und planvoll einen Einkaufsbummel macht, noch ist HEINRICH in der Lage, wieder seine gewohnte Arbeit aufzunehmen, was wohl für RENATE die angenehmste Lösung wäre. Der Kampf zwischen beiden geht ewig weiter – eine Andeutung davon bekommen wir in der Schlußszene: Schon das Umblättern der Notenblätter wird zum erneuten Kampf zwischen beiden.

Im Vergleich zu Loriots erster Filmkomödie *Ödipussi* (1987), die ja schon vom Namen her nur und vollständig auf eine Charakterkomödie zielte, hat Vicco von Bülow in *Pappa ante portas* einen wirklichen dramatischen Konflikt in den Mittelpunkt des Films gestellt. Doch die beiden Helden erarbeiten sich die Lösung des Konflikts nicht wirklich. Der Wendepunkt zum glücklichen Ende kommt unverhofft, ist nicht das Ergebnis der Handlungen zuvor. Das alles würde dem komischen Vergnügen schaden – wäre es nicht so meisterhaft gemacht.

Manchmal scheint es, als ob das Buch einige Konflikte bewußt ignoriere. So ist die Ehe nie wirklich durch einen anderen Mann/eine andere Frau gefährdet. Warum?

Es wird konsequent vermieden, einem von beiden Schuld zuzuweisen. RENATE ist kein Deut besser als HEINRICH. Die beiden lernen sich im Laufe der Handlung überhaupt erst einmal kennen. In diesem Sinne ist es sogar eine Romantic Comedy. Die beiden fangen »jungfräulich« an, mehrfach wird angesprochen, daß man sich im Verlaufe der Ehe so gut wie nie gesehen hat. In dem Sinne beginnt jetzt erst die Beziehung, da ein Mann und eine Frau, die sich vorher nie gesehen haben, »zusammengesperrt« werden, obwohl sie scheinbar nicht gut zusammen harmonieren. Und zum Schluß lieben sie sich doch, typisch für eine Romantic Comedy.

Was ist dabei die emotionale Aufgabe der beiden Helden? HEINRICH und RENATE müssen sich selbst im Koordinatensystem der menschlichen Beziehungen finden. Dann können sie sagen: Hier sind wir, und weil wir wissen, wo wir stehen, können wir damit leben. Das ist der positiv-konservative Punkt dieser Komödie. Die beiden werden wohl so ein Paar werden wie das Verkäuferehepaar am Anfang des Films.

Und so ist es kein Zufall, daß um das Paar herum lauter »kaputte« Gestalten agieren, während die beiden vor lauter Empfinden, die Kaputtesten überhaupt zu sein, das Kaputte in ihrer Umwelt gar nicht wahrnehmen.

Der Generaldirektor, der HEINRICH pensioniert, ist mindestens ebenso »verhaltensgestört« wie HEINRICH selbst. Er fragt, ob LOHSES Sohn denn schon stehen, laufen, sprechen könne – und der Sohn ist mittlerweile 16 Jahre alt.

In dem Moment, wo beide wahrnehmen, daß ihre Umwelt kaputt ist, finden HEINRICH und RENATE auch wieder zueinander. So ist die Lösung dieses Komödienkonflikts auch nicht denkbar ohne die ständige Auseinandersetzung zwischen Privatem und Öffentlichkeit. Wenn wir zuvor behauptet haben, daß die Familie kein rechter Ort für die Komödie sei, so widerspricht auch diese Komödie nicht der These.

RENATE brüllt HEINRICH im Bad zusammen, und im Haus laufen die Dreharbeiten. Hier wird eine Halböffentlichkeit hergestellt. Immer wieder prallen sie in ihrem Streit auf Mitarbeiter der Filmcrew – es fehlt der private Rückzugsbereich. Der Höhepunkt des Konflikts ist nicht zufällig mit einer Fernsehserie verbunden, die 20 Millionen Zuschauer hat. Ständig wird der private Konflikt in die Öffentlichkeit gerückt. Deshalb die vielen »Ausflüge« ins Restaurant, den Supermarkt und die Kulturveranstaltung. Immer ist man hart an der Grenze zum Skandal, immer droht den beiden Helden die Peinlichkeit.

HEINRICH hat nicht viel Erfahrung mit der Öffentlichkeit. Er spricht beim Einkaufen die falschen Leute an, weiß mit Standardsituationen nicht umzugehen, scheint manchmal wie von einem anderen Planeten. Während HEINRICH immer in komische Verkehrungen gerät oder mit neuen Erfahrungen konfrontiert wird, muß sich RENATE nicht mit HEINRICHS Welt auseinandersetzen. Daher gibt es für Evelyn Hamann als RENATE im gemeinsamen Eheleben keine komischen Situationen, sie müssen von außen importiert werden. Daher gibt es die (eigentlich für den Gesamtverlauf der Komödie folgenlose) Episode um die Schokoriegel-Fabrik. Daher gibt es die Familienfeier. Auch die ist für die Geschichte ohne jede Bedeutung. Zwar ist sie ein geschickt mehrfach als wichtig und abschließend angedeutetes Ereignis, doch hat ihr Verlauf keinen Einfluß auf das weitere Leben unserer beiden Helden. »Zufällig« passiert hier genau das, was unser Ehepaar wieder zusammenschmiedet. Es hätte auch eine Woche später im Supermarkt sein können. Nur die Location hat ihre Notwendigkeit. Wenn der Hauptkonflikt der Kampf um die Herrschaft im Haus war, das Haus nun aber ruiniert und damit als Kampfobjekt nicht mehr existent ist, dann braucht es jetzt den Wechsel zu Natur und Weite. Die Kamera filmt die Location im DRAUFBLICK. Bei dieser Familienfeier gewinnen auch HEINRICH und RENATE erstmals wieder den »Draufblick« auf ihre Beziehung. Deshalb sitzen um sie herum nur Einfaltspinsel und Beziehungskrüppel.

Das »wahre« Komödienende hat Loriot bereits vorher angedeutet. Als HEINRICH seinen Freund KURT anruft, ihn treffen und um Rat fragen will, sieht er wieder den Geiger, der schon in der Exposition die düstere Zukunft des Helden vorwegzunehmen schien. Diesmal sieht HEINRICH ihn wütend nach seiner Frau treten und dabei umfallen. Welche Symbolik. Und so wäre ein mögliches Ende (das Vicco von Bülow wohl bewußt nicht gewählt hat): Das Haus brennt ab, die beiden werden Straßenmusikanten und damit glücklich. Ein solches Ende ist unrealistisch? Genau! Es ist Utopie.

Doch Loriot läßt die Widersprüche, wie sie sind. Er kostet sie bis zum Exzeß aus, aber er läßt sie bestehen. Er läßt sie weder in sich zusammenfallen noch sich gegenseitig auffressen. In *Pappa ante portas* beweist Loriot seinen feinen Sinn für das Komische, nutzt alle Techniken, alle Mittel der Komödie, aber nicht so sehr ihre Struktur. Wo die Komödie strukturell Schwächen hat, hat sie andererseits wieder ihre Stärken, weil sie sehr durchdacht ist in dem, was sie erzählen will. Der Film ist geistig besinnlich, im Handlungsablauf um so turbulenter.

31

Kevin – allein zu Haus

Du bist tot, Junge!« droht der Einbrecher einem achtjährigen Jungen. Bügeleisen fallen auf den Kopf, ein Mensch verbrennt sich an einer glühenden Türklinke, auf spitze Nägel und Scherben wird getreten, Schmerzen über Schmerzen … Und das ist komisch?

Kevin – allein zu Haus gilt jedenfalls als Komödie. Mehr auf schnell konsumierbare emotionale Anstöße als auf eine große Geschichte zielt dieser amerikanische Kinofilm von 1990. Deshalb hier nur kurz die Grundzüge der Geschichte:

KEVINS Familie will zusammen mit Verwandten zum Weihnachtsurlaub nach Frankreich fliegen. Der achtjährige Titelheld wird von allen Familienmitgliedern geringgeschätzt. Als ihm auch noch seine Käsepizza weggegessen wird, packt KEVIN die kalte Wut. Die Folge davon: Seine Mutter sperrt ihn in die Dachkammer. Der wünscht sich – allein auf seinem Bett liegend – daß die anderen doch ganz einfach verschwinden mögen.

Durch einen nächtlichen Sturm wird die Stromversorgung des Hauses unterbrochen – der Radiowecker fällt aus. Am nächsten Morgen darum hektischer Aufbruch – und KEVIN wird in seiner Dachkammer vergessen. Die beiden Familien hetzen zum Flugzeug: Nun ist KEVIN allein zu Haus.

Alleingelassen vertreibt sich KEVIN zunächst die Langeweile und tut allerlei Dinge, die er sonst nicht hätte tun dürfen. Als er nachts vor dem Fernseher eingeschlafen ist, tauchen vor dem Haus zwei Einbrecher auf, nach deren

Beobachtung das Haus leerstehen müßte. KEVIN schaltet im gesamten Haus das Licht an – und die Einbrecher flüchten.

Auf dem Pariser Flughafen versucht KEVINS Familie derweil einen Rückflug zu buchen, denn noch im Flugzeug hat die Mutter registriert, daß sie KEVIN vergessen hat. Da alle Flüge ausgebucht sind, entscheidet sie sich, allein auf dem Airport zu warten, falls doch noch ein Platz frei wird.

Die Gangster brechen in einem anderen Haus ein. Dort geht der Anrufbeantworter an, KEVINS Mutter bittet um Hilfe – so wissen die Einbrecher, daß die Familie doch in Frankreich ist.

»Wenn diese Kerle zurückkommen, werde ich vorbereitet sein«, entscheidet KEVIN derweil. Und nun kommt die wohl bekannteste Szene des Films: Als die Einbrecher einen neuerlichen Versuch starten wollen, scheint im Haus eine Party stattzufinden. KEVIN hat Puppen und Pappfiguren auf eine Modelleisenbahn montiert, andere animiert er mit Seilen. Die Gangster sind verwirrt. KEVINS erster Erfolg.

Doch bald entdecken die Einbrecher, daß sie nur von einem Kind an der Nase herumgeführt wurden. Sie beschließen den endgültigen Einbruch am Abend. KEVIN hört dies und bereitet sich darauf vor, das Haus mit allen Mitteln zu verteidigen. Teer auf den Stufen, vereiste Treppen, Nägel, glühende Türklinken, fallende Bügeleisen – KEVINS Erfindergeist scheint keine Grenzen zu kennen. Die Einbrecher können nur nach mehreren Versuchen und schwer lädiert das Haus einnehmen. Inzwischen hat KEVIN die Polizei alarmiert und ist ins Nachbarhaus geflüchtet. Aber dort stellen ihn die beiden Gauner schließlich – doch KEVIN wird von einem Nachbarn gerettet.

Inzwischen ist auch die Mutter nach Hause gekommen, bald nach ihr der Rest der Familie, und alle sind froh.

Die Exposition setzt zunächst einmal Grundpfeiler für einen kräftigen Konflikt. »Du bist doch vollkommen hilflos!« bekommt KEVIN zu hören. Einen Fernsehfilm darf er aus wenig plausiblen Gründen nicht sehen. Schließlich wird er auch noch aus der Gemeinschaft ausgeschlossen. Ein großer Druck lastet auf dem Helden des Films, er befindet sich in einer schier unerträglichen Lebenssituation: mißachtet und unterschätzt. Verzweifelt fragt er: »Warum behandelt ihr mich wie den letzten Dreck?« Kein Wunder, daß es sein Traum ist, allein zu wohnen.

Daneben werden auch die ersten komischen Elemente eingefügt. Der Pizzabote etabliert einen Running Gag und fährt die Statue vor dem Hauseingang um. Sowohl der (falsche) Polizist als auch der Pizzabote wollen etwas von den Bewohnern des Hauses (Auskunft und Geld), stehen aber dem Chaos hilflos gegenüber. Sie werden einfach ignoriert. Beim Betrachten des Trubels in diesem Haus fällt noch eines auf: Chaotische Darstellung von Chaos wirkt chaotisch, nicht komisch. Die einzigen Pointen liefert das Chaos im Zusammentreffen mit der Ordnung – hier eben Polizist und Pizzabote.

Als am nächsten Morgen KEVIN allein aufwacht, ist für den Dramaturgen vor allem eines passiert: Der Antagonist ist abgereist. Bis in Gestalt der Einbrecher ein neuer auftaucht, wird KEVIN sich – und dem Zuschauer – mit einigen (zugegeben unterhaltsamen) Ideen die Zeit vertreiben.

Bis zu dieser Stelle hat sich das Drehbuch konsequent in eine Richtung bewegt: Die Alltäglichkeit wurde abgeschafft und an ihrer Stelle eine Sondersituation geschaffen, die natürlich erst einmal das Zuschauerinteresse weckt.

Zunächst spielt der Film nicht irgendwann im Jahr, sondern zu Weihnachten. Und gerade jetzt ist ein achtjähriger Junge allein zu Hause. KEVIN hat über seinen Nachbarn, einen alten Mann, gehört, daß dies der »Schneeschaufelmörder« sei, der in dem Salzfaß, mit dem er auch die Straße streut, Leichen mumifiziert. Natürlich wird dieser Mann noch eine Rolle spielen.

Um zu dieser Sondersituation zu kommen, braucht das Buch auch einiges an Erkläraufwand. Da ist die Verbannung in die Dachkammer, der Sturm mit dem Stromausfall und dem daraufhin nicht funktionierenden Radiowecker. Bei der Abreise wird ein zufällig anwesender Nachbarjunge als KEVIN mitgezählt. Die Familie sitzt im Flugzeug auf weit auseinanderliegenden Plätzen, so daß KEVINS Abwesenheit nicht bemerkt wird. Die Polizei in Chicago benimmt sich außergewöhnlich inkompetent, als die Mutter von Paris aus anruft. Und schließlich sind gerade zu Weihnachten alle Rückflüge aus Frankreich ausgebucht. Fraglich, ob man einem deutschen Drehbuch eine solche Häufung von Zufälligkeiten – und seien sie nur in der Exposition – »abnehmen« würde.

Aber was ist nun die zu bewältigende Aufgabe im Film? Die Eltern sind deutlich negative Figuren. Werden die »erzogen«? Wird die Familie, was ja dringend geboten wäre, innerlich wieder zusammengeführt? Doch *allein zu Haus* heißt an dieser Stelle eben auch – ohne Antagonisten. Denn die sind in Frankreich. Damit kann der in der Exposition eingeführte Konflikt nicht ausgetragen werden. Deshalb die dramaturgisch schmerzhafte Operation, nach dem ersten Akt den Antagonisten zu wechseln. Und wie bei jeder kosmetischen Operation mag man die Entgegnung gelten lassen, daß noch niemand mit inneren Werten einen Schönheitspreis gewonnen habe.

KEVIN beschließt an dieser Stelle: »Ich habe meine Familie verschwinden lassen.« Er münzt die angstmachende, unerwartete Situation in eine positive um – und damit wird er an dieser Stelle zum komischen Helden. Er verkennt die Realität.

Doch nun tauchen bald die neuen Antagonisten auf. Der große, lange Dumme und der kleine, dicke Schlaue. Ein komisches Gespann, wie wir es aus der Filmgeschichte mehrfach kennen: Laurel & Hardy, Pat & Patachon ...

Als erste Reaktion auf das Erscheinen der Einbrecher flüchtet KEVIN unters Bett, benimmt sich nicht wie ein Held – und das neue Thema ANGST nimmt mehr und mehr Besitz vom Film. Doch »Nur ein Feigling versteckt sich unterm Bett!« erkennt KEVIN. Nun wird er – zunächst ohne Entwicklungsprozeß – zum wirklichen Helden. Der Prozeß des Heldwerdens wird über mehrere Etappen nachgeschoben. Und sogleich wird die neue Haltung des Heldenmuts gebrochen. KEVIN geht er auf die Straße, begegnet dort dem »Schneeschaufelmörder« und läuft schreiend davon – die Angst ist noch übermächtig.

Angst und ihre Überwindung sind also das Thema des

Films, und KEVIN nimmt den Kampf auf. Den Kampf gegen die Einbrecher und gegen seine Angst. Hier ist ein Punkt der Geschichte erreicht, der keine Logik bemüht (Warum geht er nicht zur Polizei oder holt andere Hilfe?), sondern ein angloamerikanisches Grundverständnis: »My home is my castle.« Und dieses wird der Held verteidigen, mit allen Mitteln.

Mit den Vorbereitungen auf die Einbrecher findet der Film sein eigentliches und hauptsächliches Funktionsprinzip der komischen Wirkung. Die Vorbereitung der Pointe wird von ihrer Auflösung streng getrennt. Der Zuschauer ahnt das künftige Geschehen voraus, wenn er KEVIN mit seinen Utensilien und Fallen hantieren sieht (Spannung). Die konkrete und slapstickhafte Auflösung erfolgt später, die Entspannung geht mit dem Lachen einher. Ohne das Zeigen der Vorbereitungen wären KEVINS Fallen zwar überraschend, aber nicht komisch.

Einen Wunschtraum erfüllt sich KEVIN als ersten. Endlich hat er eine Käsepizza nur für sich: Die wohl witzigste Szene des Films zeigt, wie KEVIN mittels eines Gangsterfilm-Videos, das er von Dialog zu Dialog weiterspult, den Pizzaboten vertreibt. Gleichzeitig etabliert die Szene das Video für den später folgenden Kampf gegen die Gangster.

Nach diesem emotionalen Erfolg wachsen die Schwierigkeiten für den Helden wieder: KEVIN ist »enttarnt« – und weiß es nicht. 9.00 Uhr abends, wenn es dunkel ist, wollen die Einbrecher wiederkommen – KEVIN hat also nur noch wenig Zeit. Hier holt der Film vor seinem Ende das letzte Mal Atem. Weder flüchtet KEVIN, noch geht er zur Polizei oder holt woanders Hilfe – nein, KEVIN geht in die Kirche. Denn es ist Weihnachten in Amerika.

Überall in den Fenstern der Häuser sehen wir Liebe, Herzlichkeit und feierliche Stimmung – und KEVIN soll ausgeraubt werden. In der Kirche läuft ein Chorkonzert, das die Stimmung dieser Szenenfolge noch einmal betont. Und in einer Bank sitzt der »Schneeschaufelmörder«. KEVIN bekommt nur noch einen kleinen Schreck. Und diesmal sieht der Mann auch gekämmt und gepflegt aus. Ein Lächeln des Alten: »Fröhliche Weihnachten.«

In der folgenden Szene mit dem alten Mann passiert etwas – zumindest für eine Komödie – Absonderliches. Der Held des Films wird hier regelrecht vorgeführt und verurteilt: KEVIN kriecht zu Kreuze und bereut alles, was er bisher getan hat. Er, den wir in der Exposition als Unterdrückten, nicht als Unterdrücker kennengelernt haben. Ein Zugeständnis an die Eltern, die mit ihren Kindern zusammen ins Kino gehen. Die Gegner werden miteinander versöhnt, alle geben ihr unrechtes Handeln zu. Denn es ist Weihnachten in Amerika.

Nun hilft KEVIN wiederum dem Alten weiter, der sich mit seinem Sohn zerstritten und schon jahrelang nicht mehr mit ihm gesprochen hat. KEVIN nimmt dem Alten die Furcht vor einem versöhnenden Gespräch. Und hier ist es wieder, das Thema des Films: Angstüberwindung.

Wenn wir am Anfang gesagt haben, das Problem des Helden sei, daß er geringgeschätzt und mißachtet sei, so müssen wir am Ende des Films feststellen, daß sich daran nichts geändert hat. Weder Achtung noch Wertschätzung konnte er erreichen. Seine Heldentaten bleiben geheim, und mit dem Ruf des Bruders: »Kevin, was hast du in meinem Zimmer gemacht?« bekommt das Ende sogar noch einen bitteren Nachgeschmack.

Kevin – allein zu Haus ist keine Komödie. Eine Reihe von komischen Grundsituationen wird geschaffen:

- das Kind gegen die Erwachsenen (Eltern, Onkel, Verkäufer, Einbrecher);
- der Machtlose gegen die Mächtigen;
- der listige KEVIN gegen die tölpelhaften Einbrecher.

Diese komischen Grundsituationen sind aber nur Begleiterscheinung der wesentlich stärker gewichteten emotionalen Erzählstränge. KEVIN ist allein, wenn er allein ist. Und er ist allein, wenn er mit anderen zusammen ist. KEVIN hat Angst: Angst vor dem Keller, Angst vor dem Nachbarn, Angst vor den Einbrechern …

Diese Angst ist ihm zum größten Teil eingeredet worden

und muß jetzt von ihm allein überwunden werden. Mit diesen emotionalen Ebenen und dem Grundkonflikt, daß der Held sich gegen einen übermächtigen Gegner wehren muß, ist *Kevin – allein zu Haus* eigentlich ein Thriller. Es gibt keinen komischen Konflikt, somit auch keine Komödie.

Der Thriller wird komisch, weil er auf der Handlungsebene von Kindern erzählt wird. Die verwendeten komischen Mittel sind an KEVIN als *Kind* gebunden. Im Gegensatz zur sonstigen filmischen Slapstick, die der handelnden Figur zufällig passiert, wird diese sichtbar vorbereitet und schließlich heiter eingelöst. Deshalb hat der Film so viel mit Technik, Requisiten und Szenenbild zu tun. Filmtechniken werden gegen Filmfiguren gewendet.

KEVIN – allein zu Haus macht Anleihen verschiedenster Art. Der Film trägt einige Züge einer Horrorparodie, ist strukturell am ehesten ein Thriller und stilistisch ein Comic. Der immerwährende Kampf von Donald und Dagobert aus Entenhausen gegen die Panzerknacker – hier feiert er als KEVINS Auseinandersetzung mit den beiden Einbrechern Wiederauferstehung.

Motto:
Helmuth Plessner, *Lachen und Weinen*, Bern/München 1961, S. 117.

1 Bernhard Greiner, *Die Komödie*, Tübingen und Basel 1992, S. 95.
2 Kurt Kusenberg, in: Albert Dubout, *Total verrückt*, Berlin 1957, o. S.
3 Federico Fellini, zit. n.: Klaus Hoche u. a., Die großen Clowns, München o. J., S. 9.
4 *Flögel's Geschichte des Grotesk-Komischen*, neu bearbeitet und erweitert von Fr. W. Ebeling, Reprint Dortmund 1978, S. 225.
5 Ebenda, S. 228.
6 Aaron J. Gurjewitsch, *Mittelalterliche Volkskultur*, Dresden 1986, S. 266.
7 Archipoeta, zit. n.: Wilhelm Fraenger, »Formen des Komischen«, in: *W. Fraengers Komische Bibliothek*, Dresden 1992, S. 172.
8 Friedrich Schiller, »Die Schaubühne als eine moralische Anstalt betrachtet«, in: *Über Kunst und Wirklichkeit*, Leipzig 1975, S. 53.
9 Karl Rosenkranz, *Ästhetik des Häßlichen*, Leipzig 1990, S. 13.
10 Mark Twain, »Journalismus in Tennessee«, in: *Meistererzählungen aus Amerika*, Zürich 1995, S. 101.
11 Janina Hera, »Der verzauberte Palast«, Berlin 1981, S. 213 ff.
12 Karl Rosenkranz, a. a. O., S. 271.
13 Helmuth Plessner, a. a. O., S. 216.
14 David Robinson, *Chaplin*, Zürich 1993, S. 247.
15 Hans Robert Jauß, »Zum Problem der Grenzziehung zwischen dem Lächerlichen und dem Komischen«, in: *Das Komische*, hg. von Wolfgang Preisendanz und Rainer Warning, München 1976, S. 361.

[16] Ganz in unserem Sinne und mittels einer ähnlichen Herangehensweise lehnt Hans-Dieter Gelfert in seinem Grundlagenwerk »Die Tragödie« (Göttingen 1995) den unreflektierten Gebrauch des Begriffs »tragisch« für all die Vorfälle ab, die nicht die Folge eines bewußten Handelns der untergehenden Figur sind.

[17] Horst Janentzky, *Über Tragik, Komik und Humor*, zit. n.: Rainer Warning, »Elemente einer Pragmasemiotik der Komödie«, in: Das Komische, a. a. O., S. 333.

[18] Chico Marx, in: Jerzy Toeplitz, *Geschichte des Films*, Bd. 2, Berlin 1976, S. 139.

[19] J. Adams, in: Günter Rexilius/Siegfried Grubitzsch, *Psychologie*, Reinbek 1986, S. 442.

[20] Henri Bergson, *Das Lachen*, Jena 1914, S. 125ff.

[21] Salcia Landmann, *Die klassischen Witze der Juden*, Berlin 1997.

[22] G. W. F. Hegel, *Ästhetik, Bd. 2*, Berlin und Weimar 1965, S. 533ff.

[23] Hegel, a. a. O.

[24] Volker Klotz, *Das bürgerliche Lachtheater*, Reinbek 1987, S. 10.

[25] Peter Hacks, *Maßgaben der Kunst*, Berlin 1970, S. 227.

[26] Lexikon des internationalen Films, Reinbek 1995, CD-ROM 1998.

[27] Hellmuth Karasek, *Billy Wilder*, Hamburg 1992, S. 296.

IV

Wunsch und Wille – Heldengeschichten

»Die einfachsten und beliebtesten Kinderspiele sind Hasche, Fange und Verstecken.«

Volker Klotz

32

Der Wunsch, ein anderer zu sein

Heldengeschichten sind ursprünglich Geschichten für Kinder und Jugendliche. Von ihrer Funktion und Struktur her sind sie sehr gut mit Kinderspielen vergleichbar. In unernsten und risikofreien Spielen erproben und entwickeln Kinder körperliche und geistige Fähigkeiten, die später im Lebensernst eingesetzt werden müssen. Ihre Szenarien der Bewährung, des riskanten Verhaltens, des Fliehens und Fangens, des Verbergens und Weglaufens, des Triumphierens und Verlierens, ja des symbolischen Sterbens und der wundersamen Wiedererweckung finden sich samt und sonders in den fiktionalen Heldengeschichten wieder. Fast alle diese Spiele aktivieren Geist und Körper, und die fiktiven Helden sind im allgemeinen hierin wahre Meister, sind Geistesriese und Athlet in einem. In diesen Spielen lernt das Kind seine Kräfte kennen, indem es sie anspannt und entspannt. Dieses Wechselspiel von Spannung und Entspannung ist die übliche Lebensform des Helden. Das kindliche Spiel wird sehr bald von einer durchaus ernsten Tätigkeit abgelöst, dem kontrollierten und streng ergebnisorientierten Lernen. Entgegen dem spielerischen Lernen ist dieses kontrollierte Lernen ein von außen an das Kind herangetragener Auftrag. Das Kind lebt in zwei Welten gleichzeitig, in der Welt des Spiels und in der Welt der Arbeit – denn das schulisch organisierte Lernen beinhaltet alle wesentlichen Elemente der Arbeit. Auch diese doppelte Existenz des Kindes wird in einer Reihe von Heldengeschichten gespiegelt: BATMAN und SUPERMAN leben gleichfalls in zwei streng voneinander geschiedenen Lebenswelten. Das Kind befindet sich in einem konfliktreichen Übergangsfeld, und um dieses relativ ungefährdet und verlustfrei zu durchqueren, braucht es Hilfen. Eine Hilfe schafft sich das Kind selbst in Form der näher zu betrachtenden Phantasien. Die andere Hilfe wird ihm von der Gesellschaft gewährt, in Form von Phantasieskripts.

Diese Phantasien bestimmen sehr stark die emotionale und soziale Entwicklung hin zum sogenannten Erwachsenen. Wir möchten diese Phantasien nicht streng an Lebensalter und Entwicklungsstufen wie Pubertät und Adoleszenz binden, sondern von zwei Gruppen solcher Phantasien sprechen, die sich deutlich voneinander unterscheiden. Die eine Gruppe bilden die Flucht- und Verwandlungsphantasien. Suizidpläne und Weglaufstrategien bestimmen den Phantasiehaushalt der Kinder ebenso wie die Vorstellungen, ein anderer zu sein. Hier manifestieren sich extreme Wünsche des Ausbruchs aus der kleinen Welt und der Stillhaltewelt der Schule.

Die zweite Gruppe besteht aus jeglicher Art von Erfüllungsphantasien, die schon viel stärker auf das real-mögliche zukünftige Leben ausgerichtet sind und deshalb auch stärker von gesellschaftlichen Einflüssen geprägt sind. Bald verschwimmt dann die Traum- und Phantasiewelt im Alltag. Sie bleibt aber für den Erwachsenen immer als Erfahrung greifbar, als ein Refugium für schlimme Tage, als Schutzraum vor den Zumutungen des prosaischen Lebens.

Phantasieren ist eine der großen menschlichen Fähigkeiten und bildet zusammen mit dem Spielvermögen ein sehr eigenes Tätigkeitsfeld des Kindes. In diesem Feld entfalten sich die kindlichen Strebungen, »aus der Haut« zu fahren, erwachsen zu werden, sich vom pädagogisierten Objekt zur selbstbestimmten, auf sich allein gestellten Persönlichkeit zu entwickeln. Frei von Zwängen nur dem eigenen Gesetz zu folgen – das ist das Ziel.

Dafür halten Literatur, Comic, Videospiel und Film ein reichhaltiges Projektions- und Stimulationsmaterial in Form von Heldengeschichten bereit. Einerseits sind die Heldengeschichten nichts anderes als die literarische Transformation und narrative Ausgestaltung dieser Phantasien, andererseits werden diese Phantasien stark strukturiert und inhaltlich genährt durch diese literarischen Muster. Während die Fähigkeit des Phantasierens ganz und gar im Individuum selbst begründet liegt, wird die inhaltliche Ausgestaltung der Phantasien eindeutig von den externen gesellschaftlichen Mustern geprägt. Die Bereitschaft und der Wille, diese fremden Angebote für die eigene Phantasietätigkeit zu nutzen, hängen davon ab, ob der fiktionale Held nahe genug an der kindlichen Phantasie- und Spielwelt siedelt. Wie wir eingangs aber schon andeuteten, entsprechen die fiktiven Helden meist den Spielregeln und Phantasiebildern der Kinder. Die Helden können also relativ bruchlos in die Kinderwelt integriert und zu Mitspielern werden. Sind diese Figuren gar zu »stehenden« Figuren, zu permanenten Begleitern geworden, können sie ihre unbegrenzte Fahrt durch die Phantasien antreten. Diese Heldenbilder beginnen dann auch in den Phantasien, ein Eigenleben zu führen und diese zu lenken.

Doch wie sich die Phantasien mit wachsendem Alter immer mehr der Realität annähern, bis sie fast gänzlich verschwinden, so ändern sich natürlich auch Charakter und Funktion der erwünschten Heldenbilder. Sehr verkürzt gesagt: Der fiktive Mitspieler wird ausgetauscht gegen eine oder mehrere Idealfigur(en). Eine dieser Figuren ist dann unter Umständen noch ein fiktiver Held und erinnert an die Vergangenheit, an die Spiel-Zeit und läßt zugleich die gegenwärtige, die reale Welt mit ihren Herausforderungen als ein lustvolles, wenn auch kompliziertes Spiel erscheinen. Die Realität verliert ihre Bedrohlichkeit als Schicksal. Das dürfte wohl die entscheidende Botschaft des Helden-Genres sein.

33

Der Traum vom Sichbewähren

Im Zentrum all dieser Erzählungen (auch ein Videospiel ist eine Erzählung, beruht es doch auf einem vom Benutzer unabhängigen Skript) steht gemeinhin das heldische Handeln einer heldenhaften Figur. So nennen wir das Handeln eines Menschen oder einer Gruppe von Menschen, die sich über scheinbar unüberwindliche Hindernisse hinwegsetzen und anderen unter Hintansetzung des eigenen Wohlergehens aus Gefahr und Elend helfen. Heldenhaft nennen wir Personen, die in sich Eigenschaften und Fähigkeiten bündeln, die das aktuelle Maß des Menschenmöglichen bestimmen, wenn nicht gar übersteigen. Ein Held zeichnet sich dadurch aus, daß er in jeder noch so aussichtslos scheinenden Lage die rettende Idee *und* Handlung parat hat. Der Held löst schneller, nachhaltiger und umfassender ein Problem als all die anderen, die das gleiche Problem lösen wollen oder müssen. Der Held muß sich in einer doppelten Konfliktsituation bewähren. Er muß das Problem lösen und sich zugleich gegen andere Personen durchsetzen, die durch ihr Handeln das Problem vernebeln oder gefährlich verschärfen. Das sind die gutwilligen Dilettanten, die liebeshungrigen Damen am Wege des Helden, die böswilligen Neider usw.

Der fiktionale Held ist ein Konstrukt vorbildlichen Seins und Handelns und der Vertreter idealer Ziele. Um als Held akzeptiert werden zu können, muß die Figur bestimmt sein durch die Einheit von Denken, Sprechen und Handeln. Seine ihm zugesprochenen Eigenschaften sind keine Medaillen und

Orden, die beliebig dem Helden angeheftet werden können. Jede Eigenschaft muß sich in einem beweiskräftigen Handeln realisieren.

Wir sehen vier Grundtypen der Heldengestaltung:

- Die Figur erwächst in idealischer Verlängerung aus der Gesellschaft über die Gesellschaft hinaus – das ist der heroische Held. Er thront über den Dingen. Er hütet und repräsentiert in reiner Form das Herrschende.
- Die Figur entwickelt sich aus der Gesellschaft als idealische Entgegensetzung zu ihr – das ist der romantische Held. Er steht im permanenten Kampf mit der Gesellschaft und verkörpert die alternativen Werte in der und gegen die Gesellschaft.
- Die Figur versucht in der Gesellschaft, wie sie ist, ihr Glück zu machen – das ist der Abenteurer.
- Die Figur ist beauftragt, das Glück der anderen in der Gesellschaft zu schützen und zu bewahren. Das sind die unzähligen gesellschaftlich eingesetzten Spezialisten wie Rechtsanwälte, Polizisten, Ärzte, Privatdetektive, Flugzeugpiloten, Kapitäne und Krankenschwestern.

Jede Gesellschaft formuliert Vorbilder, Leitbilder und Ideale für das gewünschte Verhalten der Gesellschaftsmitglieder. Jede Gesellschaft hält mehrere derartige Modelle bereit, und auch die unterschiedlichen kulturellen Milieus favorisieren noch einmal zusätzlich andere und in sich verschiedene Leitbilder. Die zunehmende Ausdifferenzierung der Gesellschaft führt letztlich dazu, daß sich sowohl eine Vielzahl von Leitbildern wie auch von davon abgeleiteten Heldenbildern gleichberechtigt auf dem öffentlichen Meinungsmarkt tummeln. Nichts deutet daraufhin, daß sich in der Gegenwart noch einmal ein universales Heldenbild, wie wir es im mythischen Helden kennen, durchsetzen könnte. Stattdessen hat sich eine ganze Skala von Helden herausgebildet und etabliert. Jeder dieser Helden zeichnet sich neben seinen grundsätzlichen heldischen Fähigkeiten und Eigenschaften durch eine ganz besondere Prägung, Sendung, Gerichtetheit, ja sogar Beschädigung aus:

- der moralische Held: OLD SHATTERHAND
- der Charakterheld: WILL CANE *(Zwölf Uhr mittags)*
- der verlorene Held: MONTSTUART *(Wasser für Canitoga)*
- der gebrochene Held: SAM SPADE
- der gefährdete Held: PHILIP MARLOWE
- der melancholische Held: WINNETOU
- der lustige Held: D'ARTAGNAN
- der Actionheld: RAMBO
- der rächende Held: DER GRAF VON MONTE CRISTO
- der Geistesheld: SHERLOCK HOLMES
- der sich verweigernde Held: JACK BEAUREGARD *(Mein Name ist Nobody)*
- der bewahrende Held: LTN. D. DUNBAR *(Der mit dem Wolf tanzt)*
- der erotische Held: CASANOVA
- der überforderte Held: CPT. JOHN MILLER *(Der Soldat James Ryan)*

All das sind ästhetische Möglichkeiten, die entweder rein oder gemischt benutzt werden können oder aber zu kollektiven »Helden-Körpern« zusammengesetzt werden. Diese Möglichkeit, spätestens seit *Die Sieben Samurai* eine Grundtechnik des Heldenfilms, ist besonders wirkungsvoll, ermöglicht sie doch die Entheroisierung des Helden auf einfache Weise. Die jeweilige Einseitigkeit ihres Heldentalents kann, ohne den Helden zu beschädigen und die Heldenmission wesentlich zu gefährden, deutlich gemacht werden. Und selbstverständlich ist in der Heldengruppe selbst eine weitere Möglichkeit für einige Nebenkonflikte gegeben. Das ist besonders günstig und wichtig, mangelt es doch vielen Heldenfilmen an vorwärtstreibenden oder den Mainplot sinnvoll aufhaltenden Nebenkonflikten.

Abenteuer heißt Wagnis

Natürlich muß für den spezifischen Heldentypus auch eine paßgerechte Geschichte gefunden werden.

Diese Geschichte heißt allgemein Abenteuer. Dem Helden ist aufgetragen, eine bisher ungelöste oder nicht angegangene oder eine bisher unbewältigte Aufgabe zu bewältigen. Das Abenteuer ist ein Weg, ein Gang durch fremdes Gelände. Das ist ein Wagnis, dessen Verlauf voller Überraschungen steckt, dessen Ergebnis aber absolut klar ist: Triumph, Rettung, Lösung – ob mit oder leider ohne den alles bewirkenden Helden, ist die einzig offene Frage …

Das ist die *eine* große Rahmenerzählung des Helden.

Die *zweite* große Rahmenerzählung umfaßt die vielfältigen Geschichten von der Rettung unschuldiger Menschen aus einer verzweifelten Situation.

Die *dritte* große Erzählung ist mit dem Stichwort Rache und Sühne zu umschreiben. Der Held ist ein berechtigter Rächer, wissen wir doch, daß er maßvoll-beherrscht handeln wird. Und er wird dafür Sorge tragen, daß das begangene Unrecht gesühnt wird.

Die fiktiven Helden und ihre ästhetischen Ausformungen – Eine Auswahl

»Im großen und ganzen aber fesselt der Abenteuerheld das Publikum mehr durch seine Aktionen als durch seinen Charakter.«

Massimo Moscati

1. *Die mythischen Helden (Heroen)*
   Die mythischen Helden sind die Gründer von Geschlechtern, Städten, Staaten, das sind die Volksbeschützer. Mythische Helden geben sich nicht mit Kleinigkeiten ab – sie haben das Universum im Blick und retten nebenher auch noch die im Gebirge verirrte Hausziege. Sie sind universal und zeitlos nutzbar und für alle Art Aufgaben einsetzbar. Sie leben in einem ganz einfachen Werteschema, dem des Gut – Böse. Was gut und was böse ist, müssen sie nicht herausfinden, da sie selbst das Gute sind. Dadurch

erscheinen sie göttergleich. Diese mythischen Helden sind nicht zu befragen, sie sind nur herbeizubitten. Ihre Reanimation und ihre Modernisierung wird vordringlich im Comic betrieben. Über ihre Unsterblichkeit kann gerätselt werden. An ihren übermenschlichen Fähigkeiten ist kein Zweifel.

2. *Der Kriegsheld*
   Mit dem Aufkommen der Nuklearraketen wird der Kriegsheld letztlich unmöglich: Er kann nicht länger Tapferkeit beweisen, kann nicht mehr sein Volk vom Feind befreien, kann die Unschuldigen nicht mehr schützen, kann nicht länger Unsterblichkeit erlangen. »Die Kernwaffen haben den heldenhaften Krieger kastriert, ihm seine Waffen, sein Schlachtfeld und seine Ehre genommen.«[1]
   Zweifellos stimmt diese Beobachtung, aber der Film hat längst nach Ersatz-Kriegsschauplätzen und Ersatzkriegern Ausschau gehalten. Im interstellaren Raum läßt sich genauso prächtig Krieg führen wie in den Städten des 22. Jahrhunderts oder im Dschungel. Und an Kriegerhelden ist nun schon gar kein Mangel, sie warten nur darauf, losgelassen zu werden:
   »Die schwammigen Arme des tatenlosen Lebens hielten Bond umschlungen und drohten ihn langsam zu erwürgen. Er war ein Mann der Tat und des Krieges, und wenn lange Zeit kein Krieg zu führen war, dann verdüsterte sich seine Stimmung. In seinem Gewerbe hatte nun schon seit fast einem Jahr Frieden geherrscht, und der Friede brachte ihn um.«[2]
3. *Der Abenteurer*
   »Alle Mittel, die zu einem Erfolge führen, sind erlaubt. Der Abenteurer hat keine Hemmungen, kennt keine Skrupel. Jede Täuschung, Verstellung, Lüge, Maske ist ihm recht. Die Gelegenheit muß man beim Schopfe fassen, zugreifen, zupacken. Nicht ein Augenblick des Zagens darf sich zwischen Chance und In-die-Tat-Umsetzen einschleichen. Frisch drauf und dran, wer wagt – gewinnt, dem Mutigen gehört die Welt. Wäre er nicht der Mann des Wagnisses, er hieße nicht Abenteurer. Und wenn das Wagnis gelingt,

dann wird ihm das, was er erstrebt, zuteil werden – das Glück. Denn glücklich will er sein, die Fülle des Daseins genießen, sein Name ist auch: der Glücksritter.«[3]

Der Abenteurer ist allein, diese Eigenschaft teilt mit ihm eine weitere »Abart« des Helden, der Agent/Spion.

Wie wird ein Held etabliert?

Ein Held wird höchst selten im Stadium des Werden gezeigt, ein Held ist da. Einer der wenigen Texte, in denen die literarische Geburt eines modernen Helden beschrieben wird, beweist eindrücklich, wie wenig Mühe es macht, einen Helden aus der Taufe zu heben:

»›Mit mir ist nicht mehr los, als mit jedem anderen in Harpers Village. Auch ich bin Durchschnitt, Jo!‹

Er schüttelte den Kopf und kratzte sich die weißen Bartstoppeln: ›In diesem Nest kommen deine Fähigkeiten einfach nicht zur Geltung, mein Junge. Du bist zu schade, um in Harpers Village zu versauern. Du hast ausgezeichnete Muskeln und keinen dummen Kopf. Du hast nur noch nicht genug gesehen und erfahren. Warum gehst du nicht nach New York?‹

Ich schüttelte den Kopf: ›Meine Familie sitzt seit hundert Jahren in Harpers Village. Was soll ich in New York?‹

Er knurrte: ›Überdurchschnittlich werden.‹«[4]

Sieht so ein moderner Held aus? Natürlich nicht, aber dennoch ist es die Geburtsstunde des G-man Jerry Cotton, des meistgelesenen deutschen Krimihelden.

Eine idealtypische Beschreibung des modernen Helden sieht etwa so aus:

Der moderne Held ist eine »hochaktivierte Person mit aktiver Informationssuche und einer Bevorzugung externer Informationsquellen, ist ein Draufgänger, der sich den Herausforderungen der physischen und sozialen Umwelt stellt. Sie ist energisch und geradezu gefräßig dort, wo es um Bedürfnisbefriedigung geht. Interessiert an sehr vielen konkreten, greifbaren Ereignissen und Dingen, bleibt sie hart am Mann. Sie ist geradlinig und -sinnig, nicht kompliziert und spitzfindig, sondern risikogeneigt und enthusiastisch. An permanenten Kontakten, Begegnungen mit Menschen und Sachen ist sie hochgradig interessiert.«[5]

Dieses Leitbild in einen heldisch handelnden Charakter zu übersetzen und ihm die Abenteuer zuzuordnen, die diese Fähigkeiten hervorrufen und ihn sich glänzend bewähren lassen, das wäre ein Weg, einen modernen Typus zumindest des Abenteurers zu entwickeln. Es wird jedoch viel eher auf vormoderne Standards des Heldischen zurückgegriffen, und das ganz einfach deshalb, weil diese Heldenbilder viel eindrücklicher vorgeprägt – weil viel weniger differenziert – in den kollektiven Phantasien existieren. Das verdeutlicht sich besonders bei den Comichelden.

Im Comic werden die alten europäischen Helden reanimiert und zugleich ist der Comic der Ort, wo die mythischen Helden in moderne Superhelden umgeformt werden: Superman gleich Herakles.

Philip Marlowe versus Mike Hammer – Eine Grundsatzfrage

Raymond Chandler charakterisierte einmal seinen legendären Privatdetektiv Marlowe so: »Niemand wird ihn jemals schlagen, weil er seiner Natur nach unschlagbar ist. (...) Ich sehe ihn eigentlich immer auf einer einsamen Straße, in einsamen Räumen, ratlos, doch nie ganz geschlagen ...«[6]

Mickey Spillane dagegen führt seinen Privatdetektiv Mike Hammer kurz und bündig so in das Geschehen ein: »Schnell mußt du sein und gut, sonst wirst du aufgefressen. Schieß als erster, egal wie und egal auf wen, dann überlebst du und kommst zurück zum weichen Sessel und zum gemütlichen Kamin. Aber schnell mußt du sein. Und gut. Sonst bist du tot.«[7]

Angesichts dieser Botschaft notiert Chandler: »Mir ist schon vor einiger Zeit klar geworden, daß die Langeweile, die von Kriminalromanen ausgeht, ihren Grund darin hat, daß die Charaktere sich bereits nach dem ersten Drittel praktisch in Luft auflösen. Oft ist die Eröffnung, (...) die Hintergrundanlage ausgezeichnet. Dann verdickt sich die Handlung, und die Leute werden zu bloßen Namen. Schön und gut, aber was kann man tun, um das zu vermeiden? Man kann in einer Tour Handlung schreiben, und das ist gar nicht schlecht, wenn man wirklich Spaß daran hat. Aber ach, man wird erwachsen, man wird kompliziert und unsicher, man interessiert sich immer mehr für moralische Probleme als dafür, wer denn nun wem eins über den Schädel geschmettert hat. Und an diesem Punkt sollte ich mich vielleicht in den Ruhestand zurückziehen und das Feld jüngeren und einfacheren Männern überlassen. Dabei denke ich allerdings nicht unbedingt an Comic-Schreiber wie Mickey Spillane ...«[8]

Der Krieger-Typus lebt wieder auf. Aktion steht gegen Handlung, Funktion gegen Charakter. Diese beiden Oppositionen bestimmen, sehr verkürzt gesagt, das gegenwärtige Erscheinungsbild des Heldenfilms, nicht nur das des Krimis.

Alle Genres werden in ihrer Konstruktion weitgehend von der Story, einem genretypischen Konflikt und der ästhetischen Wertung bestimmt. Das Genre des Heldischen wird von der Konstruktion der Hauptfigur, vom Helden-Erschaffen bestimmt. Wie konstruiere ich einen zeitgemäßen Helden?

Dieser Frage wollen wir in den nachfolgenden Überlegungen nachgehen. Dabei widmen wir uns nur einem Aspekt der Aufgabe: wie kann ein in der deutschen Gegenwart agierender Held »aussehen«? An diesem Punkt der Darstellung werden wir auch einen Wechsel des Blickpunkts vornehmen. Wir wollen hier nicht weiter die Spur des auf Kinder und Jugendliche gerichteten Heldenfilms verfolgen.

Der Drehbuchautor eines Heldenfilms für »Erwachsene« muß – anders als der Autor, der im jugendgemäßen Segment des heldischen Genres schreibt – seinen Erzählansatz festlegen und sich fragen: Woran habe ich Interesse, am Helden oder aber am Abenteuer? Wir plädieren für den Helden, weil er Abenteuer besteht, und wir haben an den Abenteuern nur soviel Interesse, wie sie uns etwas über den Helden erzählen. Mit dieser Option schließen wir uns Raymond Chandler an: »(...) es kommt die Zeit, wo man zu wählen hat zwischen Tempo und Tiefenschärfe, zwischen Handlung und Charakter, Bedrohlichkeit und Witz. Ich bin heute soweit, daß ich mich in jedem Fall für das zweite entscheide.«[9]

34

Heldengeschichten

»Mutige Leute überredet man dadurch zu einer Handlung, daß man dieselbe gefährlicher darstellt, als sie ist.«

Nietzsche

Abenteuer – Möglichkeit und Wirklichkeit

Abenteurer brauchen ein spezielles Klima, um gedeihen und aktiv werden zu können. Nichts ist ihnen so feindlich wie die Normalität, was sie suchen und brauchen, sind Extremsituationen. Das Abenteuer findet sich nicht in der gewohnten Realität – das weiß auch der verarmte Adlige Don Quixote, wenn er beschließt, aus seinem Dorf in der Mancha auszuziehen, um Abenteuer und den nachfolgenden Ruhm zu suchen. Deshalb schaffen Abenteuer- und andere Heldenfilme ihre ganz spezielle Wirklichkeit: Entweder die Gefahr wird zum Dauerzustand, zur Rahmenhandlung des Films, so daß der Tod ständiger Begleiter des Helden ist, wie dies im Kriegsfilm geschieht, oder die Gefahr wird ins Extrem verdichtet und fokussiert unseren Blick auf wenige Stunden, ja Minuten, wie dies der Katastrophenfilm tut.

Der Realismus der Heldenfilme ist nicht vorrangig von dem Bemühen gekennzeichnet, die Handlung möglichst realitätsnah zu gestalten, wie dies oft beim Fernsehfilm zu finden ist: Die Heldengenres sind spielerischer. Sie können mit

Übertreibung und mit Komik in einem Maße arbeiten, daß der Weg zur Selbstparodie nicht mehr weit ist. Die Schläge, die Terence Hill und Bud Spencer in *Vier Fäuste für ein Halleluja* einstecken müssen, tun nicht wirklich weh, die Slapstickelemente erinnern stark an das Spiel kleiner Kinder, die auf komische Weise eine Schlägerei imitieren – wie sie dies im Film gesehen haben. Gewalt wird komisch verfremdet und so vom Ernst ins Spiel, von der Realität in eine Phantasiewelt gehoben. Während sowohl der Kriminal- als auch der Abenteuerfilm ihre eigene Parodie in den Comic hinein sehr gut verkraften, kann der Katastrophenfilm damit nicht umgehen. Die komische Übertreibung der Gefahr würde ihr die Bedrohlichkeit und damit dem ganzen Film seine Wirkung nehmen.

Gerade weil aus den Handlungen all das ausgefiltert ist, was den Helden alltäglich machen könnte, entsteht eine eigene Realität, die nicht von der Wirklichkeit verschieden ist, sondern einen anderen Blick auf sie darstellt. Der Privatdetektiv THOMAS MAGNUM lebt auf einer real existierenden Insel, in einer wirklichen Stadt – und trotzdem ist die Darstellung seiner Welt keine naturalistische, wie Brigitte Scherer in einer Untersuchung feststellt:

»Magnum, P. I. ist keine ›realistische Fiktion‹, sondern eine ›fiktive Realität‹. ›Realistisch‹ im Sinne von ›So, wie die Welt, in der ich mich bewege‹ ist Magnums Welt nicht. Keine ›Lindenstraße‹-Realität! Seine Welt aber ist ›realistisch‹, wenn man den Begriff etwas weiter faßt, etwas abstrakter nimmt: Magnums Gedanken und Gefühle, seine Probleme mit anderen Menschen – das ist ›realistisch‹ im Sinne von ›Das habe ich auch schon so empfunden oder erlebt‹.«[10]

Während die naturalistische Darstellung auch die alltäglichen kleinen Konflikte nicht auslassen kann, erfordern die Heldenfilme den Aufbruch in das Abenteuer. Deshalb kann die *Lindenstraße* keine Helden hervorbringen: Hier zählt nicht das Besondere, das Helden-Machende, sondern gerade das Alltägliche, das Gewöhnliche. Hier bedeutet der Realismus in der Darstellung zugleich Naturalismus – und allein das Verharren an dem einen Ort, in der einen sozialen Situation macht das Held-Sein unmöglich. Nur wenn eine Serienfigur gegen den Widerstand der Fernsehproduzenten aus der Serie respektive der Lindenstraße ausbrechen wollte, hätte sie die Chance, ein Held zu werden.

Eine Heldengala

Der Held in seiner Gesellschaft

Anhand der Ziele, die sich Abenteurer stellen, kann man sie voneinander unterscheiden:

Wollen sie

- anderen zu einer besseren Existenz verhelfen oder
- ihre Lebenslage verbessern?

Wollen sie

- Neues gewinnen oder
- Altem entfliehen?

Filmhelden aus ideellen Interessen sind ZORRO, ROBIN HOOD und ähnliche, oft legendäre Figuren, die sich dem Kampf gegen Unterdrückung und Ungerechtigkeit verschrieben haben. Aus materiellen Gründen versuchen sich Meisterdiebe genauso am Abenteuer wie Schatzsucher oder zu edlen Helden verklärte Korsaren.

Der Abenteurer wehrt sich gegen die gesellschaftlich verordnete Selbstkontrolle und -disziplinierung. Er schafft sich seine eigenen Grundsätze. Sein Verhalten und seine Lebensweise ist unangepaßt – er selbst fühlt sich aber in Übereinstimmung mit höheren Werten. Die »Domestizierung« ist eine größere Gefahr für einen Ritter und Abenteurer als jeder noch so gefährliche Schurke. Oder wie es Don Quixote von La Mancha ausdrückt:

»... trefflich zeigen sich alle Ritter, die in kriegerischer Übung oder einem ähnlichen Spiel unterhalten und ergötzen und (...) den Hof des Fürsten schmücken ... trefflicher zeigt sich, so behaupte ich, ein irrender Ritter, der in der Wüste einer Witwe Hülfe erweist, als ein Hofritter, der in den Städten einer Jungfrau Artigkeiten sagt.«[11]

Erst der moderne Stadtbürger muß nicht mehr ausziehen, um das Abenteuer zu suchen. Es kommt *zu ihm* in Form des Verbrechens oder es kommt *über ihn* als Katastrophe, vom Flugzeugunglück (Schafft es der Segelflugpilot, den Jumbojet sicher zu landen?) bis hin zum Wirbelsturm.

Wenn wir sagen, daß ein Held übergeordneten Werten dient, so sind diese Werte natürlich keine statische Größe. »Ein Wert ist eine explizite oder implizite, für das Individuum kennzeichnende oder für eine Gruppe charakteristische Konzeption des Wünschenswerten, die die Selektion von vorhandenen Arten, Mitteln und Zielen des Handelns beeinflußt.«[12]

Die Werte, die der Held und Abenteurer für sich als bindend empfindet, müssen denen des Publikums zumindest ähnlich sein, damit der Zuschauer das Streben seines Protagonisten mit Sympathie und Verständnis begleiten kann. Diese allgemein anerkannten Werte verändern sich historisch. Im Vergleich zu einem deutschen Kinobesucher der vierziger oder fünfziger Jahre kann sich der heutige Zuschauer weit weniger mit Werten wie *Pflichterfüllung, Vaterlandsliebe* und *religiöser Einkehr* identifizieren. Aber auch geschlechtsspezifisch sind Wertvorstellungen verschieden. Die Psychologin Claudia Dickmeis hat individuelle Werthaltungen von Berliner Jugendlichen untersucht und schreibt:

Tatsächlich sind im Bereich der individuellen Werte für weibliche Jugendliche sogenannte traditionelle Tugenden deutlich wichtiger als für männliche Jugendliche. So favorisieren sie Werte wie »innere Harmonie«, »ein befriedigendes Familienleben«, »gute Kleidung«, »Höflichkeit«, »Tradition«, »Hilfsbereitschaft« und »Ehrlichkeit« (...) »Männliche Jugendliche betonen dagegen Werte der Selbstverwirklichung und Eigendurchsetzung wie »ein komfortables und aufregendes Leben«, »Leistung«, »Reichtum«, »Vergnügen«, »Freiheit« und »Unabhängigkeit«[13].

Will man also eine Heldenfigur schaffen, lohnt sich ein Blick auf die aktuellen Wertvorstellungen des Publikums. Denn die Haltung des Zuschauers zu seinem Helden wird davon bestimmt, wie das Verhältnis der Wertvorstellungen des Helden zu seinen eigenen aussieht. Sind sie zu verschieden von den eigenen, wird dem Zuschauer Gelingen oder Mißlingen des Abenteuers egal sein. Sind sie *zu* nahe mit den eigenen, zu wenig idealisch, läßt der Held genau das vermissen, was ihn erst zu einem solchen macht: ein höheres Ziel.

Die Schaffung eines Abenteuerhelden ist also auch ein Spiel mit den Wertehaltungen des Zuschauers. Daß sich die daraus entstehenden Geschichten nicht immer auf typische »Abenteuerspielplätze« wie Dschungel oder Wüste beschränken müssen, soll die den sozialpsychologischen Arbeiten von E. Spranger und G. W. Allport[14] entlehnte Zusammenfassung zeigen (vgl. Tab. 2).

Mit den selbstbestimmten Wertehaltungen hat der Held und Abenteurer natürlich auch ganz andere Autoritäten als der »normale« Mensch. Nicht der Vorgesetzte ist die Autorität des Kommissars, sondern vielleicht die Besitzerin der Frittenbude, an der er jeden Tag sein Abendbrot einnimmt.

Den Helden zeichnet auch eine ganz bestimmte Haltung zu seiner Zeit aus. Er kann ihr vorauseilen, wie die Helden in den Abenteuerromanen von Jules Verne; er kann mit seiner Zeit gehen, wie die Pioniere und Siedler des Wilden Westens; er kann ein bewahrender Held sein, in dem Sinne, daß er bewahren will, worüber die Zeit zu schnell hinweggeht. Wenn der LEUTNANT JOHN D. DUNBAR (Kevin Kostner) in *Der mit dem Wolf tanzt* auf die Dakota-Indianer stößt, ihre Sprache erlernt und ihre Lebensweise begreift und schätzen lernt, ist deren Zeit eigentlich schon längst abgelaufen.

Mit einem solchen Verhalten steht der Held außerhalb der Gesellschaft. Dieses Durchbrechen von Verboten, das Vergessen von Konventionen wie Zurückhaltung und Affektkontrolle muß den anderen, den Nicht-Helden, natürlich als Infragestellung ihrer Lebensweise und damit bedrohlich erscheinen. Deshalb haben Helden wie SCHIMANSKI oder LTN. DUNBAR nicht nur Feinde, sondern auch viele Gegner in den eigenen Reihen, die einfach die Existenz des Helden mit mißtrauischen Augen betrachten. Der Held ist diesen Menschen zu unangepaßt. Aber gerade diese Unangepaßtheit ist es, die den Helden erst definiert. Er ist unangepaßt an

- Ort und Milieu (Inspektor Columbo),
- sein Berufsbild (Pater Brown),
- Denkweisen und Mentalität anderer (Schimanski),
- die vorherrschende oder als vernünftig geltenden Meinung (Christoph Columbus),
- gesellschaftliche Konventionen *(Der Bulle von Tölz)*.

Tab. 2: Zusammenfassung

Werte-richtung	*oberstes Ziel*	*Charakterzug des Helden*	*Figurenbeispiel*
theoretische	Vermehrung des Wissens bzw. der Wahrheit	Rationalität	Der Forscher oder Erfinder. Er will der Menschheit Fortschritt schenken, in Form von Chemikalien oder Maschinen.
ökonomische	Vermehrung der wirtschaftlichen Effizienz	Pragmatismus	Der Ingenieur, der beschließt, den Kanal trotz größter Schwierigkeiten zu bauen.
ästhetische	Anmut und Vollkommenheit	Individualismus	Der Maler oder Komponist, der sein Meisterwerk schaffen will und gegen widrige Umstände kämpfen muß – wie Mozart in *Amadeus*.
soziale	das Wohlergehen anderer	Altruismus	Der Freiheitskämpfer, der Robin Hood, der »Retter der Witwen und Waisen«.
politische	Einfluß und Herrschaft über Menschen	Machtbewußtsein	Der Politiker wie Bismarck, der Feldherr wie Napoleon.
religiöse	Herstellung einer Beziehung zwischen dem Kosmos und sich selbst	Mystik und Askese	Der Mönchpriester Starez Sosima aus Dostojewskis *Die Brüder Karamasow*.

Die Liste ließe sich fortführen, gemeinsam ist den Beispielen eines: Die Helden werden durch ihre Unangepaßtheit kenntlich gemacht.

Stereotype

Viele dieser Unangepaßtheiten kennen wir als Stereotype: den von der Bürokratie frustrierten Ermittler, den scheinbar trotteligen Kommissar und ähnliche. Alle Helden bestehen aus einer Neukombination von Stereotypen, wobei wir dieses Wort hier nicht abwertend im Sinne von »klischeehaft«, sondern in seinem ursprünglichen Sinn nutzen wollen: *Stereotyp* war »*anfangs* [ein] *Fachwort der Buchdruckersprache ›mit feststehendem Schriftsatz, gegossener Schriftplatte gedruckt*‹«[15]. Ein Stereotyp besteht also aus einzelnen Lettern oder Variablen. Aus diesen wird nun eine feststehende Einheit gemacht. Ein Variante der Figur »Privatdetektiv« zum Beispiel ist ein Stereotyp aus den »Lettern«:

- bezahlte Aufklärung von Verbrechen,
  was ein konstanter Grundbestandteil des Stereotyps »Privatdetektiv« ist, der durch weitere Variablen ergänzt werden kann;
- Randbereich der Legalität;
- gesellschaftlicher Verlierertyp;
- Hang zum Alkoholismus;
- Distanz und Konkurrenz zur Polizei.

Variieren wir nun die letzte Eigenschaft und machen aus »Distanz und Konkurrenz zur Polizei« einen »Konflikt zur Beamten-Disziplin, die sein Beruf als Kriminalkommissar mit sich bringt«, haben wir im Ergebnis ein anderes Stereotyp. SCHIMANSKI nutzt die Rollenstereotype des Privatdetektivs und sprengt so das Stereotyp »Kriminalkommissar«. Auch aus diesem Beispiel dürfte hervorgehen, daß der Begriff des Stereotyps hier nicht ein negativ *wertender*, sondern ein Existierendes *beschreibender* ist. Nicht die Benutzung von Stereotypen an sich schafft klischeehafte, sich wiederholende und damit langweilige Heldenfiguren, sondern die zu oberflächliche Variation der stereotypen Bestandteile.

Über die Stereotype stellt sich das antagonistische wie auch das sympathische Verhältnis von Zuschauer und Heldenfigur her. Eine Figur, die immerfort abstoßende Handlungen ausführt, die nicht in unser System von positiven Werten paßt, wird – mögen diese Handlungen auch noch so klein sein – letztlich von uns auch unterbewußt in eine antagonistische Rolle gedrängt. Von einem Kerl mit fauligen Zähnen, der vorbeigehenden Frauen an das Gesäß tatscht und kleine Kindern um ihr Taschengeld betrügt, werden wir nie annehmen, daß er unser Filmheld wird. Die Literatur unterscheidet zwischen Werte-Stereotypen, also ideelen Zielen und den Reflexionen darüber, was wer wie zu ihrer Erreichung zu tun habe, und Verhaltens-Stereotypen, die Gewohnheiten, Benehmen und äußerliche Kennzeichen einer Gruppe zusammenfaßt. Letztlich ordnen wir aber auch einem Verhalten unbewußt wieder einen Wert zu. Ein Mann, der Kinder »auf die Schippe nimmt«, kann nicht schlecht sein. Wer seinen Hund an einer zu engen Leine führt, wird auch mit Menschen nicht besser umgehen. Der Charakter der Figur spiegelt sich auch immer in seinen äußerlichen Stereotypen.

Der Charakter des Helden

Herakles wird von seinem Vater Amphitryon aufs Land geschickt, damit er dort aufwachse und mit seinen übermächtigen Kräften nicht noch einmal Schaden anrichte. (Herakles hatte sich gegen die ungerechten Schläge seines Lehrers verteidigt, woraufhin dieser tot umfiel.) Als er 18 Jahre alt geworden ist, geht er in eine einsame Gegend und überlegt, was er mit seinem weiteren Leben anfangen solle. »Als er so sinnend dasaß, sah er auf einmal zwei Frauen von hoher Gestalt auf sich zukommen. Die eine zeigte in ihrem Wesen Anstand und Adel; Reinlichkeit schmückte ihren Leib, ihr Blick war bescheiden, ihre Haltung sittsam, fleckenlos weiß ihr

Gewand. Die andere war wohlgenährt und von schwellender Fülle; das Weiß und Rot ihrer Haut war durch Schminke gehoben, ihr Auge weit geöffnet und ihre Kleidung so gewählt, daß ihre Reize soviel wie möglich durchschimmerten.« Die eine der beiden Frauen verheißt ihm ein Leben ohne jede Unannehmlichkeit, in dem er jede Lust auskosten und jeden Genuß ohne Anstrengung erlangen kann. Glückseligkeit wird diese Frau von ihren Freunden genannt. Die zweite verspricht ihm keine Genüsse, sondern Mühe und Arbeit. »Soll Griechenland dich bewundern, so mußt du sein Wohltäter werden. Willst du ernten, so mußt du säen. Willst du kriegen und siegen, so mußt du die Kriegskunst erlernen. Willst du deinen Körper in der Gewalt haben, so mußt du ihn durch Arbeit und Schweiß abhärten.«[16] Herakles entscheidet sich für den zweiten Weg. Ein Held ist geboren.

Held zu sein ist die selbstbestimmte Aufgabe einer Figur, die dadurch Protagonist eines Abenteuerfilms werden kann. »Die Person gewinnt ihre Identität durch die Festlegung auf eine Lebensform. Diese Identität macht ihre charakterologische Grundstruktur aus.«[17] Diese Eigenarten sind vor allem ein Instinkt für Gefahren und Abenteuer, es ist die Lust am *Learning by doing* und am *Trial and error* – und es ist die Lust am Spiel.

Helden manifestieren sich beim Zuschauer durch eine Reihe von bewundernswerten Eigenschaften. Folgende Attribute sind beim Helden ausgeprägter als beim »normalen Menschen«:

- Zielstrebigkeit,
- Selbstbeherrschung – oder aber auch der Mut, die Selbstbeherrschung zu verlieren,
- Zuverlässigkeit,
- geistige Unabhängigkeit,
- Risikobereitschaft,
- Kreativität,
- Humor (eine Protagonisteneigenschaft, die in anderen Genres durchaus verzichtbar ist, aber einem Abenteuerhelden ohne Humor fehlt die Würze),

- Ehrlichkeit,
- Lernfähigkeit.

Nun gibt es ja noch weitere positive Eigenschaften, wie:

- Höflichkeit,
- Ordnungsliebe,
- Gehorsam,
- Sauberkeit,
- Geschmack.

Diese Qualitäten sind dem Zuschauer an seinem Helden nicht so wichtig, obwohl sie ja durchaus positiv bewertet sind. Aber diese Eigenschaften kann der Zuschauer eben auch an sich selbst ausgeprägt finden oder entwickeln. Übermenschliches muß man dazu nicht leisten, und es ist noch kein Abenteuerheld durch seine übermäßige Ordnungsliebe im Gedächtnis geblieben. Dies sind also keine Eigenschaften, die eine Figur zum Helden machen. Unverzichtbar sind sie aber trotzdem – aus ihnen rekrutieren sich die Ticks, die »Sahnehäubchen« der Figurengestaltung.

Wer aber nun denkt, daß Helden makellos und fehlerfrei sein müßten, irrt. Oft sind in Gesprächen über ein Drehbuch Sätze zu hören wie: »Das schadet der Figur des Helden« oder »So etwas tut doch kein Held«, die meist über Szenen geäußert werden, in denen dem Protagonisten ein Mißgeschick widerfährt, in denen er körperlich unterlegen ist oder gar verzweifelt. Aus solchen Sätzen spricht meist ein Mißverständnis: Held ist nicht gleich Heros. Oder, moderner gesprochen, ein Held ist nicht gleich ein Superheld. Ein Held, dem heroengleich alles gelingt, setzt sich über die Gesetze der menschlichen Existenz hinweg, wie es eben nur Halbgötter können. Damit ist er entweder dramatisch langweilig, weil unbesiegbar, oder das Ergötzen an seinen Taten ist nur noch auf infantiler Ebene möglich – sie werden so realitätsfern, wie es sonst nur kindliches Spiel ist. Nur Kinder können den Superhelden wirklich genießen – für sie wird er zum Idol. Für Erwachsene ist der Umgang mit Idolen schon problematischer – für eine Identifikation braucht es eben auch menschliche Schwächen. Deshalb kann und muß ein Held auch Niederlagen und Rückschläge einstecken, ein Held muß Mängel haben, denn, wie es Nietzsche sagt: »Unsre Mängel sind die Augen, mit denen wir das Ideal sehen.«[18]

Das Streben der Helden

Helden definieren sich darüber, Aufgaben zu *übernehmen* – sie bekommen sie nicht zugewiesen. Wenn dies doch berufsbedingt der Fall sein sollte, wie beim Kriegshelden oder Kommissar, werden sie erst dann zu Helden, wenn sie »die Sache persönlich nehmen«, wie THANNER einmal über SCHIMANSKI befindet.

»Wann werden Sie endlich erwachsen?« wird der Privatdetektiv THOMAS MAGNUM oft von HIGGINS gefragt. »In Magnum ist das ›Kind im Manne‹ sehr lebendig. Und Magnum hat auch ein einem ›großen Jungen‹ angemessenes Ideal: Er will anderen Menschen helfen. Oder, wie es T. C. ausdrückt, ›Magnum leidet an einem Ritter-in-goldener-Rüstung-Syndrom‹. Neben seinem ›naiven‹ Ideal hat Magnum noch etwas anderes, das ihn zu einem ›großen Jungen‹ macht: Neugierde, Weltoffenheit.«[19]

Nicht zufällig haben wir als Beispiele Serienhelden angeführt. Denn Helden haben kein Ende. Wenn sie ein Abenteuer bestanden haben, müssen sie das nächste suchen. Die Serie oder zumindest Reihe ist deshalb das geeignetste Gefäß des Heldenfilms.

Wenn wir nun selbst dazu übergehen wollen, einen Helden zu kreieren, hilft uns ein Modell der Stereotypenforschung (s. Abb. 1), die verschiedene Werterichtungen ermittelt hat (nach Hiesel 1976):

1. Streben nach Unabhängigkeit,
2. Streben nach Daseinsgenuß,
3. Streben nach Sicherheit,

4. Streben nach Kontakt,
5. Streben nach Erwerb,
6. Streben nach Geltung.[20]

Natürlich ist dies nur ein Modell, das auch für eine Filmfigur nicht die Gesamtheit seiner Bestrebungen ausfüllen kann. Aber wenn man diese sechs Aspekte als Variablen versteht, kann man sie als »Helden-Produktionsmaschine« sehen, die ganz unterschiedliche Heldentypen hervorbringt.

Das ist der Typ des Draufgängers (s. Abb. 2), wie wir ihn als SCHIMANSKI, INDIANA JONES oder ROBIN HOOD kennen, wobei natürlich bei jeder der erwähnten Figuren die Nuancen

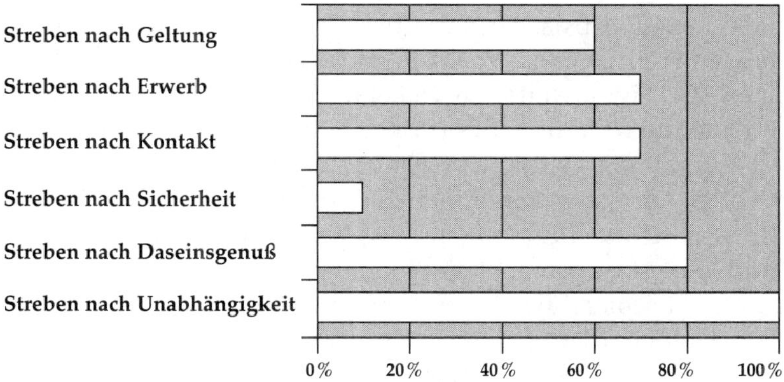

Abb. 1: Allgemeines Modell der Stereotypenforschung

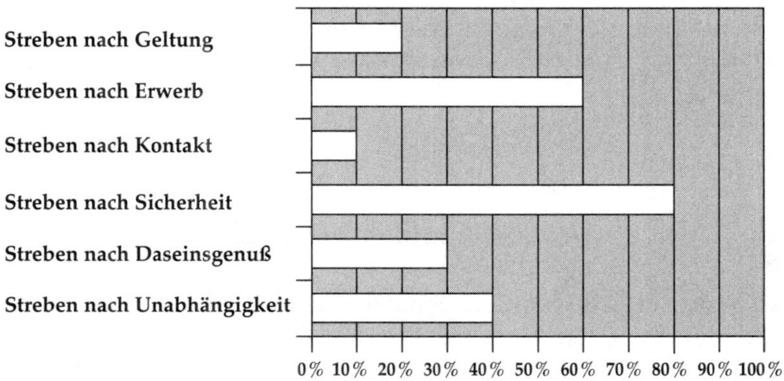

Abb. 2: Modell der Stereotypenforschung: Draufgänger

ein wenig anders sind. Diese Figur bleibt nicht lange an einem Ort, geht ungern Bindungen ein, ist ein wenig selbstverliebt und bereit, fast jedes Wagnis einzugehen. Es ist dies der typische Abenteuerheld, der seine Ursprünge im Western hat. Nun wäre eine solche Figur als Kriminalkommissar nicht mehr sonderlich originell. Deshalb verändern wir die Variablen des Modells möglichst extrem, um einen anderen Kommissarstyp zu finden:

Dies ist eine ganz andere, aber für das Genre nicht weniger interessante Art Held. Eher introvertiert, mehr vorsichtig als draufgängerisch und dabei sicher auch gewitzt. Das Besondere an dieser Figur ist, daß sie möglichst wenig auffallen will. Das hat ein wenig von PATER BROWN und ein wenig von INSPEKTOR COLUMBO, beschreibt selbstverständlich keine von beiden Figuren ganz. Von diesem Zwischenergebnis aus kann man die Figur weiterentwickeln. Vielleicht hat der neu zu kreierende Kommissar es ja doch stärker mit dem Daseinsgenuß und löst eigentlich die Fälle nur aus dem Antrieb heraus, endlich wieder in seiner kleinen Wohnung zu sitzen, ein Glas Rotwein trinken und einen Ratgeber zum Thema »Chutneys und Öle selbst gemacht« lesen zu können.

Der Zuschauer wird sich nicht immer mit dem Wertemuster des Helden identifizieren können. Zu groß ist die Wahrscheinlichkeit, daß sein eigenes Muster in vielen Punkten abweichend ist. Der Zuschauer muß nicht das Ziel eines jeden Helden innerlich zu seinem machen. Aber er muß die Gesamtheit der Figur und ihres Wertemusters als so sympathisch begreifen, daß er es seinem Helden wünscht, er möge sein Ziel erreichen.

Der Held und seine Begleiter

So gut wie alle Helden der Abenteuerliteratur haben einen Begleiter. Deren Funktion beschränkt sich keineswegs darauf, Dialogpartner zu sein. Auch nicht darauf, als Buffo die nötige Prise Humor in den Film zu bringen. Die Nebenfigur ist der Vermittler zwischen Zuschauer und Abenteuerheld. Sie dient dazu, aufzuzeigen, welche Alternativen es zum Handeln des Helden gibt. Wenn die Nebenfigur – mag dies auch auf humorvoll überhöhte Weise geschehen – vor der Gefahr zurückschreckt, dann drückt sie mit ihrer Reaktion des *Normalen* die Möglichkeiten des Zuschauers aus. Wenn die Nebenfigur vorsichtig und vernünftig den Helden von seiner tollkühnen Aktion zurückhalten will, dann ist sie gleichzeitig auch das Korrektiv des Zuschauers: Nein, es ist nicht normal, was der Held da vorhat. Auf diese Art macht die Nebenfigur den Helden und die Großartigkeit seiner Taten erst kenntlich.

Wegen dieser Bedeutung sollten Nebenfiguren gerade für den Abenteuerfilm, aber auch für den Krimi und den Katastrophenfilm, frühzeitig geplant und nicht erst in der zweiten oder dritten Drehbuchfassung ausgeformt werden. Notwendig sind dabei klare und stark ausgeformte Charaktereigenschaften – und vor allem ein Wertemuster, das sich von dem des Helden deutlich unterscheidet. Diese Figuren bieten dem Zuschauer eine latent miterzählte Handlungsalternative: Wie würde die Geschichte von Don Quixote weitergehen, wenn der Ritter und Sancho Pansa die Rollen tauschen würden? Wie würden die Ermittlungen weitergeführt werden, wenn THANNER – auch wenn dieser keine explizite *Neben*figur ist – und SCHIMANSKI die Rollen tauschen würden?

Heldenfilme sind *die* Filme der Nebenfiguren. Denn da sowohl das Abenteuer als auch die Katastrophe größere Menschengruppen betrifft, werden hier soziale Bindungen, gruppendynamische Prozesse etc. über die Nebenfiguren erzählt. Jedes Auftauchen, jedes Agieren einer Nebenfigur hat gemeinhin mehr Einfluß auf den Plot als in anderen Genres. Die Nebenfiguren arbeiten dem Ziel des Helden in positiver wie auch in negativer Weise zu. Nicht umsonst bekommen sie in Christopher Voglers *Odyssee des Drehbuchschreibers*[21] eigene Namen: der Mentor, der Schwellenhüter usw. Der Drehbuchautor kann die Nebenfigur zum Vertreter eines Prinzips machen – Opportunismus, Pessimismus, Mystizismus – und die Handlungen des Helden in diesen Prinzipien spiegeln. Dadurch gewinnt nicht nur der Held, sondern der gesamte Film an Prägnanz. »Der kurz- oder langfristige Erfolg eines Films hängt von dieser Konstellation ab: nämlich wie es den Produzenten und dem Regisseur gelingt, eine Idee an einen Charakter, d. h. an eine Person zu binden.«[22] Dieser sich auf das Visuelle beziehende Satz des Psychologen Walter Schurian gilt ebenso für die *charakterliche* Ausformung der Nebenfigur.

Zwischen Held, Gegner und der Nebenfigur herrscht ein enges Beziehungsgeflecht. Jede Veränderung einer Seite wirkt auf die jeweils anderen zwei Seiten. Die Handlungen des Gegners wirken auf die Nebenfigur und von dieser wieder auf den Helden. Der Gegner entführt die Nebenfigur – also muß der Held handeln und die Nebenfigur wieder befreien. Dadurch wird er von seinem Weg abgelenkt. Der Held bittet eine Nebenfigur um Hilfe, die diese ihm gewährt. Deshalb will sich der Gegner nun an der Nebenfigur rächen – der Held muß ihr beistehen.

Wir haben nun gezeigt, daß die Nebenfigur sowohl ideell als auch strukturell starken Einfluß auf die Geschichten des Heldenfilms hat. Von Gewicht ist auch die Art der Rezeption. Wenn wir zuvor darauf hingewiesen haben, wie unterschiedlich die Wertvorstellungen des männlichen und des weiblichen Rezipienten sein können, so bietet die Nebenfigur eine Gelegenheit, den jeweils andersgeschlechtlichen Teil des Publikums mit einzubinden. Nun ist zwar Liebe nicht wirklich die Sache des Heldenfilms, und Ritter waren nie gleichzeitig auch Minnesänger: »Von ›Liebe‹ ist in dieser Kriegergesellschaft wenig die Rede. Und man hat den Eindruck, daß der Verliebte unter diesen Kriegern lächerlich erscheinen müßte.«[23] SCHIMANSKI kann keine Familie gründen, und auch ZORRO, der seinen Kampf gegen die Ungerechtigkeit pünktlich beenden muß, weil seine Liebste ihn zum Abendbrot erwartet, ist nur als Parodie denkbar. Aber das andere Geschlecht kann in seinen Handlungen als Korrektiv des Helden dienen, kann als sein Wettbewerber, als Hindernis oder Begleiter auf dem Weg den Helden und seine Taten aus der jeweils andersgeschlechtlichen Sicht reflektieren und damit den rezeptiven Eingang für den Zuschauer bilden.

Zeitgemäße Heldenaufgaben

Gerade bei der Betrachtung der Wertvorstellungen von Jugendlichen erleben wir einen rapiden Wandel, der sich in den Bezeichnungen, die seit den fünfziger Jahren für diese Altersgruppe gefunden wurden, niederschlägt: die »Halbstarken«, die »Protestgeneration«, die »Null-Bock-Generation«, die »Konsumgeneration«, »Generation X« usw.

Wenn sich Werte so schnell und gründlich wandeln und Helden immer auch eine Reflexion auf aktuelle Werte sind, ist es dann überhaupt möglich, eine allgemeine Aussage über zeitgemäße Helden zu treffen? Muß man also tatsächlich dafür sorgen, daß der Protagonist die richtige Sonnenbrille trägt, ein cooles Motorrad fährt, die »angesagte« Musik mag und die Klamotten so trägt, wie es gerade »in« ist? Das wäre falsch, denn dann hätten wir »Held« und »Idol« miteinander verwechselt, wie dies Tom Cruise mit seiner *Mission: Impossible 2* gelungen ist. Die Verklärung des Helden zum Idol erzeugt stellenweise eine unfreiwillige Komik, die auch vom Kinopublikum belacht wird. Ein Idol betet man an, man eifert ihm nach, man verehrt es – es macht also unfrei. Das Heldische zeigen heißt nicht, Idole zu errichten.

Aber dennoch: Helden definieren sich über den jeweiligen »Mainstream«, besser gesagt – über ihre Opposition zu ihm. Wenn wir festgestellt haben, daß sich der Held des Heldenfilms seine Autoritäten selbst sucht, dann wird er sich ganz sicher nicht der Autorität eines Mainstreams, einer Mode oder eines Designs unterwerfen! In einer Zeit, da Karriere, Geldverdienen und an der Börse spekulieren zu den Zeichen einer erfolgreichen Existenz gehören, werden diejenigen zu Helden, die ihre Glücksvorstellungen nach anderen Gesichtspunkten ausrichten. (Was freilich zur Folge hat, daß die Opposition zum Mainstream selbst wieder ein Mainstream wird.) So wie INSPEKTOR COLUMBO das Gegenbild zum »harten Bullen« war, wurde SCHIMANSKI zum Gegenbild des sauberen, verbeamteten Kriminalisten. Helden haben den Mut, nicht zu gefallen, nicht »in« zu sein. Dafür werden sie bewundert: Da ist jemand, der sich nicht darum kümmert, daß seine Klamotten ungebügelt sind und die letzte Rasur Wochen zurückliegt. Da wird ein Kriminalkommissar aufgrund seines Auftretens immer für einen Handelsvertreter gehalten – und es macht ihm nichts aus.

Wir haben nun den zeitgemäßen Helden über seine *Opposition zu etwas* definiert. Man kann dies auch über die Werte tun, für die er eintritt, wenn die Beschreibungen dadurch auch etwas vager ausfallen müssen. Einflüsse, Strömungen und Gefahren, die auch das Filmpublikum empfindet, können zu einem Aufgabenfeld zeitgemäßer Abenteurer werden. Folgende Tendenzen lassen sich dabei erkennen:

- Kampf gegen äußere Bedrohungen und Verbrechen,
- wirtschaftliche Sicherheit,
- eine »freundlichere« Gesellschaft,
- Mitsprache der Menschen, weniger Entfremdung,
- Idealismus statt materiellem Denken,
- Meinungsvielfalt,
- Toleranz,
- gegen die Häßlichkeit des Industriellen,
- Individualismus,
- Selbstentfaltung statt Selbstkontrolle.

Dieses sind Werte, für die der zeitgemäße Held stehen kann. Sie werden nicht unbedingt zum Mittelpunkt der Geschichte werden (was ja auch ein recht illustratives Verfahren wäre), aber sie können und sollten in den Handlungen der Helden und Nebenfiguren als Motive auftauchen. Um das Abenteuer zu suchen, muß der Held »ausfahren«, was für den Helden einer deutschen Film- oder Fernsehproduktion fast immer bedeutet, daß er auch das Land verlassen muß. Bleibt er hier, wird es weniger seine Aufgabe sein, das Glück zu suchen, als vielmehr Unglück zu verhüten. Damit ist der Held des deutschen Films »naturgegeben«, im Gegensatz zum amerikanischen Pionier oder Westerner, ein reaktiver Typ, weniger ein Spieler als ein Retter und Verteidiger. Ein solcher Verteidiger ist die auch zu Filmehren gelangte Comicfigur WERNER, die mit allen Mitteln um ihre anarchische Selbstbestimmung kämpft. Als Retter ist in der deutschen TV-Landschaft der Arzt allgegenwärtig. Ein anderer, ebenso deutscher Held vollführt einen ständigen Drahtseilakt zwischen dem eigenen Untergang, da die Bundesrepublik Deutschland nun einmal nicht für Helden geschaffen ist, und dem trotzigen Versuch, dies dennoch zu sein: SCHIMANSKI.

35

Dramaturgie des Heldenfilms

Das Genre als Weg

»Der Held der Story (...) bricht von Punkt A zu einem sehr aufregenden Abenteuer auf, das auf Punkt B stattfindet, und auf dem Weg dorthin hat er jede Menge Gefahren zu bestehen.«[24]

Steven Spielberg bringt mit einem Satz zum Ausdruck, was die Dramaturgie des Abenteuerfilms charakterisiert. Die Handlung ist ein Weg, den der Held in Richtung selbstbestimmtes Ziel zurücklegt. Auf diesem Weg passiert er unterschiedliche Stationen. Jede dieser Stationen ist eine kleine, abgeschlossene Episode.

(Auch das Road-Movie ist ein allerdings »problematischer« Abenteuerfilm. Problematisch, weil den Helden meist sowohl das Ziel als auch die Selbstbestimmung fehlen. An dieser Unbestimmtheit kranken dann meist auch die Plots.)

Jede Station, die der Abenteuerheld passiert, nützt ihm entweder auf dem Weg zum Ziel oder wirft ihn zurück. Sie nützt ihm, wenn er Verbündete, neues Gerät oder neue Informationen findet. Sie wirft ihn zurück, wenn er Vorhandenes verliert oder in die Irre geführt wird. In seiner *Odyssee des Drehbuchschreibers* entwirft Christopher Vogler eine mögliche Abfolge solcher Stationen. (Und tatsächlich scheint der Abenteuerfilm das Genre zu sein, in dem Voglers Konzept des Plots als einer Heldenreise am besten aufgehoben ist.)

Der Weg des Helden – so zwangsläufig auch dessen Beginn ist – wird oft von Zufällen bestimmt. Das Ziel ist fix, der Weg variabel, und jederzeit können sich Zufälle negativ oder positiv auswirken. Während andere Genres den nützlichen Zufall nach der Exposition fast verbieten, wird er vom Abenteuerfilm geradezu gefeiert. Die Zwänge und Herausforderungen, die auf dem Helden lasten, sind so ungeheuer, daß nur der Zufall helfen kann: Wie das Leben so spielt. Der Abenteurer ist ein Spieler, der eben des öfteren auf den Zufall setzt. Und das Wirken dieser Zufälle macht es für den Helden weder einfacher noch weniger spannend. Nur anders. Und meist auch schneller.

Wenn JONATHAN, der Begleiter des Helden in *Die Mumie*, im Grab des Hohepriesters mit herumliegenden Gegenständen Golf spielt, dadurch eine Decke zum Einsturz und den Schatz zum Erscheinen bringt, dann ist dies zwar ein Zufall, beschleunigt auch die Station der Schatzsuche, ist aber letztlich für den Plot des Films nicht weiter relevant.

Abenteurer sind Glücksritter. Sie gewinnen und verlieren in ihrem Spiel mit dem Zufall. Sie jagen nach dem Glück und reiten auf der Welle der Glückssträhne – bis sie abbricht.

Nun macht es wenig Sinn, im Zuge der Beschäftigung mit der Dramaturgie der Heldenfilme etwa das Modell von Christopher Vogler nachzuzeichnen und mit dem 3-Akt-Modell in Übereinstimmung zu bringen. Die Literatur, die sich ausführlich mit diesen speziellen Fragen – wie man zum Beispiel einen guten Krimi schreibt – beschäftigt, ist vielfältig. Man lese nach bei Chandler, Hitchcock und Patricia Highsmith. Wir wollen dagegen, aufbauend auf dem bisher zum Heldenfilm Gesagten, im folgenden die heldentypischen Besonderheiten der Genres Abenteuer- und Katastrophenfilm sowie Kriminalfilm beleuchten.

Das Vorfeld

Ob Kriminalfilm, Abenteuer- oder Katastrophenfilm – jede dieser Geschichten sollte in den ersten Minuten ein auffälliges und interessantes Ereignis enthalten, ein besonderes, rätselhaftes oder furchtbares Geschehnis. Der Held befindet sich noch in der Ruhephase. Der Zuschauer sieht das Geschehnis, das ihn aktivieren wird. Natürlich wird dies für jedes der hier betrachteten Genres anders aussehen.

Beim ***Kriminalfilm*** steht am Anfang meist ein Mord. Aber um den Helden in die Aktion zu treiben, sollte der Mord etwas an sich haben, was den Helden aufstört, sein Empfinden verletzt, ihn dazu bringt, die Sache persönlich zu nehmen. Je nach Charakter des Helden kann das die geheimnisvolle Ehefrau des Vermißten sein, der Zustand der Leiche oder die Gleichgültigkeit der Zeugen.

Im ***Abenteuerfilm*** ist es der Held selbst, der – abgesehen von seiner zukünftigen Aufgabe, die auch angedeutet werden mag – für die Spannung im Vorfeld sorgt. Ein Abenteuerheld, der gerade keine Gefahren zu bestehen hat, ist wie ein gefangenes Tier, dem es an Auslauf fehlt. Dementsprechend leidet er an seinem Zustand, leidet darunter, daß die Zivilisation ihn zur Selbstdisziplin und Affektkontrolle anhalten will. Viele Helden drohen daran zu zerbrechen, geben sich dem Alkohol hin, den falschen Frauen oder drohen gar ins Verbrechen abzugleiten – bis das neue Abenteuer ihnen Gelegenheit gibt, die besten Kräfte in sich selbst zu wecken. Wenn er zu seinem Abenteuer aufbricht, flieht er aus einer Welt, in der er seine Fähigkeiten und Ideale nicht ausleben kann.

Im ***Katastrophenfilm*** sind es die Natur oder die Technik, die für Beunruhigung sorgen. Das technische Wunderwerk, mag es ein Schiff oder ein Fluggerät sein, ist für den einzelnen Menschen in seiner Funktionsweise nicht mehr faßbar. Diese Perfektion ist beunruhigend, weil nicht mehr menschlich. Eine Schraube, die merkwürdig aussieht, eine Stahlplatte, die auffällig vibriert, jedes dieser Einzelteile kann dem Zuschauer signalisieren: Ich bin eine potentielle Gefahr. Dieser Suspensetechnik bedient sich auch der Film, der die Naturkatastrophe zum Thema macht: Irgendwo im Gebirge schneit es. Es schneit immer mehr, bis schließlich die erste Schneefläche ins Rutschen kommt. Zunächst nur ein, zwei Meter …

Die Spurensuche

Obwohl der Begriff der Spurensuche sehr krimitypisch klingt, wollen wir ihn hier verwenden. Die Phase nach dem Vorfeld des Heldenfilms läßt sich in vier Etappen unterteilen:

1. Informationen sammeln,
2. Verhältnis zum Begleiter klären bzw. das Team zusammenstellen,
3. Hypothesen aufstellen,
4. Lösungsansätze finden.

Informationen sammeln

Ob es der Kriminalkommissar, der Schatzsucher oder der Unwetterexperte ist – er muß sich zunächst einen Überblick über den Umfang der zu lösenden Aufgabe verschaffen. Dabei ist die Informationssammlung nicht etwa als bloße Datenbeschaffung für den Helden und den Zuschauer zu sehen. Diese Aktivitäten müssen noch eine zweite, emotionalere Ebene haben, die dem Zuschauer etwas über das Verhältnis des Helden zu seiner Umwelt erzählt. Der emotionale Gestus der Szene sollte dabei verschieden sein von ihrem Inhalt. Eine Kommissarin, die den Angestellten der Fluglinie nach der Passagierliste befragt und nach Erhalt dieser Information wieder geht, liefert uns fast immer eine langweilige Szene. Was ist der Angestellte für ein Mensch? Was verkörpert er? Ist er ein Macho? Ist er ein kalter Möchtegern-Manager, der sich zwar schon die Allüren eines Chefs zugelegt hat, aber noch nicht die menschliche Reife? Über die Reaktionen des Helden auf diesen Ausschnitt Welt erzählen sich seine Werte und Gefühle weit besser als über jeden noch so ausgefeilten Dialog.

Verhältnis zum Begleiter klären oder das Team zusammenstellen

Hat der Kommissar einen Assistenten und ist er Held einer Serie oder Reihe, dann ist es einfach ein Gebot der Unterhaltung, das Verhältnis zwischen den beiden bei allen Konstanten, die ihre Stereotype bilden, immer wieder neu zu definieren. Mag das letzte Mal der Assistent beleidigt über das herabsetzende Verhalten seines Vorgesetzten sein, will er sich diesmal mit einer ganz eigenen Theorie zum Mordfall beweisen.

»In vielen Stories gibt es Helden, hinter denen eine Gruppe von Figuren mit ganz speziellen Fähigkeiten oder Eigenschaften steht. Zu Beginn des zweiten Aktes besteht nun die Möglichkeit, ein solches Team zusammenzustellen oder ein vorhandenes Team schwierige Aufgaben planen und vorbereiten zu lassen. (…) Während der ersten Proben zeigt sich zudem, wo die Stärken und Schwächen der einzelnen Gruppenmitglieder liegen.«[25]

Obwohl diese Phase der Vorbereitung auf den ersten Blick die Geschichte nicht nach vorn bringt (und deshalb in Drehbuchüberarbeitungen schnell einmal gestrichen wird), erzeugt sie doch im Zuschauer eine hohe Erwartungshaltung und Spannung. Die Helden präsentieren ihre Waffen. Werden sie im Kampf halten, was sie versprechen? Wer wird wohl in welcher Situation was zum Gelingen beitragen? In diesem Sinne weisen solche Szenen nach vorn und stellen im Zuschauer eine noch diffuse Erwartung des kommenden her. Wenn der Held, weil er selbst nicht fliegen kann, einen guten Piloten sucht, wird es wahrscheinlich dramatische Flugszenen geben. Der Idee, einen Meisterdieb zu engagieren, wird wohl später ein komplizierter Einbruch folgen.

Hypothesen aufstellen

Nicht nur für die Handlungslogik, auch für die Einbindung des Zuschauers ist es wichtig, zwischendurch Geheimnisse aufzulösen und Teilaufgaben zu bewältigen. Einen Berg von

Geheimnissen vor sich herzuschieben, bringt zweierlei Nachteile mit sich: Zum einen wird die Handlung immer verwickelter, zum anderen muß diese Ansammlung von Geheimnissen durch eine wahre Orgie von Erklärungen und Enthüllungen am Ende wieder entwirrt werden, was meist zu langatmigen Dialogpassagen führt.

Soll die Lösung eines Kriminalfilms so aussehen: »Herr B wußte vom Waffenhandel des Herrn C und wollte ihn damit erpressen – deshalb hat Herr C sowohl Herrn B ermordet, als auch Herrn A, bei dem Herr B seine Beweismittel deponiert hatte«, dann steht es einem Kriminalfilm durchaus gut zu Gesicht, eine geraume Zeit das Motiv »Wegen eines Seitensprungs war Herr A eifersüchtig auf Herrn B« zu verfolgen. Weit vor dem Ende sollte aber in diesem Falle die Leiche des Herrn A auftauchen, damit die Eifersuchtshypothese ad acta gelegt werden kann.

Lösungsansätze finden

Der Krimiautor wird nach dem Verwerfen der ersten Hypothese im Ausschlußverfahren zu einer neuen und damit eventuell zum Lösungsansatz kommen. Der Abenteurer wird nach gescheiterten Versuchen oder unbefriedigenden Zwischenergebnissen vielleicht alles auf eine Karte setzen.

Etwas spezieller sieht diese Phase im Katastrophenfilm aus. Das fängt mit dem Helden an. Um beim Beispiel einer Flugzeug-Katastrophe zu bleiben: Der Segelflieger, dem nach der schweren Lebensmittelvergiftung von Pilot und Copilot die Aufgabe zufällt, den Jumbojet sicher zu landen, entwickelt seine Qualität als Held erst während der Handlung. Fast immer ist die Handlung des Katastrophenfilms auch ein gruppendynamischer Prozeß. Auch wenn hier nicht von verbindlichen Regeln gesprochen werden soll – ein Prinzip hat sich dafür bewährt: Es gibt zwei unterschiedliche Lösungsansätze, von denen einer ins Verderben führt und der andere Rettung verheißt. Bei einer Notlandung im Packeis sagt der Flugkapitän, man müsse nach Norden. Der Held muß nun seine Qualitäten entwickeln, der Autorität des Flugkapitäns seine eigene entgegenstellen und den Weg nach Süden als einzig lebensrettenden vorschlagen. Hier setzen die gruppendynamischen Prozesse ein: Wie viele Menschen kann der Held von seinem Plan überzeugen und damit vor dem Verderben retten? Und weiter: Wie verhält sich die Gruppe, wie der Held, wenn auf dem Weg nach Süden die ersten Zweifel an der Richtigkeit des Plans aufkommen? Wird er sich gegen die Nebenfigur durchsetzen können, die empfiehlt, wieder umzukehren und den anderen nach Norden zu folgen? Dies, und nicht etwa der relativ kurze Augenblick des Unglücks, macht den Inhalt des Katastrophenfilms aus.

Verstärkungen

Eigentlich beschäftigen sich die hier behandelten Filme mit relativ »simplen« Problemen: Man muß einen Schatz finden, einen Mörder überführen, den Weg aus einem verschütteten Bergwerk finden. Damit bei dieser Simplizität der Aufgabenstellung der Spannungsbogen hält, ist es ratsam, zwischendurch ein bis zwei große, verstärkende Elemente einzubauen. Der eben noch Hauptverdächtige wird selbst tot aufgefunden. Der Täter, wissend, daß die Polizei ihm bereits auf der Spur ist, plant, seine einzige Mitwisserin ebenfalls zu ermorden. Der Abenteuerheld erfährt, daß er nun aus seinem zunächst spielerischen Unterfangen nicht mehr aussteigen kann. Nun hängt auch das Leben anderer Menschen vom Gelingen seines Unterfangens ab. Ein solches Beispiel findet sich in *Die Mumie*: Zunächst geht es nur darum, einen Schatz zu finden. Dann drohen biblische Plagen und Schlimmeres, wenn es nicht gelingt, den auferweckten Hohepriester in das Reich der Toten zu verbannen. Ein möglicher Wendepunkt, der als Verstärkung dienen kann, ist der Verlust des gesamten Equipments, das man für das Unternehmen beschafft hatte.

Im Katastrophenfilm stellt sich heraus, daß die zu bewältigende Katastrophe eine noch größere nach sich ziehen könnte. Nicht nur die Einwohner einer Kleinstadt werden am tödlichen Virus sterben, sondern binnen weniger Stunden auch sämtliche Einwohner der USA – das ist das verstärkende Element in *Outbreak*.

In dieser Phase ist es auch an der Zeit, Zwischenbilanz zu ziehen: Der Kriminalkommissar resümiert zusammen mit seinem Assistenten die bisherigen Ermittlungsergebnisse. Indizien werden noch einmal durchgegangen. Der Abenteuerheld bespricht mit seinen Gefährten den weiteren Plan: Wenn wir nicht durch den Haupteingang kommen, dann geht es nur durch das Dach, was aber nur zwischen 01.03 Uhr und 01.07 Uhr nachts geht, weil zu dieser Zeit wegen der Wachablösung die Suchscheinwerfer für vier Minuten stillstehen. Der Held im verschütteten Höhlensystem zeichnet auf, daß mit einer Sprengung am Punkt A wahrscheinlich die ganze Decke herabstürzen würde. Es sei zwar nicht sicher, daß man das überlebe – aber wenn ja, dann sei der Weg nach draußen frei.

Diese Zwischenbilanzierungen sind zwar kein unbedingtes Muß, sie schaffen aber dem Zuschauer Orientierung und damit neuerliche Ausrichtung auf das Ziel. Und nur, wenn es dem Film gelingt, den Zuschauer immer wieder auf das gemeinsame Ziel »einzuschwören«, wird er gespannt dabeibleiben.

Der Schluß

»Da hat der geniale Verbrecher unseren Helden zu fassen bekommen und sagt ihm nun etwa: ›Ich werde Sie töten. Aber vorher will ich Ihnen noch erklären, warum ich getan habe, was ich getan habe, und wie ich dabei vorgegangen bin.‹ Angesichts der Tatsache, daß sein hilfloser Zuhörer in allernächster Zukunft eine Leiche sein dürfte, muß man sich dabei doch fragen, warum der Kerl so viele Worte macht. Es sei denn, man geht davon aus, daß der Autor seinem gefesselten Detektiv lediglich Zeit geben will, die Hände freizubekommen, sich die nächstbeste Waffe zu schnappen und den Spieß umzudrehen.«[26]

Niemand wird in Frage stellen, daß solch ein Schluß nicht gut ist und nicht gut werden kann. Und trotzdem liest und sieht man solche Schlußsequenzen immer wieder. Wie es zu solchen Dilemmas kommen kann, haben wir zuvor beschrieben: Zu lange wird ein immer größerer Berg von Geheimnissen vor der Handlung hergeschoben. Wie aber kann man dies vermeiden?

Gelingen oder Verderben müssen von *einer* Sache abhängen. In den Filmen, die sehr auf die äußeren Ergebnisse der Handlung ausgerichtet sind, wie Abenteuer- und Katastrophenfilm, ist dies leicht einsehbar:

- Wenn der Held es jetzt auch noch schafft, vor der Detonation aus dem Gebäude zu kommen, hat er gewonnen.
- Wenn der Hobbyflieger den von ihm gelandeten Jumbojet auch noch vor dem Empfangsgebäude des Flughafens zum Stehen bringt, sind die Passagiere gerettet.
- Wenn es dem Helden gelingt, vor seinen Verfolgern die einstürzende Holzbrücke zu überqueren, wird niemand ihm mehr den Schatz streitig machen können.

Ähnlich ist diese Technik auch im Kriminalfilm anzuwenden. Wenn als letztes Glied der Beweiskette an dieser Stelle nur noch eine, allerdings bedeutende Frage offen ist, mehrere Hypothesen bereitstehen und die Beantwortung der Frage eine von ihnen bestätigt, kann man diese unschönen Geständnisszenen mit vorgehaltener Pistole am Ende vermeiden. Spannender machen die das Finale auch nicht mehr – und aus einem Kriminalfilm wird auch dann kein Thriller, wenn der Ermittler im Showdown mit einer Waffe bedroht wird.

Fazit

Es gibt zwei unterschiedliche Heldentypen, die man anhand ihrer Fähigkeiten bzw. deren Entwicklung unterscheiden kann. Die einen haben die auf dem Weg benötigten Fähigkeiten von Anfang an. Es ist dies der Abenteurer, der sich und seine Fähigkeiten immer wieder an neuen Schwierigkeiten messen muß, aber auch der Kriminalkommissar, auch er bleibt in seiner Entwicklung eher statisch, seine Stereotype sind ein Werkzeug, das, richtig angewendet, immer wieder den Verbrecher überführt.

Der zweite Heldentypus ist der, der seine Fähigkeiten erst während der Handlung entwickelt. Es ist dies die Retterfigur im Katastrophenfilm. Wenn er die entsprechenden Fähigkeiten bereits hätte, wäre der Film langweilig. Überdeutlich können wir das beim mehrfach erwähnten Beispiel des Beinahe-Flugzeugunglücks sehen: Wenn Pilot und Copilot bewußtlos in der Kanzel liegen und statt des Segelfliegers ein zufällig mitfliegender Jet-Pilot die Steuerung übernehmen muß – eine weniger spannende Konstellation ist kaum zu erfinden.

Beide Heldentypen haben ihren eigenen Spannungsbogen. Im ersten Fall des Abenteuerhelden konzentriert er sich auf die Frage: Was passiert auf dem Weg? Im zweiten Fall geht es um die Frage, welche Fähigkeiten der Held entwickeln muß und kann?

Daß der Abenteurer und der Retter immer alles auf eine Karte setzen müssen, scheint einsichtig. Aber auch der Kommissar läuft immer Gefahr, seine Autorität und damit den Glauben an sich selbst zu verspielen. Und so verbindet diese drei Heldentypen die Einmaligkeit der Situationen, vor denen sie stehen, mit historischen Figuren wie Napoleon, Scott und anderen; Situationen, über die Stefan Zweig schreibt:

»Was ansonsten gemächlich nacheinander und nebeneinander abläuft, komprimiert sich in einen einzigen Augenblick, der alles bestimmt und alles entscheidet: ein einziges Ja, ein einziges Nein, ein Zufrüh oder ein Zuspät macht diese Stunde unwiderruflich für hundert Geschlechter und bestimmt das Leben eines einzelnen, eines Volkes und sogar den Schicksalslauf der ganzen Menschheit.«[27]

36

Outbreak

Filmbeispiele

Zwei verschiedene Ansätze, mit der Katastrophe umzugehen, gibt es in dem amerikanischen Spielfilm *Outbreak*.

Ein Weg – verkörpert durch den General Major Donald Mc. Clintock – führt in das Verderben, bedeutet die Auslöschung einer ganzen Kleinstadt mit über zweieinhalbtausend Einwohnern. Der andere Weg, den der Held des Films Sam Daniels beschreiten will, rettet die Menschen, unter denen sich auch seine Frau befindet.

Eine Besonderheit dieses Films ist der sehr bewußt gehandhabte Umgang mit dem Genre Katastrophenfilm, der an einer Stelle, an der dieses Genre nicht weiterführt, in den Abenteuerfilm umschwenkt, um dann als Thriller zu enden. In dieser Reihenfolge wollen wir *Outbreak* hier auch betrachten.

Der Katastrophenfilm

Outbreak beginnt im Vorfeld mit einem – wie wir es zuvor benannten – »besonderen, rätselhaften, furchtbaren Geschehnis«:

Juli 1967: Krieg im Dschungel von Kongo. Die belgischen Soldaten leiden unter einer rätselhaften Erkrankung; sie sterben wie die Fliegen. Amerikanische Experten kommen hinzu, nehmen einem der Sterbenden eine Blutprobe ab und versprechen Hilfe. Kurze Zeit später löschen die US-Militärs das belgische Soldatencamp mit einer gewaltigen Bombe vollständig aus.

Nach diesen Bildern setzt die Geschichte in der Gegenwart ein. Der Zuschauer weiß aber nun, daß mit dem Geschehnis von 1967 eine Bedrohung über der Gegenwart liegt. Gleichzeitig hat diese Rückblende noch einen zweiten Vorteil: Sie kann bereits zeigen, was den von der Katastrophe Betroffenen droht – sowohl das qualvolle Sterben als auch die Auslöschung per Bombenabwurf.

Der Held SAM DANIELS wird als Virologe eingeführt. Aber mit der Kamerafahrt durch das Forschungsinstitut der US-Armee für Infektionskrankheiten sehen wir, daß er nicht irgendein Virologe ist. Er arbeitet im Labor der Sicherheitsstufe 4: »Keine bekannten Heilmittel oder Impfstoffe«.

SAM muß kurzfristig nach Zaire, hier sind Fälle von hämorrhagischem Fieber aufgetreten. Wegen der Reise muß er seine Hunde bei seiner Exfrau ROBBY abgeben. Die beiden haben sich erst vor kurzem scheiden lassen; ROBBY verbreitet eine frostige Atmosphäre, während die Trennung SAM noch sehr schmerzt. Für die Expedition wird ihm ein neuer Mitarbeiter, MAJOR SALT, zur Verfügung gestellt. In Zaire angekommen, fliegen sie zum Dorf, in dem die Fieberfälle aufgetreten sind. Ein Virus scheint die Ursache für die Krankheit zu sein, die nach zwei bis drei Tagen zu hundert Prozent tödlich endet. MAJOR SALT muß sich angesichts der vielen Toten übergeben und reißt sich den Helm seines Schutzanzuges vom Kopf. Zu seinem Glück überträgt sich das Virus nicht durch die Luft. Zurück in den Staaten wird SAM gefragt, was er mit dem Virus tun wolle. Seine Antwort ist kurz und bündig: »Es töten!«

Der Held nimmt also die Herausforderung an. In der Exposition wurden drei wichtige Prämissen gesetzt. Der Katastrophenfilm ist mit den Worten »Sterblichkeitsrate 100 Prozent« etabliert. In der persönlichen, emotionalen Ebene haben wir die Trennung des Helden von seiner Frau. Wichtig dabei: Hier wird keine Ursachenforschung betrieben, welche tieferen Beweggründe diese Trennung nun hatte, das Buch wäscht nicht die schmutzige Wäsche der gescheiterten Ehe. Dies zu tun, hätte den Film schnell in ein anderes Genre ziehen können – sehr zum Nachteil der Spannung eines Katastrophenfilms. Und drittens wird die begleitende Nebenfigur gesetzt: MAJOR SALT, ein West-Point-Absolvent, hochmotiviert, hochqualifiziert – aber leider total unerfahren.

In den USA werden merkwürdige Erkrankungen registriert. Trotz eines möglichen Zusammenhangs mit dem Virus aus Zaire wird SAM von seinem Vorgesetzten General FORD zu einem eher unwesentlichen Fall nach New Mexico gesandt. Doch auf dem Flughafen dirigiert er seinen Flieger mit einem Bluff nach Kalifornien um. Die Armee riegelt den von der Infektion betroffenen Ort Cedar Creek mit seinen mehr als zweieinhalbtausend Einwohnern hermetisch ab. Hier trifft SAM mit ROBBY zusammen, die bei einer zivilen Institution auf dem Feld der Virenabwehr arbeitet, und muß feststellen, daß das Zaire-Virus inzwischen mutiert ist und nun auch durch die Luft übertragen werden kann.

Der Held läßt sich nicht vom Ziel abbringen. Kein Befehl kann ihn nach New Mexico bringen. Und inzwischen ist auch der Punkt erreicht, den wir zuvor »Verstärkung« genannt hatten: Die tödliche Krankheit ist durch die Luft übertragbar. Nicht nur das Leben der 2618 Menschen (wir werden genau informiert) in Cedar Creek steht auf dem Spiel. Die gesamten USA sind bedroht, nach ihr wahrscheinlich der ganze amerikanische Kontinent.

Inmitten dieser großen dramaturgischen Eckpunkte wollen wir die Aufmerksamkeit auf zwei Szenen bzw. Szenenfolgen lenken, die zeigen, wie wirkungsvoll der Film auch im Kleinen gebaut ist:

Der Schmuggler, der einen mit dem Virus infizierten Affen in den USA verkaufen wollte, sitzt im Flugzeug. Die Stewardessen haben das Essen ausgeteilt. Appetitlos beißt der Schmuggler in einen Keks. Wir sehen deutlich an seinem physischen Zustand, daß der Mann infiziert sein muß. Ein kleiner Junge kommt in dieselbe Sitzreihe, sieht den angebissenen Keks auf dem Tablett liegen und möchte ihn gern aufessen. Der infizierte Mann erlaubt dies. Der Junge greift nach dem Keks – da hält die Hand seiner Mutter ihn zurück und führt ihn zu seinem Sitz. Diese hochspannende Szene spielt geschickt mit den Emotionen des Zuschauers, der hier wesentlich mehr Informationen hat als alle an der Szene Beteiligten. Der kleine Junge ist knapp dem Tod entronnen – aber nur der Zuschauer weiß davon.

Ein Familienschicksal aus dem abgeriegelten Cedar Creek wird eingeblendet. Die Familie hat in der Handlung keine plotbestimmende Funktion und dient nur der Steuerung der Zuschaueremotionen:

In der Stadt wurde die Anordnung erlassen, daß alle Menschen, die sich schlecht fühlen, weiße Tücher aus ihren Fenstern hängen sollen. Ärzte der Armee würden sich dann um die Betroffenen kümmern. Eine Mutter wird abgeholt, sie verabschiedet sich von ihrem Mann und den Kindern. Die Erwachsenen wissen wohl, daß es ein Abschied für immer sein wird, aber sie können sich nicht einmal mehr umarmen. Der Weg dieser Frau wird in kurzen Schnittsequenzen verfolgt, bis der Reißverschluß des Leichensacks sich über ihrem Gesicht zusammenzieht und die Leiche zusammen mit anderen verbrannt wird.

Mit wenigen Mitteln – weißen Tüchern und einer Szenen-Sequenz – wird ein angsterregendes Pest-Szenario hergestellt, das dem Zuschauer die Katastrophe sowohl in ihrer gewaltigen Dimension als auch als betroffen machendes Einzelschicksal zeigt.

CASEY, ein enger Freund und Mitarbeiter von SAM, reißt sich seinen Schutzanzug versehentlich ein und infiziert sich mit dem tödlichen Virus. ROBBY, die CASEY eine Injektion verabreichen will, sticht sich mit der Kanüle, die bereits mit CASEYS Blut in Verbindung gekommen ist, in den Finger.

Zur gleichen Zeit bekommt General Major MC. CLINTOCK von der Regierung die Erlaubnis, die ganze Stadt um 20 Uhr mit einer Aerosol-Bombe auszulöschen, um größeren Schaden von der Nation abzuwenden. MC. CLINTOCK, unter dessen Verantwortung das ursprüngliche, nicht mutierte Virus in den USA erforscht wurde (jetzt schließt sich der Kreis zur Blutprobe des Openers), möchte die perfekte biologische Waffe nicht verlieren. Er ordnet an, daß SAM, dessen Aktionen ihm schon längst ein Dorn im Auge sind, sofort verhaftet wird. Als eine Einheit der Armee diesen Befehl ausführen will, kapern SAM und MAJOR SALT einen Hubschrauber, um aus der Stadt zu entkommen. SALT kann fliegen und SAM kann von außerhalb besser nach dem Wirt des Virus und einem Gegenmittel suchen.

In dieser letzten Etappe des »reinen Katastrophenfilms« geschehen die wichtigsten Dinge über die Nebenfiguren. Der Freund CASEY ist dem Tode geweiht. In einer dramaturgischen Gegenbewegung entwickelt sich der »Versager« SALT zu einem verläßlichen Gefährten und Freund. Mit der Infektion von ROBBY wird aus dem Problem der Rettung von Stadt und Menschheit plötzlich ein ganz persönliches Problem. Und mit dem Termin für den Bombenabwurf ist ein *time lock* gesetzt, das die Spannung für den zweiten Teil des Films hält.

Mit der Entführung des Hubschraubers durch die zwei Gefährten SAM und SALT beginnt der

Abenteuerfilm

MAJOR SALT fliegt SAM zu dem Schiff, mit dem das Wirtstier – ein Affe – in die USA gekommen ist. Der Matrose, den der Affe gekratzt hatte, ist bereits tot, aber in seiner Kajüte findet SAM ein Polaroidbilfd des Affen. Mit einer Pistole bewaffnet, stürmen SAM und SALT einen Fernsehsender, unterbrechen die Nachrichten und zeigen hier das Photo des Affen. Nur wenn der Wirt gefunden ist, kann man ein Serum entwickeln. Eine Frau sieht die Sendung und erkennt den Zusammenhang zwischen dem Affen und der Erzählung ihrer Tochter – ihr Kind fütterte den Affen im Wald! Die Frau ruft im Sender an, SAM und SALT machen sich auf den Weg zu ihr.

Schon äußerlich ist sichtbar, wie sich *Outbreak* nun anderer Mittel bedient. Mehr Action und mehr Tollkühnheit. Ein Hubschrauber wird gekapert, ein Fernsehsender gestürmt – und als sich SAM vom Hubschrauber aus auf das Schiff absetzen lassen will und SALT von Idiotie spricht, da antwortet SAM in echter Abenteurermanier: »Sind wir auf der Flucht vor dem Gesetz? Dann ist Idiotie unsere einzige Wahl!«

Der Thriller
oder die Fortführung des Katastrophen- und Abenteuerfilms mit den Mitteln des Thrillers beginnt in dem Moment, da MC. CLINTOCK, weil er in SAM DANIELS eine Gefahr für »seine« biologische Waffe sieht, den Befehl gibt, SAM zu erschießen. Er sei infiziert und außer Kontrolle.

SAM fliegt mit SALT weiter, um den Affen zu finden. Es gelingt ihnen, das Tier zu betäuben. Der Hubschrauber der beiden Helden wird von zwei anderen Maschinen verfolgt. An Bord: MC. CLINTOCK, geflogen werden die Helikopter von den besten Piloten der Armee. Das ist die große Stunde der Nebenfigur MAJOR SALT. Der unerfahrene Pilot muß sich nun gegen die besten Piloten behaupten. Er schafft es, weil er tollkühn genug ist.

Ein Bomber ist mit der Aerosol-Bombe beladen worden. Und während SAM noch am Krankenbett seiner Ex-Frau sitzt und ihr nun versprechen kann, daß sie wieder gesund ist, weil er mit Hilfe des Wirtstieres ein Serum entwickeln konnte, ist die Maschine schon im Anflug auf Cedar Creek. MAJOR SALT informiert SAM davon. Die beiden blockieren mit ihrem Hubschrauber die Flugbahn des Bombers. SAM kann die Flugzeugbesatzung davon überzeugen, die Bombe nicht abzuwerfen. MC. CLINTOCK wird arretiert und SAM und ROBBY wollen es wohl noch einmal miteinander versuchen.

Damit ist auch noch die Liebesgeschichte zu einem glücklichen Ende gekommen. Daß diese Mischung verschiedener Genremittel nicht zu einem Wirkungsdesaster führt, liegt daran, daß die Autoren die Genres nicht vermischt, sondern nach den Erfordernissen ihrer Geschichte hintereinander gesetzt haben. In der Katastrophe begann die Handlung, anschließend mußte ein Abenteuer bestanden werden, um dann im Thriller den Plot und damit die Hintergründe der Katastrophe aufzulösen. Die Katastrophe in *Outbreak* ist zwar keine Naturkatastrophe, hat aber die gleichen Auswirkungen. Es handelt sich um ein zunächst vom Menschen nicht beherrschbares, tödliches Phänomen. Der negative Lösungsansatz ist dadurch, daß hinter dem falschen und letal endenden Weg ein Motiv und ein Verbrechen steckt, besonders pointiert.

Doch eines darf man nach all der Virenforschung, dem Heldenmut, den Tollkühnheiten und dem Können der beteiligten Haupt- und Nebenfiguren nicht vergessen: Nur dadurch, daß eine funktionierende amerikanische Familie ihrer kleinen Tochter soviel Aufmerksamkeit und Zuneigung widmete und sich die Mutter die märchenhaft anmutende Geschichte vom kleinen Affen im Wald geduldig erzählen ließ, konnte Cedar Creek und vielleicht das ganze Land gerettet werden.

Wenn das keine Botschaft ist …

37

Die Mumie

Der Abenteuerheld dieses Films ist eigentlich eine Frau. Nur sieht man es nicht auf den ersten oder zweiten Blick – schon, weil es nicht so inszeniert worden ist. Aber es steht im Drehbuch. Wenn der Abenteurer Rick O'Connell von der Forscherin Evelyn aus dem Gefängnis geholt wird, um ihr den Weg in die geheimnisvolle Stadt Hamunaptra zu zeigen, beginnt damit ein abenteuerlicher Wettlauf zwischen zwei Mannschaften. Die eine Mannschaft rekrutiert sich aus O'Connell, Evelyn, ihrem Bruder Jonathan und einem Gefängnisdirektor.

Evelyn arbeitet derzeit als Bibliothekarin in einem Museum. Aber sie hat Spezialkenntnisse (z. B. Altägyptisch), sie hat das Ziel, ein geheimnisvolles Buch zu finden, und sie will endlich Feldforschung betreiben. Ihr Bruder Jonathan ist ein Tunichtgut, führt sie aber auf die Spur von O'Connell, der den Weg nach Hamunaptra weiß. Aber O'Connell muß erst einmal aus dem Gefängnis freigekauft werden. Gegen eine Beteiligung von 25 Prozent am Schatz läßt der Gefängnisdirektor ihn frei – und kommt selbst mit, um die Schatzsuche zu überwachen. Vier ausgeprägte Typen bilden eine Mannschaft: der Abenteurer, die intelligente Schöne, der Trottel und der Schmarotzer.

O'Connells ehemaliger Kamerad Beni führt die Konkurrenz nach Hamunaptra. Es sind dies gut ausgerüstete amerikanische Schatzsucher. Nachdem sich beide Mannschaften eingeschifft haben, wird ihr Schiff von den Nachkommen einer Pharaonen-Leibwache überfallen, die verhindern wollen, daß die Abenteurer Hamunaptra jemals erreichen.

Dieser Wendepunkt dient als Verstärkung des Abenteuers. Durch den Untergang des Schiffes verlieren beide Gruppen ihre Ausrüstung. Aus einer wohlvorbereiteten Expedition wird eine improvisierte. Zwei Gruppen – eine mit Pferden, eine mit Kamelen ausgestattet – treten zu einem Wettkampf an, und beide wollen den Schatz. Bei EVELYN ist es zwar kein Gold, was lockt, aber immerhin ein ideell wertvolles Buch. Die Mannschaft der Amerikaner ist allerdings durch ihren Führer BENI negativ »vorbelastet«. Dieser ist ein Feigling und Opportunist. Der Zuschauer sah bereits, daß er in der Vergangenheit den tapfer kämpfenden Helden im Stich gelassen hatte. Und er erlebt ihn später als Opportunist, wenn die untote Mumie vor ihm steht und BENI die Symbole sämtlicher Weltreligionen an Kettchen um seinen Hals hängen hat, um für alle Fälle gerüstet zu sein.

Beide Gruppen erreichen schließlich Hamunaptra, die Stadt der Toten. Getrennt graben sie nach dem Schatz und fördern einige Objekte zu Tage. EVELYN ist es schließlich, die versehentlich den Hohepriester zum Leben erweckt. Dieser will eine Prinzessin von den Toten auferstehen lassen, materialisiert sich dazu aus den Körperteilen der amerikanischen Expeditionsgruppe und bringt biblische Plagen über das Land. Die Schatzsucher fliehen nach Kairo. Als der Hohepriester schließlich EVELYN von dort entführt, um sie bei seiner Zeremonie zu verwenden, kehrt O'CONNELL zurück, befreit die Frau, die er inzwischen liebt, und tötet mit JONATHANS Hilfe den Hohepriester. Die Stadt Hamunaptra versinkt im Wüstensand.

Führen wir uns die Ziele des Abenteurers O'CONNELL vor Augen, entdecken wir:

1. Er möchte den Schatz finden.
2. Er behauptet auch ideelle Gründe: EVELYN habe ihn aus dem Gefängnis geholt, deshalb zeige er ihr den Weg.
3. Wenn er in Hamunaptra ist, interessieren ihn weder Gold noch das Buch, das EVELYN finden will, sonderlich. Er erledigt seinen Job.

4. Wenn der Hohepriester in Bewegung gesetzt ist, muß er diese Gefahr von der Menschheit abwenden.
5. Er hat sich in EVELYN verliebt und möchte sie deshalb retten.

Der Abenteuerheld hat hier also nicht ein großes, sondern verschiedene, wechselnde Ziele. Sein ursprüngliches Ziel, einen Schatz zu finden, brennt nicht wirklich in ihm. Statt für seinen Schatz kämpft er gegen einen Gegner, der eigentlich dem Horrorfilm entstammt. Er ist damit kein eigentlicher Held des Abenteuerfilms.

Hier kommt nun eine ganz andere Betrachtungsweise ins Spiel. Was ist, wenn man EVELYN als Heldin des Abenteuerfilms nimmt? Schließlich hat sie ein konkretes Ziel: Sie will Feldforschung betreiben und will jenes geheimnisvolle Buch der Toten finden, das in Hamunaptra vermutet wird. Sie will ihrem Chef die Existenz der Stadt beweisen. Alles in allem ein großes Gesamtziel: Sie will von A nach B, um dort einen Gegenstand zu finden. O'CONNELL hat dabei die Funktion eines ritterlichen Begleiters. Sie hat ihn aus dem Gefängnis geholt, weil sie ihn zur Verwirklichung ihres Planes braucht. EVELYN ist es auch, die nach der Rückkehr nach Kairo mahnt, man dürfe nicht fliehen (wie O'CONNELL es will!), sondern müsse das Böse, das man geweckt habe, auch bekämpfen. Kurz danach wird sie vom Hohepriester entführt, wird von der potentiellen Heldin zum Opfer. Ihre Karriere als Abenteuerheldin ist damit vorbei, noch bevor sie sich wirklich profilieren konnte.

EVELYN hat das Ideelle des Abenteurers (das Ziel) und O'CONNELL das Materielle (Waffen und körperliche Fähigkeiten). Ein Abenteuerheld wurde in zwei Figuren und zwei Geschlechter gespalten. Am Ende wurde kein großes Ziel erreicht. O'CONNELL hat die Frau seines Herzens gerettet, vielleicht auch die Menschheit. Insgesamt wurde aber nur die Ausgangssituation hergestellt und eine selbst heraufbeschworene Gefahr abgewendet. Die Protagonisten haben an etwas Verbotenem gerührt und wurden dafür mit Horror bestraft. Von diesem Vorhaben wollte sie der Grabwächter abhalten, der seinerseits am ehesten der Mystery zu entstammen scheint. Dunkle Mächte schlagen zurück – aber letztlich können sie gebannt werden. Dieses Prinzip, einen Plot zu bauen, kennen wir aus dem Horrorfilm. Hier wird er mit einer Liebesgeschichte angereichert, die dann besonders unterhaltend wird, wenn sie sich mit den Attributen einer Typenkomödie schmückt oder mit Visual Effects beeindruckt.

Was die Autoren und den Produzenten dazu veranlaßt haben mag, vom Ausgangspunkt eines Abenteuerfilms (Wettlauf zweier Teams zum Schatz) auf das Szenario eines Horrorfilms umzuschwenken, wissen wir nicht. Man bekommt aber eine Ahnung davon, wenn man folgendes Interview mit dem Produzenten liest:

»Wir haben an dem Drehbuch sechs Jahre gearbeitet, es gab ganz verschiedene Konzepte vom zeitgenössischen Drama bis zum blutigen Horrorfilm. Beteiligt waren im Laufe der Zeit so unterschiedliche Leute wie Clive Barker, Joe Dante oder John Sayles. Die jetzige Version ist ein romantischer Abenteuer-Actionfilm mit Humor, etwa im Stil von *Indiana Jones*. Und er ist viel aufwendiger geworden als ursprünglich geplant.«[28]

38

Der Soldat James Ryan

Der überforderte Held

Nach der Landung der Alliierten in der Normandie im Juni 1944 soll ein Trupp amerikanischer Soldaten unter der Führung von Cptn. John Miller den Soldaten James Ryan, der als Teil der versprengten US-Luftlandetruppen im von Deutschland besetzten Gebiet kämpft, heimholen. Drei Brüder von James Ryan sind bereits gefallen. Aus propagandistischen Gründen will die Armeeführung den vierten nunmehr nach Hause holen.

In der fast halbstündigen Anfangssequenz, in der Spielberg die Schrecken des D-Day möglichst distanzlos und unmittelbar zur Wirkung bringt, ist Miller kaum als Held des Films auszumachen. Die amerikanischen Soldaten laufen nahezu ungeschützt in den Kugelhagel der Deutschen. Miller ist als Offizier schwer überfordert. Alle bekannten Mechanismen der Kriegs- und Truppenführung funktionieren nicht mehr. Hier wird nur noch gestorben. In diesem Blutbad greifen keine Militärdienstanweisungen mehr.

Dann kommt der neue Befehl – »Diesmal von ganz oben.« Bei der Besprechung im Stab ist deutlich geworden, daß der Auftrag, den Soldaten James Ryan im Feindesland zu suchen, ein Himmelfahrtskommando ist. Gegenüber Miller heißt das etwas euphemistisch: »Ein schwieriger Auftrag. Deshalb hat man Sie geholt.«

Naturgemäß ist im Kriegsfilm das Ziel vom Helden selten

selbst gewählt. Hier kommt es meist darauf an, ob und wann der Held den Befehl, der ihm erteilt wurde, zu seinem eigenen macht. Und diesmal ist es ein besonders fragwürdiger Befehl. Soll man das Leben mehrerer Soldaten riskieren, um eventuell das Leben eines einzelnen Soldaten zu retten?

Der Auftrag ist vom Helden nicht gewollt – aber er wird nicht in Frage gestellt. MILLER stellt sich seine kleine Gruppe zusammen. Szenisch werden die einzelnen Charaktere kurz etabliert, dann marschiert die Gruppe los. MILLER wird von seinen Leuten nach dem Sinn dieses Auftrages gefragt. Als Antwort hat er nur den Befehl von oben. Und Befehle müssen erfüllt werden. Noch immer hat er den Auftrag nicht zu seinem gemacht.

Während des Marsches sind die Soldaten – und allen voran Cpt. MILLER – ständig überfordert. In einer zerbombten Stadt reicht ein französischer Vater den Soldaten seine kleine Tochter aus einem Haus herunter, weil er davon ausgeht, das Mädchen sei bei den Soldaten in Sicherheit. MILLER versucht dies zu unterbinden. Diese Situation nutzt ein deutscher Scharfschütze und drückt ab. Der erste von MILLERS Leuten stirbt. In der Truppe entwickeln sich die ersten Haßgefühle auf den unbekannten RYAN.

Kurz darauf wird ein JAMES RYAN gefunden – nur ist es der falsche. Nach dem ersten Toten auf der gefährlichen, bisher vergeblichen Suche bedarf es jetzt der Stimme von außen, die den Auftrag moralisch rechtfertigt. Der Befehlshaber der Einheit, auf die sie während ihrer Suche gestoßen sind, wünscht MILLER viel Glück: »Ich habe auch Brüder ...«

Wenn der Held damit überfordert ist, den Auftrag für sich anzunehmen, dann muß er einen anderen Sinn suchen. MILLERS Gruppe entdeckt ein einzelnes deutsches Maschinengewehr. Der Schütze hat schon eine andere Einheit von amerikanischen Soldaten zusammengeschossen. Die Gruppe will das Maschinengewehr umgehen, doch MILLER will es ausschalten. Hier kann er etwas Sinnvolles tun, indem er verhindert, daß noch mehr Soldaten in die Falle laufen. Jetzt mahnen ihn die anderen an den Auftrag, an den sie selbst gar nicht glauben.

Während des Angriffs auf das Maschinengewehrnest stirbt wiederum einer von MILLERS Männern. Die Gruppe hat einen Gefangenen gemacht. Mehrheitlich sind die Männer dafür, den Deutschen zu erschießen. Schließlich ist auch einer der ihren umgekommen. Und außerdem könnte man den Gefangenen sowieso nicht mitnehmen, müßte ihn also laufen lassen. Wieder ist der Held überfordert. Er heult. Er empfindet alles als sinnlos, ist völlig am Boden. Und er befiehlt, den Deutschen laufen zu lassen. Der Film wird später zeigen, daß der sich nicht wie versprochen in Gefangenschaft begeben, sondern sich wiederum der deutschen Armee angeschlossen hat. Weitere US-Soldaten sterben wegen dieser Entscheidung MILLERS. Eine Ohrfeige für den Helden. Ist MILLER schuldig am Tod dieser Männer? Diese Frage wird ihm niemand beantworten.

Als wenig später einer aus seiner Gruppe aussteigen und zurückkehren will, beweist MILLER, militärisch gesehen, eine eklatante Führungsschwäche. Aber wie soll er es einem Mann verübeln, aussteigen zu wollen, wenn er ja selbst nicht an das Ziel glaubt? MILLERS Stellvertreter droht dem Mann, ihn zu erschießen – der Captain greift nicht ein. Er wird angefleht, etwas zu tun – und schweigt. Bis er schließlich den Beruf verrät, den er im zivilen Leben ausübt: Er ist High-School-Lehrer. (Die anderen hatten Wetten über diese Frage abgeschlossen. MILLER hielt seinen Beruf geheim.) Er gibt also seine Schwäche und Überforderung zu, wirft sie als letztes Mittel, mit dieser Krisensituation fertig zu werden, ins Spiel. MILLER gesteht seinen Untergebenen und Kampfgefährten, daß er alles, was er hier im Krieg tut, vor allem aus einem Grunde macht: Er will wieder nach Hause. Und er hofft in einer Art Aberglaube, daß die Erfüllung aller Befehle schon einen übergeordneten Sinn habe und er mit Heimkehr belohnt werde.

MILLER hat kein höheres Ziel. Er ist und wird kein Abenteuerheld.

Schließlich finden die Männer den gesuchten JAMES RYAN. Doch der ist zur Verteidigung einer Brücke eingeteilt und will seinen Posten nicht verlassen. Die Brücke ist mit jedem zur Verfügung stehenden Mann zu halten; sie bildet einen der wenigen noch intakten Nachschubwege für die Amerikaner. RYAN hat einen höheren Sinn gefunden – und konsequenterweise widersetzt er sich dem Befehl, in die Heimat zurückzukehren. Nicht die Figur des Protagonisten MILLER, sondern die Titelfigur JAMES RYAN ist es also, die ihren Auftrag selbst bestimmt. So wird RYAN zum Helden, während MILLER an sich selbst verzweifelt. Der Held JAMES RYAN überlebt. Der Protagonist Cpt. MILLER stirbt.

Ist das Leben des einzelnen Soldaten JAMES RYAN den Einsatz des Lebens mehrerer anderer Männer wert? Diese Frage beantwortet der Film nicht, auch MILLER bekommt keine Antwort. Die Verteidigung der Brücke legitimiert schließlich als ein *Deus ex machina* doch noch den gesamten Einsatz und verschont den Protagonisten davor, sich dieser Frage stellen zu müssen. Am Ende steht MILLER vor dem Scherbenhaufen der eigenen Identität – er hat keine tauglichen Wertmaßstäbe mehr. Deshalb muß er sterben.

Und weil er im Leben an dieser Aufgabe gescheitert und an diesem Scheitern verzweifelt ist, muß ihn RYAN als alter Mann in der Jetztzeit auf dem Friedhof postum zum Helden erklären.

39

Deutsche Helden in Serie: Benno Berghammer, Horst Schimanski und Franz Meersdonk

Im folgenden Exkurs wollen wir anhand der Pilotfilme zu drei Serien bzw. Reihen des deutschen Fernsehens untersuchen, wie ihre jeweiligen Protagonisten als Helden eingeführt werden und was ihre Eigenheiten ausmacht.

Der Bulle von Tölz, Teil 1: Das Amigo-Komplott

Der Bub als Bulle

Das erste Auftreten der Figur Benno Berghammer vermittelt kaum das Bild eines Polizeibeamten. Im Gegenteil, dieser Mann ist das auf die Spitze getriebene Gegenbild eines Kriminalkommissars: Er kommt aus der Badewanne, sein Bademantel kann nur mühsam den beträchtlichen Leibesumfang bedecken. Schon die ersten Bilder zeigen hier einen erwachsenen Mann, der in bedenklicher Weise unter der Fuchtel seiner Mutter steht. Dieser Mann nimmt den Telefonhörer zur Hand und meldet sich als Kommissar Berghammer – ein krasser Widerspruch zu allem, was der Zuschauer bisher als Ermittler-Stereotype kannte.

Fast überflüssig zu erwähnen, daß dieser Mann in der ersten Gefahrensituation des Films keine Pistole dabei hat. Aber Angst hat er eben auch nicht – die will sich auch einfach nicht mit seiner äußeren Erscheinung vereinbaren lassen.

Kommissar Berghammer bekommt eine neue Kollegin aus

Berlin zugeteilt: SABRINA LORENZ. Sie lernt den Kommissar ähnlich wie der Zuschauer in wenig respekteinflößender Weise kennen. BENNO führt im Büro ein Telefonat mit seiner Mama, in der es um irgendwelche Vollwertkost geht, die diese ihm aufdrängen will. Auch für die neue Kollegin ein komischer Widerspruch zwischen Erwartung und Realität. SABRINA ist von ihren Eigenschaften her ein perfekt unpassendes Pendant zu BENNO. Sie kommt aus Berlin nach Bayern. Ungewöhnlich und unpassend genug. Und sie ist in ihrer Arbeit sachlich und präzise, im Vergleich zu BENNO fast kalt. Durch diese Figur ist es möglich, die regionaltypischen Eigenheiten, die zur Grundlage der Reihe werden, distanziert zu betrachten und so als Besonderheit herauszustellen.

Denn Bayern – so behauptet jedenfalls die Reihe – ist eine ganz eigene Region, in der man sich nur als Einheimischer richtig bewegen kann. Das Trapper-Motiv des Wilden Westens wird hier aufgenommen, wenn Trapper BERGHAMMER dem Fräulein aus der Stadt das Überleben abseits der großstädtischen Zivilisation beibringt. Nur aus der Kenntnis des ortsüblichen Filzes heraus schafft es BENNO immer wieder präzise, auf jede »Leiche im Keller« zu stoßen, die eben nur mit Instinkt und Intuition desjenigen gefunden werden kann, der mit dem Mikrokosmos Bad Tölz vertraut ist. Und so hat er Eigenheiten entwickelt, die es ihm ermöglichen, sein Wild zu erlegen, um im Bild des Waldläufers zu bleiben. Für die von ihm Befragten wirkt es fast provokant, wie BENNO sich bemüht, nicht zu provozieren. Auch der Zuschauer weiß nicht recht, wo bei BENNO die Ironie anfängt: »Ich hätte untertänigst ein paar Fragen an Sie, Herr Prälat.«

Die zweite ständige Begleiterin des Helden ist seine Mutter RESI. Sehr früh wird etabliert, daß sie ständig auf der Suche nach einer passenden Frau für ihren Sohn ist. Er hat ihr Rapport über die Vorfälle im Kommissariat zu erstatten. Der Bulle als Bub. Darsteller Ottfried Fischer ist sich des Unterschieds zwischen Held und Idol wohl bewußt. Er scheut sich nicht, seiner Figur derartige Blößen zu geben – und macht sie damit zum sympathischen Helden. In seinem Verhältnis zur Umwelt ist BENNO nicht viel anders als seine Mutter. Nur daß ihm im Gegensatz zu ihr eines fehlt – die Vorsicht. Dabei kämpft er, der Held, gegen die für bayerische Verhältnisse höchsten Gewalten, die es gibt: die CSU (LANDRAT WALLNER) und die Kirche (PRÄLAT HINTER). Und konsequenterweise setzt LANDRAT WALLNER, dem BENNOS Ermittlungen unangenehm sind, nicht ihn selbst, sondern Mutter RESI unter Druck. Die hatte sowieso schon gewarnt, denn RESI weiß, wie es läuft: »Du kriegst doch nix wie Ärger!«

Das Amigo-Komplott heißt die Pilotfolge, und damit ist präzise das beschrieben, was zu bekämpfen sich Kommissar BERGHAMMER täglich neu auf die Fahnen schreibt. Eine Beispielszene illustriert dies – und wurde auch nur zu diesem Zweck geschrieben:

BENNO kommt in eine Verkehrskontrolle. 30 km/h waren erlaubt, er fuhr wesentlich schneller. Die Kollegen von der Verkehrspolizei wollen ein Auge zudrücken und bauen dem Kommissar eine »goldene Brücke«: Die Fahrt sei doch sicherlich eine dienstliche? Kollegin LORENZ bestätigt dies. Aber BENNO widerspricht. Die Fahrt war privat. Darauf der Verkehrspolizist: »Dann muß ich Sie aber anzeigen!« Und BENNO will angezeigt werden, denn – so poltert er los – er habe genug von diesem Filz, diesem Amigo-Staat.

Dieses Ziel – den Filz zwischen Wirtschaft, Politik und Kirche zu bekämpfen – spiegelt sich auch im Verhältnis zu seiner Mutter wider. Sie ist sein »privater Filz«. Die Übermacht seiner Mutter, die er nicht bekämpfen kann, weil er von ihr emotional wie auch physisch (Essen, Wäsche) abhängig ist, muß auf der größeren Bühne »Bad Tölz« eben stellvertretend bekämpft werden.

Der Fall ist im »Bullen von Tölz« (trotz teilweise kniffligen und intelligenten Konstruktionen) letztlich nur Anlaß, um den Kommissar in Bewegung zu setzen. Der Kommissar ist die große Identifikationsfigur, ihn will man agieren und Probleme lösen sehen, seien es nun Probleme mit seiner Mutter, der Kollegin oder dem Chef. Mag der Fall darüber zeitweise vollständig verschwinden – der Zuschauer kann sich sicher sein, sein Kommissar wird darauf zurückkommen und ihn lösen. Sozusagen plötzlich und unerwartet.

Und eigentlich will Kommissar BENNO BERGHAMMER nur eines: nicht gestört werden. Nicht von seiner Mutter, nicht von heiratswilligen Frauen und auch nicht durch Ungerechtigkeiten. Wenigstens letzteres kann er aus der Welt schaffen.

Der dunkel-romantische Held: Schimanski

Tatort: Duisburg-Ruhrort

Ein Mann steht in einer Wohnung, die bereits in Müll und Alkohol versunken ist. Der Mann schlürft ein rohes Ei, scheint sich nur mühsam motivieren zu können, wieder einen neuen Tag zu beginnen. Eine Stimmung zwischen Resignation und Melancholie, aufgelöst in Dosenbier – Charles Bukowski läßt grüßen. Der Zuschauer hat den Vorspann gesehen, weiß ergo, daß er eine Folge der Reihe *Tatort* sieht. Und der Mann, der in der Eröffnungsszene zu sehen ist, könnte gut als Verbrecher durchgehen.

Erst Minuten später, am abgesperrten Fundort einer Leiche, stellt er sich dem Zuschauer vor: Es ist der Kriminalkommissar HORST SCHIMANSKI.

SCHIMANSKI geht als geheimnisvoller dunkler Held in die Reihe, manches an ihm ist merkwürdig, auffällig – und wird nicht erklärt. Warum ist der Mann so, wie er ist? Warum ist er einsam? Hat sein übermäßiger Alkoholgenuß etwas damit zu tun? SCHIMANSKI gibt keine Antwort. Aus früheren Zeiten hat er eine Tätowierung. Er schämt sich wohl ein wenig dafür und gibt keine Auskunft über sie. Seine Vergangenheit ist zwar immer präsent (über Tipgeber für Pferdewetten, Imbißbekanntschaften usw.), wird aber nie erklärt. Er gehört einfach zu *Duisburg-Ruhrort*. Er ist fest im Leben verwurzelt, das zeigt die Auswahl seiner Kneipen genau so wie die Begeisterung für Galopprennen. Noch weitere Eigenschaften und Gewohnheiten sind bewußt plebejisch angelegt worden und bauen SCHIMANSKI zu einem Helden auf, der das Gegenbild eines Idols ist:

Äußerlichkeiten bedeuten ihm nichts. Das sieht man an seiner Wohnung ebenso wie an seiner Kneipe. Er ist emotional bis zur Unvernunft: Am liebsten würde er den Pressephotographen zusammenschlagen, der bereits am Tatort ist, weil er wieder einmal den Polizeifunk abgehört hat. (Dahinter steckt der Haß auf den Schmarotzer am Leid anderer – was wieder etwas sehr »Edles« ist!) Im Gegensatz zu seinem Kollegen THANNER kann SCHIMANSKI kein Französisch. Sein Traum ist auch nicht das Beherrschen einer Fremdsprache, sondern der Besitz einer Harley-Davidson.

In der Polizeiarbeit macht sich seine Herkunft von der Straße bemerkbar. So lacht er schallend darüber, daß das Mordopfer zu einem Jahr auf Bewährung verurteilt war, weil es im Bordell einen Polizisten verprügelt hatte. Beim Besuch eines Verdächtigen im Gefängnis warnt ihn der Vollzugsbeamte vor der Gewalttätigkeit des Zelleninsassen. Aber SCHIMANSKI schaut nicht durch den Spion in der Zellentür (»Ich bin nicht im Zoo.«), sondern läßt sich aufschließen und befreit den vermeintlich so Gefährlichen von seinen Handschellen, bevor er ihn befragt. (Das ist schon die zweite hintergründige Etablierung einer humanistischen Gesinnung hinter der dunklen, harten Schale. Und beide Male geht es ihm um die Würde des Menschen.)

Daß er die Straße nicht vergessen hat, nützt ihm auch in der Ermittlungsarbeit. Seine privaten Kontakte, die sich zumeist um das Thema Pferdewetten drehen, nützen auch zur Beschaffung von Hintergrundinformationen über türkische Gastarbeiter. Und schließlich ist nicht zu übersehen, daß hier ein ironisches Spiel mit der Figur des Superhelden getrieben wird. Während SCHIMANSKI kaltblütig genug ist, sich noch Essen in den Mund zu stopfen, bevor er sich in die Schlägerei stürzt, ist er wenig später bestürzt und schockiert darüber, daß auf ihn geschossen wurde.

Legendär geworden ist die Gestaltung von Held und Begleiter im Verhältnis von SCHIMANSKI und seinem Kollegen CHRISTIAN THANNER. Gerade in *Duisburg-Ruhrort* ist es oft so, daß die Beziehung zwischen den beiden mehr im Mittelpunkt steht als der Mordfall. Die beiden Figuren sind charakterologisch auf größtmögliche Unterschiedlichkeit hin angelegt.

Allein die beiden Namen etablieren eine unterschiedlich Herkunft: das proletarische »Horst« gegen ein konservativ-bürgerliches »Christian«. Das schlesisch eingewanderte »Schimanski« gegen ein sehr vornehm klingendes »Thanner«. Beim Verhör tippt THANNER das Protokoll in die Schreibmaschine und achtet dabei besonders auf die Pflege der deutschen Sprache. Bei der Verlesung des Protokolls reißt SCHIMANSKI der Geduldsfaden, er schreit THANNER – in Gegenwart des Verdächtigen – an: »Hör auf!« Der gute und der böse Bulle – wobei weder dem Verdächtigen noch dem Zuschauer klar wird, ob dies nun ein Spiel zwischen beiden ist oder nicht. SCHIMANSKI sticht die Tatwaffe in die Schreibtischplatte, bevor er erregt das Büro verläßt. THANNER hingegen bestellt noch zwei Kaffee und entschuldigt sich beim Verdächtigen für seinen Kollegen. Und auch als die Beamten des Kommissariats dem Verdächtigen hinterherlaufen, um ihn an der Flucht zu hindern, verliert THANNER weder die Contenance noch verläßt ihn das Bewußtsein, Kopf- und nicht Handarbeiter zu sein: Er zieht sich einen weiteren Kaffee aus dem Automaten und wartet, bis die Kollegen ihre Pflicht getan haben.

THANNER wird als der Vorsichtige, ja fast Ängstliche des Duos etabliert. Wenn THANNER besorgt meint, »Das gibt bestimmt Ärger«, dann erzählt das nicht nur etwas über seine Figur, sondern beschreibt SCHIMANSKI in seiner Funktion: SCHIMANSKIS Auftreten bedeutet immer Ärger. Denn SCHIMANSKI verwehrt sich einem Funktionieren als affektdiszipliniierter Beamter. THANNER kommt sichtlich nicht von der Straße und kann mit ihr nicht umgehen. Als SCHIMANSKI und THANNER im Stammlokal des Verdächtigen Muscheln essen, wird Unmut gegen die Polizei laut. Die Gäste können sich nicht vorstellen, daß die Verhaftung gerechtfertigt war. Ärger liegt in der Luft. THANNER will dem entgehen, indem er das Lokal verläßt – und wird auch gleich tätlich angegriffen. Ihn kann man angreifen, indem man seine Kleidung beschmutzt (ein Motiv, das mehrfach benutzt wird). Bei SCHIMANSKI funktioniert das nicht. Er ist bereits »schmutzig«. Er ist hier, um mit dem Ohr am Volk zu sein – ein Kommunikationsweg, der

THANNER offensichtlich verschlossen bleibt. Alle Gäste der Kneipe sind überzeugt, daß der Verdächtige nicht der Mörder sein kann: Der macht das nicht. Und wenn, dann schon gar nicht mit einem Messer. Hier kann man wirkliche Erkenntnisse gewinnen. Nicht auf deduktivem Weg, wie THANNER dies vielleicht tun würde, sondern auf intuitivem Wege, mit dem Instinkt dafür, was die Wahrheit der Straße ist. Auch bei SCHIMANSKI findet sich also das Waldläufermotiv wieder, des Mannes, der aus Kenntnis einer bestimmten Region heraus zu Erkenntnissen kommt, die dem Außenstehenden verborgen bleiben.

So unterschiedlich SCHIMANSKI und THANNER auch sind, so bilden sie auch ein symbiotisches Paar. Ja, SCHIMANSKI hat einen »schlechten Einfluß« auf den braven THANNER. So sieht es jedenfalls THANNERS Ehefrau: SCHIMANSKI übernachtet mal wieder beim Ehepaar THANNER. Erst sehen wir SCHIMANSKI in Unterhosen, dann sitzt THANNER im Unterhemd am Frühstückstisch – die beiden müssen in der gestrigen Nacht »versumpft« sein. Frau THANNER hat wenig Sympathien für den Kollegen ihres Gatten: Die Perfekten mögen den Helden intuitiv nicht. Das Paar SCHIMANSKI-THANNER ist kein harmonisches. THANNER fühlt sich von seinem Kollegen mal benutzt, mal hintergangen und zuwenig ins Vertrauen gezogen. Er trägt die Lasten seines Kollegen – wo SCHIMANSKI spontan handelt, hat THANNER es der Dienstvorschrift wegen wieder einzurenken. Bis auch er einmal aufbegehrt: »Wer steht denn hier seit sieben und friert? Ich! Ich hab keine Lust mehr, SCHIMANSKI, mich ständig um den Scheiß anderer Leute kümmern zu müssen – und jetzt fängst du auch noch an!«

Für den Staatsanwalt war der aktuelle Fall schon abgeschlossen. Es gibt einen Verdächtigen, ihm gehört die Tatwaffe, und einen Fluchtversuch hat er auch noch unternommen. »Und was stört dich daran?« wird SCHIMANSKI von seinem Chef gefragt. Dieses Sich-nicht-zufrieden-Geben ist der erste Schritt zum Helden. Das Sichverrennen ist – jedenfalls im Falle SCHIMANSKIS – der zweite Schritt. Die Produzenten der SCHIMANSKI-Reihe bewiesen einen für heutige Verhältnisse großen Mut, als sie es wagten, ihrem neuen

Tatort-Helden eine solche Hypothek mit auf den Weg zu geben: Der Held hat sich tatsächlich schwer verrannt und deshalb Fehler gemacht. Ein Mann, den er zuständigkeitshalber immer zum Jugendamt schicken wollte, statt mit ihm zu reden, wollte eigentlich ein Geständnis ablegen. Ein Geständnis, das SCHIMANSKI gar nicht ins Konzept paßt, weil er einem anderen Verdächtigen gleich zwei Morde anhängen wollte. Ein Sieger ist SCHIMANSKI am Ende des ersten Films nicht. Aber ein Held – gerade weil er Fehler macht, die THANNER mit Worten analysiert, die Motto für die gesamte SCHIMANSKI-Reihe sein könnten:

»Schimanski, du machst einen Fehler. Und weißt du warum? Weil du den Fall jetzt persönlich nimmst.«

Auf Achse, Folge 1: Vollgas

Zwei Ritter und ein Burgfräulein

Als ein uns unbekannter Ritter stirbt, hinterläßt er eine Frau namens SYLVIA MITTERMANN. Und der Frau hinterläßt er seinen ganzen Besitz, der hauptsächlich aus einem Speditionsunternehmen besteht. Im Dienste der edlen Burgfrau steht ein Ritter der Landstraße, FRANZ MEERSDONK genannt. Der dient der Frau aufopfernd, wohl, weil er sie heimlich liebt. Da begibt es sich, daß eine große Not über die Frau kommt. Nur noch für eine Woche hat sie zu leben. Wenn dann keine Hilfe eintrifft, geht die Witwe MITTERMANN zuschanden und verliert ihren Besitz. Natürlich ist Ritter FRANZ sofort zur Stelle, um seiner heimlich Angebeteten zu helfen. Doch ach! Ein Ritter erweist sich als zu wenig für die Rettungstat. So macht sich FRANZ auf die Suche, um einen Gefährten zu finden, und findet ihn in Gestalt des vom Rittertum enttäuschten GÜNTHER WILLERS.

So etwa liest sich der Pilotfilm der ARD-Serie *Auf Achse* als Rittergeschichte. Da die beiden zukünftigen Helden und Ritter der Landstraße, FRANZ MEERSDONK (Manfred Krug) und GÜNTHER WILLERS, in dieser Folge kein Abenteuer zu bestehen haben, sondern erst einmal als Helden zueinanderfinden müssen, nutzten die Produzenten jede sich bietende Gelegenheit, die beiden Trucker so früh wie möglich als Helden zu präsentieren. Schon der Vorspann stellt die Helden und ihr Rüstzeug in den Vordergrund: 320 PS wollen bewältigt werden. Und: »Auf sie ist Verlaß!«

Fernfahrer sind ein eigener Orden, das behauptet schon die erste Szenenfolge. FRANZ ist mit seinem Truck unterwegs und hört die Staumeldung im Radio. Die Sprecherin empfiehlt, die Autobahn zu meiden. Darauf FRANZ: »Ist schon passiert, Mädchen!« Ohne Instinkt und Erfahrung wäre FRANZ ein ganz normaler Autofahrer – und würde eben auch im Stau stecken.

Ein Reifen seines Trucks beginnt zu brennen. Durch eine Schlingerfahrt gelingt es FRANZ, den Reifen abzufahren. Er hält den Truck an, um sich den Schaden zu besehen. Ein Touren-Rennwagen prescht mit voller Geschwindigkeit durch die schmale Lücke zwischen Truck und Straßenrand, um kurz darauf zu bremsen. Die beiden zukünftigen Gefährten stehen sich erstmals gegenüber.

FRANZ: »Du fährst ja wie der Satan!«

WILLERS hingegen stellt für sich fest, daß FRANZ ein »Spitzenfahrer« sei, weil er es geschafft hat, den brennenden Reifen abzufahren. Damit erkennt auch FRANZ GÜNTHER WILLERS als dem Orden der Trucker zugehörig. Und ein weiterer Autorennfahrer, der kurz darauf hält, darf das Zusammentreffen kommentieren: »Da hab ich ja zwei richtige Helden vor mir!«

Die Spediteurin SYLVIA MITTERMANN hat einen eiligen und kaum zu bewältigenden Auftrag angenommen. Eine Druckmaschine soll nach Teheran gebracht werden. Gelingt dies zum Termin, gibt es 10 000 Mark Prämie. Andernfalls werden 2000 Mark Konventionalstrafe pro Tag fällig. SYLVIA mußte alles auf eine Karte setzen, sonst wäre sie sowieso pleite gegangen. Nun sind aber keine Fahrer aufzutreiben – und die Zeit drängt …

Zwei Helden müssen also gefunden werden. Der Zuschauer weiß bereits, wo sie zu finden sind. Der Held FRANZ sieht die Rettung der Firma als seine persönliche Aufgabe an. »Ich schaff das schon irgendwie, SYLVIA. Verlaß dich auf mich.« Wer der zweite Ritter sein könnte, ist klar: Natürlich GÜNTHER WILLERS. Aber der ist zuvor Opfer der kriminellen Machenschaften eines anderen Spediteurs geworden und hat den Glauben an das Rittertum verloren. Er will sich nun als Rennfahrer versuchen. Aber die Konkurrenten haben die besseren Autos, stellt FRANZ fest. Das ist GÜNTHER egal. Er glaubt an die Kraft des besseren Fahrers. Eine falsche Auffassung, wie sich herausstellt, als GÜNTHER, um das Unmögliche möglich zu machen, im Training sein Auto zu Schrott fährt. SYLVIA befürchtet, daß er auch ihren Truck zu Schrott fahren wird.

Eines steht noch zwischen den zukünftigen Abenteuergefährten: die Frau ihres Herzens. Während SYLVIA mit GÜNTHER WILLERS essen geht, sitzt FRANZ in der Kneipe und betrinkt sich. Erstmals sieht man ihn hier verletzlich und schwach. Er hat Angst, daß der Charmeur WILLERS sich bei SYLVIA gegen ihn, den geradlinigen, erdigen Typ durchsetzen könnte. Man wird an die Worte von Norbert Elias über das Rittertum erinnert: daß der Verliebte sich lächerlich mache unter den Kriegern.

Aber WILLERS will vor allem eines: sein letztes einsames Abenteuer erfolgreich beenden. So gewinnt er das Autorennen mit einem geliehenen Wagen und ist nun bereit für das Abenteuer. Das Burgfräulein bleibt als unerreichbares Ideal zu Hause, während die beiden Helden sich auf ihr ritterliches Handwerk besinnen und ausziehen, um Abenteuer zu bestehen – und nebenbei die Herzensdame vor dem Bankrott zu retten.

Motto:
Volker Klotz, zit. n.: Peter Nusser, *Der Kriminalroman*, Stuttgart 1992, S. 56.
Massimo Moscati, *Comics und Film*, Frankfurt/Main–Berlin, 1988, S. 9.
Friedrich Nietzsche, *Menschliches, Allzumenschliches*, München 1990, S. 238.

1 Sam Keen, *Gesichter des Bösen*, München 1993, S. 75.
2 Ian Fleming, *James Bond – Liebesgrüße aus Moskau*, Bern–München–Wien 1999, S. 54.
3 *Die Rutschbahn – das Buch vom Abenteurer*, hg. von Ignaz Jezower, Berlin 1922, S. 11.

[4] *Mein erster Fall beim FBI*, zit. n.: Jerry Cotton – *Wie alles begann – Die ersten 8 Krimi-Abenteuer des weltberühmten G-man*, Bergisch Gladbach 1994, S. 10.
[5] S. R. Maddi, *Personality Theories, Homewood III 1972*, zit. n.: H.-D. Schmidt, *Grundriß der Persönlichkeitspsychologie*, Berlin 1982, S. 246.
[6] Raymond Chandler, *Die simple Kunst des Mordes, Briefe, Essays, Notizen*, Zürich 1975, S. 317.
[7] Mickey Spillane, *Die Töchter der Nacht*, Hamburg 1997, S. 6.
[8] Raymond Chandler, a. a. O., S. 295.
[9] Raymond Chandler, a. a. O., S. 280.
[10] Brigitte Scherer, Das Beispiel »Magnum, P. I.«, in: *Serie – Kunst im Alltag, Beiträge zur Film- und Fernsehwissenschaft, Schriftenreihe der HFF »Konrad Wolf«*, Bd. 43, 1992, S. 100.
[11] Miguel de Cervantes Saavedra, Leben und Taten des scharfsinnigen Edlen Don Quixote von La Mancha, Leipzig 1987, Bd. 3, S. 145.
[12] Clyde Kluckhohn, zit. n.: Bernd Schlöder, *Soziale Werte und Werthaltungen*, Opladen 1993, S. 49.
[13] Claudia Dickmeis, *Die Entwicklung von individuellen Werthaltungen im Jugendalter*, Münster 1997, S. 73.
[14] zit. n.: Bernd Schlöder, a. a. O., S. 61.
[15] *Etymologisches Wörterbuch des Deutschen*, München 1999, S. 1357.
[16] Gustav Schwab, *Die klassischen Sagen des Altertums*, Berlin 1958.
[17] Zit. n.: Bernd Schlöder, a. a. O., S. 56.
[18] Friedrich Nietzsche, a. a. O., S. 400.
[19] Brigitte Scherer, a .a. O., S. 100.
[20] zit. n.: Irmela Schneider, »Zur Theorie des Stereotyps«, in: *Serie – Kunst im Alltag, Beiträge zur Film- und Fernsehwissenschaft, Schriftenreihe der HFF »Konrad Wolf«*, Bd. 43, 1992, S. 139.
[21] Christopher Vogler, *Die Odyssee des Drehbuchschreibers*, Frankfurt/Main 1997.
[22] Walter Schurian, *Film im Fernsehen*, Göttingen 1998, S. 124.
[23] Norbert Elias, *Über den Prozeß der Zivilisation*, Bd. 2, Basel 1939, S. 111.
[24] zit. n.: Georg Seeßlen, *Geschichte und Mythologie des Abenteuerfilms*, Marburg 1996, S. 219.
[25] Christopher Vogler, a. a. O., S. 224.
[26] Loren D. Estleman, »Und der Mörder ist: …« in: *Krimis schreiben. Ein Handbuch der Privat Eye Writers of America*, Frankfurt/Main 1999, S. 84.
[27] Stefan Zweig, Vorwort zu: *Sternstunden der Menschheit*, Berlin und Weimar 1984.
[28] *Produzent James Jacks im Interview mit Dieter Oswald*, Filmecho/Filmwoche, 22. Mai 1999

V

Das Spiel mit den Genres

I.

Wir sind am Schluß angekommen. Wir haben verschiedene Genres in ihren Eigentümlichkeiten und Bedingtheiten betrachtet. Oftmals sind wir auch auf Zusammenhänge zwischen ihnen, auf Abhängigkeiten, Korrespondenzen und Differenzen gestoßen.

Wir haben gesehen, daß die Genres ein System bilden, in dem die Teile miteinander kommunizieren und sich zugleich scharf voneinander abgrenzen. Ein Genrefilm wird bestimmt durch seine Opposition zu allen anderen Genrefilmen: Eine Filmkomödie ist kein Heldenfilm, ein Melodrama ist kein Abenteuerfilm, ein Thriller ist keine Familiensaga. Alle Genrefilme verweisen aufeinander und schließen sich wechselseitig aus. Daraus ergibt sich, daß wir tatsächlich von einem System der Genres ausgehen müssen.[1] Und wir haben dargelegt, welche großen Rahmenerzählungen die Genres in ihrer Spezifik bestimmen, welche Grundemotionen seitens der Filmfiguren *und* seitens der Zuschauer genretypisch sind und wie sie im Detail produziert werden. Wir haben auch, wenngleich mehr immanent denn ausdrücklich, darauf verwiesen, daß das Genre nicht vom Setting bestimmt wird, sondern immer nur davon, mit welcher Dramaturgie welche Geschichten mit welchen angestrebten Zuschauerwirkungen erzählt werden.

II.

Haben wir bisher aufzuzeigen versucht, wie das strikte Befolgen der Genreregularien hilfreich für das Schreiben eines wirkungsvollen Drehbuches sein kann und welche Unzahl von Gestaltungsmöglichkeiten in den Genres selbst verborgen sind, so wollen wir jetzt dieses Wissen »umschlagen« und erweitern.

Es ist nun an der Zeit zu fragen, was geschieht, wenn einzelne Filme mit dem System »Genre« insgesamt spielerisch umgehen. Dieses Verfahren stellt das System »Genre« nicht in Frage, sondern nutzt vielmehr seine Qualitäten. Es geht also um ein Verfahren, das wir vorläufig so beschreiben wollen: dramaturgisches Arbeiten mit dem Regelwerk der Genres und lockeres Anknüpfen an ihre Wirkungseigentümlichkeiten, ohne aber einen Genrefilm schreiben zu wollen.

Im Umkehrschluß zu der Regel von Edgar Allen Poe fragen wir jetzt: Welche Mittel und Techniken hält das System »Genre« bereit, um den uns interessierenden Stoff, die uns bewegende Botschaft mit dem höchsten Effekt filmisch realisieren zu können? Wir befragen das System »Genre« danach, welche durchgesetzten Wirkungsstrategien es insgesamt anbietet und wie diese kombiniert werden können, um einen genreunabhängigen Stoff möglichst effektvoll und wirkungsvoll verfilmen zu können. Anders gesagt: Wie können wir die Sehgewohnheiten, den Erwartungshorizont des Publikums erfüllen, ohne ihm eine »genormte« Genre-Geschichte zu erzählen!

Um Mißverständnissen vorzubeugen und unser Anliegen zu verdeutlichen, lohnt ein Blick auf zwei theoretische Konstrukte, die scheinbar ähnliches im Sinn haben, aber doch ganz verschieden von unserer Überlegung sind. Wir wollen *nicht*, was Seeßlen unter dem Stichwort »Genre-Parodie« *so* definiert: solidarische, gemeint ist wohl liebevolle, Kritik des Genres: Die Regeln funktionieren auf unkonventionelle Weise. Bösartige zerstörende Kritik am Genre bedeutet: die Regeln funktionieren nicht. Im zweiten Fall werden die Regeln als kompletter Schwachsinn abgetan. Mit welchen Zuschauern hier gerechnet wird, ist freilich die Frage – doch höchstens mit den Adepten der Filmwissenschaft.[2]

Auch der Gedanke von Peter Wuss, daß in den letzten Jahren zunehmend »Hybridformen« zwischen klassischen und populären Genres an Bedeutung gewonnen hätten und es deshalb sinnvoll sei, von einem neuen Typus zu sprechen, dem der *Polygenres*, trifft unseren Ansatz nicht.[3]

Die Genrewechsel sind handlungsimmanent, die erzählten Situationen erzwingen eine je andere emotionale Steuerung und Beleuchtung und sollen beim Zuschauer andere, neue Emotionen hervorrufen. Diese neuen Emotionen aber, und das ist entscheidend, sollen die vorhergehenden nicht auslöschen. Ein »innerer Strom« der unterschiedlichsten Gefühle und emotionalen Bewertungen soll den Zuschauer erstaunen und verwundern. »Eben lachte ich noch, wieso muß ich jetzt plötzlich weinen? Und jetzt fiebere ich mit dem Helden, aber wieso bewundere ich die Kälte seines Gegners ...?« Diese Wechsel soll der Zuschauer erfahren und befragen, er soll die Kompliziertheit und die Komplexität seiner Gefühle staunend erkennen und genießen lernen. Dieses ideale, weil selbstbefreiend und selbstreflexiv wirkende Rezeptionserlebnis kann der Zuschauer aber wahrscheinlich nur haben, wenn er einen Film sieht, der souverän mit den Möglichkeiten des Systems spielt. Wir denken allerdings nicht daran, das »Spiel mit dem System Genre« gegen die Genrefilme auszuspielen. Der klassische und stringente Genrefilm, der Genrefilm, der nichts weiter anstrebt und erfüllt, als was ihm das Genre vorschreibt, ist immer ein Erlebnis für den Zuschauer und für die Produzenten eine große künstlerische Herausforderung.

Häufiger aber begegnet der Zuschauer Genrefilmen, die aus erzählerischer Not verschiedene emotional wirksame Techniken unterschiedlichster Genres ins Rennen werfen. Diese fliegenden Wechsel orientieren sich zumeist gar nicht mehr an den Zuschauern, sondern resultieren allein daraus, daß dem Mainplot der Atem ausgegangen ist und er deshalb in anderen Genres nach neuen Wirkungsschemata wildern muß.

In *Staatsfeind Nr. 1* sehen wir zum Beispiel, wie ab einem bestimmten Punkt der Handlung die pure Technologie losrattert. Wir sehen die Mühen der Filmemacher und nicht mehr die Mühen der Figuren. Die Figuren werden plötzlich in ein anderes Genre versetzt. Das raubt ihnen aber ihre psychologische Glaubwürdigkeit, prägt doch das einmal gewählte Genre die psychische Strukturierung der Figuren entscheidend. Sie werden durch die Mühlen gänzlich anderer Genres gedreht bis zu ihrer Zerstörung und dem finalen Sieg der wirkungssüchtigen Dramaturgie. Dem Zuschauer wird ein Genremix angeboten, der ganz dem Schema eines Vergnügungsparks entspricht, ein Häppchen Horror, ein bißchen Thrill, ein Schluck Fun und ein kleiner erotischer Kitzel. Das können wir durchaus eine Dramaturgie der momentanen Zerstreuung nennen. Von allem etwas, aber am Ende meistens von allem nichts. Von solchen Erlebnissen bleibt schließlich kaum etwas haften.

Wir votieren für eine Konzentration der Emotionen im filmischen Erleben, für ein nachhaltig wirksames Erlebnis und einen dementsprechend zubereiteten Film. Die ungebrochene Wirksamkeit der großen Hitchcock-Filme beruht allein auf dem Prinzip einer radikalen Konzentration der Plots und der Genres. Hitchcock kennt eigentlich nur ein Genre: das Melodrama und ein Verfahren, dem Melodrama eine neue Empfindung hinzuzufügen: das Gefühl der zunehmenden körperlichen Bedrohung. Auf der Grundlage des melodramatischen Konflikts hat Hitchcock unter Hinzufügung eines dramaturgischen Mittels aus der Spannungsliteratur – dem Suspense – das Subgenre des Psychothrillers geschaffen. Durch die Konzentration auf ein, zwei Grundmodelle genregemäßen Erzählens und ihrer stringenten Kombination entstand eine neue emotionale Herausforderung für die Zuschauer.

Ähnlich gerichtete Versuche wollen wir abschließend anhand dreier Filmbeispiele vorstellen. Diese Filme wollen wir daraufhin befragen: Wie und warum geschieht der Genrewechsel oder die ungewöhnliche Genrekombination?

Die filmästhetischen Welten, die zwischen unseren Beispielen liegen, verbieten natürlich einen Qualitätsvergleich von vornherein. Uns geht es vor allem um den Nachweis der Produktivität des von uns beschriebenen Verfahrens auf den verschiedensten Anspruchniveaus des Drehbuchschreibens.

40

Die Musterknaben oder: Ein komischer Krimi ist spannender

Wie sich zwei Genres – nämlich Kriminalfilm und Komödie – nicht nur ergänzen, sondern gegenseitig befördern und in ihren Wirkungen verstärken können, zeigt der zunächst für das ZDF gedrehte, dann aber im Kino uraufgeführte Spielfilm *Die Musterknaben*.

Als zwei Kölner Polizisten dem Landeskriminalamt (LKA) Düsseldorf aushelfen, passiert ihnen ein dummes Mißgeschick, das ihnen keine andere Wahl lässt, als einen wirklich großen Fall zu lösen. Eine Wohnung in Köln soll observiert werden, weil hier ein Umschlagplatz für große Drogengeschäfte vermutet wird. Die Überwachung erfolgt rund um die Uhr. Für die Tagesschicht sind die beiden Düsseldorfer LKA-Beamten Kamphausen und Wempe verantwortlich. Für die Nachtschicht leistet die Kölner Polizei Diensthilfe und stellt ihre beiden Beamten Docker und Dretzke zur Verfügung. Nun will es der Zufall, daß Docker die Bardame Wanda kennenlernt und – um ihr zu imponieren – von der Observation erzählt. Wenig später ruft diese Wanda in der observierten Wohnung an und spricht ihrer nicht anwesenden Freundin auf den Anrufbeantworter: Sie habe übrigens einen Polizisten kennengelernt, der zufälligerweise gerade eine Wohnung in diesem Haus beobachte. Wie soll Docker jetzt den Verrat von Dienstgeheimnissen vertuschen? Auf dem Tonband, das alle Gespräche in der Wohnung aufzeichnet, kann er den Anruf löschen. Aber um an den Anrufbeantworter zu kommen, muß er in die observierte Wohnung eindringen. Und so kommen DOCKER und DRETZKE einem sehr privaten Deal zwischen den beiden LKA-Beamten und den Drogendealern auf die Spur …

Schon die Grundanlage des Plots ist komisch, werden doch Ursache und Wirkung entkoppelt. DOCKER und DRETZKE wollen keinen Fall lösen. Ihr Ziel ist es, die langweilige und ermüdende nächtliche Dienstzeit so angenehm wie möglich zu bewältigen. Dem doppelten Spiel der beiden Düsseldorfer Beamten kommen sie nicht etwa deshalb auf die Spur, weil sie so perfekte Polizisten mit untrüglichem Instinkt sind, sondern weil sie einen eigenen Fehler vertuschen wollen. Dieses Strukturprinzip des Plots findet sich auch in den einzelnen Szenen wieder. Nach ihrem Einbruch in der observierten Wohnung finden die beiden Polizisten nicht mehr aus dem Gebäude und verirren sich im Treppenhaus. Und nur deshalb können sie zu ihrer Verblüffung feststellen, daß zu dem Gebäude eine Tiefgarage gehört, die weder von ihnen noch vom LKA überwacht wird. Mit dieser Observation stimmt etwas nicht, ist die naheliegende Folgerung.

Der Beginn des Films stimmt den Zuschauer mehr auf die Komödie, kaum auf einen Kriminalfilm ein. DOCKER grillt auf seinem Balkon und kommt mit seiner Nachbarin ins Gespräch, mit der er offensichtlich ein wenig flirten will. Währenddessen geht sein Grill in Flammen auf, dazu kommt noch ein Anruf, er solle auf das Revier kommen. Der Polizist (!) DOCKER antwortet darauf, er habe jetzt keine Zeit!

Unheroische Helden sind die beiden Polizisten aus Köln-Porz. Sie wollen sich vor dem Nachtdienst drücken, diskutieren über Besoldungsgruppen, und ihr erster Konflikt mit ihren späteren Widersachern resultiert daraus, daß diese den falschen Parkplatz benutzen. Zu Beginn sollen unsere beiden Helden Videokassetten für die Überwachungskamera aus dem Kofferraum der Düsseldorfer in das zur verdeckten Observation bestimmte Wohnmobil tragen. DOCKER beginnt darüber zu spekulieren, ob das für das Wohnmobil aufgestellte Halteverbotsschild wohl in den Kofferraum der Düsseldorfer gepaßt habe. Diese, auf den ersten Blick etwas kindlich anmutende Nachdenklichkeit ist genau der Charakterzug, der

DOCKER schließlich zum Erfolg führen wird. Selbst die Träume der beiden sind gänzlich unheroisch. DRETZKE will zurück nach Berlin – da bekommt er vielleicht einen anständigen Job und muß nicht solche Hilfsarbeiten ausführen. Das ist auch seine moralische Waffe, mit der er gegen die Arroganz der LKA-Beamten ankämpft: »Ich komm aus Berlin!« Und es sind keine Heldentaten und keine Ermittlungserfolge, die sie sich für ihre nächtliche Arbeit wünschen. Nein, eine Satellitenschüssel und ein kleiner Fernseher – das wäre doch schon etwas. Auch auf die Verbrecher wirken die beiden nicht wie Helden: Als in der finalen Schießerei zwischen den Düsseldorfern und den Dealern ein verletzter Verbrecher aus der Wohnung flüchtet, bedrohen ihn DOCKER und DRETZKE mit der Waffe und fordern ihn auf, stehenzubleiben. Der Mann reagiert gar nicht und läuft weiter, worauf sich die beiden resigniert dem Geschehen in der Wohnung widmen.

Diese beiden Gegenexemplare zu allen »Superbullen« haben mehr mit ihren privaten Befindlichkeiten zu kämpfen als mit der Aufklärung eines Falles. Die Aufklärung passiert de facto nebenbei, fast ungewollt, auf jeden Fall unbeabsichtigt. DOCKERS Entwicklung vom Versager, dessen Mißgeschick erst alles ins Laufen brachte, zum Helden ist die Voraussetzung dafür, daß die beiden korrupten LKA-Beamten überhaupt zur Strecke gebracht werden. Symptomatisch für die Haltung der beiden zu ihrem Beruf ist folgender denkwürdiger Dialog:

DOCKER: Komisch, daß dich sowas nicht interessiert. Du bist doch Polizist!

DRETZKE: Ach ja?!

Die beiden ergänzen sich in ihren Wertehaltungen und bilden dabei ein komisch-widersprüchliches Gespann. DOCKER ist der Ordentliche, der fettige Servietten in die Hosentasche steckt, weil man sie ja nicht auf die Straße schmeißen kann, der sich um den Kauf der Satellitenschüssel kümmert, während DRETZKE vergißt, den Fernseher mitzubringen. Dieser Ordentliche bringt den gemächlich dahinfließenden Nachtdienst durch sein Mißgeschick in Unordnung. Der wesentlich nachlässigere DRETZKE bemüht sich dagegen, in der Krise alles ordentlich zu machen, den Dienstvorschriften gemäß und

Ärger verhindernd. Das zeichnet komische Widersprüche in den Figuren auf, bei denen Sein und Schein auf jeweils entgegengesetzte Weise auseinanderfallen.

Und das ist wohl einzigartig an ihnen: Die Triebkraft der beiden Protagonisten sind ihre Fehler und menschlichen Schwächen. Hier wird nicht Held mit Idol verwechselt – und dieser wesentlich tiefere Blick auf die Protagonisten macht es möglich, sympathische, aber eben komische Helden zu gestalten. Zwar gibt es auch Polizisten als Supermänner, die BMW fahren und coole Klamotten tragen – die sind aber gerade die Antagonisten. Damit sind die Musterknaben nicht nur eine Satire auf die Beamtenrealität, sondern gleichfalls auf die Fernsehwirklichkeit.

Eine Fülle von komischen Szenen macht den Film stellenweise zum zwerchfellerschütternden Vergnügen: Natürlich wird den beiden Helden das Aufbrechen einer Wohnungstür zum Problem. Auch das Löschen der Nachricht auf dem Anrufbeantworter gelingt nicht auf Anhieb. Die Bedienungsanleitung muß konsultiert werden. Das komische Mißverständnis wird in vielerlei Variationen benutzt: Als WANDA selbstkritisch äußert, sie habe nun mal einen Hang zu gewalttätigen Männern, bezieht das der verliebte DOCKER auf sich – hier rührt es schon ans Tragikomische. Aber die Komik ist nicht auf ihre unterhaltende Funktion beschränkt, sondern treibt auch immer wieder die Geschichte voran. Beispielsweise, wenn DOCKER aus einer Stehtisch-Pizzeria heraus die LKA-Männer beobachtet, entwickelt sich eine komische Situation daraus, daß LKA-Mann WEMPE genau auf diese Pizzeria zusteuert, um hier etwas zu essen. DOCKER weicht auf die Toilette aus – auch WEMPE will dorthin. Um nicht entdeckt zu werden, schließt sich DOCKER auf der Toilette ein und gibt Geräusche von sich, die dem wartenden Wempe das nachfolgende Benutzen der Örtlichkeit vermiesen sollen. In diesem Augenblick erhält WEMPE einen Anruf, und DOCKER erfährt in dieser hochnotpeinlichen Situation, daß KAMPHAUSEN in der observierten Wohnung ist.

Der Krimiplot der *Musterknaben* ist ein sehr einfacher. Zwei Polizeibeamte aus Düsseldorf haben die Seiten gewechselt und wollen nun selbst das große Geld mit Drogen machen. Eigentlich geht es nur darum, die beiden in flagranti zu erwischen und der Fall ist gelöst. Diese Einfachheit, die dem Kriminalfilm seine Stringenz bewahrt, ist ein großer Vorzug des Films. Damit schafft die Geschichte den Raum für die komischen Nebenkonflikte. Neben dem regionalen »Ur-Konflikt« zwischen Köln und Düsseldorf steht hier ein quasi antagonistischer sozialer Widerspruch: Auf der einen Seite stehen die arroganten und gut bezahlten LKAler aus der reichen Metropole Düsseldorf, auf der anderen Seite das nach Second-Hand-Laden aussehende Fußvolk aus Köln-Porz.

Da die Grundstruktur des Films die Komödie ist, weiß der Zuschauer zu keiner Zeit, wie der Kriminalfilm ausgehen könnte. Während im Finale des Kriminalfilms meist nur noch der letzte Beweis, das letzte Stück des Puzzles erbracht werden muß, kann hier der Charakter der Helden alles in letzter Sekunde wieder in Frage stellen. Der Zuschauer mag in der Mitte des Films noch denken, daß es vielleicht ein Scheingeschäft zwischen LKA und Drogendealern ist, das vor den Augen unserer Helden abläuft, und daß es dem LKA dazu dienen soll, die Hintermänner des Verbrechens ausfindig zu machen. Daß hier wirklich Illegales stattfindet, macht zwar den Kriminalfilm aus, da aber DOCKER und DRETZKE komische Helden sind, kann der Zuschauer ihren Theorien, im Gegensatz zu denen anderer Film-Ermittler, nie trauen. Die Komik macht damit den Krimi spannender. Es ist für den Zuschauer auch nicht wichtig, ob die beiden im kriminalistischen Sinne recht haben. Der einzige Wunsch ist, daß die beiden heil aus der Sache herauskommen mögen. Zwar freut man sich, des komischen Vergnügens wegen, über die stattfindenden Katastrophen, gleichzeitig wünscht man ihnen, daß sie ihre Mißgeschicke bewältigen – weil sie eben als soziale Figuren so normal, so nachvollziehbar sind. Nicht eine personelle, sondern eine soziale Identifikation ist es, die den Zuschauer mit DOCKER und DRETZKE verbindet. Das Mitleid mit ihnen ist kein Mit-Leiden, sondern ein Bemitleiden. So kommt der Wunsch des Zuschauers, sie mögen wenigstens ihren Status quo erhalten, als Rezeptionshaltung zustande.

Wenn sie für dieses Ziel ein Verbrechen aufklären müssen – auch gut.

In den *Musterknaben* finden wir auch die klassische Struktur des Heldenfilms wieder. DOCKER wird im Verlaufe der Handlung zum Held. DRETZKE ist sein Begleiter, KAMPHAUSEN der Widersacher. Die Wirkung der Kriminalkomödie als Heldenfilm beruht auf ihrem Umgang mit der Realität. Zwar sind die beiden Hauptfiguren sehr realitätsnah gestaltet. Aber die Normalität wird überhöht und gerade dadurch unterhaltsam. Zu diesem Umgang mit der Realität gehört auch der Bezug auf die Stadt Köln. Sie spielt mit, nicht aber in ihren Postkartenklischees, sondern in ihren Details: der Bahnhof, die Kneipe, der Parkplatz. Und schließlich betreibt der Autor und Regisseur Ralf Huettner noch ein geistreiches Spiel mit Stereotypen. Klischees werden kurz angerissen, um sie dann mit der Normalität zu brechen. Der Drogendealer öffnet den Plastiksack voll Koks mit dem Messer, die Ware wird probiert – und dann gibt es schlimmes Nasenbluten. Der Stoff ist ausgezeichnet, Schuld am Nasenbluten sind wahrscheinlich die blutverdünnenden Antibiotika, die der Dealer einnehmen muß. Oder nehmen wir DOCKER, wenn er fast zum Actionheld mutiert und mit einem Stuhlbein gegen den mit einem Baseballschläger bewehrten Kneipenbesitzer losgeht, um für die Frau seines Herzens zu kämpfen. DRETZKE zeigt dem Mann Dienstausweis und Pistole, der läßt den Baseballschläger sinken. Und DOCKER schlägt zu, mitten in den Bauch. Er ist eben doch nur ein Mensch. Normalität als Abenteuer, oder wie es Ralf Huettner formuliert:

»Es geht um ganz einfache Typen. Um den Alltag, der ist viel spannender, als man glaubt, und komischer. Wenn man ihn so ernst nimmt wie die Musterknaben. Diese romantischen Polizisten-Heros oder die netten Polizisten-Onkels, die uns das Fernsehen immer vorgaukelt, das glaubt uns doch kein Mensch mehr.«[4]

41

Das nichtexistente Genre: James Bond – Liebesgrüße aus Moskau

Bei der näheren Beschäftigung mit den James-Bond-Filmen stellt sich eine gewisse Ratlosigkeit hinsichtlich ihrer Einordnung ein: Jeder Film ist aus unterschiedlichen Versatzstücken zusammengebaut, die aus verschiedenen Genres und Subgenres stammen. Das beginnt beim Thriller, reicht vom Agenten- und Actionfilm, der Romanze, dem Abenteuerfilm bis hin zur Komödie. Dazu kommt etwas Merkwürdiges in der Rezeptionshaltung. Die Filme der James-Bond-Reihe sind gespickt mit diversen logischen Fehlern und Unplausibilitäten – nur scheint sich niemand daran zu stören. Der Film scheint sich selbst nicht ganz ernst zu nehmen und läßt sich vom Zuschauer nicht auf »logische Seriosität« festnageln. Also versucht es der Zuschauer erst gar nicht. Bestimmte Situationen werden ernst genommen, Elemente des Thrillers als solche rezipiert – dies aber immer nur stückweise, nie über die gesamte Handlung. Kein Zuschauer wird sich tatsächlich gespannt fragen, ob es James Bond gelingen wird, die Goldreserven von Fort Knox zu retten, niemand bangt wirklich um das Leben des Helden. Man weiß, daß 007 gewinnen wird, daß er eine Frau retten und mit nach England bringen wird. Es gibt einen gewissen Kanon, auf den man sich verlassen kann.

Aber – die Filme sind keine Parodie auf Agentenfilme. Das Unernste der Gestaltung beruht nicht auf Parodie, sondern auf Ironie. Und es gibt kein Genre, daß sich als Gefäß für eine prinzipiell ironische Gestaltung anbietet – außer der Komödie. Aber die JAMES-BOND-Filme sind nicht einfach Komödien. Was also dann? Beginnen wir von vorn.

Das erste Bild in *Liebesgrüße aus Moskau* zeigt JAMES BOND, wie er durch einen Park schleicht, gefolgt von einem Killertypen, den wir später als RED GRANT kennenlernen werden. Von der ersten Sekunde an geht es um Leben und Tod. Der Zuschauer hat noch nicht die geringste Ahnung – er weiß nur, daß es gefährlich ist, daß das Leben des Titelhelden in Gefahr ist. Wir befinden uns in einem Thriller. RED GRANT gelingt es, 007 zu überraschen und ihn mit einer Drahtschlinge zu töten. JAMES BOND ist tot. Bereits in den ersten Minuten des Films.

Kann das sein?

Natürlich nicht. Scheinwerfer werden angeschaltet, um die dunkle Szenerie zu erhellen. Das Attentat war eine Vorführung, die die Qualitäten des Killers RED GRANT demonstrieren sollte; der Tote trägt eine JAMES-BOND-Latex-Maske.

Der Tote?

Ja. Offensichtlich ist ein Menschenleben zu Demonstrationszwecken geopfert worden. Ein grausiger Vorgang – und gleichzeitig durch das Theatralische der Demonstration (die JAMES-BOND-Maske) ein wenig absurd. Der Zuschauer ist erstmals genarrt worden und bekommt gleichzeitig die Devise für den gesamten Film übermittelt: das alles bitte bloß nicht zu ernst nehmen. Aber der Thriller ist von Anfang an – wenn hier auch quasi symbolisch – in die Handlung eingepflanzt und wird dann noch einmal bestätigt, wenn »Phantom« den Auftrag gibt, JAMES BOND als Rache für den Tod von DR. NO langsam und grausam sterben zu lassen.

Die – im Roman nicht existente – kriminelle und weltweit operierende Organisation »Phantom« will eine sowjetische Dechiffriermaschine in ihren Besitz bringen. Zu diesem Zweck muß »Phantom« den englischen und den sowjetischen Geheimdienst gegeneinander ausspielen. Dies sind die Ingredienzien des Agentenfilms, die nach der Ankunft von JAMES BOND in Istanbul auf eine parodistische Ebene gehoben werden. Um dies zu erklären, müssen wir kurz auf die weitere Handlung eingehen:

Im Auftrag von »Phantom« reist KGB-Oberst ROSA KLEBB

nach Istanbul und sucht die dortige Konsulatsmitarbeiterin TATJANA ROMANOVA auf. Unter Androhung des Todes zwingt KLEBB die junge Frau zur Mitarbeit. Sie soll sich dem englischen Geheimdienst als Überläuferin andienen. Unter der Bedingung, daß JAMES BOND nach Istanbul kommt und TATJANA zur Flucht verhilft, soll sie ihm die Dechiffriermaschine LEKTOR aus dem russischen Konsulat übergeben. Der englische Killer RED GRANT wird von »Phantom« nach Istanbul gesandt, um dort einen Krieg zwischen den bisher in »friedlicher Koexistenz« operierenden sowjetisch-bulgarischen und türkischen Geheimdiensten zu entfachen. Wenn JAMES BOND in den Besitz der LEKTOR gekommen ist, soll GRANT ihn töten und die LEKTOR an »Phantom« liefern, der sich die Maschine dann wieder von den Sowjets abkaufen lassen will.

Die Exposition ist etwas kompliziert, aber mit der Ankunft von 007 in Istanbul endgültig überstanden. Was nun folgt, ist von wesentlich einfacherer Denkungsart.

Der Umgang mit dem Thema der Geheimdienste im kalten Krieg erinnert ein wenig an die komische Übertreibung in Billy Wilders *Eins, Zwei, Drei*. JAMES BOND wird von einem Fahrer des türkischen Geheimdienstrepräsentanten KERIM BEY abgeholt. Auf der Fahrt entdeckt 007, daß sie von einem anderen Fahrzeug verfolgt werden. Darauf sein Fahrer: »Es sind Bulgaren. Sie arbeiten für die Russen. Sie verfolgen uns, wir verfolgen sie. Das tut der Freundschaft keinen Abbruch.« Und auch KERIM BEY bestätigt wenig später: »Wir wissen, daß jeder seine Arbeit tun muß. Und darum machen wir uns das Leben nicht unnötig schwer.« Das sind Blickweisen der Komödie. Solche Übertreibungen finden wir im kleineren Stil von Beginn an: OBERST KLEBB reist auf die Krim, um sich den Killer RED GRANT anzusehen. Während GRANT strammsteht, streift sich KLEBB hinter dessen Rücken einen Schlagring über und schlägt dem Mann damit überraschend in den Magen. GRANT zuckt nicht mit der Wimper. Hier werden die physischen Qualitäten des Antagonisten so sehr übertrieben, daß sie ins Komische umschlagen.

Thriller, Agentenfilm und Komödie wurden bisher benutzt – und auch einen kleinen Ausflug ins Melodrama hat die Story schon unternommen. Die eigentlich »gute« TATJANA, das unschuldige Mädchen, arbeitet nicht nur auf der falschen Seite, sondern wird sogar gezwungen, gegen den Protagonisten zu arbeiten. Wird sie diesen Zwiespalt zwischen Gefühl und rationaler Aufgabe überwinden können? Das ist eine Fragestellung des Melodramas.

Mit zwei weiteren Beispielen wollen wir die Aufzählung der »Genre-Ausflüge« in *Liebesgrüße aus Moskau* beenden. Natürlich ist der Film schon von der Grundstruktur ein Abenteuerfilm, der mit komischen Mitteln erzählt wird: Ein Mann zieht aus, um ein Abenteuer zu bestehen, eine Aufgabe zu lösen. Szenisch betont wird dies in dem Erzählstrang um das Zigeunerlager nahe Istanbul. Was die Bulgaren für die Russen, sind die Zigeuner für KERIM BEY: Handlanger. Der Besuch des Lagers ist handlungstechnisch absolut verzichtbar. Aber er schafft eine Abenteuerkulisse à la Karl May. Zwei Frauen kämpfen hier auf Leben und Tod um denselben Mann. Noch bevor es zur Entscheidung kommt, starten die Russen einen Großangriff auf das Lager. Eine gewaltige Schießerei. Während alle angestrengt um ihr Leben kämpfen, scheint JAMES BOND nicht einen Tropfen Schweiß zu verlieren. Er rettet dem Familienoberhaupt der Zigeuner das Leben und wird daraufhin von diesem adoptiert. Auch darf er auf seine Bitte hin über das weitere Schicksal der beiden Frauen entscheiden. JAMES nimmt sie beide – und macht sie glücklich.

Und was wäre ein JAMES-BOND-Film ohne ein Finale, das alle Register des Actionfilms zieht. JAMES BOND will mit seiner neu gewonnenen Gefährtin TATJANA im Motorboot nach Italien flüchten. Da werden die beiden von einer Armada feindlicher Motorboote angegriffen. Die Flüchtenden werden beschossen, die Benzinfässer an Bord werden von Gewehrkugeln perforiert und müssen abgeworfen werden. Geistesgegenwärtig schießt JAMES die schwimmenden Fässer in Brand und löst eine Explosionswelle unter den Verfolgern aus. Problem erledigt.

Nach dieser – natürlich unvollständigen – Aufzählung wollen wir zu unserer Ausgangsfrage zurückkommen: Wie wären die JAMES-BOND-Filme genremäßig am sinnvollsten einzuordnen? Wir behaupten: gar nicht. Keines der Genre taugt als Erklärungsmuster der 007-Reihe. Sie werden lediglich als Träger für ein Grundempfinden des Zuschauers benutzt. Dieses Grundempfinden stützt sich auf das Erkennen eines Abenteuerfilms mit komischen Tönen, der mit Zitaten anderer Genres garniert wird. Im »reinen Abenteuerfilm« unterlaufen dem Buch fast unabsichtlich Ausflüge in andere Genres wie Thriller, Romanze usw. In den JAMES-BOND-Filmen sind diese Ausflüge von Anfang konstituierender Bestandteil des Gesamtwerks. Ein Film als Patchwork. Elemente, die sonst aus ernsten Thematiken kommen, werden ins Komische übersetzt und bilden selbständige Bestandteile des Komik-Abenteuer-Rahmens. Innerhalb dieses Rahmens haben die Elemente ihre Eigenwirkung – eben die des Thrillers, des Melodramas und des Agentenfilms. Sobald der Zuschauer eines dieser Elemente in der Rezeption »abgearbeitet« hat, folgt das nächste Element und mit diesem die nächste Rezeptionshaltung.

Die Aufnahme des Gesamtwerks beim Zuschauer erinnert an die Lektüre eines Magazins, nehmen wir den *Stern*: Hier gibt es komische, erotische und auch ernste Geschichten, daneben Kochrezepte und Witze – und dies in einer möglichst unterhaltenden und leicht konsumierbaren Mischung. Der Leser blättert Seite für Seite um, hat am Ende die verschiedensten Dinge rezipiert, die unterschiedlichsten Emotionen durchlebt und legt die Zeitschrift anschließend mit dem Gefühl, gut unterhalten worden zu sein, beiseite.

Auf die darstellende Kunst angewandt, findet sich dieses Prinzip wieder in der Technik der englischen Music Hall. Ein JAMES-BOND-Film ist aufgebaut wie eine Revue. Verschiedene Nummern folgen aufeinander. JAMES BOND ist der Moderator der Revue. Und hier eben finden wir die Ursache für die in der Figur angelegte Ironie: Der Held moderiert selbst seine Abenteuer – ohne Ironie geht das nicht.

Und genau so, wie in Remakes von Revuen die beliebtesten Nummern variiert wieder vorkommen müssen, gibt es in JAMES-BOND-Filmen feststehende Regeln. Das sind die Techniken des Andeutens und Ausführens, sein technisches Equipment betreffend, das sind Figuren wie das Bond-Girl oder Standardszenen wie die des zärtlichen Tête-à-têtes, das durch den Ruf des Geheimdienstes sabotiert wird. Diese Revuestruktur – zusammengehalten durch einen Helden und seinen Auftrag – ist auch verantwortlich dafür, daß die Filme der JAMES-BOND-Reihe immer teurer werden müssen. Die Nummern der neuen Folge müssen natürlich beeindruckender sein als die Nummern der letzten Folge. Die Wirkungen müssen die der letzten Folge übertreffen – Notwendigkeiten, die es bei einem klassischen Genrefilm mit ganz anderen Wirkungsmechanismen nicht gibt.

42

Ein Spiel zwischen Distanz und Ergriffenheit: Sein oder Nichtsein

»Eine Schande, da legt man das Schicksal Polens in die Hand eines Schmierenkomödianten!«

Der Theaterdirektor

Drei künstlerische Entscheidungen sind für die ungebrochene Wirksamkeit des Films ausschlaggebend.

1. Die Fabel ist einfach und in ihren Ausgangspunkten sehr realitätsnah.
   Warschau 1939. Die Schauspieler des Teatr Polski spielen ihre Stücke und Rollen, ihre Eitelkeiten und Kabalen gegeneinander und miteinander. Doch die deutsche Wehrmacht überfällt Polen und überzieht das Land mit dem NS-Terror. Das Teatr Polski wird geschlossen und der polnische Widerstand formiert sich. Aber er wird von einem raffinierten Doppelagenten unterwandert. Der Agent ist drauf und dran, das polnische Widerstandsnetz an die Gestapo in Warschau zu verraten, da wird er durch das gewagte Spiel des arbeitslos gewordenen Schauspielensembles in eine Falle gelockt und ermordet. Als die Gestapo knapp vor der Ergreifung der Täter ist, gelingt es den Schauspielern mit einem noch gewagteren Doppelspiel, das zu verhindern. Und ein drittes Mal riskieren die Schauspieler Kopf und Kragen. Sie kapern das Flugzeug Adolf Hitlers und entkommen mit ihm nach England in die Freiheit. Und dort spielen sie wieder Theater und wieder ihre alten Kabalen und Intrigen.

2. Diese Fabel wird aber nun nicht als heldenhaftes Widerstandsepos erzählt. Die Fabel wird vor allem mittels eines schnöden boulevardesken Dreieckskonflikts Ehemann-Ehefrau-Liebhaber erzählt. Das schafft eine zweite Ebene.
3. Die Schauspieltruppe spielt in friedlichen Zeiten um des Beifalls der Zuschauer wegen, und die Schauspieler spielen untereinander ihre Machtspielchen. Dann spielen sie unter realen Bedingungen eine Gestapozentrale, um einen Agenten zu überlisten und die von ihm bedrohten Widerstandskämpfer vor dem Verrat zu retten. Schließlich spielen sie in letzter Gipfelung dieser Entwicklung um ihr eigenes Leben. Sie riskieren es, als Hitler samt Entourage aufzutreten, um das Flugzeug des »Führers« kapern zu können.
   Die Spielanlässe, die Spielgegenstände und die Spieleinsätze werden immer riskanter. Die Spiele werden ernst – und bleiben dennoch Spiele. Das ist die dritte Ebene des Films. Diese drei Ebenen sind ständig im Ablauf des Films sichtbar: entweder parallel verlaufend oder sich durchschlingend, sich ablösend und sich wieder übereinanderschiebend.

Lubitsch und sein Autor fragen immer danach, welche extreme Wendung oder Steigerung die Situation braucht, welchen rabiaten Bruch in der Erzählweise das Geschehen braucht, damit der Zuschauer hineingerissen wird, ihn die Gefährlichkeit der Situation und die Gefährdung der Helden emotional erfaßt. Da – und das ist eben meisterlich – ist Lubitsch so stilsicher, so genreversiert, daß er immer die wirkungsvollsten der im System »Genre« festgeschriebenen Regularien ins Spiel bringt. Damit erreicht er aber – und das ist wohl das wirkliche Geheimnis des Films – sowohl eine enorme emotionale Nähe des Zuschauers zu den Figuren wie auch eine rationale Distanz zum lebensbedrohlichen und realen Hintergrundgeschehen des Films – Hitlers Ausrottungs- und Kriegspolitik. Der Zuschauer empfindet die Kongruenz zwischen Mainplot, jeweiligen Handlungsabschnitt und gewählter Erzählhaltung als eine besondere ästhetisch-künstlerische Leistung. Er sieht das Gemachte, die Inszenierung, und er fühlt trotzdem alle Bedrohungen der Figuren. Da er die Genremittel kennt, kann er sich über ihren souveränen Einsatz freuen und sich zugleich ihren emotionalen Wirkungen ohne weiteres hingeben, sind sie doch am rechten Platz in der rechten Dosierung. Die dem Filmgeschehen zugrunde liegende Realität wird als gestaltbar und damit als überwindbar kenntlich, da der Film selbst sein Gemachtsein, seine Künstlichkeit offenbart. Diese Kunstfertigkeit beweist die Fähigkeit, jede Geschichte, jedes Schicksal in Bild und Erzählung zu bannen und eben auch das Real-Phänomen Nazi-Deutschland und Hitler – und dem schließt sich der Zuschauer schnell und freudig an. Das ist die große Botschaft des Films, realisiert durch ein zuschaueroffenes Spiel mit dem System »Genre«. Das ist der Sog, der diesen Film, ähnlich wie *Casablanca,* zu einem Klassiker werden ließ. Lubitsch zeigt mit den Mitteln der Genrefilme eine Geschichte, die sich jedem Genre entzieht, weil es eine Geschichte ist, die – gleich der Kompliziertheit des realen Lebens – das Spiel und den Kampf der verschiedensten Emotionen thematisiert und im Zuschauer hervorruft.

Mehr ist von keinem Film füglich zu erwarten.

---

[1] vgl. Einleitung.
[2] Georg Seeßlen, *Klassiker der Filmkomik,* Reinbek 1982, S. 141.
[3] Peter Wuss, *Filmanalyse und Psychologie,* Berlin 1993, S. 391.
[4] *Katalog Filmfest München* 1997.

Sachregister

Alle Begriffe, die im Inhaltsverzeichnis stehen, werden hier nicht gesondert aufgeführt.

Titel- und Figurenregister

Alle Begriffe, die im Inhaltsverzeichnis stehen, werden hier nicht gesondert aufgeführt.

Filmographie

Seite

Wasser für Canitoga 107, 114f., 143, 317
D 1939
Regie: Herbert Selpin
Buch: Walter Zerlett-Olfenius, Emil Burri, Peter Francke
nach dem Bühnenstück von Hans José Rehfisch

Casablanca 78, 85, 93, 116, 118, 124f., 143f., 277, 397
USA 1942
Regie: Michael Curtiz
Buch: Julius J. Epstein, Philip G. Epstein, Howard Koch
nach dem Bühnenstück *Everybody comes to Rick's* von Murray Burnett und Joan Elison

Das Piano 73, 78, 90, 92, 102, 127, 133, 136, 144
Australien / F 1992
Buch und Regie: Jane Campion

Aimée und Jaguar 72, 137, 140, 142
D 1997
Regie: Max Färberböck
Buch: Max Färberböck, Rona Munro

Seite

Die Mumie 343, 348, 359
USA 1999
Regie: Stephen Sommers
Buch: Stephen Sommers, Lloyd Fonvielle, Kevin Jarre

Der Bulle von Tölz, Teil 1: *Das Amigo-Komplott* 330, 367
D 1996
Regie: Walter Bannert
Buch: Jörg Graser, Christian Grohmann

Tatort: Duisburg-Ruhrort 370f.
D 1981
Regie: Hajo Gies
Buch: Horst Vocks, Thomas Wittenburg

Auf Achse, Teil 1: *Vollgas* 374f.
D 1977
Regie: Hartmut Griesmayr
Buch: Georg Feil

Die Musterknaben 383, 386
D 1997
Regie: Ralf Huettner
Buch: Ralf Huettner, Dominic Raacke

James Bond – Liebesgrüße aus Moskau 376, 389f., 392
GB 1963
Regie: Terence Young
Buch: Richard Maibaum
nach einem Roman von Ian Fleming

Sein oder Nichtsein 395f.
USA 1942
Regie: Ernst Lubitsch
Buch: Edwin Justus Mayer

Die Fortsetzung des Kultbuches *Das Hollywood-Geschäft* widerlegt die These, Filme seien selten so gut wie das Original. Mit ungebrochener Schärfe, hinreißendem Humor und den Erfahrungen seiner 40-jährigen Karriere kommentiert Goldman das Hollywood-Business der letzten 15 Jahre.

Zwischen ausgeprägtem Selbstbewusstsein und charmanter Bescheidenheit erklärt er, wie er nach zwei Oscarverleihungen sieben Jahre Durststrecke durchlebte und warum es für Misserfolge manchmal keine konkreten Gründe gibt. Goldman berichtet ironisch und staunend über die Zusammenarbeit mit Stars, Produzenten, Verleihern und weiteren eigensinnigen Vertretern dieser Zunft, bevor er sich seiner wahren Leidenschaft widmet: dem Erzählen von Geschichten. Er analysiert Schlüsselszenen erfolgreicher Kinofilme wie *Verrückt nach Mary, Harry und Sally, Der unsichtbare Dritte, Fargo* und *Chinatown,* um zu verdeutlichen, warum sie den Nerv der Zuschauer treffen. Und stellt sich schließlich selbst der schonungslosen Kritik seiner Kollegen: Indem er sie die Anfangszenen eines Drehbuchs, das er eigens für diesen Zweck verfasst hat, bewerten lässt.

ISBN 3-404-94010-5

BASTEI LÜBBE

Wer schon immer wissen wollte, wie Drehbücher geschrieben, Filmstars aufgebaut, Filme produziert und gedreht werden: William Goldman bleibt keine Antwort auf Fragen rund um die »Traumfabrik Hollywood« schuldig. Kaum jemand weiß so viel über das Innenleben Hollywoods. Als zweifacher Oscarpreisträger schrieb er unter anderem die Drehbücher für die Filmklassiker »Zwei Banditen«, »Die Unbestechlichen«, »Die Brücke von Arnheim« und »Der Marathon-Mann«. Heute ist Goldman einer der gefragtesten Drehbuchautoren Hollywoods – und lässt den Leser an seinem einmaligen Erfahrungsschatz teilhaben.

Wie wurden Robert Redford, Paul Newman und Dustin Hoffman zu dem, was sie heute sind? Und warum wurden diese Stars alle als Produzenten tätig? Zwischen Mythos und ernüchternder Wirklichkeit klaffen oft Welten. *Das Hollywood-Geschäft* gilt mittlerweile bei allen Filmschaffenden als Kultbuch – und liegt nun endlich als erweiterte Neuauflage mit dem Drehbuch von »Zwei Banditen« vor.

ISBN 3-404-94004-0

BASTEI LÜBBE

Warum gehen Menschen ins Kino? Weil sie – von ihrem sicheren Sessel aus – die Gefahren, Leidenschaften, Ausschreitungen, Heldentaten, nach denen sie sich sehnen, scheinbar hautnah miterleben können. »Nirgendwo sonst entfaltet die Wirklichkeit einen solchen Glanz«, sagt Dr. Dirk Blothner, Psychoanalytiker, Drehbuchberater und Professor für Filmpsychologie an der Universität Köln. In »Erlebniswelt Kino« analysiert er anhand zahlreicher Filmbeispiele, was sich zwischen Mensch und Leinwand abspielt. Für ihn steht fest: »Filmemachen ist praktisch Seelenkunde.«

Doch wie können Drehbuchautoren Erwartungen beim Zuschauer auslösen, seine Aufmerksamkeit gewinnen und gar seine Einbildungskraft vorhersehen? Wie erkennt man, ob das Thema einer Geschichte für den Zuschauer von Bedeutung ist?

Am Beispiel der drei »Titanic«-Verfilmungen (1943, 1952 und 1998) befasst sich Dirk Blothner mit der zeitspezifischen Umsetzung großer Themen. Schließlich gibt er einen Ausblick auf das Kino der Zukunft.

ISBN 3-404-94005-9

BASTEI
LÜBBE

Ein Drehbuch zu *schreiben* ist eine Sache – ein Drehbuch zu *lesen* eine ganz andere ...
Immer mehr setzt sich die Erkenntnis durch, dass zu einem erfolgreichen Film auch ein gut ausgearbeitetes Drehbuch gehört. Aber die Stärken und Schwächen einer ersten, zweiten oder gar zehnten Fassung zu erkennen und zu benennen ist eine Kunst für sich. Um ein Drehbuch analysieren und beurteilen zu können, bedarf es eingehender dramaturgischer Kenntnisse.
Oliver Schütte bietet eine Einführung in die Analyse und Bewertung von Drehbüchern. Er vermittelt u.a. Kenntnisse über dreidimensionale Figuren und die Struktur eines Drehbuchs anhand von Beispielanalysen erfolgreicher deutscher Kinofilme. Dabei wendet sich das Buch an Dramaturgen, Produzenten, Lektoren und Redakteure. Aber auch Drehbuchautoren profitieren von dem Wissen, indem sie lernen, ihre eigenen Bücher besser beurteilen zu können.
Mit anschaulichen Beispielen illustriert das Buch die dramaturgischen Elemente eines Films. Dabei greift Schütte ausschließlich auf deutschsprachige Filme zurück – von *Schtonk!* bis *Mephisto* –, auch um zu zeigen, dass diese Elemente nicht nur für das große Hollywoodkino gelten.
Oliver Schütte ist Autor für Kino und Fernsehen, Leiter der *Master School Drehbuch* und Gründer der Development-Agentur *Script House*.

ISBN 3-404-94003-2

BASTEI LÜBBE

Über den Erfolg oder Misserfolg eines Drehbuchs auf dem heiß umkämpften Film- und Fernsehmarkt entscheidet nicht nur das Talent des Autors, sondern auch die richtige Präsentation und Vermarktung. Julian Friedmann, seit über 25 Jahren Film- und Fernsehagent, zeigt in seinem Insider-Handbuch, worauf es wirklich ankommt, um Lektoren, Produzenten und Agenten aufmerksam zu machen und von der Qualität eines Stoffes zu überzeugen. In diesem einmaligen Nachschlagewerk finden Profis alle wichtigen Informationen, um den deutschen Markt zu erobern:

- Der Drehbuchautor als Geschäftsmann: Welche Möglichkeiten bietet der Markt? Welche Leute sollte man kennen?
- Die Kunst des Pitchens: Wie präsentiert man sein Drehbuch überzeugend?
- Verhandlungsführung mit Agenten und Produzenten; Credits und Honorare.

Überarbeitet und ausgestattet mit einem umfangreichen Ergänzungsteil für den deutschen Markt von Oliver Schütte (Drehbuchautor und Seminarleiter) und Steffen Weihe (Filmagent und Medienanwalt). Alle wichtigen Adressen: Ausbildungsmöglichkeiten, Workshops und Seminare, Filmförderungen, Autorenverbände sowie Musterbriefe und Options- bzw. Autorenverträge.

ISBN 3-404-94002-4

BASTEI LÜBBE

Pitching bedeutet übersetzt: »Präsentieren auf den Punkt« und ist ein Vorgang, der über Gedeih und Verderb eines Filmprojektes entscheiden kann und den man nicht dem Zufall überlassen sollte. Denn es geht mehr darum, seine Geschichte ansprechend zu verkaufen, als sie in allen Einzelheiten zu erzählen – eine Kunst, die auch brillante Autoren und Produzenten nicht immer perfekt beherrschen.
Das vorliegende Buch vermittelt Informationen und Techniken, das Filmprojekt und sich selbst prägnant und mitreißend zu präsentieren. Von der genauen Gesprächsvorbereitung, dem Erkennen der eigenen Stärken und Schwächen, der genauen Zielsetzung bis zu der Kommunikations- und Wahrnehmungsschulung für den Ablauf des Pitches zeigt die Autorin, wie man zu seinen Gesprächspartnern ein Verhältnis aus Kreativität, Professionalität und Vertrauen herstellt – der erste Schritt auf dem Weg zum Erfolg.

ISBN 3-404-94009-1

BASTEI LÜBBE

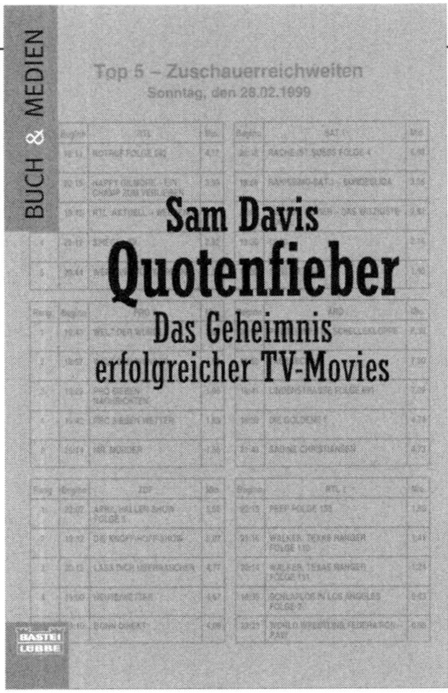

Die deutsche Fernsehlandschaft ist ohne TV-Movies nicht mehr vorstellbar – dabei kannte noch vor wenigen Jahren hierzulande kaum ein Zuschauer diesen Begriff.

Der Amerikaner Sam Davis war maßgeblich an der Durchsetzung der TV-Movies auf dem deutschen Fernsehmarkt beteiligt. Der Pionier der TV-Movie-Abteilung bei RTL Television berichtet von der Entwicklung, den anfänglichen Erfolgen und Misserfolgen dieses Formats, das dem US-Fernsehen vorbehalten war. Wie entsteht und wie funktioniert ein TV-Movie? Welcher Genres bedient es sich? Was sind *Disease of the week, Woman in jeopardy* oder *Fish out of water stories?* Die Arbeitsvorgänge von der Filmidee bis zur Ausstrahlung eines TV-Movies und das Zusammenwirken der unterschiedlichen Protagonisten werden in diesem Buch erläutert. Der Autor, der inzwischen selbst TV-Movies produziert, berichtet sowohl vom Innenleben eines deutschen Fersehsenders im *Quotenfieber* als auch von den Möglichkeiten und Zwängen eines TV-Movie-Produzenten – und dies mit schonungsloser Offenheit. *Quotenfieber* ist eine professionelle, objektive sowie ironische Bestandsaufnahme, die Neueinsteigern den Zugang zur Fernsehwelt erleichtern will.

ISBN 3-404-94007-5

BASTEI LÜBBE